Diagnostik von Motivation und Selbstkonzept

Jahrbuch der pädagogisch-psychologischen Diagnostik
Tests und Trends
herausgegeben von
Prof. Dr. Marcus Hasselhorn, Prof. Dr. Wolfgang Schneider
und Prof. Dr. Harald Marx

Neue Folge Band 2

Diagnostik von Motivation und Selbstkonzept

herausgegeben von
Joachim Stiensmeier-Pelster und Falko Rheinberg

Hogrefe · Verlag für Psychologie
Göttingen · Bern · Toronto · Seattle

Diagnostik von Motivation und Selbstkonzept

herausgegeben von

Joachim Stiensmeier-Pelster
und Falko Rheinberg

Hogrefe · Verlag für Psychologie
Göttingen · Bern · Toronto · Seattle

Prof. Dr. Joachim Stiensmeier-Pelster, geb. 1957. 1978-1983 Studium der Psychologie in Bielefeld. 1987 Promotion. 1992 Habilitation. Nach Lehrstuhlvertretungen an den Universitäten in Gießen und Potsdam übernahm er 1996 eine Professur für Pädagogische Psychologie an der Universität Hildesheim. Seit 1999 Professor für Pädagogische Psychologie an der Justus-Liebig-Universität zu Gießen.

Prof. Dr. Falko Rheinberg, geb. 1945. 1967-1972 Studium der Psychologie in Innsbruck und Bochum. 1973-1979 Wissenschaftlicher Mitarbeiter am Psychologischen Institut der Universität Bochum. 1977 Promotion. 1979-1981 Habilitationsstipendiat der DFG. 1981-1983 Wissenschaftlicher Angestellter am Psychologischen Institut der Universität Bochum. 1983 Habilitation. 1983-1995 Professor für Pädagogische Psychologie und Interventionsmethoden an der Universität Heidelberg. Seit 1995 Professor für Allgemeine Psychologie II an der Universität Potsdam.

Bibliografische Information Der Deutschen Bibliothek

Die Deutsche Bibliothek verzeichnet diese Publikation in der Deutschen Nationalbibliografie; detaillierte bibliografische Daten sind im Internet über <http://dnb.ddb.de> abrufbar.

© Hogrefe-Verlag GmbH & Co. KG, Göttingen • Bern • Toronto • Seattle 2003
Rohnsweg 25, D-37085 Göttingen

http://www.hogrefe.de
Aktuelle Informationen • Weitere Titel zum Thema • Ergänzende Materialien

Das Werk einschließlich aller seiner Teile ist urheberrechtlich geschützt. Jede Verwertung außerhalb der engen Grenzen des Urheberrechtsgesetzes ist ohne Zustimmung des Verlages unzulässig und strafbar. Das gilt insbesondere für Vervielfältigungen, Übersetzungen, Mikroverfilmungen und die Einspeicherung und Verarbeitung in elektronischen Systemen.

Satz: Grafik-Design Fischer, 99425 Weimar
Druck: Druckerei Kaestner GmbH & Co. KG, 37124 Göttingen
Printed in Germany
Auf säurefreiem Papier gedruckt

ISBN 3-8017-1674-0

Inhaltsverzeichnis

Vorwort der Reihenherausgeber VII

Vorwort der Herausgeber VIII

Teil 1 Diagnostik von Selbstkonzept und motivationaler Orientierung 1

Kapitel 1
Das Fähigkeitsselbstkonzept und seine Erfassung
Claudia Schöne, Oliver Dickhäuser, Birgit Spinath und
Joachim Stiensmeier-Pelster 3

Kapitel 2
Subjektive Überzeugungen zu Bedingungen von Erfolg in Lern- und Leistungskontexten und deren Erfassung
Birgit Spinath und Claudia Schöne 15

Kapitel 3
Ziele als Bedingungen von Motivation am Beispiel der Skalen zur Erfassung der Lern- und Leistungsmotivation (SELLMO)
Birgit Spinath und Claudia Schöne 29

Kapitel 4
Bezugsnormorientierung: Erfassung, Probleme, Perspektiven
Oliver Dickhäuser und Falko Rheinberg 41

Teil 2
Diagnostik von Motivation 57

Kapitel 5
Implizite Motive und motivationale Selbstbilder: Zwei Prädiktoren mit unterschiedlichen Gültigkeitsbereichen
Joachim C. Brunstein 59

Kapitel 6
Die Messung des Leistungsmotivs mittels des Thematischen Auffassungstests
Thomas A. Langens und Julia Schüler 89

Kapitel 7
Leistungsmotivation im Unterricht: über den Einsatz des LM-Gitters in der Schule
Heinz-Dieter Schmalt 105

Kapitel 8
Der Operante Motiv-Test (OMT): ein neuer Ansatz zur Messung impliziter Motive
Julius Kuhl, David Scheffer und Jan Eichstaedt 129

Kapitel 9
Der Operante Motiv-Test (OMT): Inhaltsklassen, Auswertung, psychometrische Kennwerte und Validierung
David Scheffer, Julius Kuhl und Jan Eichstaedt 151

Kapitel 10
Kollektive Erinnerungsarbeit als qualitativer Zugang zu Lernmotivation und Lernverhalten
Ulrike Behrens und Joachim Stiensmeier-Pelster 169

Teil 3
Diagnostik von Selbstregulation und Volition 181

Kapitel 11
Der Selbstregulations- und Konzentrationstest für Kinder (SRKT-K) und Erwachsene und der Selbstregulations-Strategientest für Kinder (SRST-K)
Nicola Baumann und Julius Kuhl 183

Kapitel 12
Handlungs- und Lageorientierung: Wie lernt man, seine Gefühle zu steuern?
Julius Kuhl und Miguel Kazén 201

Kapitel 13
Das Selbststeuerungsinventar: Dekomponierung volitionaler Funktionen
Stephanie M. Fröhlich und Julius Kuhl 221

Teil 4
Diagnostik der Motivation im Handlungsvollzug 259

Kapitel 14
Die Erfassung des Flow-Erlebens
Falko Rheinberg, Regina Vollmeyer und Stefan Engeser 261

Kapitel 15
Aktuelle Motivation und Motivation im Lernverlauf
Regina Vollmeyer und Falko Rheinberg 281

Anhang
Deutschsprachige Tests zur Erfassung von lern- und leistungsbezogenen Parametern der Motivation und des Selbstkonzepts bei Kindern und Jugendlichen
Marcus Hasselhorn, Harald Marx, Wolfgang Schneider 297

Autorenverzeichnis 302

Vorwort der Reihenherausgeber

Eine der Leitlinien für die neue Folge der Reihe „Tests und Trends. Jahrbuch der pädagogisch-psychologischen Diagnostik" ist, eine Brücke zwischen der Grundlagenforschung und der Praxis im Bereich von Lernen und Lernschwierigkeiten zu schlagen. Gerade in der entwicklungspsychologischen und pädagogisch-psychologischen Forschung zu den situationalen und dispositionellen Bedingungen und Folgen des Lernens sind in letzter Zeit vielfältige Befunde erbracht worden, die für die Praxis der Früh-, Förder- und Differentialdiagnose des Erfolgs unterschiedlicher Lernprozesse hoch relevant sind. In den Bänden dieser Reihe sollen daher praktisch relevante Forschungsergebnisse und -ansätze zu spezifischen Lernleistungen oder spezifischen Lernvoraussetzungen unter dem diagnostischen Blickwinkel berichtet werden.

Zu den wichtigsten individuellen Voraussetzungen erfolgreichen Lernens gehören auf Seiten des Lernenden zweifelsohne motivationale Orientierungen und verschiedene Facetten des Selbstkonzeptes. Der hier vorgelegte zweite Band der neuen Folge von „Tests und Trends" beschäftigt sich mit der Diagnostik von genau diesen individuellen Voraussetzungen des Lernens. Dabei werden neben neuen Testverfahren auch grundlagenwissenschaftliche Befunde berichtet sowie ihre möglichen diagnostischen Implikationen diskutiert. Den Kollegen Stiensmeier-Pelster und Rheinberg ist es gelungen, die durchaus schwierige Thematik in überzeugender Weise zu ordnen und von kompetenten Autoren darstellen zu lassen.

Die Lektüre der ersten 15 in diesem Band zusammengefassten Beiträge macht deutlich, dass die motivationalen Faktoren des Lernens ausgesprochen vielschichtig sind und sich häufig erst in übergeordneten Situationen der Handlungsregulation genauer fassen lassen. Die Beiträge geben aber auch einen guten Überblick über bewährte, erprobte sowie in der Erprobung befindliche diagnostische Verfahren dieses Bereichs.

Als Reihenherausgeber haben wir gerne die Anregung von Kolleginnen und Kollegen aufgegriffen, in einem Kurzbeitrag zusätzlich eine inhaltsbezogene Testübersicht in Tabellenform zur Verfügung zu stellen. Wir haben deshalb eine Kurzcharakteristik der derzeit beziehbaren und normierten Verfahren zu Motivation und Selbstkonzept diesem Band hinzugefügt.

Es bleibt zu wünschen, dass die interessierte Leserin und der interessierte Leser durch die Lektüre angeregt werden, die vorhandenen oder sich daraus ergebenden diagnostischen Möglichkeiten theoretisch zu nutzen und praktisch umzusetzen.

Göttingen, Oktober 2002

Marcus Hasselhorn, Wolfgang Schneider, Harald Marx

Vorwort der Herausgeber

Welche Leistung jemand in Schule, Studium oder Beruf erzielt, hängt nicht allein von seiner Begabung oder Intelligenz ab. Das Lern- und Leistungsverhalten und damit der Lernfortschritt und die am Ende resultierende Leistung werden ganz wesentlich auch von motivationalen Faktoren beeinflusst. Will man also vorhersagen, wie eine Person bei einer bestimmten Aufgabe abschneiden wird, so genügt es nicht, nur Kennwerte für die Begabung oder Intelligenz heranzuziehen. Vielmehr muss man auch etwas darüber wissen, welche Ziele diese Person mit der Aufgabenbearbeitung verfolgt, wie viel Spaß ihr die Aufgabenbearbeitung bereitet, ob sie sich diese Aufgabe zutraut oder ob sie misserfolgsängstlich an die Aufgabe herangeht, wie gut sie bei aufkommenden Widerständen bei der Sache bleiben kann und ähnliches mehr. Man benötigt also Informationen, die die Motivation und die Selbsteinschätzungen der Person betreffen.

Der vorliegende Band widmet sich der Diagnostik eben dieser beiden Determinanten von Leistung: *Motivation* und *Selbstkonzept*. Dabei finden sich in diesem Band sowohl Beiträge, die sich mit grundlegenden theoretischen Fragestellungen der Diagnostik von Motivation und Selbstkonzept beschäftigen, als auch Beiträge, in denen ganz konkrete diagnostische Verfahren vorgestellt werden. Da die Forschung und damit auch die Diagnostik von Motivation und Selbstkonzept eine lange Tradition hat, enthält der vorliegende Band einige Beiträge, die den letzten Stand zu schon bewährten Verfahren präsentieren. Der Schwerpunkt liegt allerdings auf Beiträgen, die neue, erst kürzlich erschienene Instrumente vorstellen. Schließlich finden sich auch noch Beiträge, die aktuelle Trends in der Motivations- und Selbstkonzeptdiagnostik diskutieren.

Gießen und Potsdam im Mai 2002

Joachim Stiensmeier-Pelster
Falko Rheinberg

Teil 1

Diagnostik von Selbstkonzept und motivationaler Orientierung

Kapitel 1

Das Fähigkeitsselbstkonzept und seine Erfassung

Claudia Schöne, Oliver Dickhäuser, Birgit Spinath und Joachim Stiensmeier-Pelster

Zusammenfassung

Einschätzungen der eigenen Fähigkeit (Fähigkeitsselbstkonzepte) beeinflussen das Verhalten und Erleben in vielfältiger Weise und spielen auch in schulischen Lern- und Leistungssituationen eine bedeutsame Rolle. In dem Beitrag wird zunächst der Begriff des „Fähigkeitsselbstkonzepts" definiert und von verwandten Konzepten wie beispielsweise Selbstwertgefühl abgegrenzt. In der Definition des Begriffs wird die Bedeutung verschiedener Bezugsnormen aufgezeigt, also den Maßstäben, an denen die eigene Fähigkeit gemessen wird – ein Aspekt, der bisher in den Konzeptionalisierungen und nachfolgend in der Erfassung vernachlässigt wurde. In einem weiteren Abschnitt wird dargestellt, in welcher Weise das Fähigkeitsselbstkonzept Lernverhalten und nachfolgend Leistung beeinflussen kann. Dabei wird insbesondere auf die vermittelnde Funktion von Ursachenerklärungen, Erfolgserwartungen und aufgabenirrelevanten Gedanken eingegangen. Der zweite Teil widmet sich der Erfassung des Fähigkeitsselbstkonzepts. Nach einem kurzen Überblick über vorliegende Instrumente wird im letzen Abschnitt ein neues, normiertes Verfahren – die *Skalen zur Erfassung des schulischen Selbstkonzepts (SESSKO)* – vorgestellt, das der Notwendigkeit der systematischen Berücksichtigung verschiedener Bezugsnormen Rechnung trägt. Dabei wird neben dem Testmaterial selbst und der psychometrischen Qualität der Skalen ebenfalls detailliert die Auswertung und Interpretation der erhobenen Testwerte erläutert.

Zwei Schüler zeigen in der Schule völlig unterschiedlich gute Leistungen – nichts Ungewöhnliches auf den ersten Blick. Die Lehrerin hat jedoch die Vermutung, dass sich beide hinsichtlich ihrer Begabung durchaus ähnlich sind, aber unterschiedlich gut ihre Begabung in Leistung umsetzen können. Sie führt mit beiden ein Gespräch, in dem sie Hinweise auf mögliche Ursachen für diese begabungsunabhängigen Leistungsdifferenzen sucht. Auf die Frage, wie sich die beiden denn selbst bezüglich ihrer Fähigkeit einschätzen, bekommt die Lehrerin zwei sehr verschiedene Antworten. Während der leistungsstarke Schüler sagt: „Ich bin eben echt schlau", äußert der Leistungsschwache, er schätze seine Fähigkeiten als sehr niedrig ein. Die Lehrerin überlegt, ob diese unterschiedlichen Ansichten die *Folge* der tatsächlich ungleichen Schulleistungen sind, oder aber ob die Differenzen in der Selbsteinschätzung möglicherweise sogar die *Ursachen* für diese Leistungsunterschiede sein könnten. Mit solchen Gedanken befindet sich die Lehrerin mitten in einem Thema, das seit langem im Zentrum pädagogisch-psychologischer Forschung und Praxis steht. Gemeint ist die Forschung zu den Bedingungen und den Konsequenzen des Selbstkonzepts bzw. genauer des Fähigkeitsselbstkonzepts, also die Forschung darüber, was wir über unsere Fähigkeiten denken, wie solche Gedanken entstehen und wie sie unsere Lernmotivation, unser Lernverhalten und damit unsere Leistung beeinflussen.

Wenngleich in der pädagogisch-psychologischen Praxis wie auch in der aktuellen Forschung zum Fähigkeitsselbstkonzept unterschiedliche Theorien und Modelle postuliert werden, so besteht doch Einigkeit darüber, dass die Tatsache, für wie hoch oder niedrig ein Schüler seine schulischen Fähigkeiten einschätzt, von Bedeutung für dessen Lern- und Leistungsverhalten und damit letztlich auch für seinen Schulerfolg ist. Den unterschiedlichen Theorien und Modellen liegen teilweise verschiedene Begriffsverständnisse zugrunde. Daher wird hier zunächst eine Definition des Fähigkeitsselbstkonzepts vorgestellt.

1.1 Begriffsbestimmung

Unter Fähigkeitsselbstkonzept wird allgemein die Gesamtheit der Gedanken bezüglich der eigenen Fähigkeiten verstanden (Meyer, 1984; Pekrun, 1983). Das schulische Fähigkeitsselbstkonzept kann dementsprechend als die *Gesamtheit der Gedanken über die eigenen Fähigkeiten in schulischen Leistungssituationen* definiert werden. Dabei kann zwischen kognitiven und affektiven Repräsentationen (Inhalten) unterschieden werden (vgl. Bong & Clark, 1999). Die affektiven Inhalte stellen die emotionalen Folgen der kognitiven Repräsentationen dar, z. B.: „Ich schäme mich" (emotionale Folge) „dafür, dass ich nicht so schlau bin" (kognitive Repräsentation). Wenngleich solche affektiven Inhalte in zahlreichen Definitionen zum Selbstkonzept gezählt werden (u. a. Fillip, 1984; Shavelson, Hubner & Stanton, 1976), erscheint es uns sinnvoll, diese im Falle des Fähigkeitsselbstkonzepts explizit auszuschließen. Affektive Komponenten („Ich schäme mich...") sollten nicht im eigentlichen Sinne zu den kognitiven Repräsentationen über eigene Fähigkeiten („... dass ich nicht so schlau bin.") zählen, da sie nicht hauptsächlich kognitiver, sondern eben affektiver Natur sind. Sie sind eher konstitutiv für das, was im Allgemeinen mit dem Selbstwert umschrieben wird. Eine klare Trennung der Konstrukte Fähigkeitsselbstkonzept (kognitiv und eher deskriptiv) und Selbstwert (affektiv und eher evaluativ) führt nicht nur zu größerer theoretischer Klarheit, sondern erlaubt auch präzisere Verhaltensvorhersagen und gezieltere Interventionsstrategien. So macht beispielsweise eine Fördermaßnahme zur Steigerung des Fähigkeitsselbstkonzepts, die an der vermeintlich negativ verzerrten Einschätzung der eigenen Fähigkeit ansetzt, dann wenig Sinn, wenn die Probleme tatsächlich im Bereich des Selbstwerts, also in der negativen affektiven Bewertung der vermeintlich niedrigen Fähigkeiten, liegen.

Stellt man die Frage, wie solche Fähigkeitseinschätzungen aussehen und betrachtet entsprechende Aussagen, stößt man auf ein weiteres definitorisch bedeutsames Element. Einschätzungen der eigenen Fähigkeit können absolut („Ich bin begabt") oder in Relation zu einem Referenzrahmen („Ich bin begabter als...") erfolgen. Bezugsnormtheorien beschäftigen sich mit eben solchen Referenzrahmen (vgl. Dickhäuser & Rheinberg, in diesem Band; Rheinberg, 2001). Es lassen sich drei verschiedene Bezugsnormen und damit einhergehende Fähigkeitseinschätzungen unterscheiden: eine soziale, eine individuelle und eine kriteriale Bezugsnorm.

Aufgrund des sozialen Kontextes (z.B. der Klasse), in denen schulische Leistungen erbracht werden, ist wiederholt angenommen worden, dass insbesondere Vergleiche aufgrund einer *sozialen Bezugsnorm* Aussagen über eigene Fähigkeiten ermöglichen (vgl. Festinger, 1954; Meyer, 1984). Entsprechend sollten Einschätzungen einer Person über die Höhe ihrer eigenen Fähigkeiten im sozialen Vergleich einen Teil des Fähigkeitsselbstkonzepts darstellen. Die Höhe der eigenen Fähigkeit kann man jedoch auch aufgrund intraindividueller Maßstäbe erschließen (Heckhausen, 1980; siehe auch Rheinberg, 2001). Jüngere Kinder scheinen diesen Maßstab gegenüber anderen sogar zu bevorzugen (Nicholls, 1984; Yussen & Kane, 1985). Ein solcher intraindividueller Maßstab, also eine *individuelle Bezugsnorm,* wird z.B. verwendet, wenn ein Schüler seine aktuelle Leistung mit seiner Leistung in der Vergangenheit vergleicht (temporaler Vergleich). Entsprechend sollten Repräsentationen einer Person über die Höhe ihrer eigenen Fähigkeiten im individuell-temporalen Vergleich einen Teil des Fähigkeitsselbstkonzepts darstellen. Eine dritte Bezugsnorm, anhand derer man seine Fähigkeiten einschätzen kann, ist die sachliche oder *kriteriale Bezugsnorm,* also der Vergleich der eigenen Leistung mit einem Kriterium. In Festingers (1954) Theorie sozialer Vergleichsprozesse wird sogar angenommen, dass soziale Vergleiche nur da einsetzen, wo objektive (kriteriale) Maßstäbe nicht verfügbar sind. Entsprechend sollten auch Einschätzungen einer Person über die Höhe ihrer eigenen Fähigkeiten im kriterialen Vergleich einen Teil des Fähigkeitsselbstkonzepts darstellen.

1.2 Das Fähigkeitsselbstkonzept in Lern- und Leistungskontexten

Verschiedene Meta-Analysen (Hansford & Hattie, 1982; Mabe & West, 1982) zeigen, dass ein mittlerer, positiver Zusammenhang zwischen Fähigkeitsselbstkonzept und Leistung besteht, dass also ein hohes Fähigkeitsselbstkonzept mit guten Leistungen, ein niedriges mit schlechten Leistungen einhergeht. Damit sind jedoch weder die *Verursachungsrichtung* – also die Frage, ob das Fähigkeitsselbstkonzept die Leistung beeinflusst oder umgekehrt – noch die den Zusammenhang *vermittelnden psychologischen Prozesse* geklärt.

In der Literatur werden bezüglich der Verursachungsrichtung zwei verschiedene Ansätze diskutiert, die auch den Gedanken der eingangs genannten Lehrerin entsprechen: Sind die unterschiedlichen Selbsteinschätzungen *Folge* oder *Ursache* der unterschiedlichen Leistung der beiden Schüler? Der self-enhancement Ansatz geht davon aus, dass das Fähigkeitsselbstkonzept die Leistung einer Person beeinflusst und leitet davon die Annahme ab, dass Steigerungen der Leistung durch eine Erhöhung des Fähigkeitsselbstkonzepts möglich sind. Im Gegensatz dazu nimmt der skill-development Ansatz an, dass die Leistung einer Person ihr Fähigkeitsselbstkonzept bestimmt. Es ist zu vermuten, dass beide dieser Ansätze zutreffen, sprechen doch die Befunde aus Längsschnittstudien teils für den skill-development Ansatz (z. B. Helmke & van Aken, 1995) und teils für den self-enhancement Ansatz (z. B. Stiensmeier-Pelster, 1988; Stiensmeier-Pelster, Balke & Schlangen, 1996).

Wie sehen nun die *vermittelnden Prozesse* der Beeinflussung von Fähigkeitsselbstkonzept auf Leistung aus? Dem Selbstkonzept wird ein Einfluss auf motivationale Faktoren zugeschrieben, die wiederum das Verhalten und die Leistung beeinflussen. Solche motivationalen Wirkungen unterschiedlich hoher Fähigkeitsselbstkonzepte sind in der Literatur mehrfach belegt (zsf. Meyer, 1984). So wirkt sich z. B. das Fähigkeitsselbstkonzept auf die *Erfolgserwartung* aus: Je höher das Selbstkonzept, desto stärker geht eine Person davon aus, bei einer Aufgabe erfolgreich abzuschneiden (z. B. Dickhäuser & Stiensmeier-Pelster, im Druck). Auch gibt es Zusammenhänge zwischen dem Selbstkonzept und *Ursachenerklärungen*, die Personen für eigene Erfolge oder Misserfolge in Leistungssituationen heranziehen (z. B. Stiensmeier-Pelster, Schürmann, Eckert & Pelster, 1994). Personen mit niedrigem Fähigkeitsselbstkonzeptes bevorzugen zur Erklärung von eigenen Misserfolgen eher internalstabile Faktoren (z. B. geringe Intelligenz), während Personen mit einem hohen Fähigkeitsselbstkonzept eher externale Ursachenfaktoren (etwa Zufall) zur Erklärung heranziehen. Im Falle von Erfolgsereignissen kehrt sich dieses Muster um. Personen mit niedrigem Fähigkeitsselbstkonzept zeigen somit ein ungünstiges Attributionsmuster. Zukünftige Misserfolge erscheinen als unabänderlich und Erfolge scheinen nicht mit der eigenen Person bzw. eigener Anstrengung in Beziehung zu stehen. Motivationale Defizite, ein inadäquates Lernverhalten und schlechte Leistungen sind dann die Folge. So bestätigt sich im Sinne einer sich selbst erfüllenden Prophezeiung die Einschätzung, unbegabt zu sein und das niedrige Fähigkeitsselbstkonzept stabilisiert sich selbst (vgl. Meyer, 1984). Des Weiteren kann ein niedriges Fähigkeitsselbstkonzept in Leistungssituationen dazu führen, dass vermehrt *handlungsirrelevante Gedanken* entstehen. Personen mit niedrigem Fähigkeitsselbstkonzept denken beispielsweise in Prüfungssituationen häufiger über die negativen Folgen einer verpatzten Prüfung nach. Unter solchen Bedingungen fällt natürlich die konzentrierte Aufgabenbearbeitung weitaus schwerer und so verwundert es nicht, dass oftmals schlechtere Leistungen resultieren (zsf. Meyer, 1984; Deffenbacher, 1980). Dieses Phänomen scheint besonders stark ausgeprägt in leistungszielbetonten Situationen, in denen der Bewertungsaspekt im Vordergrund steht (Spinath & Schöne, in diesem Band; Stiensmeier-Pelster & Schlangen, 1996).

Zusammenfassend zeigt sich somit, dass das Fähigkeitsselbstkonzept – vermittelt über verschiedene kognitive, emotionale und motivationale Variablen – die Leistungen einer Person positiv wie negativ beeinflussen kann. Die Vermutung der Lehrerin im einleitenden Beispiel, dass die unterschiedlichen Fähigkeitseinschätzungen Ursache für die unterschiedlich guten Leistungen der beiden Schüler sind, könnte also in Anbetracht der Forschungslage durchaus zutreffen. Wenn das Fähigkeitsselbstkonzept also ein wichtiger Faktor zur Erklärung von Leistung sein kann, ist seine Erfassung für die Forschung wie auch für diagnostische Zwecke von großer Bedeutung. Wie soll nun das Fähigkeitsselbstkonzept erfasst werden? Dieser Frage wird im nächsten Abschnitt nachgegangen.

1.3 Erfassung des Fähigkeitsselbstkonzepts

Personen verfügen nicht nur, wie weiter oben gezeigt, über Vorstellungen hinsichtlich ihrer eigenen Begabung in Relation zu verschiedenen Bezugsnormen. Vielmehr können derartige Vorstellungen auf unterschiedlichen Abstraktionsniveaus bzw. Hierarchieebenen vorliegen (vgl. hierzu das Modell von Shavelson et al., 1976). So haben Schüler sowohl eine Vorstellung über ihre Fähigkeit bezüglich bestimmter Aufgaben oder bezüglich verschiedener Schulfächer (z. B. naturwissenschaftlich-mathematische Fächer vs. Sprachen) als auch bezüglich ihrer allgemeinen schulischen Fähigkeiten (siehe z. B. Seeshing Yeung, Chiu, Chuk, McInery, Russel-Bowie & Suliman, 2000). Es stellt sich also die Frage, auf welcher Hierarchieebene das Fähigkeitsselbstkonzept erfasst werden soll, z. B. wenn der Zusammenhang zwischen Fähigkeitsselbstkonzept und Schulleistung analysiert werden soll. Diese Frage lässt sich aus der Sicht des Testanwenders beantworten: Vermutlich werden häufiger Probleme an ihn herangetragen, die sich auf Leistungsprobleme generell, also auf verschiedene Schulfächer beziehen. In diesem Fall wäre es wenig sinnvoll, das Fähigkeitsselbstkonzept fachspezifisch zu erfassen, während es in anderen Fällen durchaus zweckmäßig sein kann, fach- oder sogar aufgabenspezifische Fähigkeitsselbstkonzepte zu erfassen. Wenngleich man davon ausgehen kann, dass prinzipiell das Fähigkeitsselbstkonzept Lernverhalten und Leistung bei einer bestimmten Aufgabe oder in einem bestimmten Fach umso besser vorhersagen kann, je aufgaben- bzw. fachspezifischer es erfasst wird, so stellt sich doch die Frage, ob ein auf höherer Ebene erfasstes Fähigkeitsselbstkonzept ebenfalls gute Verhaltensvorhersagen ermöglicht und der Erfassung des allgemeineren Fähigkeitsselbstkonzepts wegen der größeren Breite der Vorhersagen damit der Vorzug zu geben wäre.

Zur Erfassung des generellen schulischen Fähigkeitsselbstkonzepts stehen eine Reihe von Forschungsinstrumenten zur Verfügung. Dies sind Fragebögen, die das Fähigkeitsselbstkonzept als Selbstbericht erheben wie z. B. die *Skala zur Erfassung des Selbstkonzepts schulischer Leistungen und Fähigkeiten* (SKSLF) von Rost und Lamsfuss (1992) oder der *Fragebogen zur Erfassung von Selbst- und Kompetenzeinschätzungen bei Kindern* (FSK-K) von Wünsche und Schneewind (1989). Auf diese nicht normierte Instrumente kann im Rahmen der Forschung sicherlich zurückgegriffen werden. Für die diagnostische Praxis ist es aber unumgänglich, normierte Verfahren einzusetzen. Ein Blick in die Literatur zeigt, dass es bislang nur zwei Instrumente gibt, für die Normdaten vorliegen: Der *Fragebogen zum Selbstkonzept für 4.–6. Klassen* (FSK 4–6) von Wagner (1977), sowie die *Frankfurter Selbstkonzeptskalen* (FSKN) von Deusinger (1986).

Der FSK 4–6 enthält als eine von sechs Subskalen die Subskala *Einschätzung eigener Fähigkeit*. Die Skala umfasst acht selbstbeschreibende Items, zu denen die Schülerinnen und Schüler das Ausmaß ihrer Zustimmung angeben. Die Reliabilität der Skala liegt über .80. Als Validitätshinweis werden hypothesenkonforme Zusammenhänge zu Schulnoten berichtet. Kritisch fällt auf, dass das Verfahren nur für einen sehr eingeschränkten Altersbereich geeignet ist (4. bis 6. Klassen). Weiterhin müssen die Normen des Tests, die aus den Jahren 1976 und 1977 stammen, als veraltet gelten. Schließlich ist zu kritisieren, dass die Skala z. T. Items enthält, die nicht Einschätzungen der eigener Fähigkeit erfassen, sondern Meinungen darüber, welche diesbezüglichen Einschätzungen andere Personen haben. So erfasst das Item „Meine Eltern halten mich für klug" wohl eher die *wahrgenommene Fremdeinschätzung* der eigenen Fähigkeit, nicht aber das Fähigkeitsselbstkonzept.

Die Subskala *Frankfurter Selbstkonzeptskala zur allgemeinen Leistungsfähigkeit* aus dem FSKN von Deusinger (1986) umfasst 10 Zustimmungsitems, die die Einstellungen des Individuums zur eigenen Leistungsfähigkeit erfassen sollen. Die Skala ist für Personen ab 13 Jahren normiert; sie erzielte in verschiedenen Stichproben Reliabilitäten bis .84. Betrachtet man die dieser Skala zugrundeliegende Konstruktdefinition, so stellt man fest, dass die in diesem Artikel geforderte Trennung von kognitiven Elementen der Fähigkeitsrepräsentationen einerseits und affektiv-bewertenden Anteile andererseits nicht vorgenommen wird. Unter dem Selbstkonzept der Leistungsfähigkeit werden nämlich „die Kognitionen, Auffassungen, Überlegungen, Beurteilungen, Bewertungen, Gefühle und auch Handlungen des Individuums gegenüber sich selbst" verstanden (Deusinger, 1986, 32). Ein Item des FSK lautet „Ich bin mit meinen Schulleistungen zufrieden" – auch hier werden also auch affektiv-bewertende Anteile erfasst.

Angesichts dieser Kritik an den bislang vorliegenden normierten Messinstrumenten zum Fähigkeitsselbstkonzept wird im Folgenden ein neues Instrument vorgestellt, welches insbesondere versucht, rein kognitive Repräsentationen eigener Fähigkeiten zu erfassen und zudem erstmalig die differenzierte bezugsnormspezifische Erfassung des schulischen Fähigkeitsselbstkonzepts ermöglicht.

1.4 Die Skalen zur Erfassung des schulischen Selbstkonzepts (SESSKO)

Die *Skalen zur Erfassung des schulischen Selbstkonzepts* (SESSKO) erfassen das Fähigkeitsselbstkonzept unter *systematischer Berücksichtigung verschiedener Bezugsnormen* und beschränken sich dabei ausschließlich auf *kognitive* Elemente, da die zugrundegelegte Definition des Fähigkeitsselbstkonzepts dieses als Gesamtheit der *kognitiven* Repräsentationen (...) bestimmt (vgl. Abschnitt „Begriffsbestimmung"). Die Skalen sind für den Einsatz in den Klassen 4 bis 10 überprüft und normiert; darüber hinaus liegt eine Version für Studierende vor (s. dazu Dickhäuser, Schöne, Spinath & Stiensmeier-Pelster, im Druck).

Das Instrument wird im Folgenden kurz beschrieben, für eine ausführliche Darstellung wird auf das SESSKO-Testmanual (Schöne, Dickhäuser, Spinath & Stiensmeier-Pelster, 2002) verwiesen.

1.4.1 Beschreibung des Testmaterials

Die SESSKO bestehen aus vier Skalen mit jeweils 5 bzw. 6 Items, d. h. der gesamte Fragebogen umfasst 22 Items, die – wie in Abbildung 1 dargestellt – auf einem 5-stufigen semantischen Differenzial beantwortet werden. Diese Items enthalten einen über alle vier Skalen ähnlichen Itemstamm (z. B. „begabt sein") sowie eine spezifische Ergänzung. Diese Ergänzung thematisiert entweder die soziale Bezugsnorm („begabter als meine Mitschüler"), die individuelle Bezugsnorm („begabter als früher") oder die kriteriale Bezugsnorm („begabt gemessen an den Anforderungen der Schule"), oder aber sie sind bezugsnormunspezifisch formuliert („begabt sein"). Ein weiteres, konkretes Beispiel ist in Abbildung 1 dargestellt.

Wenn ich mir angucke, was wir in der Schule können müssen, halte ich mich für ...						
nicht begabt	☐	☐	☐	☐	☐	sehr begabt
Ich bin für die Schule ... weniger begabt als früher	☐	☐	☐	☐	☐	begabter als früher
Ich denke, ich bin für die Schule ... weniger begabt als meine Mitschüler/-innen	☐	☐	☐	☐	☐	begabter als meine Mitschüler/-innen
Ich bin für die Schule ... nicht begabt	☐	☐	☐	☐	☐	sehr begabt

Abbildung 1:
SESSKO-Itembeispiele (Bsp. 1: Skala „Selbstkonzept – kriterial", Bsp. 2: Skala „Selbstkonzept – individuell", Bsp. 3: Skala „Selbstkonzept – sozial", Bsp. 4: Skala „Selbstkonzept – absolut").

1.4.2 Durchführung, Auswertung und Interpretation

Die Bearbeitung der SESSKO-Fragebögen kann sowohl im Rahmen einer Gruppentestung (z. B. eine Schulklasse) wie auch als Einzeltestung erfolgen. In beiden Fällen bearbeiten die Schülerinnen und Schüler selbstständig den Fragebogen, nachdem ihnen der Antwortmodus an einem Beispiel erklärt wurde. Die Bearbeitungsdauer liegt zwischen 7 und 15 Minuten zuzüglich einiger Minuten für die Instruktion. Für die Auswertung steht eine Auswertungshilfe (Schablone) zur Verfügung sowie ein Auswertungsbogen, der die Ermittlung der Prozentränge und T-Wert(-Bänder) für die vier Skalen erleichtert. Die ermittelten Normwerte für die vier Skalen werden als Profil grafisch dargestellt, das auch als Interpretationshilfe dient (für ein Beispiel s. Abbildung 2).

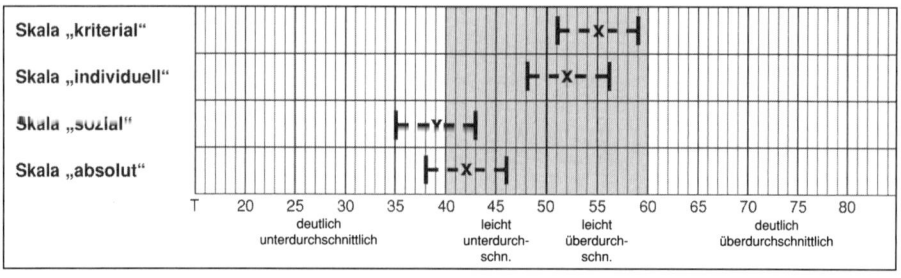

Abbildung 2:
SESSKO Beispiel-Profil. Abgetragen sind T-Werte (als Kreuz gekennzeichnet) sowie die T-Wert-Bänder (Anfang und Ende mit senkrechtem Strich markiert) getrennt für die Skalen „kriterial", „individuell", „sozial" und „absolut".

In dem in Abbildung 2 aufgezeigten fiktiven Beispiel ist der folgende Befund grafisch veranschaulicht: Das getestete Kind weist in seiner Einschätzung der eigenen Fähigkeit im Falle einer Beurteilung im individuellen (temporalen) Vergleich (Skala „individuell") sowie anhand sachlicher Kriterien (Skala „kriterial") einen Wert auf, der im leicht überdurchschnittlichem Bereich liegt, während es seine Fähigkeit beim Vergleich mit seinen Mitschülern (Skala „sozial") als eher unterdurchschnittlich wahrnimmt. Gleiches gilt auch für seine Einschätzung, wenn ihm kein Maßstab für die Beurteilung der Fähigkeit vorgegeben wird (Skala „absolut").

Für eine weitergehende Interpretation sowie die Ableitung von Interventionsmaßnahmen sind diese vier Werte von zentraler Bedeutung, jedoch sollten im Einzelfall weitere Informationen z. B. über die Realitätsangemessenheit dieser Einschätzung eingeholt werden. So ist beispielsweise eine Befragung der Lehrkräfte und Eltern möglich, die beurteilen können, inwieweit der Schüler mit den Anforderungen der Schule zurechtkommt (Leistung im kriterialen Vergleich), wie seine Leistungen im sozialen Vergleich sind oder wie seine früheren Leistungen waren. So kann identifiziert werden, an welchen Stellen die Fähigkeitsrepräsentationen des Kindes nicht mit dem entsprechenden Leistungsstand korrespondieren. Dies wäre im Beispiel unter anderem dann der Fall, wenn sich herausstellt, dass die Leistungen des Kindes über dem Klassendurchschnitt liegen. Im Beratungsgespräch und/oder im Unterricht könnte dann gezielt auf eine realistischere Einschätzung hingearbeitet werden, beispielsweise indem die dafür notwendigen Informationen systematisch an das Kind herangetragen bzw. ihm bewusst gemacht werden.

Nimmt man einmal an, dass das Kind im Beispiel aus einer Klasse stammt, in der sehr starke innere Differenzierung stattfindet, so könnten vorsichtige Vermutungen bezüglich der Auswirkungen des Unterrichts gemacht werden: Möglicherweise führt diese Art des Unterrichts bei diesem Kind zwar einerseits zur Wahrnehmung hohen Lernfortschritts, auf der anderen Seite aber durch die Erkenntnis, stets leichtere Aufgaben zu bekommen als die Mitschüler, zu einer ungewöhnlich niedrigen Fähigkeitseinschätzung im sozialem Vergleich (zu den Auswirkungen von Aufgabenzuweisungen auf die Entwicklung des Fähigkeitsselbstkonzepts vgl. Meyer, 1984).

1.4.3 Gütekriterien

Die Skalen zur Erfassung des schulischen Fähigkeitsselbstkonzepts können aufgrund einer standardisierten und detaillierten Durchführungs-, Auswertungs- und Interpretationsinstruktion als objektives Verfahren gelten.

Die SESSKO haben sich als reliables und valides Instrument erwiesen (vgl. Schöne et al., 2002; Gleiches gilt für eine studentische Adaptation des Verfahrens; vgl. Dickhäuser, et al., im Druck). So weist das Verfahren für Schüler/-innen in verschiedenen Studien gute interne Konsistenzen auf ($\alpha = .80 - .88$). Die Testhalbierungs-Reliabilitäten liegen zwischen .81 und .89. Die Retest-Reliabilitäten liegt bei $r = .62$ bis .68 für ein 6-Monats-Intervall, innerhalb dessen auch Schuljahreszeugnisse vergeben wurden (für eine differenziertere Darstellung siehe Schöne et al., 2002).

Hinweise auf die Konstruktvalidität des Verfahrens liefert der Befund, dass sich die drei Skalen, die Bezugsnormen thematisieren, faktorenanalytisch identifizieren lassen. Die vierte, aus theoretischen Gründen separat faktorenanalysierte Skala erweist sich wie erwartet als eindimensional. Auch Hinweise auf die diskriminante und konvergente Validität des Verfahrens liegen vor: Die SESSKO-Werte korrelieren hoch mit den mit anderen Selbstkonzeptinventaren (SKSLF von Rost & Lamsfuss, 1992; FSK 4–6 von Wagner, 1977) erhobenen Werten – die Korrelationen liegen hier zwischen $r = .40$ und .66. Die Zusammenhänge mit dem verwandten Konstrukt Selbstwirksamkeit (Skala von Schwarzer & Jerusalem, 1999) fallen etwas geringer aus ($r = .35 - .44$) und die Korrelationen zu anderen Konstrukten wie Prüfungsängstlichkeit (TAI-G, Hodapp, Laux & Spielberger, 1982) und Leistungsmotivation (dt. Übersetzung der AMS, Göttert & Kuhl, 1999) erweisen sich im Sinne diskriminanter Validität als deutlich geringer ($|r| < .20$). Zudem sind diese Zusammenhänge erwartungsgemäß positiv für die Skala „Hoffnung auf Erfolg" und durchgängig negativ für „Furcht vor Misserfolg" und die beiden Skalen der Prüfungsängstlichkeit („emotionality" und „worry"), d. h. ein hohes Fähigkeitsselbstkonzept geht einher mit hoher Hoffnung auf Erfolg, geringer Furcht vor Misserfolg und geringer Prüfungsangst.

Zwischen dem Fähigkeitsselbstkonzept erfasst mit den SESSKO-Skalen und der Schulleistung bestehen bedeutsame Zusammenhänge. Die Korrelationen mit der Schulleistung (umcodierte, gemittelte Hauptfachnoten) liegen bei $r = .38$ bis $.43$ (Dickhäuser et al., im Druck). Es besteht also ein positiver Zusammenhang, d. h. je höher (niedriger) das Fähigkeitsselbstkonzept, desto besser (schlechter) die Schulleistung.

In einer weiteren Studie wurde geprüft, inwieweit sich die Korrelationen zwischen Selbstkonzept und Schulleistung unterscheiden, je nachdem, ob ein generelles Selbstkonzeptmaß (schulisches Selbstkonzept) oder ein spezifisches Maß (fachspezifisches Selbstkonzept) verwendet wird. Dazu wurden in einer Stichprobe ($N = 203$) sowohl die SESSKO-Skalen wie auch eine Adaptation dieser Skalen für Mathematik vorgegeben und die Mathematik-Noten erfasst. Die Auswertung erbrachte keine statistisch bedeutsamen Unterschiede zwischen den Korrelationen zwischen beiden Selbstkonzeptmaßen und der Mathematik-Note (Skala „absolut": $r_{allgemein} = .38$ vs. $r_{fachspezifisch} = .42$), d. h. das (allgemeine) Fähigkeitsselbstkonzept, wie es mit den SESSKO erhoben wird, weist vergleichbar hohe Zusammenhänge mit der Mathematik-Leistung auf wie das für Mathematik erhobene fachspezifische Fähigkeitsselbstkonzept (vgl. Schöne et al., 2002) und bestätigt damit die weiter oben erörterte Annahme, wonach ein auf höherem Abstraktionsniveau erhobenes Fähigkeitsselbstkonzept ähnlich gute Vorhersagen über fachspezifische Leistungen erlaubt wie das auf geringerem Abstraktionsniveau (fachspezifisch) erfasste Fähigkeitsselbstkonzept.

1.4.4 Normierung

Die Normierung des Verfahrens für Schülerinnen und Schüler der vierten bis zehnten Klasse wurde an über 3 000 Schülerinnen und Schülern aller Schulformen aus verschiedenen Bundesländern durchgeführt.

1.5 Fazit

Im vorliegenden Beitrag wurde ein kurzer Überblick über die Bedeutung des Fähigkeitsselbstkonzepts in Lern- und Leistungskontexten gegeben und ein neues Instrument zu dessen Erfassung vorgestellt, das die pädagogisch-psychologische Diagnose- und Beratungspraxis verbessern kann. Kenntnisse über das Fähigkeitsselbstkonzept von Schülerinnen und Schülern sind für die Beratungspraxis beispielsweise dann von Bedeutung, wenn Schüler/-innen Leistungen erbringen, die hinter den vermuteten Fähigkeiten zurückbleiben, d.h. eine Beeinträchtigung der Umsetzung vorhandener Fähigkeiten in Leistung angenommen wird. Ein niedriges Fähigkeitsselbstkonzept kann *eine* Ursache (neben bzw. in Interaktion mit anderen Faktoren) für solch eine Beeinträchtigung sein. Erst die Kenntnis dieser Faktoren ermöglicht die Planung angemessener therapeutischer Interventionen und pädagogischer Fördermaßnahmen.

Mit den Skalen zur Erfassung des schulischen Selbstkonzepts (SESSKO) steht dafür ein reliables und valides Verfahren zur Verfügung, das in einem breiten Altersbereich (Klasse 4 bis 10 sowie Studierende) einsetzbar ist und für dessen Schülerversion Normdaten aus einer großen Stichprobe vorliegen. Die SESSKO bieten darüber hinaus die Möglichkeit einer differenzierteren Betrachtung des Fähigkeitsselbstkonzepts eines Schülers/einer Schülerin, insofern als getrennte Werte für die an den unterschiedlichen Bezugsnormen gemessenen Fähigkeitsrepräsentationen ermittelt und in Relation zu einer repräsentativen Vergleichsgruppe gesetzt werden können. Diese hoch differenzierte Diagnostik eröffnet insbesondere für die Beratungspraxis vielfältige Möglichkeiten für sehr zielgenaue Interventions- und Präventionsmaßnahmen. Daneben stellen die SESSKO-Skalen auch für die zukünftige Forschung ein nützliches Instrument dar, da sie es ermöglichen, eine Reihe neuer, interessanter Fragen bezügliches dieses pädagogisch-psychologisch bedeutsamen Konzepts zu stellen und zu klären.

1.6 Literatur

Bong, M. & Clark, R. E. (1999). Comparison between self-concept and self-efficacy in academic motivation research. *Educational Psychologist, 34*, 139–153.
Deffenbacher, J. L. (1980). Worry and emotionality in test anxiety. In I. G. Sarason (Ed.), *Testanxiety: theory, research and application* (S. 111–128). Hillsdale, NJ: Erlbaum.
Deusinger, I. M. (1986). *Die Frankfurter Selbstkonzeptskalen (FSKN)*. Göttingen: Hogrefe.
Dickhäuser, O. & Stiensmeier-Pelster, J. (im Druck). Gender differences in computer work: Evidence for the model of achievement-related choices. *Contemporary Educational Psychology*.
Dickhäuser, O., Schöne, C., Spinath, B. & Stiensmeier-Pelster, J. (im Druck). Skalen zum akademischen Selbstkonzept: Konstruktion und Überprüfung eines neuen Instruments. *Zeitschrift für Differentielle und Diagnostische Psychologie*.
Festinger, L. (1954). A theory of social comparison process. *Human Relations, 7*, 117–140. Fillip, S.-H. (1984). Entwurf eines heuristischen Bezugsrahmens für Selbstkonzept-Forschung:

Menschliche Informationsverarbeitung und naive Handlungstheorie. In S.-H. Filipp (Hrsg.), *Selbstkonzept-Forschung: Probleme, Befunde, Perspektiven* (2. Aufl.). Stuttgart: Klett-Cotta.

Göttert, & Kuhl, J. (1999). LM-Fragebogen. In F. Rheinberg & S. Krug (Hrsg.) *Motivationsförderung im Schulalltag (S. 194–200).* Göttingen: Hogrefe.

Hansford, B. C. & Hattie, J. A. (1982). The relationship between self and achievement/performance measures. *Review of Educational Research, 52,* 123–142.

Heckhausen, H. (1980). *Motivation und Handeln.* Heidelberg: Springer.

Helmke, A. & van Aken, M. A. G. (1995). The causal ordering of academic achievement and self-concept of ability during elementary school: a longitudinal study. *Journal of Educational Psychology, 87,* 624–637.

Hodapp, V., Laux, L. & Spielberger, C. D. (1982). Theorie und Messung der emotionalen und kognitiven Komponente der Prüfungsangst. *Zeitschrift für Differentielle und Diagnostische Psychologie, 3,* 169–184.

Mabe, P. A. & West, S. G. (1982). Validity of self-evaluation of ability: A review and meta-analysis. *Journal of Applied Psychology, 67,* 280–296.

Meyer, W.-U. (1984). *Das Konzept von der eigenen Begabung.* Bern: Hans Huber.

Nicholls, J. G. (1984). Achievement motivation: conceptions of ability, subjective experience, task choice, and performance. *Psychological Review, 91,* 328–346.

Pekrun, R. (1983). *Schulische Persönlichkeitsentwicklung.* Frankfurt: Lang.

Rheinberg, F. (2001). Bezugsnormen und schulische Leistungsbeurteilung. In F. E. Weinert (Hrsg.), *Leistungsmessung in Schulen* (S. 59–71). Weinheim: Beltz.

Rost, D. H. & Lamsfuss, S. (1992). Entwicklung und Erprobung einer ökonomischen Skala zur Erfassung des Selbstkonzepts schulischer Leistungen und Fähigkeiten (SKSLF). *Zeitschrift für Pädagogische Psychologie, 6,* 239–250.

Schöne, C., Dickhäuser, O., Spinath, B. & Stiensmeier-Pelster, J. (2002). *Skalen zur Erfassung des schulischen Fähigkeitsselbstkonzepts (SESSKO).* Göttingen: Hogrefe.

Schwarzer, R. & Jerusalem, M. (Hrsg.). (1999). *Skalen zur Erfassung von Lehrer- und Schülermerkmalen.* Berlin: Freie Universität Berlin.

Seeshing Yeung, A., Chui, H. S., Lau, I. C. y., McInery, D. M., Russell-Bowie, D., & Suliman, R. (2000). Where is the hierarchy of academic self-concept? *Journal of Educational Psychology, 92,* 556–567.

Shavelson, R. J., Hubner, J. J., & Stanton, G. C. (1976). Self-concept: validation of construct interpretations. *Review of Educational Research, 46,* 407–441.

Stiensmeier-Pelster, J. (1988). *Erlernte Hilflosigkeit, Handlungskontrolle und Leistung.* Heidelberg: Springer.

Stiensmeier-Pelster, J. & Schlangen, B. (1996). Erlernte Hilflosigkeit und Leistung. In J. Möller & O. Köller (Hrsg.), *Emotion, Kognition und Schulleistung.* Weinheim: Beltz/PVU.

Stiensmeier-Pelster, J., Balke, S. & Schlangen, B. (1996). Lern- vs. Leistungszielorientierung als Bedingungen des Lernfortschritts. *Zeitschrift für Entwicklungspsychologie und Pädagogische Psychologie, 28,* 169–187.

Stiensmeier-Pelster, J., Schürmann, M., Eckert, C. & Pelster, A. (1994). *Attributionsstil-Fragebogen für Kinder und Jugendliche (ASF-KJ).* Göttingen: Hogrefe.

Wagner, J. W. L. (1977). *FSK 4–6 Fragebogen zum Selbstkonzept für 4.–6. Klassen.* Weinheim: Beltz.

Wünsche, P. & Schneewind, K. A. (1989). Entwicklung eines Fragebogens zur Erfassung von Selbst- und Kompetenzeinschätzungen bei Kindern (FSK-K). *Diagnostica, 35,* 217–235.

Yussen, S. R. & Kane, P. T. (1985). Children's conception of intelligence. In S. R. Yussen (Hrsg.), *The growth of reflection in children* (S. 207–241). New York, NJ: Academic Press.

Kapitel 2

Subjektive Überzeugungen zu Bedingungen von Erfolg in Lern- und Leistungskontexten und deren Erfassung

Birgit Spinath und Claudia Schöne

Zusammenfassung

Der folgende Beitrag beschäftigt sich mit der Bedeutung von subjektiven Überzeugungen auf Erleben und Verhalten in Lern- und Leistungskontexten. Subjektive Überzeugungen (oder auch implizite Theorien) beinhalten Annahmen darüber, wie die Welt ist und nach welchen Regeln Dinge geschehen. In Lern- und Leistungskontexten haben sich insbesondere subjektive Überzeugungen über Intelligenz und Anstrengung als einflussreich herausgestellt. Beispielsweise ist es von Bedeutung, ob Intelligenz als eine feststehende, unveränderbare Größe betrachtet wird, oder aber als veränderlich und damit potentiell steigerbar. Ausgehend von der Unterscheidung in Veränderbarkeits- und Nicht-Veränderbarkeits-Theorien der Intelligenz (die erstmalig von Dweck intensiv untersucht wurde), wird aufgezeigt, welche weiteren subjektiven Überzeugungen in Lern- und Leistungskontexten Einfluss auf Erleben und Verhalten ausüben. Hier liegt der Fokus auf Annahmen über die (gegenseitige) Kompensierbarkeit und wahrgenommene Bedeutsamkeit von Intelligenz und Anstrengung für gute Leistungen. Im zweiten Teil wird ein neu entwickeltes Instrument zur Erfassung solcher Überzeugungen vorgestellt – die *Skalen zur Erfassung subjektiver Überzeugungen zu Bedingungen von Erfolg in Lern- und Leistungskontexten (SE-SÜBELLKO)*. Neben der exemplarischen Beschreibung des Testmaterials wird ein summarischer Überblick über die psychometrischen Eigenschaften der SE-SÜBELLKO gegeben.

Überzeugungen darüber, wie die Welt im Allgemeinen und der Mensch im Besonderen beschaffen sind und nach welchen Regeln beides funktioniert, spielen eine entscheidende Rolle für menschliches Erleben und Verhalten. Subjektive Überzeugungen liefern Bedeutungssysteme, mit deren Hilfe sich Menschen in ihrer Welt zurecht finden, beinhalten Ordnungsschemata für Wahrnehmung und Denken sowie Leitlinien für eigenes Handeln. Wenn ich etwa der Überzeugung bin, dass der Mensch von Natur aus gut ist, werde ich Menschen gegenüber anders empfinden und mich anders verhalten, als wenn ich der Auffassung bin, dass der Mensch von Natur aus schlecht ist. Subjektive Überzeugungen dieser Art sind allgegenwärtig, auch wenn sie selten bewusst wahrgenommen, ausgesprochen (explizit) oder gar einer kritischen Prüfung unterzogen werden. Gerade dieser Aspekt der Implizitheit macht das Wesen subjektiver Überzeugungen aus und erklärt deren Unerschütterbarkeit: Was nicht bewusst durchdacht wird, ist nicht den Gesetzen rationaler Überlegungen unterworfen, kann also auch nicht logisch verifiziert oder falsifiziert werden.

Auch in Lern- und Leistungskontexten sind bestimmte subjektive Überzeugungen wirksam, die nicht auf Merkmale der eigenen Person im Speziellen gerichtet sind (wie etwa subjektive Einschätzungen eigener Fähigkeiten), sondern allgemeine Gesetzmäßigkeiten betreffen. Für einige dieser subjektiven Überzeugungen lässt sich zeigen, dass sie systematisch mit förderlichen oder hinderlichen Emotionen, Verhaltensweisen und schließlich besseren oder schlechteren Resultaten einher gehen. Im Folgenden wird ausgehend von dem Ansatz von Carol Dweck (Dweck & Leggett, 1988; Dweck, 1999) aufgezeigt, welche Bedeutung subjektive Überzeugungen über die Veränderbarkeit von Intelligenz in Lern- und Leistungskontexten haben. Darüber hinaus wird erläutert, warum zusätzlich weitere subjektive Überzeugungen berücksichtigt werden sollten, die etwa die Bedeutsamkeit von Intelligenz für Erfolg oder die Kompensierbarkeit mangelnder Intelligenz betreffen. Da neben Intelligenz der Faktor Anstrengung eine mindestens ebenso große Rolle für das Lern- und Leistungshandeln spielt, wird die Aufmerksamkeit auch auf subjektive Theorien über Anstrengung gerichtet. Schließlich wird ein neu entwickeltes Messinstrument vorgestellt, das diese verschiedenen Aspekte subjektiver Überzeugungen über Erfolgsfaktoren in Lern- und Leistungskontexten misst: die Skalen zur Erfassung subjektiver Überzeugungen zu Bedingungen von Erfolg in Lern- und Leistungskontexten (SE-SÜBELLKO).

2.1 Implizite Theorien über Intelligenz als Bedingungen von Motivation und Leistung

Das Modell von Dweck (Dweck & Leggett, 1988; Dweck, 1999) unterscheidet zwei grundsätzliche Typen von impliziten Theorien über Intelligenz: Entweder wird Intelligenz als eine feste, nicht veränderbare Eigenschaft betrachtet (Nicht-Veränderbarkeits-Theorie) oder aber als eine steigerbare Eigenschaft (Veränderbarkeits-Theorie). Unabhängig davon, wie angemessen diese Überzeugungen im Hinblick auf wissenschaftliche Erkenntnisse über die tatsächliche Veränderbarkeit von Intelligenz sind, zeigte sich in zahlreichen Studien, dass überdauernde interindividuelle Unterschiede hinsichtlich dieser Überzeugung bestehen und dass diese systematisch mit adaptiven bzw. maladaptiven Kognitionen, Emotionen und Verhaltensweisen in Lern- und Leistungskontexten einher gehen (zsf. Dweck, 1999; Spinath, 2001).

So fühlen sich beispielsweise Personen mit Nicht-Veränderbarkeits-Theorien dann besonders intelligent, wenn sie Aufgaben mit möglichst wenig Anstrengung erledigen können und besser abschneiden als andere, während sie ihre Intelligenz durch Schwierigkeiten und das bessere Abschneiden anderer in Frage gestellt sehen (Dweck & Bempechat, 1983). Demgegenüber erleben sich Personen mit Veränderbarkeits-Theorien als besonders intelligent, wenn sie sich bei

Aufgaben besonders intensiv engagieren und durch Schwierigkeiten herausgefordert werden, sich neue Kompetenzen anzueignen. Andere Studien konnten zeigen, dass Personen mit Nicht-Veränderbarkeits-Theorien für Misserfolge häufiger mangelnde Fähigkeit verantwortlich machen, während Personen mit Veränderbarkeits-Theorien eher variable Ursachen, wie mangelnde Anstrengung oder unangemessene Strategien, annehmen (Dweck, Hong & Chiu, 1993; Hong, Chiu, Dweck, Lin & Wan, 1999).

Anders als von Dweck vermutet, ließ sich ein Zusammenhang zwischen Theorien über die Veränderbarkeit von Intelligenz und dispositionaler Zielorientierung (siehe Spinath & Schöne in diesem Band) bislang nicht zufriedenstellend nachweisen (z.B. Dresel, 2001; Spinath & Stiensmeier-Pelster, 2001; Ziegler & Schober, 1999). In diesen und weiteren Studien zeigte sich, wenn überhaupt, lediglich ein vergleichsweise schwacher Zusammenhang zwischen der Bevorzugung von Nicht-Veränderbarkeits-Theorien und Leistungszielen (dem Bemühen, Fähigkeiten gut zur Geltung zu bringen) bzw. Veränderbarkeits-Theorien und Lernzielen (dem Bemühen, Fähigkeiten zu erweitern). Teilweise erbrachten diese Studien sogar gegenläufige Ergebnisse.

Dagegen konnte gezeigt werden, dass implizite Theorien über die Veränderbarkeit von Intelligenz mit konkreten Verhaltensweisen und Leistungsergebnissen in Zusammenhang stehen: Während Personen mit Veränderbarkeits-Theorien auf schwierige Situationen mit meisterndem Verhalten reagieren (Aufwenden von mehr Anstrengung, Aufsuchen von Hilfe etc.), verringern Personen mit Nicht-Veränderbarkeits-Theorien bei Schwierigkeiten ihre Anstrengung und zeigen sich den Anforderungen gegenüber hilflos (z.B. Dweck & Leggett, 1988). Diese Verhaltensweisen liegen auch dem Befund zugrunde, dass sich die schulischen Leistungen von Schülerinnen und Schülern ab der Sekundarstufe in Abhängigkeit von ihren impliziten Theorien unterschiedlich entwickeln: Während bei Schülerinnen und Schülern mit Nicht-Veränderbarkeits-Theorien im Laufe der Sekundarstufe Leistungsverschlechterungen zu beobachten sind, bleiben die Leistungen von Vertretern einer Veränderbarkeits-Theorie gleich (Henderson & Dweck, 1990; Spinath & Stiensmeier-Pelster, 2001). Im Sinne des Dweck'schen Modells sind die steigenden schulischen Anforderungen als Auslöser für diese Entwicklung zu betrachten, da die hiermit verbundenen Schwierigkeiten und Misserfolge von Veränderbarkeits-Theoretikern als Herausforderung, von Nicht-Veränderbarkeits-Theoretikern aber als Bedrohung erlebt werden. Nun könnte alternativ hierzu angenommen werden, dass nicht implizite Intelligenz-Theorien, sondern tatsächliche Intelligenzunterschiede für diesen Befund verantwortlich sind. Schließlich könnten Schülerinnen und Schüler mit geringer Intelligenz durch wiederholte Misserfolgserlebnisse zu Nicht-Veränderbarkeits-Theoretikern werden. Diese Erklärung wird dadurch entkräftet, dass zwischen impliziten Theorien und tatsächlicher Intelligenz bislang keine Zusammenhänge nachweisbar waren (z.B. Spinath, 2001, Studie 4).

Obgleich mit subjektiven Annahmen über die Veränderbarkeit von Intelligenz demnach eine wichtige Determinante lern- und leistungsthematischen Erlebens und Verhaltens identifiziert werden konnte, bleibt der Einfluss anderer subjektiver Überzeugungen im Ansatz von Dweck unberücksichtigt. Es erscheint jedoch plausibel, dass auch weitere Überzeugungen in diesem Zusammenhang relevant sind. Auf solche wird nun im Folgenden näher eingegangen.

2.2 Subjektive Überzeugungen über Intelligenz und Anstrengung

In unseren eigenen Studien (zsf. Spinath, 2001) ergab sich eine Reihe von Hinweisen darauf, dass Theorien über die *Veränderbarkeit von Intelligenz* nicht die einzigen subjektiven Überzeugungen sind, die in Lern- und Leistungssituationen relevant sind. Beispielsweise zeigte sich in Interviews mit Schülerinnen und Schülern, dass unterschiedliche Meinungen darüber vertreten werden, wie bedeutsam Intelligenz für die erfolgreiche Bewältigung schulischer Anforderungen ist (Schlangen & Stiensmeier-Pelster, 1997). Diese unterschiedlichen Auffassungen dürften ihrerseits erhebliche Auswirkungen auf den Zusammenhang von Veränderbarkeits-Überzeugungen und Verhalten haben: Nur wenn Personen der Meinung sind, dass Intelligenz eine bedeutsame Größe für Erfolg in einem bestimmten Kontext ist, sollten implizite Theorien über deren Veränderbarkeit wirksam werden können. Demnach wäre die *Bedeutsamkeit von Intelligenz* für Erfolg eine weitere zu berücksichtigende Dimension subjektiver Überzeugungen. Des Weiteren diskutierten die Schülerinnen und Schüler in unseren Interviews die Frage, inwiefern mangelnde Intelligenz durch andere Faktoren, wie etwa Anstrengung ausgeglichen werden könne. Demnach könnte sich eine Person, die ihre Fähigkeiten zu einem gegebenen Zeitpunkt als zu gering wahrnimmt, durch zwei Arten von Überzeugungen dazu veranlasst sehen, sich verstärkt anzustrengen, nämlich durch Überzeugungen über die Veränderbarkeit oder aber Kompensierbarkeit mangelnder Intelligenz durch Anstrengung. Auch die wahrgenommene *Kompensierbarkeit mangelnder Intelligenz* sollte also als eine weitere Dimension subjektiver Überzeugungen Berücksichtigung finden. Schließlich schlossen wir aus unseren Interviews, dass Schülerinnen und Schüler einem zweiten Bedingungsfaktor für schulische Leistungen mindestens ebensoviel Beachtung schenkten wie der Intelligenz, nämlich der Anstrengung. Tatsächlich zeigte sich, dass bezüglich dieses Faktors in vergleichbarer Weise unterschiedliche Meinungen darüber bestanden, inwieweit Anstrengung eine veränderbare oder nicht veränderbare Eigenschaft sei, inwieweit Anstrengung für schulischen Erfolg bedeutsam bzw. deren Mangel durch Intelligenz kompensierbar sei. Daher erscheinen als weitere Dimensionen subjektiver Überzeugungen die *Veränderbarkeit von Anstrengung*, die *Bedeutsamkeit von Anstrengung* für Erfolg und die *Kompensierbarkeit mangelnder Anstrengung* durch Intelligenz als interessanter Untersuchungsgegenstand.

Dass zur umfassenden Beschreibung von subjektiven Überzeugungen in Lern- und Leistungskontexten weitere Dimensionen angenommen werden müssen, zeigte sich auch in einer weiteren Studie. In einer Arbeit von Stipek und Gralinski (1996) wurde ein Fragebogen eingesetzt, der implizite Veränderbarkeits-Theorien sensu Dweck erfassen sollte. Bei genauerer Betrachtung enthielt dieser Fragebogen jedoch auch Inhalte, die deutlich über Veränderbarkeits-Theorien der Intelligenz hinaus gingen. Spinath (2001, Studie 3) unterzog daher eine ins Deutsche übersetzte, lediglich leicht abgewandelte Fassung dieses Instruments einer Reanalyse. Wie erwartet ließen sich die so gewonnenen Faktoren gut als Veränderbarkeit und Bedeutsamkeit von Intelligenz sowie Glaube an die Kompensierbarkeit bzw. Nicht-Kompensierbarkeit von Intelligenz interpretieren.

Auch im Rahmen eines weiteren leistungsmotivations-psychologischen Ansatzes, der demjenigen von Dweck und anderen in mehrerlei Hinsicht ähnlich ist, wurde auf die Wichtigkeit subjektiver Überzeugungen zu Bedingungen von Erfolg hingewiesen. So argumentiert Nicholls (1989), dass die von ihm untersuchten Zielorientierungen (siehe Spinath & Schöne in diesem Band) stets in engem Zusammenhang mit bestimmten Überzeugungen über die Ursachen von Erfolg stünden. Speziell gehe mit einer sogenannten Aufgabenorientierung (oder auch Lernzielorientierung, da das Hauptziel im eigenen Lernzuwachs besteht) der Glaube einher, dass insbesondere Anstrengung für Erfolg bedeutsam sei, während mit einer Ichorientierung (oder auch Leistungszielorientierung, da das Hauptziel der Beweis eigener Fähigkeiten ist) die Vorstellung verbunden sei, dass überlegene Fähigkeiten besondere Bedeutung für Erfolg hätten. Im Gegensatz dazu vertritt Dweck (z. B. Dweck & Leggett, 1988) die Auffassung, dass eine Leistungszielorientierung aus dem Glauben an die Nicht-Veränderbarkeit von Intelligenz hervorgeht, während eine Lernzielorientierung durch Veränderbarkeits-Überzeugungen gefördert wird. Inwiefern diese Annahmen über die Wirkungen subjektiver Überzeugungen geprüft und ggf. bestätigt wurden, ist Gegenstand des folgenden Abschnitts.

2.3 Die Bedeutung subjektiver Überzeugungen über Intelligenz und Anstrengung in Lern- und Leistungskontexten

Wie aber wirken nun diese subjektiven Überzeugungen auf Erleben und Verhalten? Am besten untersucht sind bislang subjektive Überzeugungen über die Veränderbarkeit von Intelligenz (zsf. Dweck, 1999; Spinath, 2001). Die zentralen Befunde zu deren Einflüssen auf das Lern- und Leistungshandeln wurden bereits in Abschnitt 1 dargestellt, da sie den Ausgangspunkt für die hier beschriebene Beschäftigung mit subjektiven Überzeugungen bildeten. Im Folgenden wird daher ausschließlich auf Studien eingegangen, die Erkenntnisse über weitere subjektive Theorien über Intelligenz und Anstrengung erbrachten.

In mehreren Studien konnte Nicholls seine Annahme zum Zusammenhang zwischen subjektiven Bedeutsamkeits-Überzeugungen und der gewohnheitsmäßig bevorzugten Zielorientierung nachweisen. Genauer zeigte sich, dass ein stärkerer Glaube an die Bedeutsamkeit von Anstrengung für Erfolg mit Lernzielen einher ging, während ein stärkerer Glaube an die Bedeutsamkeit von überlegener Fähigkeit für Erfolg mit Leistungszielen korrespondierte (z. B. Nicholls, Cobb, Wood, Yackel & Patashnick, 1990). Gleichzeitig konnten Nicholls et al. (1990) zeigen, dass diese Bedeutsamkeits-Überzeugungen keine Zusammenhänge mit dem Fähigkeitskonzept der untersuchten Schülerinnen und Schüler aufwiesen. Dieser Befund zeigt, dass die gefundenen Zusammenhänge nicht auf systematische Unterschiede des Fähigkeitskonzepts zurückgeführt werden können.

In der Arbeit von Stipek und Gralinski (1996) wurden erstmals mehrere subjektive Überzeugungen über Intelligenz und Anstrengung gleichzeitig hinsichtlich ihrer Wirkung auf Ziele, Lernstrategien und Schulleistungen untersucht. Dabei zeigte sich, dass die zu einem Faktor zusammengefassten Überzeugungen (über die Nicht-Veränderbarkeit, hohe Bedeutsamkeit und Nicht-Kompensierbarkeit von (mangelnder) Intelligenz für Erfolg) mit oberflächlicheren Lernstrategien, einer Leistungszielorientierung und schlechteren Schulleistungen in Zusammenhang standen. Dagegen bevorzugten Schülerinnen und Schüler mit Veränderbarkeits-Theorien der Intelligenz und gleichzeitigem Glauben an die Bedeutsamkeit von Anstrengung für Erfolg aktivere Lernstrategien und waren eher lernzielorientiert.

Eine eigene Untersuchung (Spinath, 2001, Studie 3) mit dem reanalysierten Fragebogen von Stipek und Gralinski (1996) zeigte, dass die Skala „Nicht-Kompensierbarkeit mangelnder Intelligenz" die beste Vorhersage einer Leistungszielorientierung erlaubte, während keine der Skalen einen signifikanten Beitrag zur Vorhersage einer Lernzielorientierung leistete. In derselben Untersuchung konnte auch gezeigt werden, dass die Studiengeschwindigkeit der befragten Studierenden durch die Skalen „Kompensierbarkeit mangelnder Intelligenz" sowie „Bedeutsamkeit von Intelligenz für Erfolg" vorhergesagt wurde. Auch in dieser Untersuchung zeigten sich mehrheitlich keine Zusammenhänge zwischen den Skalen der subjektiven Theorien und dem Begabungskonzept, mit der Ausnahme, dass mit höheren Kompensierbarkeits-Überzeugungen mangelnder Intelligenz ein positiveres Fähigkeitskonzept schwach assoziiert war. Die Skalen zu subjektiven Überzeugungen waren untereinander mäßig positiv korreliert.

Auch Schober (2001) erfasste neben impliziten Theorien über die Veränderbarkeit von Intelligenz auch Theorien über die Veränderbarkeit von Anstrengung. Es zeigte sich, dass letztere das Ausmaß der Zielorientierung besser vorhersagten als Theorien über Intelligenz: Stärkere Veränderbarkeits-Überzeugungen bezüglich Anstrengung gingen mit einer stärkeren Lernzielorientierung einher, während stärkere Nicht-Veränderbarkeits-Überzeugungen eher mit einer Leistungszielorientierung einher gingen. Darüber hinaus zeigten sich Zusammenhänge mit sogenannten willensabhängigen Verhaltensweisen dergestalt, dass mit einer Veränderbarkeits-Theorie von Anstrengung höhere Werte für volitional gesteuertes Selbstvertrauen und geringe Werte für die Vermeidung von Anstrengung einher gingen. Die beiden Skalen zur Erfassung von Überzeugungen über die Veränderbarkeit von Intelligenz und Anstrengung waren mäßig positiv korreliert.

Die hier zusammengefassten Studien zeigen, dass für subjektive Überzeugungen über Intelligenz und Anstrengung bereits vereinzelt Forschungsergebnisse vorliegen, die deren Relevanz für Lern- und Leistungshandeln untermauern. Unbefriedigend ist unterdessen die Tatsache, dass es bislang kein Instrument zur Erfassung aller dieser Überzeugungen gab. Auf den kommenden Seiten wird daher ein neues Inventar vorgestellt, das dies ermöglicht.

2.4 Messung von subjektiven Überzeugungen: Die Skalen zur Erfassung von subjektiven Überzeugungen zu Bedingungen von Erfolg in Lern- und Leistungskontexten (SE-SÜBELLKO)

Den Ausgangspunkt für die Entwicklung der hier vorgestellten Skalen zur Erfassung subjektiver Überzeugungen bildeten die von Dweck und anderen (Dweck, Chiu & Hong, 1995) entwickelten „Implicit Theories Scales" zur Erfassung subjektiver Überzeugungen über die Veränderbarkeit von Intelligenz. Da es sich um ein eng umgrenztes Konstrukt handelt, ist die zuverlässige, gültige Erfassung mit nur drei Items möglich. Die Items beinhalten jeweils eine Nicht-Veränderbarkeits-Aussage, zu welcher der Grad der Zustimmung auf einer Skala von 1 „stimme sehr stark zu" bis 6 „lehne sehr stark ab" angegeben wird. Umfangreiche Studien mit der deutschen Übersetzung dieser Items konnten die guten testtheoretischen Eigenschaften des Originalbogens bestätigen (Spinath & Stiensmeier-Pelster, 2001). Wie in Abschnitt 2 ausgeführt, legten unsere eigenen Studien weitere Dimensionen subjektiver Überzeugungen nahe. Daher wurden von uns die Skalen zur Erfassung subjektiver Überzeugungen zu Bedingungen von Erfolg in Lern- und Leistungskontexten (SE-SÜBELLKO) entwickelt, die zusätzlich zu Veränderbarkeits-Theorien über Intelligenz auch Überzeugungen über die Bedeutsamkeit und Kompensierbarkeit von Intelligenz und Anstrengung erfassen.

2.4.1 Beschreibung des Testmaterials

Die insgesamt 18 Items der SE-SÜBELLKO setzen sich aus jeweils drei Items der Skalen „Veränderbarkeit von Intelligenz", „Veränderbarkeit von Anstrengung", „Bedeutsamkeit von Intelligenz für Erfolg", „Bedeutsamkeit von Anstrengung für Erfolg", „Kompensierbarkeit mangelnder Intelligenz" und „Kompensierbarkeit mangelnder Anstrengung" zusammen. Tabelle 1 enthält zu jeder Skala ein Beispielitem. Die Items sind jeweils so formuliert, dass ein Satzanfang durch Ankreuzen auf einem semantischen Differenzial zu Ende geführt werden soll, welches durch die beiden extremen Überzeugungen zu der jeweiligen Dimension gekennzeichnet ist (siehe Tabelle 1).

Tabelle 1:
Itembeispiele der sechs Skalen zur Erfassung von subjektiven Überzeugungen zu Erfolgsfaktoren in Lern- und Leistungskontexten für Schülerinnen und Schüler (SE-SÜBELLKO-S) und Studierende (SE-SÜBELLKO-ST).

Veränderbarkeit von Intelligenz
Jeder besitzt ein bestimmtes Ausmaß an Intelligenz, das ...
... nicht verändert werden kann ☐ ☐ ☐ ☐ ☐ verändert werden kann.

Veränderbarkeit von Anstrengung
Wie sehr man sich anstrengen kann, ist etwas, das ...
... immer gleich bleibt ☐ ☐ ☐ ☐ ☐ verändert werden kann.

Bedeutsamkeit von Intelligenz für Erfolg
Um in der Schule/im Studium gute Leistungen zu erbringen, muss man ...
... nicht besonders intelligent sein ☐ ☐ ☐ ☐ ☐ besonders intelligent sein.

Bedeutsamkeit von Anstrengung für Erfolg
Um in der Schule/im Studium gut zu sein, muss man sich ...
... nicht besonders anstrengen ☐ ☐ ☐ ☐ ☐ sehr anstrengen.

Kompensierbarkeit mangelnder Intelligenz
In der Schule/im Studium kann geringe Intelligenz durch Anstrengung ...
... nicht ausgeglichen ☐ ☐ ☐ ☐ ☐ völlig ausgeglichen werden.

Kompensierbarkeit mangelnder Anstrengung
Wenn sich jemand in der Schule/im Studium wenig anstrengt, kann das durch hohe Intelligenz ...
... nicht ausgeglichen werden ☐ ☐ ☐ ☐ ☐ völlig ausgeglichen werden.

2.4.2 Durchführung und Auswertung

Die Erfassung von subjektiven Überzeugungen zu Bedingungen von Erfolg in Lern- und Leistungskontexten ist mit den SE-SÜBELLKO-S für Schülerinnen und Schüler aller Regelschulformen in den Klassenstufen 4 bis 10 möglich. Mit den SE-SÜBELLKO-ST liegt gleichzeitig ein paralleles Instrument für Studierende vor. Die SE-SÜBELLKO können sowohl zur Einzel- als auch zur Gruppentestung eingesetzt werden. Der Zeitbedarf für die Bearbeitung liegt mit Instruktion und Erläuterung zwischen 7 und 12 Minuten. Die Auswertung erfolgt durch Summierung der Item-Rohwerte zu den sechs Skalen-Rohwerten, wobei hohe Skalen-Summenwerte jeweils eine höhere Ausprägung in Richtung des Skalennamens bedeuten, also stärkere Veränderbarkeits-, Bedeutsamkeits- oder Kompensierbarkeits-Überzeugungen kennzeichnen.

2.4.3 Gütekriterien

Die Überprüfung der testtheoretischen Güte der SE-SÜBELLKO erfolgte für die SE-SÜBELLKO-S an einer repräsentativen Stichprobe von N = 3 105 Schülerinnen und Schülern der Klassen 4 bis 10 aus allen Formen der weiterführenden Regelschule in vier deutschen Bundesländern. Die der SE-SÜBELLKO-ST zugrunde liegende Prüfstichprobe umfasste 162 Studierende verschiedener Fachrichtungen aus zwei Bundesländern, die zu den drei Clustern „Geistes- und Sozialwissenschaftliche Studiengänge", „Lehramtsstudiengänge" und „Naturwissenschaftlich-Technisch-Mathematische Studiengänge" zusammengefasst wurden. Im Folgenden sind die zentralen Ergebnisse zur Güte der SE-SÜBELLKO zusammenfassend dargestellt.

Tabelle 2:
Mittlere Skalensummenwerte (M), Standardabweichungen (SD) und interne Konsistenzen (α) der SE-SÜBELLKO in der Studierenden (ST) und Schülerversion (S).

	SE-SÜBELLKO-ST (N = 265)			SE-SÜBELLKO-S (N = 3105)		
	M	(SD)	α	M	(SD)	α
Veränderbarkeit Intelligenz	10.41	(3.09)	.82	12.16	(2.76)	.80
Veränderbarkeit Anstrengung	12.52	(2.09)	.66	12.36	(2.37)	.64
Bedeutsamkeit Intelligenz	8.57	(2.27)	.72	10.51	(2.62)	.81
Bedeutsamkeit Anstrengung	10.81	(2.31)	.72	11.87	(2.34)	.78
Kompensierbarkeit Intelligenz	10.90	(2.25)	.85	11.74	(2.31)	.75
Kompensierbarkeit Anstrengung	9.95	(2.18)	.70	10.78	(2.58)	.70

Anmerkung: Hohe Werte kennzeichnen stärkere Überzeugungen im Sinne der Skalennamen. Die Skalensummenwerte haben jeweils ein Minimum von 3 und ein Maximum von 15.

Tabelle 2 enthält die mittleren Skalensummenwerte und Standardabweichungen der sechs Skalen für die Studierenden- und Schülerstichprobe. Bei einem theoretischen Skalenmittelwert von 9 sind in der Schülerversion alle empirisch beobachteten Skalenmittelwerte leicht bis deutlich im Sinne der Zustimmung zum Pol der Veränderbarkeit, Bedeutsamkeit und Kompensierbar von Intelligenz und Anstrengung verschoben. In der Studierendenversion ist dies in deutlich geringerem Maße der Fall. Inhaltlich interpretiert entspricht dieser Unterschied zwischen der Studierenden- und Schülerstichprobe bisherigen Annahmen, so z. B. über den mit dem Alter geringer werdenden Glauben an die Veränderbarkeit von Intelligenz (vgl. Spinath, 2001, Studie 2). Messtechnisch ist die deutliche Mittelwertverschiebung – vor allem der Skalen über die Veränderbarkeit von Intelligenz und Anstrengung in der Schülerstichprobe – nicht wünschenswert. Das Problem der hohen Zustimmungsraten zu Veränderbarkeits-Aussagen konnte bislang jedoch nur durch die alleinige Vorgabe von Nicht-Veränderbarkeitsitems gemildert werden (vgl. Dweck, Chiu & Hong, 1995), was wiederum zu Zweifeln an der Validität der Skalen Anlass gegeben hatte. Aus diesem Grund und da die SE-SÜBELLKO die Testgütekriterien trotz der Mittelwertverschiebungen und der damit einhergehenden Varianzeinschränkung erfüllen, haben wir uns für die Beibehaltung des semantischen Differenzials als Antwortformat entschieden.

Objektivität: Für die SE-SÜBELLKO liegen ausführliche Instruktionen zur Durchführung, Auswertung und Interpretation vor. Werden diese Instruktionen befolgt, ist die Objektivität des Verfahrens gewährleistet.

Reliabilität: Die internen Konsistenzen (vgl. Tabelle 2) der einzelnen Skalen der SE-SÜBELLKO können sowohl für die Schüler- als auch für die Studierendenversion zusammenfassend als gut bis befriedigend bewertet werden ($.70 < \alpha < .85$), wobei die Skala „Veränderbarkeit von Anstrengung" nur ausreichende interne Konsistenzen aufweist ($.64 < \alpha < .66$). Die Test-Retest-Reliabilitäten der SE-SÜBELLKO-S liegen bei einem sechsmonatigen Intervall zwischen $r_{tt} = .51$ und .56. Bei den meisten Skalen zeigt sich mit zunehmender Klassenstufe die Tendenz ansteigender Messstabilität. Dies steht im Einklang mit der Annahme, dass sich unterschiedliche Überzeugungen bezüglich der Bedingungen von Erfolg erst im Laufe der Schulzeit entwickeln und sich interindividuelle Unterschiede nach und nach stabilisieren.

Validität: Mittels Faktorenanalysen ließen sich in den Prüfstichproben für die SE-SÜBELLKO-S und SE-SÜBELLKO-ST die sechs theoretisch angenommenen Skalen gut replizieren. Daher kann die Konstruktvalidität aufgrund der faktoriellen Struktur als gegeben betrachtet werden. Die Skalen der Schülerversion waren untereinander im Ausmaß zwischen sehr schwach bis moderat positiv korreliert. Die stärksten Zusammenhänge ergaben sich jeweils zwischen den Facetten Intelligenz und Anstrengung innerhalb der Bereiche Veränderbarkeit ($r = .37$, $p < .001$), Bedeutsamkeit ($r = .44$, $p < .001$) und Kompensierbarkeit (r = .29, p < .001). Die Skalen der Studierendenversion waren hingegen nur zum Teil positiv korreliert. Anders als in der Schülerversion zeigten sich in der Studierendenversion auch moderat negative Skalen-Interkorrelationen, nämlich in der Weise, dass mit hohen Bedeutsamkeits-Überzeugungen niedrige Kompensierbarkeits-Überzeugungen innerhalb der Facetten Intelligenz (r = −.49, p < .001) und Anstrengung (r = −.38, p < .001) einher gingen.

In Untersuchungen mit anderen Konstrukten, die theoretisch bestimmte Zusammenhänge zu den Skalen der SÜBELLKO haben sollten, zeigte sich sowohl in der Schüler- als auch in der Studierendenversion, dass erwartungsgemäß alle Skalen schwache bis moderate Zusammenhänge mit Maßen der Zielorientierung aufwiesen. So etwa ging eine stärkere Lernzielorientierung jeweils mit höherem Glauben an die Veränderbarkeit, Bedeutsamkeit und Kompensierbarkeit von Intelligenz und Anstrengung einher (.17 < r < .30), was in etwas abgeschwächter Form auch für eine stärkere Annäherungs-Leistungszielorientierung zutraf (.09 < r < .23). Dagegen war die Tendenz zur Arbeitsvermeidung entweder nicht oder nur schwach negativ mit den Skalen der SÜBELLKO korreliert (größtes r = −.15), während Vermeidungs-Leistungsziele nicht oder schwach positiv korreliert waren (größtes r = .17). Des Weiteren wurde die SÜBELLKO-S auch mit Konstrukten in Beziehung gesetzt, für die theoretisch keine Zusammenhänge erwartet wurden. Es zeigten sich erwartungsgemäß keine Zusammenhänge mit expliziten Leistungsmotiven und Prüfungsängstlichkeit. Schwach positive Korrelationen ergaben sich für alle Skalen der SÜBELLKO-S und Maße des Fähigkeitsselbstkonzepts (.18 < r < .21) sowie der schulischen Selbstwirksamkeit (.12 < r < .24).

Zur Prüfung der Kriterienvalidität liegen für einen Teil der Prüfstichprobe der SE-SÜBELLKO-S Daten über den Zusammenhang mit Schulnoten vor. Zusammenfassend kann festgehalten werden, dass alle Skalen schwache bis mäßige negative Korrelationen mit Schulnoten aufwiesen, was bedeutet, dass jeweils mit stärkeren Veränderbarkeits-, Bedeutsamkeits- und Kompensierbarkeits-Überzeugungen bessere Schulnoten einher gingen. Die Stärke dieses Zusammenhangs variierte dabei in Abhängigkeit der Schulform. Darüber hinaus waren auch große Korrelationsschwankungen zwischen einzelnen Klassen zu beobachten. Beide Befunde sind noch klärungsbedürftig. In der Grundschule sowie der Orientierungs- und Förderstufe, in welchen noch alle Kinder gemeinsam unterrichtet werden, wiesen die Skalen „Veränderbarkeit von Intelligenz" (−.29 < r < −.19), „Bedeutsamkeit von Anstrengung" (−.16 < r < −.13) sowie „Kompensierbarkeit mangelnder Intelligenz" (−.28 < r < −.11) die stärksten Zusammenhänge mit Schulnoten auf. Über das gesamte Altersspektrum der untersuchten Haupt- und Realschulen zeigte sich zusätzlich zu diesen Zusammenhängen (die hier in vergleichbarer Höhe gegeben sind) ein negativer Zusammenhang zwischen der Skala „Veränderbarkeit von Anstrengung" (−.23 < r < −.12) sowie „Kompensierbarkeit mangelnder Anstrengung" (−.13 < r < −.11) und Schulnoten. Dagegen waren für Gymnasien keine signifikanten Zusammenhänge zwischen den

SE-SÜBELLKO-S und Schulnoten nachweisbar. Obwohl es sich insgesamt nicht um starke Assoziationen handelt, zeigte sich die Annahme bestätigt, dass die mit den SE-SÜBELLKO erfassten subjektiven Theorien systematisch und theoretisch plausibel mit Schulnoten in Zusammenhang stehen.

2.5 Anwendungsfelder und Empfehlungen

Mit den SE-SÜBELLKO liegt erstmals ein Instrument vor, mit dessen Hilfe verschiedene subjektive Überzeugungen über Intelligenz und Anstrengung als Bedingungen von Erfolg in Lern- und Leistungskontexten bei Schülerinnen und Schülern sowie Studierenden erfasst werden können. Bislang sind die SE-SÜBELLKO ausschließlich zu Forschungszwecken eingesetzt worden. Anders als bei anderen in diesem Band neu vorgestellten Inventaren (z. B. die SELLMO und SESSKO) ging der Entwicklung der SE-SÜBELLKO keine längere Forschungstradition mit Vorläufer-Inventaren voraus, sondern die SE-SÜBELLKO schaffen erstmals die Grundlage zur intensiven Beschäftigung mit subjektiven Überzeugungen bezüglich Intelligenz und Anstrengung in Lern- und Leistungskontexten. Erkenntnisse über den Zusammenhang der SE-SÜBELLKO mit Verhaltensmaßen, beispielsweise auch aus experimentellen Studien, liegen bislang noch nicht vor. Auch ist beispielsweise unklar, in welcher Weise sich die verschiedenen subjektiven Überzeugungen gegenseitig beeinflussen, sich etwa ihre förderlichen oder hinderlichen Auswirkungen durch gleichzeitiges Vorliegen günstiger oder ungünstiger Überzeugungen verstärken. All diese Forschungsfragen gilt es in nächster Zeit mit Hilfe der SE-SÜBELLKO zu beantworten.

Für die Anwendung im Rahmen pädagogisch-psychologischer Beratungsprozesse liegen darüber hinaus Normdaten für die Schülerversion (SE-SÜBELLKO-S) vor. Die Anfertigung eines Handbuchs für die praktische Anwendung ist derzeit in Planung. Detailliertere Informationen sowie die kompletten Skalen sind über die Autorinnen erhältlich.

2.6 Literatur

Dresel, M. (2001). A longitudinal analysis of Dweck's motivation-process-model in the classroom. *Psychologische Beiträge, 43*, 129–152.

Dweck, C. S. (1999). *Self-theories: Their role in motivation, personality, and development.* Philadelphia, PA: Psychology Press.

Dweck, C. S. & Bempechat, J. (1983). Children's theories of intelligence. In S. Paris, G. Olsen & H. Stevenson (Hg.), *Learning and motivation in the classroom* (S. 239–256). Hillsdale, NJ: Erlbaum.

Dweck, C. S., Chiu, C. & Hong, Y. (1995). Implicit theories and their role in judgements and reactions: A world from two perspectives. *Psychological Inquiry, 6*, 267–285.

Dweck, C. S., Hong, Y. & Chiu, C. (1993). Implicit theories: Individual differences in the likelihood and meaning of dispositional inference. *Personality and Social Psychology Bulletin, 19*, 644–655.

Dweck, C. S. & Leggett, E. L. (1988). A social-cognitive approach to motivation and personality. *Psychological Review, 95*, 256–273.

Henderson, V. & Dweck, C. S. (1990). Adolescence and achievement. In S. Feldman & G. Elliott (Hg.), *At the threshold: Adolescent development* (S. 308–329). Cambridge, MA: Harvard University Press.

Hong, Y., Chiu, C., Dweck, C. S., Lin, D. M.-S. & Wan, W. (1999). Implicit theories, attributions, and coping: A meaning system approach. *Journal of Personality and Social Psychology, 77*, 588–599.

Nicholls, J. G. (1989). *The competitive ethos and democratic education.* Cambridge, MA: Harvard University Press.

Nicholls, J. G., Cobb, P., Wood, T., Yackel, E. & Patashnick, M. (1990). Assessing students' theories of success in mathematics: Individual and classroom differences. *Journal of Research in Mathematics Education, 21*, 109–122.

Schlangen, B. & Stiensmeier-Pelster, J. (1997). Implizite Theorien über Intelligenz bei Schülerinnen und Schülern. *Zeitschrift für Entwicklungspsychologie und Pädagogische Psychologie, 39*, 301–329.

Schober, B. (2001). Implicit personality theories about the stability of behavior and aspects of volitional behavior control-Necessary expansions of Carol Dweck's motivation process model? *Psychologische Beiträge, 43*, 77–99.

Spinath, B. & Stiensmeier-Pelster, J. (2001). Implicit theories about the malleability of intelligence and ability. *Psychologische Beiträge, 43*, 53–76.

Spinath, B. (2001). *Implizite Theorien über die Veränderbarkeit von Intelligenz und Begabung als Bedingungen von Motivation und Leistung.* Lengerich: Pabst.

Stipek, D. J. & Gralinski, H. J. (1996). Children's beliefs about intelligence and school performance. *Journal of Educational Psychology, 88*, 397–407.

Ziegler, A. & Schober, B. (1999). Implizite Theorien über die eigene Intelligenz bei Grundschüler(inne)n und ihr Einfluss auf hilfloses Verhalten in den Fächern Mathematik und Musik. In C. Enders, C. Hanckel & S. Möley (Hg.), *Lebensraum-Lebenstraum-Lebenstrauma Schule.* Bonn: DPV.

Kapitel 3

Ziele als Bedingungen von Motivation am Beispiel der Skalen zur Erfassung der Lern- und Leistungsmotivation (SELLMO)

Birgit Spinath und Claudia Schöne

Zusammenfassung

Der vorliegende Beitrag beleuchtet die Bedeutung von Zielen für Erleben und Verhalten in Lern- und Leistungskontexten. Im Zentrum steht dabei die Unterscheidung zwischen vier Arten von Zielen, die in der neueren pädagogisch-psychologischen Forschung große Aufmerksamkeit erfahren haben. Hierbei handelt es sich um Lernziele, Annäherungs- und Vermeidungs-Leistungsziele sowie die Tendenz zur Arbeitsvermeidung (im Sinne von Dweck, Nicholls, Elliot, Harackiewicz u. a.). Ausgehend von einer begrifflichen Klärung dieser Zielkonzeptionen wird ein Überblick über die aktuelle Befundlage zur Bedeutung unterschiedlicher Ziele in Lern- und Leistungskontexten gegeben. Hieran anschließend wird ein neu entwickeltes Instrument zur Erfassung von Zielen vorgestellt. *Die Skalen zur Erfassung der Lern- und Leistungsmotivation (SELLMO)* ermöglichen die reliable und valide Erfassung der benannten Zielarten und bieten durch ihre Normierung erstmalig auch die Möglichkeit des Einsatzes für individualdiagnostische Zwecke. Neben der exemplarischen Beschreibung des Testmaterials und der summarischen Betrachtung der psychometrischen Eigenschaften der Skalen werden Indikationen für den Einsatz der SELLMO und deren Einbettung in eine umfassende Diagnostik erläutert.

Wenn wir wissen wollen, was Menschen bewegt – sie motiviert – liegt es nahe, sie nach ihren Zielen zu fragen. Dieser Gedanke ist in der Psychologie bereits früh aufgegriffen (James, 1890) und auf verschiedene Art und Weise konkretisiert worden. Insbesondere im Bereich der Lern- und Leistungsmotivation haben sich Zieltheorien dabei als überaus fruchtbar erwiesen. Hier wird zum einen danach gefragt, welche formalen Eigenschaften Ziele erfüllen sollten, damit möglichst gute Leistungen erreicht werden (z. B. Locke & Latham, 1994). Zum anderen beschäftigt man sich damit, welche Inhalte Ziele haben, wie sich diese kategorisieren lassen und welche Auswirkungen unterschiedlicher Inhaltsklassen auf Erleben und Verhalten nachweisbar sind (z. B. Dweck, 1986; Nicholls, 1984; Harackiewicz, Barron & Elliot, 1998). In der jüngeren Vergangenheit hat insbesondere eine solche Klassifikation von Zielen, die von Forschern wie Dweck, Nicholls und Elliot vorgeschlagen bzw. erweitert wurde, in der Pädagogischen Psychologie große Beachtung gefunden. Im Folgenden werden die theoretischen Grundlagen dieses Ansatzes erläutert, um anschließend ein darauf basierendes, neu entwickeltes Instrument zum Einsatz in pädagogisch-psychologischen Beratungsprozessen vorzustellen: Die Skalen zur Erfassung der Lern- und Leistungsmotivation (SELLMO).

3.1 Unterschiedliche Arten von Zielen

Welches sind nun die Aspekte, die, abstrahiert über die unendliche Menge von Aufgaben, für Personen in Lern- und Leistungskontexten wichtig sein können und daher für das Verhalten und dessen Resultate relevant sind? Es hat sich gezeigt, dass sich Personen systematisch darin unterscheiden, wie sehr sie bestrebt sind, eigenes Wissen und Können, kurz eigene Kompetenzen, zu erweitern. Diese erste Dimension der Zielorientierung wird unter der Bezeichnung *Lernziele* zusammengefasst. Personen mit starker Lernzielorientierung betrachten leistungsthematische Aufgaben als Chance etwas zu lernen und stellen sich demnach vor allem Fragen wie diese: „Welche Aufgabe ermöglicht mir den größten Lernzuwachs?", „Was sagt mir mein Abschneiden über meinen Lernfortschritt?" und „Wie kann ich die Aufgabe trotz anfänglicher Schwierigkeiten meistern und so etwas Neues lernen?".

Die zweite Dimension der Zielorientierung, hinsichtlich derer sich Personen systematisch unterscheiden, beschreibt, wie sehr jemand darum bemüht ist, eigenes Wissen und Können zu zeigen oder aber mangelndes Wissen und Können zu verbergen. Da bei dieser zweiten Dimension der Zielorientierung nicht der Lernprozess, sondern die zu erbringende Leistung im Vordergrund steht, wird hier von *Leistungszielen* gesprochen. Personen mit starker Leistungszielorientierung stellen sich häufig die Frage „Was sagt mir mein Abschneiden über meine Fähigkeiten?", denn die erbrachte Leistung wird in erster Linie als Indikator für das eigene Fähigkeitsniveau betrachtet. Innerhalb der Leistungsziele sind zwei Varianten zu unterscheiden, die als Annäherungs- und Vermeidungs-Leistungsziele bezeichnet werden. Von *Annäherungs-Leistungszielen* wird gesprochen, wenn das Bestreben im Vordergrund steht, vermeintlich vorhandene eigene Kompetenzen zu zeigen. Personen mit Annäherungs-Leistungszielen stellen sich vor allem Fragen wie: „Bei welchen Aufgaben kann ich meine Fähigkeiten besonders gut zur Geltung bringen?" und „Wie kann ich trotz Schwierigkeiten bei der Aufgabenbearbeitung demonstrieren, dass ich hohe Fähigkeiten besitze?". Werden dagegen sogenannte *Vermeidungs-Leistungsziele* verfolgt, sind Personen darum bemüht, vermeintlich nicht vorhandene Kompetenzen zu verbergen. Die damit einher gehenden Fragen lauten: „Bei welchen Aufgaben wird es nicht auffallen, falls ich die nötigen Fähigkeiten nicht besitze?" und „Wie kann ich trotz Schwierigkeiten bei der Aufgabenbearbeitung verbergen, dass ich es nicht kann?". Obwohl angenommen werden könnte, dass sich Personen mit Annäherungs- bzw. Vermeidungs-Leistungszielen in Bezug auf ihre tatsächlichen Fähigkeiten, zumindest aber ihre Fähigkeitsselbstkonzepte unterscheiden sollten, ist dies nicht notwendigerweise der Fall. Solche Fähigkeitsunterschiede sind aber langfristige Folgen von annäherungs- versus vermeidungs-orientiertem Handeln (vgl. weiter unten).

Schließlich kann noch eine vierte Art von Ziel in Lern- und Leistungskontexten identifiziert werden, die sich von allen bislang genannten Zielen dadurch unterscheidet, dass bei der Beschäftigung mit Aufgaben weder Lern- noch Leistungsanreize bestehen. Statt dessen liegt die Motivation rein in dem Bemühen, möglichst wenig Arbeit zu investieren. Die mit dieser Tendenz zur *Arbeitsvermeidung* einher gehenden Fragen lassen sich so zusammenfassen: „Bei welchen Aufgaben muss ich am wenigsten Arbeit investieren?" und „Wie kann ich die Aufgabe mit möglichst wenig Anstrengung erledigen?". Fragen nach dem Lernerfolg, dem Leistungsergebnis oder den eigenen Fähigkeiten stellen sich bei dieser Zielart nicht.

Bei der Beschreibung der verschiedenen Zielarten fallen bestimmte theoretische Verbindungen zu verwandten Konstrukten, wie etwa intrinsischer und extrinsischer Motivation oder der Bezugsnormorientierung (vgl. Dickhäuser & Rheinberg in diesem Band), auf. Da eine Diskussion der Beziehungen zwischen diesen Konstrukten den Rahmen des vorliegenden Beitrags sprengen würde, wird hier lediglich auf das entsprechend ausführliche Testmanual verwiesen (Spinath, Stiensmeier-Pelster, Schöne & Dickhäuser, 2002).

3.2 Ziele als vorübergehende und überdauernde Präferenzen

Alle genannten Ziele können entweder situational angeregt werden (Ziele als zeitlich begrenzte motivationale Zustände, „states") oder als Persönlichkeitsmerkmale gegeben sein (Zielpräferenzen als zeitlich überdauernde und über Situationen konsistent wirksame Eigenschaften, „traits"; vgl. Dweck & Leggett, 1988). So wird zum Beispiel das Ziel, Fähigkeiten zu erwerben, situational angeregt durch die Betonung des Übungscharakters einer Aufgabe oder auch durch die Beschreibung der zugrunde liegenden Fähigkeiten als erlernbar. Der Annahme eines Lernziels entgegen wirken würde hingegen das Vorhandensein sozialer Kontrolle bei der Aufgabenbearbeitung (z. B. durch Beobachtung) oder eine direkte, wohl möglich öffentliche Bewertung der erreichten Leistung. Das Ziel, anderen gegenüber hohe Fähigkeit zu zeigen bzw. niedrige Fähigkeit zu verbergen, wird situational angeregt durch die Betonung des Wettbewerbscharakters der Aufgabenbearbeitung. In einer Wettbewerbssituation besteht das Ziel darin, möglichst besser zu sein als andere. Über situative Bedingungen, die zur Annahme einer arbeitsvermeidenden Haltung führen, ist bislang wenig bekannt.

Über diese situativ bedingten Einflüsse auf Zielpräferenzen hinaus lassen sich auch überdauernde Neigungen zur Bevorzugung bestimmter Ziele feststellen. Diese zeitlich überdauernden und über Situationen hinweg konsistent auftretenden Zielpräferenzen entwickeln sich im Laufe der frühen Schulzeit und nehmen mehr und mehr die Form stabiler Persönlichkeitsmerkmale an. Messinstrumente zur Erfassung von Zielpräferenzen wie die hier vorgestellten SELLMO messen diese überdauernden Persönlichkeitsmale unabhängig von situativen Einflüssen.

Obwohl insbesondere Lern- und Leistungsziele sowie Annäherungs- und Vermeidungs-Leistungsziele auf den ersten Blick wie Gegensätze erscheinen, zeigt sich empirisch, dass Personen diese Ziele gleichzeitig verfolgen können (vgl. dazu das SELLMO-Testmanual von Spinath, Stiensmeier-Pelster, Schöne & Dickhäuser, 2002). Demnach ist es möglich, dass Personen gleichzeitig danach streben, eigene Kompetenzen zu erweitern und zu demonstrieren, wie hoch diese Kompetenzen bereits sind. Auch ist es denkbar, dass Personen gleichzeitig eigene Kompetenzen demonstrieren, aber auch nicht vorhandene Kompetenzen verbergen wollen.

3.3 Die Bedeutung von Zielen in Lern- und Leistungskontexten

In zahlreichen Studien konnte gezeigt werden, dass die Art der verfolgten Ziele in deutlichem Zusammenhang steht mit vorauslaufenden Bedingungen des Lernens, mit Lernverhalten und anschließender Leistung. So etwa geht die Annahme von Lernzielen im Vergleich zu Leistungszielen damit einher, dass eigene Leistungen eher auf eigene Anstrengung als auf Fähigkeiten zurückgeführt werden (Ames, 1984), was vor allem im Falle schlechter Leistungen ein vorteilhaftes Attributionsmuster darstellt. Des Weiteren berichten Personen mit Lernzielen vergleichsweise mehr positive Affekte gegenüber Lern- und Leistungsaufgaben (Nicholls, Patashnick & Nolen, 1985) sowie vermehrte intrinsische Motivation (Elliot & Church, 1997; Meece, Blumenfeld & Hoyle, 1988) und Interesse für den Lerngegenstand (Harackiewicz, Barron, Carter, Lehto & Elliot, 1997). Als langfristige Folgen dieser positiven motivationalen und emotionalen Zustände konnten für Lernzielorientierte eine stärkere aktive, kognitive Beschäftigung mit dem Material (Meece, Blumenfeld & Hoyle, 1988) festgestellt werden, sowie die Verwendung adäquater Lösungsstrategien, wie beispielsweise tiefere Informationsverarbeitungsprozesse und größere Ausdauer (Ames & Archer, 1988). Schließlich suchen lernzielorientierte im Vergleich zu leistungszielorientierten Personen auch stärker nach Hilfe, statt in Anbetracht von Schwierigkeiten aufzugeben (Butler & Neuman, 1995). In Bezug auf tatsächliche Leistungsergebnisse konnte in experimentellen Studien nachgewiesen werden, dass die Orientierung hin auf Lernziele im Vergleich zu einer Orientierung auf Leistungsziele durchschnittlich zu besseren Leistungsergebnissen führt (siehe Metaanalyse von Utman, 1997). Auch nicht-experimentelle Studien, die in natürlichen Lern- und Leistungssituationen durchgeführt wurden, weisen mehrheitlich positive Zusammenhänge zwischen der Stärke von Lernzielen und der Güte von Leistungsergebnissen auf (z. B. Meece & Holt, 1993). Obwohl die Mehrheit der Studien positive Zusammenhänge zwischen einer Lernzielorientierung und besseren Leistungen gefunden hat, wird die Wirkung von Lernzielen auf die Leistung neuerdings von einigen Autoren bezweifelt (z. B. Elliot & McGregor, 1999). Statt dessen wirkten Lernziele lediglich auf die vorauslaufenden Bedingungen von Leistungen, wie Motivation, Wahlverhalten usw. Diese Annahme lässt sich theoretisch nur schwer nachvollziehen und widerspricht der Mehrheit der empirischen Befunde. Vermutlich weisen Lernziele immer dann keine Zusammenhänge mit Leistungen auf, wenn situative Hinweisreize vorliegen, die die Bedeutung des Besserseins als andere, also des sozialen Vergleichs, sehr stark betonen, wie dies für die Bewertung von Prüfungsleistungen im amerikanischen Studiensystem der Fall ist (vgl. die Studie von Harackiewicz, Barron, Tauer, Carter & Elliot, 2000, die keine Effekte der Lernziele auf die Studienleistungen erbrachte).

Während ausgeprägte Lernziele also in aller Regel mit besseren Leistungen einher gehen, ist der Zusammenhang zwischen Leistungszielen und Leistungsergebnissen komplizierter. Es erscheint intuitiv plausibel, dass in manchen Situationen ein Leistungsziel, also der Wunsch vorhandene Fähigkeiten zu beweisen und gleichzeitig nicht vorhandene Fähigkeiten zu verbergen, angemessen ist und zu guten Leistungsergebnissen führt. Dies gilt beispielsweise für Wettbewerbs- und Prüfungssituationen, in denen kurzfristig genau diese Strategien der positiven Selbstdarstellung gefordert sind. Daher kann sicherlich nicht angenommen werden, dass die Annahme von Leistungszielen in jeder Situation schlechtere Leistungen nach sich zieht als die Annahme von Lernzielen. Insbesondere für Annäherungs-Leistungsziele, also das Streben, eigene Fähigkeiten zu demonstrieren, konnte mehrfach ein positiver Zusammenhang mit guten Leistungen nachgewiesen werden (z. B. Elliot & McGregor, 1999; Harackiewicz, Barron, Tauer, Carter & Elliot, 2000).

Vergegenwärtigt man sich jedoch, welche Voraussetzungen langfristig gute Leistungen sichern, etwa ein tiefes Verständnis des Stoffes, intensive Beschäftigung mit dem Gegenstand auch über das Nötige hinaus etc., so ist es fraglich, ob die hierfür benötigte Motivation in hinreichender Weise aus Leistungszielen geschöpft werden kann. Insbesondere dann, wenn Vermeidungs-Leistungsziele verfolgt werden, also der Wunsch im Vordergrund steht, vermeintlich geringe Fähigkeiten zu verbergen, gehen damit langfristig schlechte Leistungen einher (Elliot & Church, 1997; Harackiewicz, Barron, Carter, Lehto & Elliot, 1997). Aber auch für Annäherungs-Leistungsziele, die kurzfristig durchaus positive Zusammenhänge mit Leistungsmaßen aufweisen, ist nachgewiesen worden, dass diese Effekte über längere Zeit keinen Bestand hatten (Elliot & McGregor, 1999).

Darüber hinaus zeigt sich, dass das Verfolgen von Leistungszielen insbesondere dann zu schlechten Leistungen führt, wenn gleichzeitig ein negatives Fähigkeitskonzept vorliegt (Dweck & Leggett, 1988; Stiensmeier-Pelster, Balke & Schlangen, 1996; Spinath & Stiensmeier-Pelster, 2000). Dann nämlich ist eine Person darauf hin orientiert, im sozialen Vergleich positiv abzuschneiden, glaubt aber gleichzeitig, dies nicht leisten zu können. Empirisch ließ sich nachweisen, dass insbesondere Personen mit einem niedrigen Fähigkeitskonzept durch die Annahme von Lernzielen deutlich positivere kognitive, emotionale und verhaltensbezogene Voraussetzungen für gute Leistungen entwickeln (Elliott & Dweck, 1988) und schließlich auch ebenso gute Leistungen erbringen, wie Personen mit einem hohen Fähigkeitskonzept (Spinath & Stiensmeier-Pelster, 2000). Die Vermittlung von Lernzielen kann demnach einen Weg aus dem Teufelskreis geringer Fähigkeitseinschätzungen und geringer Lernmotivation bedeuten.

Betrachtet man schließlich die Auswirkungen von Arbeitsvermeidungstendenzen, so ist es nicht überraschend, dass diese mit geringem Interesse und geringer intrinsischer Motivation einher gehen (Harackiewicz, Barron, Tauer, Carter & Elliot, 2000; Harackiewicz, Barron, Carter, Lehto & Elliot, 1997). Daher ist zu erwarten, dass sich Personen mit Tendenzen zur Arbeitsvermeidung nicht langfristig mit einem bestimmten Thema auseinander setzen, sondern dieses bei gegebener Gelegenheit gänzlich vermeiden (z. B. Kurswahlen in Schule oder Universität). Während einige Studien nur geringe Zusammenhänge zwischen der Tendenz zur Arbeitsvermeidung und kurzfristigen Leistungen zeigen (Harackiewicz et al., 2000), ergaben sich in unseren eigenen Untersuchungen klare Zusammenhänge dergestalt, dass hohe Arbeitsvermeidungstendenzen mit schlechteren Noten einher gingen (vgl. SELLMO-Testmanual von Spinath et al., 2002).

Zusammenfassend kann festgehalten werden, dass eine starke Lernzielorientierung langfristiges Interesse und gute Leistungen sichert. Auch Annäherungs-Leistungsziele können zumindest kurzfristig mit guten Leistungen einher gehen, sichern jedoch nicht die langfristige, intensive Beschäftigung mit Themen, die für andauernde Erfolge nötig ist. Darüber hinaus können Annäherungs-Leistungsziele unter bestimmten Bedingungen und für bestimmte Personen von Vorteil sein (vgl. Midgley, Kaplan & Middleton, 2001). Dagegen stehen Vermeidungs-Leistungsziele in Zusammenhang mit sowohl kurz- als auch langfristig schlechten Leistungen. Beide Arten von Leistungszielen wirken sich dann negativ auf Lernen und Leistung aus, wenn gleichzeitig ein geringes Fähigkeitskonzept vorliegt. Schließlich gilt auch für eine ausgeprägte Tendenz zur Arbeitsvermeidung, dass mit ihr kurz- und langfristig geringes Interesse und schlechte Leistungen einher gehen.

3.4 Messung von Zielpräferenzen: Die Skalen zur Erfassung der Lern- und Leistungsmotivation (SELLMO)

Im angloamerikanischen Sprachraum existiert eine Reihe von Instrumenten zur Erfassung der Zielorientierung, zum Beispiel das „Goal Inventory" von Roedel, Schraw und Plake (1994) und die „Motivational Orientation Scales" von Nicholls, Patashnick und Nolen (1985). Letzteres Inventar war das Vorbild für die deutschsprachige Vorversion (MOS-D von Balke & Stiensmeier-Pelster, 1995) der hier vorgestellten SELLMO. Ein weiteres, in der psychologischen Forschung eingesetztes deutschsprachiges Instrument zur Erfassung der

Zielorientierung bei Schülerinnen und Schülern stammt von Köller und Baumert (1998). Beiden deutschsprachigen Instrumenten fehlt jedoch eine Normierung, so dass sie lediglich für Forschungszwecke, nicht jedoch für die Beratungspraxis geeignet sind. Darüber hinaus berücksichtigen beide bislang nicht die jüngst eingeführte Differenzierung zwischen Annäherungs- und Vermeidungs-Leistungszielen.

Mit den SELLMO liegt daher erstmals ein deutschsprachiges Instrument zur Erfassung der Zielorientierung von Schülerinnen und Schülern (SELLMO-S) und Studierenden (SELLMO-ST) vor, das die vier Dimensionen „Lernziele", „Annäherungs-Leistungsziele", „Vermeidungs-Leistungsziele" und „Arbeitsvermeidung" erfasst. Für die Schülerversion SELLMO-S liegen darüber hinaus umfangreiche Normdaten vor, die den Einsatz im Rahmen von schulischen Beratungsprozessen ermöglicht.

3.4.1 Beschreibung des Testmaterials

Die insgesamt 31 Selbsteinschätzungsitems der SELLMO setzen sich aus jeweils acht Items der Skalen „Lernziele", „Vermeidungs-Leistungsziele" und „Arbeitsvermeidung" sowie sieben Items der Skala „Annäherungs-Leistungsziele" zusammen. Alle Items sind als Fortsetzungen des Itemstamms „In der Schule/Im Studium geht es mir darum…" formuliert. Auf einer Antwortskala von 1 „stimmt gar nicht" bis 5 „stimmt genau" kann angegeben werden, wie sehr die Aussage der Items normalerweise auf den Probanden oder die Probandin zutrifft. In Tabelle 1 ist zu jeder Skala ein Beispielitem enthalten.

Tabelle 1:
Itembeispiele aus den SELLMO.

In der Schule/Im Studium geht es mir darum…	stimmt gar nicht	stimmt eher nicht	weder/ noch	stimmt eher	stimmt genau
LZ …zum Nachdenken angeregt zu werden.	❏	❏	❏	❏	❏
AL …das was ich kann und weiß auch zu zeigen.	❏	❏	❏	❏	❏
VL …dass niemand merkt, wenn ich etwas nicht verstehe	❏	❏	❏	❏	❏
AV …mit wenig Arbeit durch die Schule/durchs Studium zu kommen.	❏	❏	❏	❏	❏

Anmerkung: LZ „Lernziele", AL „Annäherungs-Leistungsziele", VL „Vermeidungs-Leistungsziele", AV „Arbeitsvermeidung"

3.4.2 Durchführung und Auswertung

Die Erfassung der Lern- und Leistungsmotivation ist mit den SELLMO-S für Schülerinnen und Schüler aller Regelschulformen in den Klassenstufen 4 bis 10 möglich. Mit den SELLMO-ST liegt gleichzeitig ein paralleles Instrument für Studierende vor. Die SELLMO können sowohl zur Einzel- als auch zur Gruppentestung eingesetzt werden. Der Zeitbedarf für die Bearbeitung liegt mit Instruktion und Erläuterung zwischen 10 und 20 Minuten. Die Auswertung erfolgt mit Hilfe von Schablonen, die dem Anwender die Summierung der Item-Rohwerte zu den vier Skalen-Rohwerten erleichtern. Die so gewonnenen Skalen-Rohwerte lassen sich für die SELLMO-S unter Hinzuziehung der Normtabellen in Bezug auf repräsentative Vergleichsstichproben interpretieren. Für die SELLMO-ST liegen hingegen keine Normdaten vor.

3.4.3 Gütekriterien und Normierung

Die Überprüfung der testtheoretischen Güte der SELLMO erfolgte für die SELLMO-S an einer repräsentativen Stichprobe von N = 3 105 Schülerinnen und Schülern der Klassen 4 bis 10 aus Schulen in vier deutschen Bundesländern. Die der SELLMO-ST zugrunde liegende Prüfstichprobe umfasste 265 Studierende verschiedener Fachrichtungen aus zwei Bundesländern, die zu den drei Clustern „Geistes- und Sozialwissenschaftliche Studiengänge", „Lehramtsstudiengänge" und „Naturwissenschaftlich-Technisch-Mathematische Studiengänge" zusammengefasst wurden. Im Folgenden sind die zentralen Ergebnisse zur Güte der SELLMO zusammenfassend dargestellt (für detaillierte Angaben vgl. SELLMO-Testmanual von Spinath et al., 2002).

Objektivität: Das Testmanual der SELLMO enthält ausführliche Instruktionen zur Durchführung, Auswertung und Interpretation. Werden diese Instruktionen befolgt, ist die Objektivität des Verfahrens gewährleistet.

Reliabilität: Die internen Konsistenzen sowie die Testhalbierungs-Reliabilitäten der einzelnen Skalen der SELLMO können sowohl für die Schüler- ($\alpha = .75$ bis .82) als auch für die Studierendenversion ($\alpha = .76$ bis .89) zusammenfassend als gut bis befriedigend bewertet werden. Die Test-Retest-Reliabilitäten der SELLMO-S liegen bei einem zweiwöchigen Intervall zwischen $r_{tt} = .60$ und .74, bei einem sechsmonatigen Intervall zwischen $r_{tt} = .53$ und .68. Das Ausmaß der Messabweichungen, das durch die Test-Retest-Reliabilitäten angezeigt wird, liegt durchaus in dem zu erwartenden Rahmen für solche Merkmale, die erfahrungs- und entwicklungsbedingt gewissen Schwankungen unterworfen sind. Insbesondere für die Skala „Lernziele" zeigt sich mit zunehmender Klassenstufe die Tendenz ansteigender Messstabilität. Dies steht im Einklang mit der Annahme, dass sich die verschiedenen Ziele im Laufe der Grundschulzeit entwickeln und sich interindividuelle Unterschiede hinsichtlich der Zielpräferenz im Lauf der Schulzeit stabilisieren.

Validität: Mittels Faktorenanalysen ließen sich in den Prüfstichproben für die SELLMO-S und SELLMO-ST die vier Skalen gut replizieren. Daher kann die Konstruktvalidität aufgrund der faktoriellen Struktur als gegeben betrachtet werden. Darüber hinaus sind die Muster der Skalen-Interkorrelationen der SELLMO-S und der SELLMO-ST hochgradig ähnlich. So korreliert die Skala „Lernziele" mäßig positiv mit der Skala „Annäherungs-Leistungsziele" und mäßig negativ mit der Skala „Arbeitsvermeidung". Der sehr schwache, negative Zusammenhang zwischen den Skalen „Lernziele" und „Vermeidungs-Leistungsziele" erreicht nur in der Stichprobe der Schülerinnen und Schüler statistische Bedeutsamkeit. Die Skala „Arbeitsvermeidung" korreliert schwach positiv mit der Skala „Annäherungs-Leistungsziele" und deutlich positiv mit der Skala „Vermeidungs-Leistungsziele". Schließlich korrelieren die Skalen „Annäherungs-Leistungsziele" und „Vermeidungs-Leistungsziele" hoch positiv miteinander. Der hohe Zusammenhang der beiden Leistungszielarten mag auf den ersten Blick überraschen, ist jedoch durchaus theoretisch begründbar. Bei beiden Zielen geht es der Person um ihre Außenwirkung. Diese Leistungszielorientierung bildet demnach einen starken Rahmen, innerhalb dessen Annäherungs- und Vermeidungstendenzen dem gleichen Ziel folgen, jedoch durch unterschiedliche Mittel. Alle Zusammenhänge stehen demnach in Einklang mit den theoretischen Annahmen, was ebenfalls für die Konstruktvalidität der SELLMO spricht.

In Untersuchungen zur konvergenten und diskriminanten Validität konnte gezeigt werden, dass die Skalen der SELLMO-S in erwarteter Weise mit den Skalen eines weiteren Inventars zur Erfassung von Zielorientierung (Köller & Baumert, 1998) zusammen hingen. Des Weiteren ergaben sich für die SELLMO-S keine bzw. nur schwache Zusammenhänge mit Maßen des Fähigkeitsselbstkonzepts oder der schulischen Selbstwirksamkeit. Gleichfalls ließen sich die Skalen der SELLMO-S zufriedenstellend von Maßen der Prüfungsängstlichkeit abgrenzen.

Zur Prüfung der Kriterienvalidität liegen für einen Teil der Prüfstichprobe der SELLMO-S Daten über den Zusammenhang mit Schulnoten vor. Zusammenfassend zeigte sich in den Teilstichproben über alle Klassenstufen und Schulformen hinweg, dass höhere Werte auf der Skala „Lernziele" mit besseren Noten einher gehen ($r = -.14$ bis $-.32$), während höhere Werte auf der Skala „Arbeitsvermeidung" mit schlechteren Noten einher gehen ($r = .17$ bis $.35$). Bei den beiden Leistungsziel-Skalen sind die Zusammenhänge weniger deutlich. So gehen höhere Werte auf der Skala „Annäherungs-Leistungsziele" zwar in der Mehrheit der Teilstichproben mit besseren Noten einher, die Schwankungsbreite der Korrelationskoeffizienten schließt jedoch auch Null-Korrelationen ein ($r = -.18$ bis $.04$). Auch für die Skala „Vermeidungs-Leistungsziele" reicht die Schwankungsbreite der Korrelationskoeffizienten bis nahe der Null-Korrelation (r = .19 bis .04), wobei in der Mehrheit der Teilstichproben höhere Werte auf der Skala „Vermeidungs-Leistungsziele" mit schlechteren Noten einher gehen. Die gefundenen Zusammenhänge, obgleich teilweise recht schwach ausgeprägt, entsprechen den theoretischen Vorhersagen und sprechen damit für die Kriterienvalidität der SELLMO.

Normierung: Die Normierung der SELLMO-S basiert auf einer Stichprobe von N = 3105 Schülerinnen und Schülern der Klassenstufen 4 bis 10. Neben vier Grundschulen waren als weiterführende Schulen sowohl Haupt-, Real- und Gesamtschulen sowie Gymnasien als auch die in einigen Bundesländern für die 5. und 6. Klasse vorherrschenden Orientierungs- oder Förderstufen in der Normierungsstichprobe vertreten. Die Schulen stammten aus vier deutschen Bundesländern. Insgesamt kann angenommen werden, dass es sich um eine für ganz Deutschland repräsentative Stichprobe von Schülerinnen und Schülern der Klassen 4 bis 10 üblicher Grund- und weiterführender Schulen handelt.

Durch die Eichung der SELLMO-S und das Vorliegen von Normwerten wird den Testanwendern die Möglichkeit gegeben, das Testergebnis einer Schülerin oder eines Schülers in Beziehung zu einer repräsentativen Vergleichsgruppe (der Eichstichprobe) zu interpretieren und im Falle einer Testwiederholung (z. B. nach einem Training) zu prüfen, ob die Unterschiede zwischen beiden Testungen statistisch bedeutsam sind. Es wird zudem ermöglicht, das Testergebnis einer Schülerin oder eines Schülers mit Werten in anderen standardisierten Tests bzw. Fragebögen zu vergleichen ebenso wie Testergebnisse verschiedener Schülerinnen und Schüler untereinander verglichen werden können.

Zu diesem Zweck enthalten die Normtabellen neben den Skalen-Rohwerten auch Rohwertebänder, Prozentränge, T-Werte sowie T-Wertebänder. Den für mehrere Skalen empirisch vorgefundenen Mittelwertunterschieden zwischen Schülerinnen und Schülern der Klassen 4, 5 und 6 sowie 7 bis 10 wurde Rechnung getragen, indem für diese beiden Cluster von Klassenstufen getrennte Normtabellen erstellt wurden. Dagegen ergaben sich keine bedeutsamen Unterschiede in Abhängigkeit der Schulform und des Geschlechtes, so dass keine weitere Differenzierung der Normtabellen vorgenommen wurde.

3.5 Anwendungsfelder und Empfehlungen

Entsprechend den theoretischen Überlegungen und empirischen Befunden zum Zusammenhang zwischen Lern- und Leistungszielmotivation und Leistung, Attributionen, subjektiver Wahrnehmung von Misserfolg etc. eröffnen sich für die SELLMO vielfältige Anwendungsmöglichkeiten in der pädagogisch-psychologischen Praxis. Die SELLMO sollten insbesondere dann Anwendung finden, wenn das Engagement und die Leistungen einer Person hinter deren eigentlichen Fähigkeiten zurückbleiben. Daher bietet sich die Anwendung der SELLMO im Zusammenhang einer umfassenden Diagnostik von Fähigkeiten (Intelligenz- und spezifische Leistungstests), motivationalen (Lern- und Leistungsziele) und emotionalen Faktoren (Prüfungsängstlichkeit), kognitiven Überzeugungen und Denkschemata (z. B. Fähigkeitskonzept, Attributionen) sowie der Exploration der familiären und sonstigen Umgebungsbedingungen an. Die Ursachen für nicht-fähigkeitsbedingte Leistungsmängel lassen sich in der Regel solchen motivationalen, emotionalen oder kognitiven Faktoren zuordnen. Die genaue Kenntnis dieser Ursachen ermöglicht das Aussprechen konkreter Empfehlungen, etwa für Eltern und Lehrkräfte, oder auch die Entwicklung gezielter Fördermaßnahmen.

Wie ausgeführt, sind mit unterschiedlichen Zielen unterschiedliche kognitive, emotionale und verhaltensbezogene Reaktionen auf subjektiv empfundene Schwierigkeiten und Misserfolge verbunden. Damit sind nicht nur besonders kritische Situationen gemeint, sondern durchaus auch die von allen Schülerinnen und Schülern erlebten steigenden schulischen Anforderungen. Besteht in der Grundschule häufig noch ein Schonraum, der vor übersteigerten Erwartungen an die Schülerinnen und Schüler schützt, so werden diese doch spätestens in den weiterführenden Schulen zunehmend mit der hohen Wichtigkeit von Leistungen konfrontiert. Es ist für Schülerinnen und Schüler entscheidend, frühzeitig eine positive motivationale Haltung zu erwerben, die langfristig einen meisternden Umgang mit Herausforderungen sicherstellt (d. h. starke Lernziele, geringe Vermeidungs-Leistungsziele, geringe Tendenz zur Arbeitsvermeidung). Vor diesem Hintergrund ist der Einsatz der SELLMO bereits in der Grundschule ratsam, da auf diese Weise maladaptive Motivationslagen (d. h. geringe Lernziele, hohe Vermeidungs-Leistungsziele, hohe Tendenz zur Arbeitsvermeidung) frühzeitig erkannt werden können. Spätestens in der 5. oder 6. Klasse ist es ratsam, die SELLMO einzusetzen, wenn bei Schülerinnen und Schülern nicht-fähigkeitsbedingte Leistungsdefizite zu beobachten sind. Langfristig kann der maladaptive Umgang mit Schwierigkeiten und Misserfolgen zu motivationaler oder funktionaler Hilflosigkeit führen. Im Sinne einer Prävention nicht-adaptiver, motivationaler und verhaltens-bezogener Muster gilt, dass sich mittels der SELLMO Personen identifizieren lassen, die aufgrund ihrer motivationalen Orientierung besonders gefährdet sind, diese Muster auszubilden.

3.6 Literatur

Ames, C. (1984). Achievement attributions and self-instructions in competitive and individualistic goal structures. *Journal of Educational Psychology, 76*, 478–487.

Ames, C. & Archer, J. (1988). Achievement goals in the classroom: Students' learning strategies and motivation processes. *Journal of Educational Psychology, 80*, 260–267.

Balke, S. & Stiensmeier-Pelster, J. (1995). Die Erfassung der motivationalen Orientierung – eine deutsche Form der Motivational Orientation Scales (MOS-D). *Diagnostica, 41,* 80–94.
Butler, R. & Neuman, O. (1995). Effects of task and ego achievement goals on help seeking behaviors and attitudes. *Journal of Educational Psychology, 87,* 261–271.
Dweck, C. S. (1986). Motivational processes affecting learning. *American Psychologist, 41,* 1040–1048.
Dweck, C. S. & Leggett, E. L. (1988). A social-cognitive approach to motivation and personality. *Psychological Review, 95,* 256–273.
Elliot, A. J. & Church, M. A. (1997). A hierarchical model of approach and avoidance achievement motivation. *Journal of Personality and Social Psychology, 72,* 218–232.
Elliot, A. J. & McGregor, H. A. (1999). Test anxiety and the hierarchical model of approach and avoidance achievement motivation. *Journal of Personality and Social Psychology, 76,* 628–644.
Elliott, E. S. & Dweck, C. S. (1988). Goals: An approach to motivation and achievement. *Journal of Personality and Social Psychology, 54,* 5–12.
Harackiewicz, J. M., Barron, K. E., Carter, S. M., Lehto, A. T. & Elliot, A. J. (1997). Predictors and consequences of achievement goals in the college classroom: Maintaining interest and making the grade. *Journal of Personality and Social Psychology, 73,* 1284–1295.
Harackiewicz, J. M., Barron, K. E. & Elliot, A. J. (1998). Rethinking achievement goals: When are they adaptive for college students and why? *Educational Psychologist, 33,* 1–21.
Harackiewicz, J. M., Barron, K. E., Tauer, J. M., Carter, S. M. & Elliot, A. J. (2000). Short term and long-term consequences of achievement goals: Predicting interest and performance over time. *Journal of Educational Psychology, 92,* 316–330.
James, W. (1890). *The principles of psychology.* New York: Holt.
Köller, O. & Baumert, J. (1998). Ein deutsches Instrument zur Erfassung von Zielorientierungen bei Schülerinnen und Schülern. *Diagnostica, 44,* 173–181.
Locke, E. A. & Latham, G. P. (1994). Goal setting theory. In H. F. Jr. O'Neil & M. Drillings (Hg.), *Motivation: Theory and Research* (S. 13–29). Hillsdale, NJ: Lawrence Erlbaum Associates.
Meece, J. L. & Holt, K. (1993). A pattern analysis of students' achievement goals. *Journal of Educational Psychology, 85,* 582–590.
Meece, J. L., Blumenfeld, P. C. & Hoyle, H. R. (1988). Students' goal orientations and cognitive engagement in classroom activities. *Journal of Educational Psychology, 80,* 514–523.
Midgley, C., Kaplan, A. & Middleton, M. (2001). Performance-approach goals: Good for what, for whom, under what circumstances, and at what cost? *Journal of Educational Psychology, 93,* 77–86.
Nicholls, J. G. (1984). Achievement motivation: Conceptions of ability, subjective experience, task choice, and performance. *Psychological Review, 91,* 328–346.
Nicholls, J. G., Patashnick, M. & Nolen, S. B. (1985). Adolescents' theories of education. *Journal of Educational Psychology, 77,* 683–692.
Roedel, T. D., Schraw, G. & Plake, B. (1994). Validation of a measure of learning and performance goal orientations. *Educational and Psychological Measurement, 54,* 1013–1021.
Spinath, B., Stiensmeier-Pelster, J., Schöne, C. & Dickhäuser, O. (2002). Die Skalen zur Erfassung von Lern- und Leistungsmotivation (SELLMO). Göttingen: Hogrefe.
Spinath, B. & Stiensmeier-Pelster, J. (2000). Zielorientierung und Leistung: Die Rolle des Selbstkonzepts eigener Fähigkeiten. In H. Metz-Göckel, B. Hannover & S. Leffelsend (Hg.), *Selbst, Motivation und Emotion. Dokumentation des 4. Dortmunder Symposions für Pädagogische Psychologie* (S. 44–55). Berlin: Logos.
Stiensmeier-Pelster, J., Balke, S. & Schlangen, B. (1996). Lern- versus Leistungszielorientierung als Bedingungen des Lernfortschritts. *Zeitschrift für Entwicklungspsychologie und Pädagogische Psychologie, 28,* 169–187.
Utman, C. H. (1997). Performance effects of motivational state: A meta-analysis. *Personality and Social Psychology Review, 1,* 170–182.

Kapitel 4

Bezugsnormorientierung: Erfassung, Probleme, Perspektiven

Oliver Dickhäuser und Falko Rheinberg

Zusammenfassung

Bezugsnormen (Bn) sind in unterschiedlichen Bezugssystemen verankerte Standards, die zur Leistungsbeurteilung herangezogen werden. Leistungsbeurteilung kann unter Bezug auf sachliche Maßstäbe (sachliche Bn), die Leistung anderer Personen (soziale Bn) oder die eigene frühere Leistung (individuelle Bn) erfolgen. Die Bevorzugung unterschiedlicher Bezugsnormen wird Bezugsnormorientierung (Bno) genannt. In dem Beitrag werden etablierte und aktuelle Tests zur Erfassung der Bezugsnormorientierung anschaulich dargestellt. Hierbei handelt es sich sowohl um Verfahren zur Erfassung der Bno bei der Fremdbeurteilung (z. B. Erfassung der Bno von Lehrkräften), um Instrumente zur Erfassung der wahrgenommenen Bno einer fremden Person oder aber um neue Verfahren zur Erfassung der Bno bei der Selbstbewertung. Es wird dargestellt, dass eine individuelle Bno bei der Fremdbeurteilung günstige Auswirkungen auf die Motivation der Lernenden hat, vermutlich weil durch individuelle Leistungsvergleiche eigene Lernzuwächse besser deutlich werden als bei sozialen Leistungsvergleichen. Erstmals werden in dem Beitrag Befunde über die Zusammenhänge zwischen Lern- und Leistungszielorientierung und individueller und sozialer Bno berichtet. Neben der Einordnung des Konstruktes der Bno in Zielorientierungstheorien wird in dem Beitrag der Vorschlag gemacht, zukünftig beim Konzept der Bno stärker zwischen deskriptiver Selbsteinschätzung und affektiver Selbstbewertung zu trennen.

4.1 Drei Bezugsnormen zur Leistungsbeurteilung

Stellen Sie sich vor, Sie sind Schüler in einem Englischkurs und bekommen gerade einen Vokabeltest korrigiert zurück. Sie schlagen das Heft auf und stellen fest, dass Sie in dem Test 19 Vokabeln korrekt gewusst haben. Ist das nun eine gute oder eine schlechte Leistung?

Um diese Frage zu beantworten, bräuchten Sie einen Standard, mit dem Sie Ihr erzieltes Resultat vergleichen können. Abgesehen davon, dass diese Standards verschieden hoch oder niedrig sein können, können sie sich auch in dem *Bezugssystem* unterscheiden, aus dem sie stammen. Man nennt solche bezugssystemverankerten Standards Bezugsnormen (Bn). Im Leistungsbereich unterscheidet man *kriteriale/sachliche Bn, individuelle Bn* und *soziale Bn* (Heckhausen, 1974 a).

Kriteriale/sachliche Bn sind Standards, die in der Sache selbst liegen. Eine gute Leistung liegt vor, wenn ein beabsichtigter Effekt zustande gekommen ist oder ein inhaltlich begründetes Lernziel erreicht wurde. In unserem Beispiel wäre ein solcher Standard die Zahl der Vokabeln, die der Lehrer als notwendig für die Lernzielerreichung festgelegt hat.

Bei der *individuellen Bn* liegt der Standard in den Resultaten, die eine Person bei vergleichbaren Aufgaben zuvor erzielt hat (temporaler Vergleich im Sinne von Albert, 1977). Individuelle Verbesserungen sind bei dieser Bezugsnorm eine gute Leistung, individuelle Rückschritte dagegen eine schlechte Leistung. So werden in den Beurteilungen Lernzuwächse und auch Leistungsverschlechterungen unmittelbar deutlich. Die dabei hervortretende Variabilität in der Leistungsentwicklung legt nahe, entsprechend variable Ursachen (z. B. Anstrengung, Tagesform) zur Erklärung der Leistungsunterschiede heranzuziehen.

Bei der *sozialen Bn* wird das Resultat einer Person an den Resultaten anderer Personen gemessen (z. B. an den Resultaten von Mitschülern in einer Schulklasse; soziale Vergleiche im Sinne von Festinger, 1954). Überdurchschnittliche Resultate gelten als gute, unterdurchschnittliche Resultate als schlechte Leistungen. Um eine Leistungssteigerung zu erzielen, muss man andere Personen leistungsmäßig überholen, was aber in leistungsheterogenen Bezugsgruppen eher unwahrscheinlich ist. Deswegen erscheint hier die Leistung als recht stabil, was entsprechend stabile Ursachenerklärungen (z. B. Begabung, Arbeitshaltung) nahelegt. Je nach verwendeter Bn treten also ganz unterschiedliche Aspekte desselben Resultates in den Vordergrund, die dann auch ganz unterschiedliche Konsequenzen haben können.

Bezugsnormen können formell vorgegeben sein, wie z. B. bei der Zensurendefinition oder bei sportlichen Wettkämpfen. Interessanterweise gibt es daneben auch zwischen Personen Unterschiede in der Bevorzugung bestimmter Bezugsnormen. Diese Bevorzugung wurde *Bezugsnormorientierung* (Bno) genannt (Rheinberg, 1980; 2001a). Die Bno wurde intensiv für die Beurteilung fremder Leistungen, seit einiger Zeit aber auch für die Beurteilung eigener Leistungen untersucht. Dabei stand die Unterscheidung von sozialer vs. individueller Bn im Vordergrund, weil hier unterschiedliche motivationale Konsequenzen zu erwarten und nachzuweisen waren.

4.2 Bno in der Fremdbewertung: Die Erfassung einer motivational bedeutsamen Variable der Lernumwelt

Die Bno wurde insbesondere in Lehr- und Lernsituationen untersucht. Für diese Situationen wurde vermutet, dass eine individuelle Bn der Lehrkraft günstigere Auswirkungen auf die Motivation der Lernenden haben müsste als eine

Leistungsbeurteilung, die sich ausschließlich nach der sozialen Bn richtet (Rheinberg, 1980; 2001a). In der Tat gibt es seit 25 Jahren eine Vielzahl von Befunden, die diese Annahme belegen (zusammenfassend Mischo & Rheinberg, 1995; Rheinberg, 2001a). Zu erklären sind diese Befunde dadurch, dass bei ausschließlicher Verwendung sozialer Bn der gemeinsame Lernzuwachs aller als Selbstverständlichkeit ausgeblendet wird. Überdies verdeckt das zeitstabile Leistungsbild den Zusammenhang zwischen eigener Anstrengung bzw. Lernaktivität einerseits und resultierenden Leistungsveränderungen andererseits.

Inzwischen liegen aus zwei Großuntersuchungen (TIMSS und BIJU) für Deutschland repräsentative Daten zum günstigen Einfluss der individuellen Bno von Lehrern auf motivationale Variablen von Schülern vor (Köller, 2000; s. unten). Sowohl für die Forschung als auch für Praxisprojekte zur motivationalen Optimierung von Unterricht (Rheinberg & Krug, 1999) stellt sich die Frage, wie man die Bno von Lehrenden als motivational bedeutsame Variable der Lernumwelt erfassen kann. Hierzu gibt es mit der kleinen Beurteilungsaufgabe eine Art Arbeitsprobe, bei der die Lehrkraft die Leistungen fiktiver Schüler beurteilt. Weiterhin besteht neben der Verwendung eines Lehrer-Fragebogens (FEBO) auch die Möglichkeit der Beobachtung des Lehrerverhaltens. Schließlich kann auch die Schülereinschätzung der Bno ihres Lehrers erfasst werden. Diese Verfahren werden im Folgenden skizziert.

4.2.1 Die kleine Beurteilungsaufgabe (KBA)

Rheinberg (1980) hat ein Kurzverfahren entwickelt, mit dessen Hilfe die Bno von Lehrern erfasst werden kann (vgl. Rheinberg, 2001b). Den Versuchspersonen werden neun verschiedene Schüler und deren Ergebnisse in einer Zeitreihe von drei Lernerfolgsüberprüfungen geschildert. Es wird erläutert, dass in den Tests jeweils ein Maximum von 100 Punkten erreichbar sei und der Klassendurchschnitt jeweils bei 50 liege. Die letzte Leistung eines jeden Schülers ist jeweils im sozialen Vergleich über-, unter-, oder durchschnittlich. Weiterhin ist die Leistung des Schülers über die drei Testzeitpunkte hinweg entweder ansteigend, gleichbleibend oder abfallend. Aufgabe der Versuchspersonen ist es nun, die jeweils letzte Leistung eines jeden Schülers zu bewerten. Gute Leistungen sollen dabei bis zu fünf Pluspunkte, schlechte Leistungen bis zu fünf Minuspunkte erhalten.

Die Auswertung der Antworten der Versuchspersonen ist simpel: Um das Ausmaß der Orientierung an individuellen Bezugsnormen festzustellen, werden die Bewertungen der Probanden für diejenigen Schüler kontrastiert, die zwar ein gleiches Endresultat erzielt haben, aber eine ansteigende vs. abfallende Tendenz aufweisen. Je stärker sich die Person an individuellen Bezugsnormen orientiert, desto größer sollten die Urteilsdifferenzen zwischen ansteigender vs. abfallender Tendenz ausfallen (sog. *Tendenzorientierung*, To).

Analog dazu ist es auch möglich, das Ausmaß der sozialen Bno zu ermitteln. Hierbei werden die Urteile für diejenigen Schüler kontrastiert, deren letzte Testleistungen sich bei unveränderlicher Tendenz maximal unterscheiden (unter- vs. überdurchschnittlich). Je mehr sich ein Beurteiler an sozialen Bezugsnormen orientiert, um so unterschiedlicher sollten die Beurteilungen beider Schüler ausfallen. Ein entsprechender Differenzwert wird als *Niveauorientierung* (No) bezeichnet. (Zu Einzelheiten der Auswertung s. Rheinberg, 1980, S. 28. Die dort beschriebene Differenzbildung muss natürlich adaptiert werden, wenn man die Reihenfolge der Schüler ändert.) Das Verfahren wurde inzwischen von B. Jakobs (Universität Saarbrücken) für die online-Bearbeitung im Internet aufbereitet.[1]

Obwohl die To- und No-Werte rechnerisch unabhängig voneinander (auf der Basis verschiedener beurteilter Schüler) ermittelt werden, sind sie in der Regel mäßig negativ korreliert (um $r = -.50$). Was die *Retest-Reliabilität* betrifft, so ist sie in der Standardversion noch akzeptabel (r_{tt} zwischen .64 und .67 nach einem Monat). Durch Spezifikation des vorgegebenen Beurteilungskontextes stieg die Retest-Reliabilität bis auf $r_{tt} = .81$. Die Bno-Kennwerte sind allerdings nicht immer normalverteilt, so dass mitunter auf Rangdaten-Niveau gearbeitet werden muss. Bei der Unterscheidung von Lehrern aufgrund ihrer Bno war der To-Wert häufig ergiebiger als der No-Wert. Man kann darüber hinaus auch Extremgruppen bilden und miteinander vergleichen (z.B. Lehrpersonen, deren To-Wert über und No-Wert unter dem Median liegt verglichen mit Lehrkräften, deren To-Wert unter und No-Wert über dem Median liegt).

Es zeigte sich, dass Lehrer mit sozialer Bno ihre Beurteilungsweise unabhängig vom Situationskontext beibehalten, während Lehrer mit individueller Bno ihre Vergleichsperspektive je nach Kontext stärker wechseln (z.B. Übergangsentscheidung vs. Gespräch mit dem Schüler allein). Letztere machen so deutlich, dass es verschiedene Weisen gibt, eigene und fremde Leistungen zu vergleichen (Rheinberg, 1980; 2001a). Mit Blick auf schülerseitige Effekte der Bno gruppierten Trudewind und Kohne (1982) Lehrer anhand der Werte in der KBA. Es zeigte sich, dass Schüler von Lehrern mit individueller Bno mehr Hoffnung auf Erfolg und eine höhere Netto-Hoffnung aufweisen. Der Effekt tritt schon im ersten Schuljahr auf und bleibt über den Rest der Grundschulzeit stabil. Huber (1992) stützte sich bei der Erfassung der Bno von Lehrern ebenfalls auf die KBA und fand einen erwarteten signifikanten Einfluss auf die Anstrengungsvermeidung von Schülern im Anstrengungsvermeidungstest (AVT, Rollett & Bartram, 1981): Beim Vergleich von 23 Hauptschullehrern mit ein-

---

[1] Die entsprechende URL lautet http://www.phil.uni-sb.de/%7Ejakobs/paedpsych/rheinberg/

deutiger individueller Bno (hohe To-Werte) mit 20 Hauptschullehrern mit eindeutig sozialer Bno (hohe No-Werte) zeigte sich, dass in den Klassen von letzteren die AVT-Werte der Schüler signifikant höher waren (vgl. Rollett, 2001). Bei der Anwendung der KBA ist damit zu rechnen, dass Lehrer mitunter irritiert sind, weil sie nicht wissen, worauf das arbeitsprobenartige Verfahren zielt und wie man die Schülerbewertung richtig vornehmen soll. Anders als bei der Erfassung mancher Erziehungsstil- oder Unterrichtsstilkonzepte ist hier ja nicht unmittelbar durchschaubar, was pädagogisch erwünscht ist. Zudem gibt es Unterschiede im Ausmaß, in dem eine individuelle oder soziale Bno für wünschenswert gehalten werden.

Die Herkunft der Bno-Unterschiede zwischen Lehrern ist noch weitgehend unklar. Analysen zur Entwicklung der Bno in der Lehrerausbildung finden sich bei Rheinberg (1982, S. 235–248). Es konnten darüber hinaus zwar plausible Beziehungen zwischen der Bno und Erziehungszielen von Lehrern nachgewiesen werden, jedoch wurden über solche Ziele nur 18 Prozent der Bno-Varianz aufgeklärt (Mischo & Rheinberg, 1995). Die Autoren der Untersuchung vermuten deshalb, dass die Bno bei Lehrern auch eine gewisse Eigenwertigkeit haben könnte und nur z. T. als instrumentelle Strategie zur Erreichung von Erziehungszielen zu verstehen ist.

Varianten der KBA wurden auch zur Erfassung der Bno von (Sekundar-)Schülern eingesetzt (z. B. Rheinberg, Lührmann & Wagner, 1977; s. unten). Inzwischen gibt es auch eine Variante, die auf Führungskräfte in Organisationen anwendbar ist (Stiensmeier-Pelster, 2001). Will man in Lehrsituationen eine möglichst phänomennahe Beschäftigung mit dem Konzept der Bno ermöglichen, so bietet sich an, die Lernenden die KBA zunächst selbst bearbeiten und auswerten zu lassen.

4.2.2 Der Fragebogen zur Erfassung der Bezugsnormorientierung (FEBO)

In einer Reihe von Studien hat sich gezeigt, dass die Bno von Lehrern auch Auswirkungen auf weitere Lehrervariablen hat (Rheinberg, 1980). Erwähnt wurden bereits die Unterschiede in der Kausalattribution, die darauf zurückgehen, dass die zu erklärenden Leistungen unter sozialer Bn eher stabil, unter individueller Bn dagegen eher variabel erscheinen. Die zeitstabileren Ursachenzuschreibungen bei sozialen Bn führen dann zu stabileren und längerfristigeren Leistungserwartungen. Zudem legen soziale Bn nahe, den Unterricht für alle Schüler gleich zu gestalten, weil dann die Leistungsvergleiche zwischen den Schülern leichter durchführbar sind. Bei individueller Bn legt die genaue Beachtung individueller Leistungsentwicklungen dagegen nahe, Lernanforderungen zumindest zeitweise auf die jeweiligen Kompetenzstände der einzelnen Schüler abzustimmen. Schließlich lassen sich auch Unterschiede in der Sanktionierungsstrategie der Lehrer nachweisen (sanktioniert wird bei sozialer Bno eher die Über- oder Unterdurchschnittlichkeit der Leistung im sozialen Vergleich, bei individueller Bno dagegen für Verbesserungen oder Verschlechterungen). Der *Fragebogen zur Erfassung der Bezugsnormorientierung* (FEBO; Rheinberg, 1980) erfasst neben der Bevorzugung der sozialen vs. individuellen Bn beim Leistungsvergleich diese assoziierten Lehrervariablen (Kausalattribuierung, Erwartungsbildung, Individualisierungstendenz sowie Sanktionsverhalten). Er besteht aus 39 selbstbeschreibenden Aussagen, die auf sechsstufigen Skalen („völlig unzutreffend" bis „völlig zutreffend") beantwortet werden. Der Fragebogen enthält dabei sowohl Items, die im Sinne einer individuellen Bno gepolt sind, als auch solche, die in Richtung soziale Bno formuliert sind. Letztere werden bei der Auswertung umcodiert. Aus allen 39 Antworten wird ein Gesamtscore als Maß für die Stärke der individuellen Bezugsnormorientierung gebildet. Der Gesamtscore ist normalverteilt. Vergleichskennwerte finden sich bei Rheinberg (1980, S. 119). Tabelle 1 zeigt für jeden Variablenbereich des FEBO ein Beispielitem.

Tabelle 1:
Itembeispiele für verschiedene Bereiche des FEBO.

Bereich	Item
Leistungsvergleich	Wenn ich von einer guten Leistung spreche, dann mein ich damit ein Ergebnis, das deutlich über dem Klassendurchschnitt liegt. (s)
Kausalattribuierung	Schulleistungsunterschiede innerhalb einer Klasse lassen sich nach meiner Erfahrung weitestgehend auf Begabungsunterschiede zwischen den einzelnen Schülern zurückführen. (s)
Erwartungsbildung	Selbst wenn ich einen Schüler mehrere Jahre unterrichtet hätte, so könnte ich kaum vorhersagen, wie dieser Schüler im kommenden Schuljahr abschneiden wird. (i)
Individualisierungstendenz	Ich sorge in meinen Stunden oft dafür, dass verschiedene Schüler verschieden schwierige Aufgaben bearbeiten. (i)
Sanktionsverhalten	Wenn ich mich zur Leistung eines Schülers lobend oder tadelnd äußere, so hängen Lob und Tadel vornehmlich davon ab, ob diese Leistung über oder unter dem Klassendurchschnitt liegt. (s)

Anmerkung: Die Buchstaben hinter den Itemtexten geben an, ob das Item im Sinne individueller (i) oder sozialer (s) Bno gepolt ist.

Die interne Konsistenz der FEBO liegt bei .80 (Rheinberg, 1980). Zwischen dem FEBO-Gesamtwert und der KBA wurden signifikante, aber nur mäßige Korrelationen ermittelt. Bei der Tendenzorientierung ergaben sich Koefizienten von bis zu r = .33, bei der Niveauorientierung von bis zu r = –.43. Die nur mäßigen Zusammenhänge sind vermutlich teilweise auf das unterschiedliche Aufgabenformat zurückzuführen (Selbstbericht vs. Arbeitsprobe). Abgesehen davon, erfasst der FEBO neben der Bno im engeren Sinne ja auch noch diejenigen Variablen, die mit dem Leistungsvergleich assoziiert sind (Kausalattribuierung, Erwartungsbildung, Individualisierungstendenz sowie Sanktionsverhalten).

Will man die Bno des Lehrers quasi rein erfassen, so sollte man sich auf die (neun) FEBO-Items aus dem Variablenbereich „Leistungsvergleich" beschränken (s. Tab. 1). Will man dagegen, mit Blick auf schülerseitige Motivationseffekte, das bezugnormassoziierte Netzwerk motivierungsbedeutsamer Lehrervariablen möglichst breit erfassen, so bietet sich der FEBO-Gesamtwert an.

4.2.3 Verhaltensbeobachtung

Insbesondere bei Trainigsprogrammen zur Beeinflussung bezugnormspezifischen Lehrerverhaltens bietet es sich an, die Bno auch direkt auf Verhaltensebene zu diagnostizieren – also dort, wo Veränderungen erzielt werden sollen. Je nach Trainingsschwerpunkten wird man andere Beobachtungskategorien wählen, weswegen noch kein standardisiertes Beobachtungssystem existiert. In Rheinberg und Krug (1999, S. 84–87, S. 154) finden sich allerdings Beispiele für solche Beobachtungssysteme und ihre Anwendung. Sie lassen sich für eigene Zwecke leicht adaptieren. Speziell für den Sportunterricht gibt es ein sehr elaboriertes *„Beobachtungsverfahren zur Erfassung von leistungsmotivförderndem Lehrerverhalten"* (BELL) (Breuer, 1983), das zum Großteil bezugsnormspezifisches Verhalten des Sportlehrers erfasst. Der Einsatz dieses Verfahrens in Trainings zur individuellen Bno von Sportlehrern ist bei Weßling-Lünnemann (1985) dokumentiert.

4.2.4 Vom Schüler perzipierte Lehrer Bno

Anstelle von Daten, die externe Verhaltensbeobachter liefern, kann man auch Auskünfte von Schülern zum Verhalten ihres Lehrers einholen. Schwarzer, Lange und Jerusalem (1982) haben eine Kurzskala entwickelt, die die Bno des Lehrers aus der Sicht seiner Schüler erfasst (*Schülerperzipierte Lehrer Bno*, SPLB). Die Skala umfasst in Aussageform zehn Items, die die wahrgenommene Leistungsbeurteilung und das wahrgenommene Sanktionsverhalten des Lehrers aus Schülersicht beschreiben, z. B. „Unser Lehrer achtet bei der Leistungsbeurteilung nie darauf, ob sich ein Schüler verbessert oder verschlechtert hat" (soziale Bno). Die Items werden auf einer vierstufigen Zustimmungsskala beantwortet. Aus der Beantwortung der zehn Items wird ein Summenwert gebildet (dabei werden die Items so recodiert, dass der Summenwert für eine hohe individuelle Bno steht). Für die Skala wurden Konsistenzkoeffizienten von $\alpha = .70$ und $.72$ ermittelt.

Zur Validität des SPLB berichtet Jerusalem (1984) aus einer zweijährigen Längsschnittstudie, dass Sekundarschüler der 5. bis 6. Klassenstufe bei perzipierter individueller Bno des Lehrers günstigere Entwicklungen im Selbstkonzept eigener Fähigkeit, in ihren Kontrollerwartungen und in der Leistungsängstlichkeit aufweisen. Ähnlich günstige Effekte der perzipierten Lehrer Bno berichten Satow (1999) sowie Schwarzer, Lange und Jerusalem (1982).

In zwei Großuntersuchungen (BIJU und TIMSS) wurde die perzipierte Bno des Mathematiklehrers über lediglich vier Items des SPLB erfasst, die eine individuelle Bno thematisieren. Trotz der geringen Itemzahl ergaben sich sehr gute Konsistenzkoeffizienten ($\alpha = .84$ bei $N = 5185$ und $\alpha = .86$ bei $N = 3545$ Sekundarschülern; O. Lüdtke, persönliche Mitteilung). Tabelle 2 zeigt diese Items.

Tabelle 2:
Vier Items des SPLB, die zur Erfassung der individuellen Bno des Lehrers im TIMSS und BIJU-Projekt eingesetzt wurden (Lüdtke & Köller, 2002).

1. Wenn sich ein schwacher Schüler verbessert, ist das für unseren Lehrer eine gute Leistung, auch wenn der Schüler immer noch unter dem Klassendurchschnitt liegt.
2. Wenn ich mich besonders angestrengt habe, lobt mich der Lehrer meistens, auch wenn andere Schüler noch besser sind als ich.
3. Wenn ein Schüler seine Leistungen verbessert, wird er vom Lehrer gelobt, auch dann, wenn er im Vergleich zur Klasse unter dem Durchschnitt liegt.
4. Unser Lehrer lobt auch die schlechten Schüler, wenn er merkt, dass sie sich verbessern.

In zwei Längsschnittstudien zeigte sich, dass die so erfasste individuelle Bno des Mathematiklehrers ein hoch signifikant positiver Prädiktor für die Entwicklung des leistungsbezogenen Selbstkonzeptes im Fach Mathematik ist (Köller, 2000; Lüdtke & Köller, 2002). Bemerkenswerterweise zeigt die mehrebenenanalytische Auswertung, dass die Prädiktionsleistung der perzipierten Bno erst auf der Ebene der klassenweise aggregierten Schülerperzeptionen zustande kommt. Das wird als Hinweis gewertet, dass dem Prädiktor tatsächlich ein Merkmal der Lernumwelt (nämlich die Bno des Lehrers) und nicht etwa lediglich individuelle Wahrnehmungsbesonderheiten einzelner Schüler zugrunde liegen. Die Befunde sind für die Sekundarstufe der BRD repräsentativ und repliziert (Lüdtke & Köller, 2002).

4.3 Bezugsnormorientierung von Schülern und Studierenden

4.3.1 Die KBA für Schüler

Die perzipierte Lehrer Bno ist zu unterscheiden von der Bno, die der Schüler selbst hat. Letztere wird mitunter aus den Reaktionen von (Schul-)Kindern erschlossen, die sie in Experimenten auf die systematische Variation der verwendeten Bezugsnormen zeigen (z. B. Butler, 1998; Veroff, 1969). Statt dieses aufwendigen Beobachtungsverfahrens im Rahmen von Experimenten kommt natürlich auch der Einsatz von anderen diagnostischen Verfahren in Betracht.

Als erste hat Lührmann (1977) die kleine Beurteilungsaufgabe (KBA, s. Abschnitt 2.1.) für Schüler modifiziert. Auf Klassenebene aggregierte KBA-Daten zeigten markante Entwicklungseffekte in der Bno von Sekundarschülern. Im Mittel nimmt die individuelle Bno mit dem Alter zu und bildet zusammen mit der sozialen Bno ein integriertes Selbstbewertungssystem. Das war vor allem in der gymnasialen Oberstufe der Fall. Auf allen Klassenstufen gibt es jedoch deutliche individuelle Unterschiede in der Bno (Rheinberg, Lührmann & Wagner, 1977; Lührmann, 1977). Bei Fünftklässlern korrelierte eine individuelle Bno zu $r = .39$ mit erfolgszuversichtlicher Leistungsmotivation sowie einer realistischen Zielsetzungsstrategie bei einer Ringwurfaufgabe (Rheinberg, Duscha & Michels, 1980). Wegen ihrer Komplexität ist die KBA für Grundschüler jedoch ungeeignet. Auch beim Einsatz bei Sekundarschülern werden häufig mündliche Zusatzerklärungen erforderlich.

4.3.2 Fragebogen zur Bezugsnormorientierung bei der Selbstbewertung (FBno-S)

Dickhäuser und Stiensmeier-Pelster (2000) haben einen Kurzfragebogen zur Bno von Studierenden entwickelt. In einer Vorversion wurde die Bno als eindimensionales Konstrukt aufgefasst (soziale vs. individuelle Bno). Tabelle 3 zeigt die aktuelle Version, die für die soziale und individuelle Bno jeweils einen eigenen Kennwert liefert (dies entspricht dem Vorgehen bei der KBA, die ja auch für jede Bn einen Kennwert bestimmt; s. Abschnitt 2.1.).

Eine erste Reliabilitätsanalyse (N = 139 Studierende) anhand des Datensatzes von Dickhäuser (2000) zeigte, dass die Skala „soziale Bno" mit $\alpha = .79$ eine gute Messgenauigkeit aufweist. Die Skala „individuelle Bno" weist allerdings nur eine interne Konsistenz von $\alpha = .55$ auf, was angesichts der Kürze der Skala von (vier Items) als noch ausreichend gewertet werden kann. Spinath (2001) erzielte in einer Stichprobe von 85 Studierenden eine interne Konsistenz von

Tabelle 3:
Itemformulierungen des FBno-S für die Skalen soziale Bno und individuelle Bno.

Skala: Soziale Bno

Ehe ich bei mir von einer „Leistungsverbesserung" sprechen kann, muss ich wiederholt Leistungen zeigen, die, verglichen mit meinen Kommiliton(inn)en, über dem Durchschnitt liegen.

Wenn ich von einer „guten Leistung" spreche, dann meine ich damit ein Ergebnis, das, verglichen mit meinen Kommiliton(inn)en, deutlich über dem Durchschnitt liegt.

Ehe ich von einer „Leistungsverschlechterung" sprechen kann, muss ich wiederholt Leistungen zeigen, die, verglichen mit meinen Kommiliton(inn)en, unter dem Durchschnitt liegen.

Wenn ich von einer „schlechten Leistung" spreche, so meine ich damit ein Ergebnis, das, verglichen mit meinen Kommiliton(inn)en, unter dem Durchschnitt liegt.

Skala: Individuelle Bno

Wenn ich von einer „guten Leistung" spreche, so meine ich ein Ergebnis, das besser ist als meine Ergebnisse in der Vergangenheit.

Wenn ich von einer „schlechten Leistung" spreche, so meine ich ein Ergebnis, das schlechter ist als meine Ergebnisse in der Vergangenheit.

Wenn ich meine Leistung beurteilen will, achte ich gewöhnlich darauf, ob ich mich im Vergleich zu meinen früheren Ergebnissen verbessert oder verschlechtert habe.

Wenn ich meine Leistung beurteilen will, so vergleiche ich mein erzieltes Ergebnis nicht so sehr mit entsprechenden Ergebnissen meiner Kommiliton(inn)en, sondern stärker mit den Ergebnissen, die ich zuvor bei vergleichbaren Aufgaben erzielt habe.

$\alpha = .78$ für die soziale und von $\alpha = .72$ für die individuelle Bezugsnormorientierung. Die Kennwerte für soziale und individuelle Bno sind unkorreliert, was dafür spricht, die Bno als (zumindest) zweidimensionales Konzept zu behandeln.

4.4 Perspektiven

4.4.1 Bno und Zielorientierung

Das Konzept der Bno wurde seit den siebziger Jahren im deutschsprachigen Raum entwickelt und bekannt. Unabhängig davon wurden in den achtziger Jahren Theorien der *Zielorientierung* von Dweck und Leggett (1988) und Nicholls (1984) in die internationale Literatur eingeführt. Nach Dweck und Leggett (1988) kann man Personen danach unterscheiden, ob sie (aktuell oder überdauernd) *learning goals* (Erwerb von Kompetenzen) oder *performance goals*

(Demonstration eigener Kompetenzen) verfolgen (vgl. Spinath & Schöne, in diesem Band). In ganz ähnlicher Weise spricht Nicholls (1984) von *task-involvement* (Aufgaben-Orientierung) und *ego-involvement* (Ich-Orientierung). Insbesondere Nicholls (1984) verweist explizit auf die theoretische Beziehung zwischen Zielorientierung und Leistungsvergleichen. Im Fall von *ego-involvement/performance goals* kann man die eigene Kompetenz besonders gut dadurch demonstrieren, dass man besser als andere ist. Das erfordert eine soziale Bno bei der Selbstbewertung. Will man dagegen sehen, ob und wie sich die eigene Kompetenz entwickelt (*task-involvement/learning goals*), ist der Vergleich mit eigenen bisherigen Leistungen erforderlich. Dazu benötigt man eine individuelle Bno. Das bedeutet, dass die Zielorientierung die Bno bei der Selbstbewertung bestimmen kann. Letztere wäre theoretisch in erstere einzuordnen.

Bei der Frage, wodurch denn die Zielorientierung ihrerseits bestimmt wird, liegen die Dinge anders. Das gilt zumindest für die soziale Bno der Fremdbewertung. Wenn Schüler feststellen, dass sich in ihrer Lernumgebung gute Leistungen dadurch bestimmen, dass man besser als andere ist (so etwas ist z. B. in vielen Schulen/Universitäten in den USA, England oder Japan der Fall), dann sollte die Orientierung entstehen, in Lernsituationen möglichst die eigene Überlegenheit demonstrieren zu wollen. Das bedeutet, dass eine soziale Bno der Fremdbewertung (etwa seitens des Lehrers) die Entwicklung der Zielorientierung in Richtung *performance goals* bzw. *ego-involvement* bedingen kann. Hier wäre die Zielorientierung der Schüler also abhängig von der (sozialen) Bno, die Lehrer, Eltern und das Schulsystem verwenden.

Notwendige Voraussetzung für die Angemessenheit solcher Überlegungen ist zunächst, dass sich überhaupt ein empirischer Zusammenhang zwischen Bno und Zielorientierung nachweisen lässt. Hierzu fanden Dickhäuser und Stiensmeier-Pelster (2000) bei Studenten eine signifikante Korrelation von $r = .35$ ($p < .01$) zwischen der sozialen Bno (erfasst mit der Vorform des FBno-S) einerseits und der Leistungszielorientierung (Ich-Orientierung erfasst mit den MOS-d von Balke & Stiensmeier-Pelster, 1995) andererseits. Mit der aktuellen Fassung des FBno-S wurde dieser Befund repliziert. Tabelle 4 zeigt die Ergebnisse. Verwandt wurde hier eine Weiterentwicklung der MOS, die zwischen Annäherungs- und Meidungszielen unterscheidet (SELLMO, vgl. Spinath, Stiensmeier-Pelster, Schöne & Dickhäuser, 2002).

Wie erwartet zeigt sich, dass die Komponenten der Leistungszielorientierung positiv mit der sozialen Bno zusammenhängen. Insbesondere zeigte sich eine Korrelation von $r = .37$ zwischen der Annäherungskomponente der Leistungszielorientierung und der sozialen Bno, während die Korrelation der Vermeidungskomponente mit sozialer Bno mit $r = .25$ etwas geringer ausfällt. Bei der Interpretation muss jedoch beachtet werden, dass Annäherungs- und Vermeidungskomponente der Leistungszielorientierung miteinander korreliert sind. Berechnet man deshalb die Korrelation zwischen Annäherungsleistungsziel-

Tabelle 4:
Korrelationen zwischen Bno und Zielorientierung (Dickhäuser, 2000; N = 139 Studierende).

	soziale Bno	individuelle Bno	Lernziel-O	Annäherungs-Leistungsziel-O
individuelle Bno	.15			
Lernziel-O	−.06	.19*		
Annäherungs-Leistungsziel-O	.37**	.27**	.17*	
Vermeidungs-Leistungsziel-O	.25**	.14	−.15	.58**

** $p < .01$, * $p < .05$

orientierung und sozialer Bno unter Auspartialisierung der Vermeidungskomponente, so zeigt sich mit $r = .28$ ($p < .001$) nach wie vor ein signifikanter Zusammenhang, während der Zusammenhang zwischen Vermeidungskomponente und sozialer Bno bei Auspartialisierung der Annäherungskomponente nicht mehr signifikant ist ($r = .06$).

Weiterhin zeigt Tabelle 4, dass wie vermutet – wenn auch schwach – die Lernzielorientierung mit dem Ausmaß an individueller Bno zusammenhängt: Je stärker Personen lernzielorientiert sind, desto stärker orientieren sie sich an individuellen Bezugsnormen. Überraschenderweise zeigte sich jedoch, dass auch die Annäherungskomponente der Leistungszielorientierung mit der individuellen Bno positiv zusammenhängt. Spinath (2001) konnte in einer Untersuchung von Studierenden mit dem gleichen Instrumentarium diesen unerwarteten Befund nicht replizieren. Allerdings zeigten sich in dieser Studie wie bereits bei Dickhäuser und Stiensmeier-Pelster (2000) erwartungsgemäß signifikante positive Zusammenhänge zwischen Leistungszielorientierung und sozialer Bezugsnormorientierung ($r = .32$ für die Annäherungs-, $r = .28$ für die Meidungskomponente) sowie zwischen Lernzielorientierung und individueller Bezugsnormorientierung ($r = .22$). Der engste Zusammenhang zwischen sozialer Bezugsnormorientierung und Leistungszielorientierung (Annäherungskomponente) ergab sich mit $r = .49$ ($p < .01$) in einer Untersuchung zur Motivation in der Statistikausbildung (Engeser, in Vorbereitung). Hier war die motivationale Orientierung allerdings statistikspezifisch erfasst worden. Die verwendeten Skalen sind daher nicht mit den oben erwähnten identisch.

Insgesamt zeigen die Ergebnisse, unseres Wissens erstmalig, dass es Beziehungen zwischen der Bno und der Zielorientierung gibt. Die Zusammenhänge sind allerdings nur mäßig, weswegen sich beide Konzepte nicht gänzlich ineinander einordnen lassen. Natürlich sagen solche korrelativen Studien auch nichts aus über das Zutreffen der oben formulierten Vermutungen über Einfluss*richtungen*. Zu dieser Frage läuft z. Z. eine Längsschnittstudie, die u. a. den Einfluss der Lehrer Bno auf die Entwicklung der Zielorientierung in ihren Klassen untersucht (Rheinberg & Wendland, 2000).

4.4.2 Trennung von Selbsteinschätzung und affektiver Selbstbewertung

Neben einer Anbindung an Zielorientierungstheorien wird es bei der Weiterentwicklung von Instrumenten zur Erfassung der eigenen Bno darauf ankommen, deutlich zwischen der Selbsteinschätzung und der affektiven Selbstbewertung zu unterscheiden. Bei der *Selbsteinschätzung* geht es um Informationen, die die Person über sich selbst und ihren Leistungsstand sucht oder erhält. Um hierbei ein möglichst valides Selbstbild zu gewinnen, ist es adaptiv, verschiedene Informationsquellen, d. h. auch verschiedene Bn, heranzuziehen (vgl. etwa Dickhäuser, Schöne, Spinath & Stiensmeier-Pelster, im Druck). Die affektive *Selbstbewertung* betrifft dagegen die Zufriedenheit mit dem eigenen Abschneiden bzw. den Affekt (Stolz, Ärger) – Bewertungen also, die sich möglicherweise in Folge der Selbsteinschätzung des Leistungsstandes ergeben.

Beides ist keineswegs so eng miteinander verkoppelt, dass man es zusammenfassen sollte. So mag der Spitzensportler X durchaus an sozialer Vergleichsinformation interessiert sein, um festzustellen, dass er immer noch der Beste ist (Selbsteinschätzung nach sozialer Bn). Wirklich freuen wird er sich aber vielleicht erst dann, wenn er seine eigene Bestmarke übertroffen hat (affektive Selbstbewertung nach individueller Bno). Auch der umgekehrte Fall ist leicht zu zeigen. Das wäre jemand, der durchaus daran interessiert ist zu sehen, wie seine Kompetenzen steigen (Selbsteinschätzung nach individueller Bn). Wirklich freuen wird er sich vielleicht aber erst dann, wenn er dadurch andere übertroffen hat (affektive Selbstbewertung nach sozialer Bn).

Betrachtet man vor dem Hintergrund dieser Unterscheidung die Forderung nach dem motivationalen Primat der individuellen Bn (Heckhausen, 1974b), so ist zu vermuten, dass sich die Forderung in erster Linie auf die affektive Selbstbewertung bezieht. Hinsichtlich der affektiven Selbstbewertung ist es nämlich günstig, diese vor allem an Leistungssteigerungen oder -verschlechterungen fest zu machen, an Veränderungen also, die aufgrund von Anstrengungs- und Lernaufwand durch die Person kontrollierbar sind. Aus diesem motivationalen Primat der individuellen Bn folgt aber nicht, dass man deshalb soziale Vergleichsinformationen meiden muss. Für die valide Selbsteinschätzung kann sie mitunter erforderlich sein (s. o.). Um es auf eine einfache Formel zu bringen: Man kann sich über einen eingetretenen Lernzuwachs freuen bzw. einen ausgebliebenen ärgern, ohne deshalb ignorieren zu müssen, dass andere Lerner die

Dinge vielleicht noch viel besser oder schlechter können als man selber (Rheinberg, 2001c). Diese beiden Aspekte von Leistungsvergleichen sollten sowohl theoretisch als auch erhebungstechnisch künftig deutlich auseinander gehalten werden.

4.5 Literatur

Albert, S. (1977). Temporal Comparison Theory. *Psychological Review, 84*, 485–503.
Balke, S. & Stiensmeier-Pelster, J. (1995). Die Erfassung der motivationalen Orientierung: eine deutsche Version der Motivational Orientation Scales (MOS-d). *Diagnostica, 41*, 80–94.
Breuer, H.-P. (1983). Unterrichtsbeobachtung als Analyse der leistungsmotivbeeinflussenden Wirkungen des Lehrerverhaltens. In R. Erdmann (Hrsg.), *Motive und Einstellungen im Sport* (S. 156–166). Schorndorf: Hofmann.
Butler, R. (1998). Age trends in the use of social and temporal comparison for self-evaluation: Examination of a novel developmental hypothesis. *Child Development, 69*, 1054–1073.
Dickhäuser, O. (2000). [Implizite Theorien, Bezugsnormorientierung und Zielorientierung]. Unveröffentlichte Rohdaten.
Dickhäuser, O., Schöne, C., Spinath, B. & Stiensmeier-Pelster, J. (im Druck). Die Skalen zum akademischen Selbstkonzept (SASK): Konstruktion und Überprüfung eines neuen Instrumentes. *Zeitschrift für Differentielle und Diagnostische Psychologie*.
Dickhäuser, O. & Stiensmeier-Pelster, J. (2000, September). *Motivationale Orientierung und Selbstkonzept eigener Begabung – zwei unabhängige Konstrukte?* Poster vorgestellt auf dem 20. Motivationspsychologischen Kolloquium, Dortmund.
Dweck, C. S. & Leggett, E. L. (1988). A social-cognitive approach to motivation and personality. *Psychological Review, 95*, 256–273.
Engeser, S. (in Vorbereitung). Motivation, Handlungssteuerung und Lernleistung in der Statistikausbildung Psychologie.
Festinger, L. (1954). A theory of social comparison process. *Human Relations, 7*, 117–140.
Heckhausen, H. (1974a). *Leistung und Chancengleichheit*. Göttingen: Hogrefe.
Heckhausen, H. (1974b). Motive und ihre Entstehung. In F. E. Weinert & C. F. Graumann (Hrsg.), *Funkkolleg Pädagogische Psychologie* (S. 133–172). Frankfurt/Main: Fischer.
Huber, C. (1992). *Anstrengungsvermeidung im leistungsdifferenzierten Unterricht unter Berücksichtigung des Begabungsniveaus und des Selbstkonzepts*. Unveröffentlichte Diplomarbeit, Universität Wien.
Jerusalem, M. (1984). *Selbstbezogene Kognitionen in schulischen Bezugsgruppen. Eine Längsschnittstudie*. Berlin: Institut für Psychologie, FU Berlin.
Köller, O. (2000). *Leistungsgruppierung, soziale Vergleiche und selbstbezogene Fähigkeitskognitionen in der Schule*. Unveröffentlichte Habilitationsschrift. Universität Potsdam.
Lüdtke, O. & Köller, O. (2002). Individuelle Bezugsnormorientierung und soziale Vergleiche im Mathematikunterricht: Einfluss unterschiedlicher Referenzrahmen auf das fachspezifische Selbstkonzept der Begabung. *Zeitschrift für Entwicklungspsychologie und Pädagogische Psychologie, 34*, 156–166.
Lührmann, J.-V. (1977). *Bezugsnorm: Perzeption und Orientierung bei Schülern*. Unveröffentlichte Diplomarbeit, Psychologisches Institut der Ruhr-Universität Bochum.
Mischo, C. & Rheinberg, F. (1995). Erziehungsziele von Lehrern und individuelle Bezugsnormen der Leistungsbewertung. *Zeitschrift für Pädagogische Psychologie, 9*, 139–151.
Nicholls, J. G. (1984). Achievement motivation: conceptions of ability, subjective experience, task choice, and performance. *Psychological Review, 91*, 328–346.

Rheinberg, F. (1980). *Leistungsbewertung und Lernmotivation*. Göttingen: Hogrefe.
Rheinberg, F. (1982). Bezugsnorm-Orientierung angehender Lehrer im Verlauf ihrer praktischen Ausbildung. In F. Rheinberg (Hrsg.), *Jahrbuch für Empirische Erziehungswissenschaft 1982* (S. 235–248). Düsseldorf: Schwann.
Rheinberg, F. (2001a). Bezugsnormorientierung. In D. H. Rost (Hrsg.), *Handwörterbuch Pädagogische Psychologie* (2. Aufl.) (S. 55–61). Weinheim: Beltz/PVU.
Rheinberg, F. (2001b). Bezugsnormen und schulische Leistungsbeurteilung. In F. E. Weinert (Hrsg.), *Leistungsmessungen in Schulen* (S. 59–72). Weinheim: Beltz.
Rheinberg, F. (2001c). *Teachers reference-norm orientation and student motivation for learning*. Paper presented on the 2001–AERA conference in Seattle, April 10–14.
Rheinberg, F., Duscha, R. & Michels, U. (1980). Zielsetzung und Kausalattribution in Abhängigkeit vom Leistungsvergleich. *Zeitschrift für Entwicklungspsychologie und Pädagogische Psychologie, 12,* 177–189.
Rheinberg, F. & Krug, S. (1999). *Motivationsförderung im Schulalltag: Konzeption, Realisation und Evaluation* (2. Aufl.). Göttingen: Hogrefe.
Rheinberg, F., Lührmann, J.V. & Wagner, H. (1977). Bezugsnorm-Orientierung von Schülern der 5. bis 13. Klasse bei der Leistungsbeurteilung. *Zeitschrift für Entwicklungspsychologie und Pädagogische Psychologie, 9,* 90–93.
Rheinberg, F. & Wendland, M. (2000). *Veränderung der Lernmotivation in Mathematik und Physik: Eine Komponentenanalyse und der Einfluss elterlicher sowie schulischer Kontextfaktoren*. DFG-Projekt. Institut für Psychologie, Universität Potsdam.
Rollett, B. (2001). Anstrengungsvermeidung. In D. H. Rost (Hrsg.), *Handwörterbuch Pädagogische Psychologie* (S. 7–11). Weinheim: Beltz PVU.
Rollett, B. & Bartram, M. (1981). *Anstrengungsvermeidungstest*. Braunschweig: Westermann.
Satow, L. (1999). *Klassenklima und Selbstwirksamkeitserwartung. Eine Längsschnittstudie in der Sekundarstufe I*. Unveröffentlichte Dissertation, Freie Universität Berlin.
Schwarzer, R., Lange, B. & Jerusalem, M. (1982). Die Bezugsnorm des Lehrers aus der Sicht des Schülers. In F. Rheinberg (Hrsg.), *Bezugsnormen zur Schulleistungsbewertung: Analyse und Intervention (Jahrbuch für Empirische Erziehungswissenschaft 1982)* (S. 161–172). Düsseldorf: Schwann.
Stiensmeier-Pelster, J. (2001). *Ein Verfahren zur Erfassung der Bezugsnormorientierung von Führungskräften*. Unveröffentlichtes Manuskript: Universität Gießen.
Spinath, B. (2001, September). *Implizite und explizite Leistungsmotive versus implizite Theorien als Bedingungen der motivationalen Orientierung*. Forschungsvortrag gehalten auf der 8. Fachgruppentagung Pädagogische Psychologie, Landau.
Spinath, B., Stiensmeier-Pelster, J., Schöne, C. & Dickhäuser, O. (2002). *Skalen zur Erfassung der Lern- und Leistungsmotivation - SELLMO*. Göttingen: Hogrefe.
Trudewind, C. & Kohne, W. (1982). Bezugsnormorientierung des Lehrers und Motiventwicklung: Zusammenhänge mit Schulleistung, Intelligenz und Merkmalen der häuslichen Umwelt in der Grundschulzeit. In F. Rheinberg (Hrsg.), *Jahrbuch für Empirische Erziehungswissenschaft 1982* (S. 115–142). Düsseldorf: Schwann.
Veroff, J. (1969). Social comparison and the development of achievement motivation. In C. P. Smith (Ed.), *Achievement-related motives in children* (pp. 46–101). New York: Russel Sage Foundation.
Weßling-Lünnemann, G. (1985). *Motivationsförderung im Unterricht*. Göttingen: Hogrefe.

Teil 2

Diagnostik von Motivation

Kapitel 5

Implizite Motive und motivationale Selbstbilder: Zwei Prädiktoren mit unterschiedlichen Gültigkeitsbereichen

Joachim C. Brunstein

Zusammenfassung

Motive, wie das Streben nach Leistung, Macht und Intimität, werden sowohl mit Hilfe Thematischer Apperzeptionstests als auch mit Fragebögen erfasst. Die Ergebnisse dieser beiden Formen der Motivmessung sind jedoch unkorreliert. McClelland, Koestner und Weinberger (1989) haben daher argumentiert, dass *implizite* Motive, die indirekt aus dem Imaginationsverhalten erschlossen werden, von *motivationalen Selbstbildern* zu unterscheiden sind, die im Selbstbericht zum Ausdruck gebracht werden. In diesem Beitrag werden Befunde zusammengefasst, welche diese Unterscheidung stützen. Es wird dargelegt, dass implizite Motive und motivationale Selbstbilder durch unterschiedliche situative Anreize angeregt werden, mit verschiedenartigen Formen des Verhaltens in Verbindung stehen und in unterschiedlichen Phasen der Ontogenese ausgebildet werden. Zudem wird beschrieben, dass beide Arten von Motiven Koalitionen bilden, aber auch Konflikte erzeugen können. Ein hohes Maß an Passung zwischen beiden Motivtypen wird als Zeichen motivationaler Adaptivität betrachtet, die sowohl durch Effektivität im Handeln als auch durch emotionales Wohlbefinden gekennzeichnet ist. Abschließend werden theoretische, praktische und methodische Implikationen der berichteten Forschung diskutiert.

5.1 Einführung

Die Erforschung menschlicher Motive, die dem Streben nach Effizienz (Leistungsmotiv), Wirksamkeit (Machtmotiv), Anschluss (Affiliation) und Nähe (Intimitätsmotiv) zu Grunde liegen, war von Beginn an mit der Frage verknüpft, mit welchen Methoden sich interindividuelle Unterschiede in Motivdispositionen am besten erfassen lassen. In ihrer bahnbrechenden Monographie „The achievement motive" verwendeten McClelland, Atkinson, Clark und Lowell (1953) eine Variante des Thematischen Apperzeptionstests (TAT), um die individuelle Stärke des Leistungsmotivs zu messen. McClelland und seine Kollegen betrachteten das Leistungsmotiv als ein affektives Bedürfnis, das durch die Schwierigkeit einer Aufgabe angeregt wird und in der fortschreitenden Meisterung der zugehörigen Anforderung Befriedigung findet. Mit Hilfe des TAT sollte das Leistungsmotiv möglichst unabhängig von Selbstdarstellungstendenzen, kognitiven Fertigkeiten und situativen Einflüssen eingeschätzt werden. McClelland (1958) bezweifelte daher, dass Methoden des Selbstberichts, der Leistungsmessung und der Verhaltensbeobachtung eindeutige Rückschlüsse auf die Stärke des Leistungsmotivs gestatten. Statt dessen ging er davon aus, dass sich das Leistungsmotiv aus dem Strom des Imaginationsverhaltens erschließen lässt, das eine Person produziert, wenn sie phantasievolle Geschichten zu motivanregenden Bildvorlagen generiert. Vorangehend hatten McClelland, Clark, Robey und Atkinson (1949) in experimentellen Studien festgestellt, dass Bilder-Geschichten-Tests sensitive Indikatoren für aktuelle Motivationszustände sind. Wird das Leistungsmotiv durch Erfolge und Misserfolge bei der Bearbeitung einer akademischen Aufgabe angeregt, so hat dies zur Konsequenz, dass in einem anschließend durchgeführten TAT nun auch häufiger leistungsbezogene Themen geschildert werden. Auf dieser Grundlage wurden trennscharfe Inhaltskategorien für die Bestimmung des Leistungsmotivs ermittelt und ein standardisiertes Setting für die Administration des TAT entwickelt. Nur wenn eine Geschichte zum Ausdruck bringt, dass der beschriebene Protagonist affektiv in die Auseinandersetzung mit einem Gütestandard involviert ist, werden die betreffenden Aussagen für das Leistungsmotiv verrechnet. Nach McClelland (1985a) erfüllt ein Motiv drei grundlegende Funktionen: Es energetisiert, orientiert und selegiert Verhalten. Entsprechend dieser Definition wurde nachgewiesen, dass die mit Hilfe des TAT gemessene Variable (*need for achievement*) Kriterien der Anstrengung, des Lernens und der Aufmerksamkeit in Leistungssituationen prognostiziert (für einen Überblick vgl. Koestner & McClelland 1990; McClelland, 1985a). Wenig später wurden nach den gleichen Prinzipien ähnliche TATs entwickelt, um weitere Motive, wie das Streben nach Macht, Affiliation und Intimität, zu messen (zu den unterschiedlichen Motivmaßen, die sich mit TATs ermitteln lassen, vgl. Smith, 1992).

Trotz der Erfolge, die mit dem TAT-Maß des Leistungsmotivs bei der Aufklärung sowohl des individuellen (McClelland et al., 1953) als auch des gesellschaftlichen Leistungshandelns (McClelland, 1961) erzielt wurden, legten andere Autoren schon bald Fragebögen vor, um das Leistungsmotiv, aber auch andere Motive, zu erfassen. Für den Einsatz von Fragebögen sprach zunächst ihre vergleichsweise höhere Ökonomie und Reliabilität. Atkinson, Bongort und Price (1977) konnten allerdings zeigen, dass hohe Reliabilität (i. S. von innerer Konsistenz) keine zwingende Voraussetzung für die Konstruktvalidität von TAT-Motivwerten darstellt (d. h. für hohe Korrelationen zwischen wahren und beobachteten Motivwerten). Lundy (1985) berichtete zudem, dass die Stabilität der mit Hilfe des TAT ermittelten Motivwerte sehr stark von der Testinstruktion abhängig ist. Werden Probanden aufgefordert, die erstbeste Geschichte aufzuschreiben, die ihnen einfällt, ohne darauf zu achten, ob sie ein ähnliches Thema bereits bei einer früheren Testadministration geschildert haben, so weisen die Motivwerte des TAT durchaus respektable und mit Fragebögen vergleichbare Retest-Stabilitäten auf.

Bei der Entwicklung von Fragebögen zur Messung von Motivdispositionen orientierten sich die meisten Autoren zunächst an Murrays (1938) Klassifikation psychogener Bedürfnisse. Das bekannteste Beispiel für ein Instrument, das auf diese Weise konstruiert wurde, stellt die Personality Research Form (PRF) von

Jackson (1974) dar. Die PRF enthält u. a. Skalen zur Erfassung des Strebens nach Leistung (Achievement), Macht (Dominance) und sozialem Kontakt (Affiliation). Bei der Konstruktion spezieller Skalen für das Leistungsmotiv wurde zudem auf Validierungsbefunde aus TAT-Studien zurückgegriffen. Mehrabian (1969) entwickelte zum Beispiel eine Skala („Mehrabian Achievement Risk Taking Scale"), die sich eng an die Aussagen des Risikowahl-Modells von Atkinson (1957) anlehnte. Wieder andere Autoren orientierten sich bei der Konstruktion von Fragebögen an Festingers (1954) Theorie der sozialen Vergleiche. In dieser Theorie wird postuliert, dass Menschen ein starkes Bedürfnis besitzen, ihre eigenen Fähigkeiten einzuschätzen und im Vergleich mit anderen Menschen zu bewerten. Die von Gjesme und Nygard (1970) konstruierte „Achievement Motivation Scale" beinhaltet zahlreiche Aussagen, die sich auf dieses Bedürfnis beziehen.

Vertreter der TAT-Methode haben die Verwendung von Fragebögen zur Messung von Motiven stets mit Skepsis verfolgt (Atkinson, 1981; McClelland, 1980). McClelland kritisierte beispielsweise, dass bei der Validierung von Leistungsmotiv-Fragebögen eigentlich nur geprüft werde, in welchem Umfange das selbst berichtete Leistungsverhalten mit dem tatsächlich gezeigten Leistungsverhalten übereinstimme. Die gängige Praxis, die Aussagen von Fragebögen an typischen Verhaltensmerkmalen leistungsmotivierter Menschen zu orientieren, um sie daran anschließend anhand der gleichen Verhaltensmerkmale in realen Leistungssituationen zu validieren, trüge insgesamt wenig dazu bei, die Funktionsweise des Leistungsmotivs zu verstehen.

In dieser teils heftig geführten Debatte über die Reliabilität und Validität unterschiedlicher Methoden der Motivmessung wurde gelegentlich übersehen, dass TAT-Werte und Fragebogenwerte für das jeweils gleiche Motiv so gut wie keine gemeinsame Varianz aufweisen. Außerdem verdichteten sich zunehmend Hinweise, dass die mit TATs und mit Fragebögen gemessenen Motive unterschiedliche Verhaltensmerkmale prognostizieren; dass sie durch unterschiedliche situative Merkmale angeregt werden; und dass sie durch unterschiedliche Faktoren in der Entwicklung und Sozialisation beeinflusst werden. McClelland, Koestner und Weinberger (1989; s. a. Weinberger & McClelland, 1990) haben diese Befunde aufgegriffen und in ein Modell integriert, das von der Koexistenz zweier unterschiedlicher Arten von Motiven ausgeht: *Implizite* Motive einerseits und *selbst attribuierte* (oder *explizite*) Motive andererseits. In ihrer Quintessenz lässt sich die Argumentation von McClelland, Koestner und Weinberger wie folgt skizzieren: Implizite Motive beruhen auf früh gelernten, affektiven Präferenzen, sich immer wieder mit bestimmten Formen von Anreizen auseinanderzusetzen (z. B. mit Schwierigkeitsanreizen im Falle des Leistungsmotivs oder mit Anreizen der sozialen Wirksamkeit im Falle des Machtmotivs). Diese Präferenzen sind nichtsprachlich repräsentiert und können daher auch nicht mit Methoden des Selbstberichts erfasst werden. Weder die Anregung eines impliziten Motivs noch seine Umsetzung in instrumentelles Verhalten erfordert bewusste Kontrolle oder

Selbstreflexion. Explizite Motive spiegeln hingegen die Selbstkonzepte, Werte und Ziele wider, die sich eine Person selbst zuschreibt und mit denen sie sich identifiziert. Sie dokumentieren, um eine Formulierung Rheinbergs (2000) aufzugreifen, welches Bild sich eine Person von ihren eigenen Motiven macht. Explizite Motive sind Bestandteil des selbstbezogenen Wissens einer Person. Sie sind sprachlich repräsentiert und können mit den Mitteln des Selbstberichts erfasst werden. Die Motive, die sich eine Person selbst zuschreibt, müssen aber nicht unbedingt mit denjenigen Motiven übereinstimmen, die ihrem Handeln tatsächlich zu Grunde liegen.

In den folgenden Abschnitten werde ich einen Überblick zu Befunden geben, welche die von McClelland et al. (1989) eingeführte Unterscheidung zwischen impliziten und expliziten Motiven empirisch fundieren. Zu Beginn werde ich auf Studien eingehen, die demonstrieren, dass die motivationalen Selbstbilder von Menschen häufig von ihren impliziten Handlungsmotiven abweichen. Danach werde ich skizzieren, dass implizite und selbst attribuierte Motive mit unterschiedlichen Formen des Verhaltens in Verbindung stehen und dass sie zudem durch unterschiedliche Arten von Anreizen angeregt werden. Des weiteren werde ich auf die Verschiedenartigkeit der Bedürfnisse eingehen, die impliziten und expliziten Motiven zu Grunde liegen. Unsere Kenntnisse über die Entwicklung beider Arten von Motiven sind insgesamt recht lückenhaft. McClelland vermutete jedoch, dass sich implizite und explizite Motive in unterschiedlichen Phasen der Ontogenese entwickeln. Einige, für diese Frage relevante Befunde werde ich erörtern. Darüber hinaus werde ich die Frage aufwerfen, ob implizite und explizite Motive völlig unabhängig voneinander existieren oder ob sie auch gemeinschaftlich auf motiviertes Verhalten einwirken können. Ich werde darstellen, dass implizite und explizite Motive Koalitionen bilden können, in denen sie harmonisch zusammenwirken, dass sie gelegentlich aber auch Konflikte produzieren, die aus widerstreitenden Handlungstendenzen resultieren. Geht man davon aus, dass ein Mindestmaß an Passung zwischen impliziten und expliziten Motiven eine wichtige Basis für adaptives Verhalten bildet, so stellt sich die Frage, von welchen Faktoren die Übereinstimmung zwischen beiden Arten von Motiven abhängig ist. Dazu liegen einige jüngere Studien vor, auf die ich gleichfalls eingehen werde. In einem abschließenden Resümee werde ich theoretische, praktische und methodische Implikationen der berichteten Forschung diskutieren.

5.2 Implizite Motive und motivationale Selbstbilder stimmen häufig *nicht* miteinander überein

DeCharms, Morrison und McClelland (1955) waren die ersten Autoren, die berichteten, dass zwischen impliziten und selbst attribuierten Motiven häufig deutliche Diskrepanzen bestehen. Sie legten Probanden sowohl einen TAT als auch Selbstbeschreibungen (z. B. „Ich setze mir selbst anspruchsvolle Ziele") zur Erfassung des Leistungsmotivs vor. Keine der erhobenen Selbsteinschätzungen korrelierte signifikant mit dem TAT-Wert des Leistungsmotivs. Dieses Ergebnis ist kein Einzelfall geblieben. In einer Metaanalyse ermittelte Spangler (1992) eine durchschnittliche Korrelation von $r = .088$ zwischen TAT-Maßen und Fragebogenmaßen zur Leistungsmotivation.

Ähnliche Ergebnisse wurden auch bei der Analyse anderer Motive ermittelt. Schultheiss und Brunstein (2001) erhoben TAT-Werte für die Motive Leistung, Macht und Affiliation und korrelierten sie anschließend mit den Werten der gleichlautenden Skalen der Personality Research Form. Innerhalb ein und derselben Inhaltsdomäne betrugen die Korrelationen zwischen TAT und PRF .06 (Leistung), .04 (Macht) und .13 (Affiliation). Einer weiteren Gruppe von Probanden legten Schultheiss und Brunstein, neben dem TAT, das deutsche NEO-Fünf-Faktoren Inventar vor (NEO-FFI; Borkenau und Ostendorf, 1993). Keine der insgesamt 15 Trait-Motiv-Korrelationen (5 Traits x 3 Motive) erwies sich als signifikant. Extraversion korrelierte mit dem Affiliationsmotiv .05, Gewissenhaftigkeit mit dem Leistungsmotiv .00 und soziale Verträglichkeit mit dem Machtmotiv .06. Werden Motive hingegen mit Fragebögen erfasst, so weisen die zugehörigen Skalen substantielle Ladungen auf den Faktoren des NEO-FFI auf. Costa und McCrae (1988) fanden zum Beispiel, dass die Ladung der Affiliationsskala der PRF auf dem gemeinsamen Persönlichkeitsfaktor Extraversion .83 betrug.

Für den Umstand, dass TAT-Motive praktisch keine gemeinsame Varianz mit ihren gleichlautenden Pendants in Fragebögen aufweisen, wurde gelegentlich die Verschiedenartigkeit des Stimulusmaterials sowie des Antwortformats dieser beiden Messverfahren verantwortlich gemacht (McClelland, 1980). Jüngere Studien zeigen jedoch, dass die mittels TAT gemessenen Motive auch zum freien Selbstbericht persönlicher Lebensziele in keiner substantiellen Beziehung stehen. Im Unterschied zu strukturierten Fragebögen werden persönliche Ziele in einem offenen Antwortformat erfasst (vgl. Brunstein & Maier, 1996). Dieses Vorgehen liefert Material, das – ähnlich wie die Protokolle eines TAT – nach den jeweils vorherrschenden motivationalen Themen ausgewertet werden kann. In vier Studien wurden Motive (TAT) und Ziele (freier Selbstbericht) gleicher Thematik direkt miteinander verglichen (z. B. das TAT-Leistungsmotiv mit dem Selbstbericht von Leistungszielen oder das TAT-Affiliationsmotiv mit dem Selbstbericht von Affiliationszielen). Innerhalb gleichartiger Themenbereiche erwiesen sich Motive und Ziele entweder als nur moderat korreliert (Emmons & McAdams, 1991) oder als vollständig unabhängig voneinander (Brunstein, Lautenschlager, Nawroth, Pöhlmann & Schultheiss, 1995; Brunstein, Schultheiss & Grässmann, 1998; King, 1995). Dies bedeutet, dass neben Personen, deren selbst formulierte Ziele mit ihren impliziten Motiven übereinstimmen, auch zahlreiche Personen existieren, deren Ziele nicht zu ihren latenten Bedürfnissen passen.

Bei den bislang berichteten Studien stammten alle erhobenen Daten aus einer gemeinsamen Quelle (d.h. von den jeweils untersuchten Probanden). Im Unterschied dazu überprüften Schultheiss und Brunstein (2002), wie gut externe Beurteiler darin sind, ein implizites Motiv, wie das Machtmotiv, aus der Beobachtung des Verhaltens einer anderen Person zu erschließen. Die eigentlichen Versuchsteilnehmer hatten die Aufgabe, ein Plädoyer zu halten, mit dem sie eine andere Person von ihrem eigenen Standpunkt bezüglich der Durchführung von Tierversuchen überzeugen sollten („Pro" oder „Kontra"). Im Urteil externer Beobachter, denen Videoaufnahmen der Plädoyers vorgelegt wurden, erfüllten Probanden mit einem starken Machtmotiv (TAT) diese Aufgabe sehr viel überzeugender als Probanden mit einem schwachen Machtmotiv. Im Vergleich zu niedrig Machtmotivierten wurden hoch Machtmotivierte jedoch weder als dominanter noch als sozial unverträglicher eingeschätzt. Statt dessen wurden ihnen Leistungsattribute, wie hohe Intelligenz und fachliche Kompetenz, zugeschrieben. Für die Bildung dieses Eindrucks waren in erster Linie non- und paraverbale Merkmale des kommunikativen Verhaltens verantwortlich. Machtmotivierte zeichnete beispielsweise ein hohes Sprechtempo und eine lebhafte Gestik und Mimik aus. Hinsichtlich der Qualität ihrer Argumente unterschieden sie sich hingegen *nicht* von weniger machtmotivierten Probanden.

Diese Befunde demonstrieren, dass sich verhaltensleitende Motive häufig nicht, oder nur fehlerhaft, aus dem offenen Verhalten ablesen lassen. Dies scheint für die Fremdbeobachtung ebenso wie für die Selbstwahrnehmung zu gelten. Je nach situativen Anforderungen sowie persönlichen Fertigkeiten und Einstellungen kann sich ein und dasselbe Motiv in ganz unterschiedlichen Verhaltensweisen manifestieren (das Machtmotiv z.B. auch in der Form dissozialen Verhaltens; vgl. Winter & Stewart, 1978). Zweck (z.B. das Streben nach persönlicher Stärke) und Ausdrucksform des Verhaltens (z.B. der Einsatz kommunikativer Strategien, die den Eindruck fachlicher Kompetenz erwecken) müssen in der Motivationspsychologie strikt auseinander gehalten werden; ansonsten besteht die Gefahr, dass das beobachtete Verhalten zirkulär erklärt wird.

Angesichts der fehlenden Kovariation von Motivwerten, die mit TATs und Fragebögen ermittelt werden, erscheint es fragwürdig, dass zur Bezeichnung der jeweils gemessenen Konstrukte die gleichen Begriffe verwendet werden (z.B. „das" Leistungsmotiv). Diese Praxis führt, wie Kagan (1988) und Block (1995) zu Recht kritisierten, zu sprachlichen Konfundierungen, die sich bis auf die Ebene der Theoriebildung verwirrend auswirken. Konstrukte, die wohl zu unterscheiden sind, werden artifiziell, nämlich rein terminologisch, gleichgesetzt. Dass diese Praxis auch unter Gesichtspunkten der Validität von TAT- und Fragebogenmaßen kaum zu rechtfertigen ist, zeigen Befunde, die ich im folgenden Abschnitt berichten werde.

5.3 Implizite und explizite Motive sagen unterschiedliche Formen des Verhaltens vorher

Schon frühzeitig formulierte McClelland (1980) die These, dass implizite und selbst attribuierte Motive auf unterschiedliche Arten des Verhaltens einwirken. Erstere werden durch *operantes*, letztere hingegen durch *respondentes* Verhalten zum Ausdruck gebracht. Als operant bezeichnet McClelland Verhalten, das der Eigeninitiative der handelnden Person entspringt und spontan ausgeführt wird. Als respondent bezeichnete er hingegen Verhalten, das durch äußere Faktoren veranlasst und durch situative Umstände kontrolliert wird. Dies gilt z. B. für Entscheidungen und Bewertungen, die einer Person auferlegt bzw. von außen abverlangt werden. Eine Reihe von Studien, in denen Motive sowohl mit TATs als auch mit Fragebögen erfasst wurden, stützt die These McClellands.

Mit Hilfe eines Zeitstichprobenverfahrens zeichnete Constantian (vgl. Mc Adams & Constantian, 1983; McClelland, 1985b) das soziale Kontaktverhalten von Studenten in Alltagssituationen auf. Sie fand, dass das implizite Affiliationsmotiv (TAT) die Häufigkeit vorhersagte, mit der die Probanden unmittelbar (z. B. durch Konversationen) oder mittelbar (z. B. durch das Schreiben von Briefen) im Kontakt zu anderen Personen standen. Ein Fragebogen zum gleichen Motiv erwies sich in dieser Hinsicht als unergiebig. Wurden die Probanden jedoch direkt befragt, ob sie bestimmte Aktivitäten lieber allein oder lieber gemeinschaftlich unternehmen würden, so reflektierten die von ihnen berichteten Präferenzen die Stärke ihres expliziten, nicht aber ihres impliziten Affiliationsmotivs. Probanden, die sich selbst als gesellige Menschen beschrieben, gaben an, die betreffenden Aktivitäten lieber in Gesellschaft als allein auszuführen (für weitere Befunde zu spezifischen Verhaltenskorrelaten impliziter vs. selbst attribuierter Affiliations-, Intimitäts- und Abhängigkeitsmotive vgl. Bornstein, 1998; Craig, Koestner & Zuroff, 1994; Siegel & Weinberger, 1998).

Ähnliche Befunde wurden auch aus Studien zur Leistungsmotivation berichtet. deCharms et al. (1953) sowie Biernat (1989) fanden übereinstimmend, dass das TAT-Leistungsmotiv, im Unterschied zur selbst berichteten Leistungsorientierung, höhere Anstrengung und schnelleres Lernen bei Aufgaben vorhersagte, die ohne die ausdrückliche Anweisung, sich um eine gute Leistung zu bemühen, vorgelegt wurden. Wahlpräferenzen und persönliche Wertungen wurden hingegen in beiden Studien durch Fragebögen, nicht aber durch den TAT vorhergesagt. Personen, die sich selbst als leistungsorientiert beschrieben, zeigten bei der Beurteilung von Kunstwerken ein hohes Maß an Konformität gegenüber dem Urteil von Experten. Zudem bekundeten sie hohe Sympathie für Menschen, die in ihrem Leben erfolgreich sind, und werteten weniger erfolgreiche Menschen entsprechend ab. Wurden sie vor die Wahl gestellt, eine Leitungsfunktion in einer Gruppenarbeitssituation zu übernehmen, entschieden sie sich regelmäßig dafür, und nicht dagegen, diese Position auszufüllen. Mit anderen Worten verhielten sich leistungsorientierte Personen in Entscheidungs- und Bewertungssituation so, wie es ihrem Selbstbild entsprach, und erfüllten damit auch die an sie gerichteten sozialen Erwartungen.

Brunstein und Hoyer (2002) analysierten, wie gut implizite (TAT) vs. explizite (Fragebogen) Leistungsbedürfnisse anstrengungsabhängige (operantes Verhalten) vs. entscheidungsabhängige (respondentes Verhalten) Kriterien des Leistungsverhaltens prognostizieren. Während die Probanden eine Serie von Konzentrationstests bearbeiteten, erhielten sie fortlaufend Feedback, wie sich ihre Leistung im individuellen Verlauf (individuelle Bezugsnorm nach Rheinberg, 1980), aber auch im sozialen Vergleich (soziale Bezugsnorm) veränderte. Nach einer Reihe von Aufgaben konnten die Probanden selbst entscheiden, ob sie freiwillig weitere Tests bearbeiten wollten. Erwartungsgemäß wurde die Aufgabenleistung durch das implizite Leistungsmotiv, nicht aber durch die selbst berichtete Leistungsorientierung vorhergesagt. Hoch Leistungsmotivierte (TAT) zeichnete aus, dass sie ihren Anstrengungseinsatz sofort steigerten, sobald ihre Leistung laut Feedback stagnierte bzw. unter das Niveau ihrer eigenen früheren Leistung abfiel. Die Entscheidung, die Bearbeitung der Tests fortzusetzen oder abzubrechen, hing jedoch ausschließlich von der Höhe der selbst attribuierten Leistungsorientierung ab. Erhielten leistungsorientierte Probanden (Fragebogen) soziales Feedback, das ihrem Selbstkonzept widersprach (d. h. negative Leistungsrückmeldungen nach der sozialen Bezugsnorm), so entschieden sie sich regelmäßig dafür, zusätzliche Aufgaben zu bearbeiten.

Weitere Evidenz für McClellands (1980) Unterscheidung zwischen operantem und respondentem Verhalten stammt aus Studien, die in natürlichen Leistungssituationen durchgeführt wurden. In einer Studie über „Jugend forscht" fanden Dahme, Jungnickel und Rathje (1993), dass ein Fragebogenmaß des Leistungsmotivs (Achievement Motivation Scale) recht gut vorhersagte, ob Jugendliche eine Teilnahme an diesem Wettbewerb ernsthaft in Erwägung zogen oder nicht. Bezüglich der Intensität, mit der die Teilnehmer des Wettbewerbs später tatsächlich an ihren Projekten arbeiteten, gestattete derselbe Fragebogen keine zuverlässige Vorhersage. Gerade in diesem Bereich liegt aber die prognostische Stärke impliziter Motive. Ein hohes Leistungsmotiv (TAT) sagt teils allein (McClelland, 1961) und teils in Verbindung mit einem hohen Machtmotiv (McClelland & Boyatzis, 1982) berufliche, unternehmerische und ökonomische Erfolge vorher. Dieser Zusammenhang bleibt auch dann bestehen, wenn Unterschiede im Ausbildungsniveau, in der Intelligenz, im Temperament und im sozio-ökonomischen Status der Herkunftsfamilie kontrolliert werden (McClelland & Franz, 1992). Selbst attribuierte Motive weisen keine vergleichbare Validität bei der Vorhersage von Merkmalen der Produktivität, Innovation und Kreativität im Erwachsenenalter auf.

Im Unterschied zu beruflichen Leistungen sind schulische Leistungen eher mit expliziten als mit impliziten Maßen der Leistungsmotivation korreliert.

McClelland (1980) erklärte dies damit, dass in der Schule zumeist wenig Spielraum für die Entfaltung des impliziten Leistungsmotivs besteht. Im Unterricht werden Leistungen direkt abgefordert und in standardisierter Weise geprüft. In dieser allgemeinen Form ist McClellands Urteil jedoch zu pauschal. Werden schulische Anforderungen und Leistungsrückmeldungen auf die individuellen Fähigkeiten von Schülern kalibriert, so wird auch ihr implizites Leistungsmotiv angeregt (Heckhausen & Rheinberg, 1980; O'Connor, Atkinson & Horner, 1966). Durch die Anpassung der Aufgabenschwierigkeit an die individuelle Fähigkeit wird für alle Schüler eine Atmosphäre kreiert, in der sie sich engagiert mit ihrer eigenen Tüchtigkeit auseinandersetzen können (Rheinberg & Krug, 1999).

Zusammenfassend zeigen die soweit berichteten Befunde, dass implizite Motive mit Eigeninitiative, Spontaneität und zeitlich überdauernden Verhaltenstrends assoziiert sind. Explizite Motive wirken hingegen primär auf Entscheidungen und Bewertungen ein, die eine Person bewusst kontrollieren und daher auch gezielt mit ihren motivationalen Selbstbildern in Übereinstimmung bringen kann. Obgleich die Unterscheidung zwischen operantem und respondentem Verhalten erste Aufschlüsse über die Verschiedenartigkeit impliziter und expliziter Motive bietet, ist nicht zu übersehen, dass sie auf einer drastischen Vereinfachung beruht: Motive werden hier in einen direkten Zusammenhang zu spezifischen Merkmalen des Verhaltens gesetzt. Tatsächlich überschreiten Korrelationen zwischen Motiven und Verhaltenskriterien aber nur in Ausnahmefällen die Grenze von .30. Im folgenden Abschnitt werde ich daher skizzieren, dass das Ausmaß, in dem ein Motiv in Verhalten umgesetzt wird, maßgeblich von den Anreizen einer Handlungssituation abhängig ist.

5.4 Implizite und explizite Motive werden durch unterschiedliche Arten von Anreizen angeregt

Ein Grundprinzip der Motivationspsychologie besagt, dass ein Motiv zunächst durch einen dazu passenden Anreiz angeregt werden muss, bevor es auf das Verhalten einwirken kann. Ein anschauliches Beispiel für dieses Prinzip bietet eine Untersuchung, die Andrews (1967) zum beruflichen Aufstieg in zwei sehr unterschiedlichen Unternehmen durchgeführt hat. Eines der beiden Unternehmen, die sog. Achievement-Firma, bot seinen Beschäftigten viele leistungsthematische Anreize. Beispiele dafür waren Autonomie, Abwechslungsreichtum, Herausforderung und Feedback am Arbeitsplatz. In dem anderen Unternehmen, der sog. Power-Firma, herrschte hingegen eine strikt hierarchisch gegliederte Führungsstruktur vor. Andrews erhob mit einem TAT sowohl das Leistungs- als auch das Machtmotiv der Beschäftigten. Danach überprüfte er, wie häufig die Mitarbeiter beider Firmen in den letzten Jahren befördert worden waren. Während ein hohes Leistungsmotiv mit einem schnelleren Aufstieg in der Achievement-Firma, nicht aber in der Power-Firma, verbunden war, verhielt es sich beim Machtmotiv genau umgekehrt (d. h. Machtmotivierte wurden in der Power-Firma sehr viel häufiger befördert als in der Achievement-Firma). Als alleinige Prädiktoren der Beförderung erwiesen sich beide Motive als untauglich. Entscheidend war vielmehr, ob am Arbeitsplatz auch Anreize vorhanden waren, die zu den Motiven der Mitarbeiter passten (zu ähnlichen Befunden aus einer jüngeren Studie vgl. Jenkins, 1994).

Eine Reihe von Studien lässt vermuten, dass implizite und selbst attribuierte Motive durch unterschiedliche Klassen von Anreizen angeregt werden. Das implizite Leistungsmotiv stimuliert hohe Anstrengung und Ausdauer, sofern Aufgaben in einer entspannten Situation bearbeitet werden. Kennzeichen einer entspannten Situation ist, dass von externen Instanzen keine ausdrücklichen Leistungserwartungen geäußert werden. Der Anreiz zum Handeln geht allein von der Schwierigkeit der gestellten Aufgabe aus bzw. von der damit assoziierten Möglichkeit, etwas immer besser, schneller und effektiver zu machen. Werden neben Aufgabenanreizen noch weitere Anreize von außen eingeführt, wie z. B. Zeit-, Bewertungs- und Konkurrenzdruck, so büßt das per TAT gemessene Leistungsmotiv den größten Teil seiner prognostischen Kapazität ein. Dies zeigen nicht nur experimentelle Studien (Entin, 1974; Horner, 1974; Miller & Worchel, 1956; Wendt, 1955), sondern auch Untersuchungen, die in natürlichen Leistungssituationen durchgeführt wurden (McKeachie, 1961). Gerade solche zusätzlichen, an sich aber aufgabenfremden Anreize sind häufig vonnöten, um das explizite Leistungsmotiv anzuregen. Personen, die ein leistungsorientiertes Selbstbild besitzen, strengen sich häufig erst dann wirklich an, wenn es darum geht, den Besitz sozial anerkannter Fähigkeiten im Vergleich mit anderen Personen nachzuweisen (Patten & White, 1977; Tauer & Harackiewicz, 1999). Solche extrinsischen Leistungsanreize ziehen die Aufmerksamkeit von der eigentlichen Aufgabe ab und richten sie auf die sozialen und selbstwertbezogenen Konsequenzen eines möglichen Erfolgs oder Misserfolgs aus.

In der bereits erwähnten Metaanalyse Spanglers (1992) wurde die Bedeutung unterschiedlicher Arten von Anreizen für die Vorhersage leistungsmotivierten Verhaltens systematisch überprüft. Auf der Seite der Person unterschied Spangler implizite (TAT) von expliziten (Fragebögen) Maßen des Leistungsmotivs; auf der Seite der Situation tätigkeitsbezogene von sozial-evaluativen Anreizen; und auf der Seite des Verhaltens operante von respondenten Kriteriumsmaßen. Spangler klassifizierte frühere Studien zur Leistungsmotivation nach den vorgenannten Merkmalen und ermittelte auf dieser Grundlage folgende Befunde: 1. Weder das implizite noch das explizite Leistungsmotiv waren per se substantiell mit Kriterien des Leistungsverhaltens korreliert. 2. Das implizite Leistungsmotiv sagte zumindest operante, nicht aber respondente Formen des Leistungsverhaltens vorher. Die Validität von Fragebögen blieb selbst dann sehr mäßig, wenn die Analyse auf Studien eingegrenzt wurde, in denen respondente Kriterien erhoben worden waren. 3. Dieses eher düstere Bild hellte sich schlagartig auf, wenn die Unterschiedlichkeit der Anreize berücksichtigt wurde, die in den einzelnen Studien zur Stimulation leistungsmotivierten Verhaltens eingesetzt worden waren. Die Validität des TAT-Leistungsmotivs stieg von .22 auf .66 an, wenn operantes Verhalten in Gegenwart von Tätigkeitsanreizen, bei gleichzeitiger Abwesenheit von sozial-evaluativen Anreizen, gemessen worden war. Die Validitätskoeffizienten der Leistungsmotiv-Fragebögen stiegen gleichfalls an, sofern sozial-evaluative Anreize in den zugehörigen Studien verwendet worden waren. An die Höhe der Validitätskoeffizienten, die für das TAT-Maß des Leistungsmotivs ermittelt wurden, reichten die Ergebnisse der Fragebögen jedoch nicht heran.

Koestner, Weinberger und McClelland (1991) haben aus diesen Ergebnissen die Schlussfolgerung gezogen, dass es nur Personen mit einem hohen impliziten Leistungsmotiv um die Meisterung schwieriger Aufgaben und die damit verbundene innere Befriedigung geht. Für Personen, die ein leistungsorientiertes Selbstbild besitzen, erfüllen Leistungen hingegen eine andere Funktion: Für sie sind gute Leistungen ein Mittel für den Zweck, sich der Anerkennung ihrer sozialen Umwelt zu versichern. Die generelle Lehre der Befunde Spanglers (1992) lautet jedoch, dass Motivationsanalysen erst dann zu befriedigenden Ergebnissen führen, wenn neben Unterschieden in Motivdispositionen auch unterschiedliche Formen von Anreizen in der Verhaltensvorhersage berücksichtigt werden (vgl. dazu Rheinberg, 1989, im Druck).

5.5 Implizite und explizite Motive reflektieren unterschiedliche Arten von Bedürfnissen

Wenngleich implizite und explizite Motive gleichermaßen als „Motive" bezeichnet werden, beinhalten sie doch sehr unterschiedliche Arten von Bedürfnissen. Explizite Motive sind, wie oben erwähnt, sehr eng mit Selbstkonzepten verknüpft. Personen, die sich selbst als leistungsorientiert beschreiben, besitzen generell ein positives Selbstkonzept eigener Fähigkeiten (Halisch & Heckhausen, 1989). Dies veranlasste Kukla (1972) dazu, Unterschiede in der Stärke des (selbst berichteten) Leistungsmotivs als Unterschiede in der wahrgenommenen Fähigkeit zu interpretieren. Fähigkeitsselbstkonzepte können wiederum auf vielfältige Weise auf leistungsmotiviertes Verhalten einwirken (Meyer, 1984; Nicholls, 1984). Sie beeinflussen die Einschätzung von Erfolgswahrscheinlichkeiten und darüber vermittelt die Höhe des Anspruchsniveaus, das eine Person an ihre eigenen Leistungen anlegt. Vor diesem Hintergrund lässt sich auch der viel zitierte Befund erklären, dass Personen mit hoher Erfolgszuversicht Leistungsergebnisse anders erklären als Personen, die eher misserfolgsängstlich sind (Weiner & Kukla, 1970). In den zugehörigen Studien wurden Probanden nach ihren Werten auf der Mehrabian-Skala in erfolgs- vs. misserfolgsorientierte Gruppen unterteilt. Die Angaben, die Probanden zu den Aussagen dieser Skala machen, reflektieren aber auch, wie gut oder schlecht sie ihre eigenen Fähigkeiten einschätzen. Da erfolgsorientierte Personen (d. h. Personen mit hohen Werten auf der Mehrabian-Skala) hohes Vertrauen in ihre Kompetenzen setzen, ist es nur konsequent, wenn sie Erfolge ihren Fähigkeiten anrechnen, Misserfolge aber mit fehlender Anstrengung erklären. Misserfolgsorientierte (d. h. Personen mit niedrigen Werten auf der Mehrabian-Skala) schätzen ihre Fähigkeiten sehr viel skeptischer ein. Dementsprechend machen sie für Misserfolge mangelnde Begabung verantwortlich, führen aber Erfolge auf Glück oder die Leichtigkeit der Aufgabe zurück. Mit dem TAT-Maß des Leistungsmotivs lassen sich solche Befunde nicht erzielen. Der Grund dafür ist, dass das TAT-Leistungsmotiv in keiner bedeutsamen Beziehung zum Selbstkonzept eigener Fähigkeiten steht (Halisch & Heckhausen, 1989).

Reduziert man interindividuelle Unterschiede in der Stärke des Leistungsmotivs auf Unterschiede in der wahrgenommenen Fähigkeit, so stellt sich die Frage, ob der Begriff des Motivs innerhalb einer solchen Konzeption überhaupt noch sinnvoll verwendbar ist. Begriffe wie „Erfolgszuversicht" oder „Misserfolgsängstlichkeit" deuten darauf hin, dass es hier eher um die Analyse von Erwartungshaltungen als um die Untersuchung von Bedürfnissen geht. Wichtige Aufschlüsse zu dieser Frage bieten Studien, die Trope (1986) zur Aufgabenwahl durchgeführt hat. Dabei stellte er fest, dass leistungsmotivierte Personen sehr viel stärker daran interessiert sind, aussagekräftige Informationen über ihre Fähigkeiten zu erhalten, als dies bei weniger leistungsmotivierten Personen der Fall ist. Ähnlich wie Weiner und Kukla verwendete auch Trope die Mehrabian-Skala, um Unterschiede in der Stärke des Leistungsmotivs zu erfassen. Personen, die auf dieser Skala hohe Werte erreichen, besitzen offenbar ein starkes Bedürfnis, Informationen über eigene Fähigkeiten einzuholen. In Anlehnung an Sorrentino, Short und Raynor (1986) kann man dieses Bestreben als Ausdruck eines „kognitiven Bedürfnisses" verstehen. Der Begriff „kognitiv" bedeutet in diesem Zusammenhang, dass Menschen danach streben, Erkenntnisse über ihre eigenen Fähigkeiten zu erwerben, so wie dies bereits Festinger (1954) postuliert hat. Dieses Bedürfnis nach Selbsterkenntnis mag gelegentlich durch weitere Bedürfnisse überlagert werden, die sich gleichfalls auf die Selbstbewertung eigener Fähigkeiten beziehen. Einige Autoren argumentierten zum Beispiel, dass es Leistungsmotivierten eher um die Demonstration als um die realistische Einschätzung ihrer Fähigkeiten geht (Sorrentino & Hewitt, 1984). Nicht immer setzt sich das Bedürfnis, veridikale Informationen über eigene Fähigkeiten zu erhalten (*need for self-assessment*), gegenüber dem Bedürfnis durch, ein positive Selbstbild zu pflegen und aufrechtzuerhalten (*need for self-enhancement*). Dies deutet darauf hin, dass bei der Bewertung eigener Fähigkeiten auch affektive Prozesse involviert sind (z. B. das Selbstwertgefühl einer Person). In Heckhausens (1975) Selbstbewertungsmodell der Leistungsmotivation erfüllen affektive selbstbezogene Reaktionen zum Beispiel eine wichtige Funktion in der Selbstregulation leistungsmotivierten Verhaltens (gemeinsam mit Ursachenerklärungen und Strategien der Anspruchsniveausetzung; für eine detaillierte Beschreibung dieses Modells vgl. Heckhausen, 1980). Generell fällt jedoch auf, dass Affekte in kognitiven Motivationsmodellen erst in späten Phasen des Handlungsprozesses thematisiert werden (d. h. zumeist erst nach Abschluss des eigentlichen Handelns). In Weiners (1986) Emotionstheorie treten Affekte zunächst als unmittelbare Reaktion auf die Bewertung eines Handlungsergebnisses auf, um daran anschließend in einem mehrstufigen Prozess der Kausalattribution weiter elaboriert zu werden.

McClelland hat Affekten eine sehr viel zentralere Rolle für Motivationsprozesse zugeschrieben. In seinem Modell (vgl. Weinberger & McClelland, 1989) wird Affekten eine doppelte Funktion zugewiesen: Zum einen dienen sie der Befriedigung von Motiven und der Bekräftigung des damit assoziierten instrumentellen Verhaltens. Zum anderen stellen Affekte aber auch das eigentliche Agens motivierten Verhaltens dar. Hinweisreize, die auf der Grundlage früherer Erfahrungen mit der Befriedigung eines (impliziten) Motivs assoziiert werden, können bereits antizipatorisch Affektzustände auslösen (sog. Erwartungsemotionen), welche die Ausführung instrumentellen Verhaltens anregen. Als motivierende Kraft wirkt in diesem Fall der in Aussicht gestellte Wechsel, von einem Zustand geringer Bedürfnisbefriedigung zu einem Zustand vergleichsweise höherer Bedürfnisbefriedigung gelangen zu können. Unterschiede in der Stärke eines impliziten Motivs lassen sich daher auch als Unterschiede im individuellen Vermögen interpretieren, Anreize, die während oder nach einer Tätigkeit auftreten, emotional auskosten zu können.

In seinen späten Arbeiten hat McClelland implizite Motive immer weniger mit subjektiven Gefühlen, dafür aber immer stärker mit hormonellen Prozessen in Verbindung gebracht. In diesem Zusammenhang haben sich Untersuchungen zum Machtmotiv als besonders aufschlussreich erwiesen. Schultheiss (Schultheiss, Campbell & McClelland, 1999; Schultheiss & Rohde, 2001) berichtete, dass das gonadale Steroidhormon Testosteron in direkter Verbindung mit dem (impliziten) Streben nach Macht steht. Er arrangierte einen Wettbewerb, bei dem zwei Probanden, die sich vis-à-vis gegenüber saßen, glaubten, um die bessere Leistung bei einer Lernaufgabe zu konkurrieren. Wer gewann und wer verlor, war aber bereits zuvor willkürlich festgelegt worden. Unmittelbar nach Abschluss des Wettstreits zeigten machtmotivierte (TAT) Gewinner, im Vergleich zu allen übrigen Teilnehmern, den höchsten Anstieg an Testosteron in ihren Speichelproben. Hohe Testosteronwerte waren wiederum mit einem schnelleren Erlernen der Aufgabe (Verbinden von wiederkehrenden Zahlenmustern) verknüpft. Auch in dieser Hinsicht erwiesen sich machtmotivierte Gewinner allen übrigen Teilnehmern als überlegen. Darüber hinaus fand Schultheiss, dass der Testosteronspiegel von hoch machtmotivierten Probanden bereits vor Beginn des Wettkampfs anstieg. Die bloße Vorstellung, mit einer anderen Person zu konkurrieren und dabei die eigene Überlegenheit demonstrieren zu können, veranlasste bei Machtmotivierten eine verstärkte Ausschüttung von Testosteron.

Im Vergleich zu den Werten, die sie nach dem Gewinn des Wettbewerbs aufwiesen, fiel dieser antizipatorische Anstieg allerdings deutlich schwächer aus. Selbsteinschätzungen zum Dominanzstreben sagten in Schultheiss' Studien, ebenso wie in früheren Testosteron-Untersuchungen (Mazur & Booth, 1998), weder die Reaktivität der Testosteronwerte noch die Güte der Lernleistung vorher.

Dass implizite Motive sehr eng mit affektiv getönten Erfahrungen assoziiert sind, zeigen auch Befunde zur Erinnerung autobiographischer Erlebnisse. Werden Probanden aufgefordert, emotionale Höhepunkte ihres Lebens zu beschreiben, so zeigt sich, dass die Thematik der erinnerten Ereignisse die Stärke ihrer impliziten Motive reflektiert. Machtmotivierte erinnern sich an Erfahrungen persönlicher Stärke, Intimitätsmotivierte hingegen an Erfahrungen zwischenmenschlicher Nähe (McAdams, 1982). Auch explizite Motive stehen mit episodischen Erinnerungen in Verbindung. Im Unterschied zu impliziten Motiven sind sie aber mit Erfahrungen assoziiert, die sich auf affektiv neutrale Routineaktivitäten beziehen. Woike (1995, 1999) fand, dass der Abruf von „emotionalen Höhepunkten" durch TAT-Motive, der Abruf von „Routine-Erfahrungen" hingegen durch selbst berichtete Motive vorhergesagt wird. Nicht in den emotionalen Höhepunkten des Lebens, sondern in häufig ausgeführten Routineaktivitäten spiegeln sich die expliziten Motive von Menschen wider. Conway und Pleydell-Pearce (2000) haben diese Befunde aufgegriffen und in ein Modell integriert, in dem die Bedeutung von Motiven und Emotionen für die Verarbeitung autobiographischer Informationen genauer beschrieben wird.

Zusammenfassend demonstrieren die in diesem Abschnitt berichteten Befunde, dass Affekte einen integralen Bestandteil der Anregung und Befriedigung von impliziten Motiven bilden. Explizite Motive bringen hingegen kognitive Bedürfnisse zum Ausdruck, die sich auf den Aufbau stabiler und positiver Selbstkonzepte beziehen. Weinberger und McClelland (1990) spekulierten, dass implizite Motive auf einem Anreizsystem beruhen, das sich in der Evolution vergleichsweise früh entwickelte, später jedoch durch ein kognitives Motivationssystem ergänzt und überformt wurde. Entscheidend dafür war die Entwicklung der Sprache und die damit verbundene Möglichkeit, das eigene Verhalten in Übereinstimmung mit kulturell vermittelten Regeln vorausschauend planen und reflektieren zu können. Im folgenden Abschnitt wird skizziert, dass es auch in der Ontogenese impliziter und expliziter Motive eine Reihe markanter Unterschiede gibt.

5.6 Implizite und explizite Motive unterscheiden sich in ihrer Ontogenese

Unsere gegenwärtigen Kenntnisse über die Motivationsentwicklung beruhen überwiegend auf Querschnittstudien zum leistungsmotivierten Verhalten von Kindern (für einen Überblick vgl. Heckhausen, 1982). Aus der Kombination von Ergebnissen, die in unterschiedlichen Altersgruppen ermittelt werden, lassen sich zwar Rückschlüsse über allgemeine Entwicklungstrends in der Äußerung leistungsmotivierten Verhaltens ziehen (vgl. z. B. die Arbeiten von Stipek, Recchia & McClintic, 1992, zur Entwicklung der Selbstbewertung zwischen dem ersten und fünften Lebensjahr). Für die Frage, wie sich implizite und explizite Motivsysteme in der Ontogenese entfalten und wie interindividuelle Differenzen in beiden Motivsystemen entstehen, sind solche Studien jedoch nur bedingt aussagekräftig.

Eine der wenigen Untersuchungen, die sich mit den Antezedenzien impliziter und expliziter Motive beschäftigten, wurde von McClelland und Pilon (1983; s. a. McClelland, 1985a) vorgelegt. In einer Längsschnittstudie, die von Sears, Maccoby und Levin (1957) initiiert worden war, wurden im Jahr 1951 insgesamt 379 Mütter 5-jähriger Kinder zu ihrem Erziehungsverhalten befragt. Sechsundzwanzig Jahre später wurden die sozialen Motive der nunmehr 31 Jahre alten „Kinder" mit Hilfe von TATs und Fragebögen erfasst. McClelland und Pilon fanden, dass implizite (TAT) und explizite (Selbstbericht) Motive mit unterschiedlichen Erziehungspraktiken assoziiert waren. Ergiebig fiel dieser Vergleich allerdings nur für das Leistungs- und das Machtmotiv aus. Deshalb beschränke ich mich anschießend auf die Befunde, die für diese beiden Motive ermittelt wurden.

Erwachsene mit einem hohen impliziten Machtmotiv waren laut Angaben ihrer Mütter sehr permissiv erzogen worden. Typisch dafür war, dass sowohl aggressives als auch sexuelles Verhalten seitens der Kinder toleriert worden war. Frauen mit einem hohen Machtmotiv waren zudem von ihren Müttern ausdrücklich ermutigt worden, sich in Konfliktsituationen assertiv zu verhalten. Demgegenüber waren Erwachsene, die sich selbst als dominant beschrieben, als Kinder häufiger bestraft und körperlich gezüchtigt worden – und zwar insbesondere dann, wenn sie sich gegenüber ihren Eltern aggressiv verhalten hatten. Personen mit einem hohen impliziten Leistungsmotiv waren bereits früh zur Sauberkeit erzogen worden. Zudem waren sie von ihren Müttern frühzeitig an feste Fütterungszeiten gewöhnt worden. Die Höhe der selbst berichteten Leistungsorientierung korrelierte mit anderen Erziehungspraktiken. An leistungsorientierte Personen waren in der Kindheit hohe Selbständigkeitsforderungen und Leistungserwartungen gerichtet worden.

Sicherlich sind diese Ergebnisse nur mit gebührender Vorsicht zu interpretieren. Weder ist klar, was im Leben der Kinder zwischen dem fünften und dreißigsten Lebensjahr geschah, noch kann mit Sicherheit gesagt werden, dass es tatsächlich die erörterten Erziehungspraktiken waren, welche die Entwicklung impliziter und expliziter Motive prägten. Mit diesen Einschränkungen sind die Befunde von McClelland und Pilon in zweierlei Hinsicht interessant: Erstens stützen sie die Auffassung, dass implizite Motive vergleichsweise früher als explizite Motive entwickelt werden. Die Sauberkeitserziehung war in der untersuchten Stichprobe längst abgeschlossen, bevor die Erziehung zu Selbständigkeit und Pflichterfüllung begann. Zudem ist zu bedenken, dass Akte der sprachlichen Vermittlung für Erziehungspraktiken, die nach den Befunden von McClelland und Pilon mit der Ausbildung expliziter Motive verbunden sind, eine sehr viel größere Rolle spielen als für Erziehungspraktiken, die mit der Entwicklung impliziter Motive korrelieren. Elterliche Anforderungen und Leistungserwartungen, aber auch Bestrafungen, werden in der Regel verbal kommuniziert oder zumindest mit Worten untersetzt. Weder die Gewöhnung an feste Essenszeiten noch permissives Erziehungsverhalten setzen in vergleichbarem Maße verbale Kommunikation und Sprachverständnis voraus.

Zweitens sind die Ergebnisse von McClelland und Pilon (1983) auch in theoretischer Hinsicht plausibel. Die Entwicklung eines hohen impliziten Machtmotivs setzt offensichtlich voraus, dass Kinder frühe Erfahrungen der (Selbst-) Wirksamkeit ungestört genießen können, auch wenn dies im Falle aggressiven Verhaltens nicht unbedenklich erscheinen mag. Andere Studien haben jedoch gezeigt, dass der Ausdruck eines starken Machtmotivs durch eine später einsetzende Erziehung zur Verantwortungsübernahme in prosoziale Bahnen gelenkt werden kann (Winter & Stewart, 1978). Hohe Dominanz im Selbstbericht war in der Untersuchung von McClelland und Pilon mit weniger lustvollen Erfahrungen in der Kindheit verknüpft. Dominante Erwachsene hatten Mütter, für die Bestrafung eine übliche Erziehungspraxis war. Möglicherweise wird ein Selbstbild, das vom Streben nach Überlegenheit geprägt ist, kompensatorisch ausgebildet (d. h. als Reaktion auf kindliche Erfahrungen der Unterlegenheit). Ohne zusätzliche Befunde bleibt diese Interpretation jedoch spekulativ.

Ähnliche Überlegungen lassen sich auch für die beiden Leistungsmotive anstellen. Die Befunde von McClelland und Pilon (1983) lassen vermuten, dass die Kontrolle körperlicher Bedürfnisse eine wichtige Rolle in der Entwicklung des impliziten Leistungsmotivs spielt. Zu dieser Vorstellung passen auch Befunde von Mischel und Gilligan (1964). Diese Autoren fanden, dass sich leistungsmotivierte Kinder (TAT) dadurch auszeichnen, dass sie in der Lage sind, Versuchungen zu widerstehen und Belohnungen aufzuschieben. Die Beherrschung physischer Bedürfnisse und die Fähigkeit, verlockenden Anreizen zu widerstehen, bilden wichtige Voraussetzungen dafür, dass sich Menschen mit Ausdauer und Konzentration schwierigen Aufgaben widmen können. Angesichts hoher Belastungen (z. B. Examina) greifen Menschen gelegentlich zu Psychopharmaka, um ihre Leistungsfähigkeit „künstlich" zu erhöhen. Ein Beispiel dafür ist die Einnahme von Amphetaminen, die nicht nur euphorisierend, sondern auch appetitzügelnd wirken. Ich erwähne dies hier, weil die Verabreichung von Ritalin in experimentell kontrollierten Studien nachweislich zur Anregung leistungsthematischer Imaginationen im TAT führt (Bäumler, 1975). Implizite Motive sind jenseits kognitiver Prozesse biophysisch beeinflussbar. Hohe explizite Leistungsorientierung wird hingegen, wie die Befunde von McClelland und Pilon illustrieren, im Kontext sprachlich kontrollierter und kulturell vermittelter Anforderungen sozialisiert. Neben der Erziehung im Elternhaus spielen dabei schulische Erfahrungen eine herausragende Rolle. Einschätzungen der eigenen Fähigkeiten werden durch soziale Vergleiche geprägt, die Schüler im Klassenzimmer anstellen (Köller, 2000). Bereits in der Grundschule zeigt sich, dass Schüler, die sich selbst als leistungsorientiert beschreiben, auch ihre mathematischen und sprachlichen Fähigkeiten höher als die ihrer Mitschüler beurteilen (Helmke, 1997).

Viele dieser Argumente erinnern an eine frühere Arbeit, die Veroff (1969) zur Entwicklung der Leistungsmotivation vorgelegt hat. Veroff vertrat die Auffassung, dass Kinder zwei sehr unterschiedliche Arten des Leistungsmotivs entwickeln. Zunächst entsteht bereits im Vorschulalter ein *autonomes Leistungsmotiv*, das sich am eigenen Leistungsvermögen orientiert und in der progressiven Meisterung von Fertigkeiten Befriedigung findet. Erst später, während der Grundschulzeit, entwickelt sich dann ein *soziales Leistungsmotiv*, das sich an normativen Vergleichen mit gleichaltrigen Schülern orientiert. Im gleichen Altersabschnitt werden ganz allmählich Konzepte der Schwierigkeit, der Anstrengung und der Fähigkeit ausdifferenziert (Nicholls, 1978). Erst jetzt ist es möglich, aus einer Leistung eindeutige Rückschlüsse über die eigene Fähigkeit zu ziehen. Gelegentlich werden beide Motive zu einem *integrierten Leistungsmotiv* zusammengeführt. Dies ermöglicht ein hohes Maß an Flexibilität bei der Bewältigung unterschiedlichster Leistungsanforderungen. Die Integration der beiden Leistungsmotive stellt jedoch kein generelles, sondern ein differentielles Entwicklungsphänomen dar, zumindest wenn man der Auffassung Veroffs folgt. Weder bei Schülern noch bei jüngeren oder auch älteren Erwachsenen werden autonome und soziale Leistungsmotive automatisch in ein harmonisches Gesamtsystem eingefügt (Veroff & Smith, 1985). Auf diesen Punkt komme ich im nächsten Abschnitt noch einmal zurück.

5.7 Implizite und explizite Motive können miteinander interagieren

Die bisher berichteten Befunde unterstützen die Vorstellung, dass implizite und explizite Motive zwei verschiedenartige Motivierungssysteme repräsentieren, die innerhalb der gleichen Inhaltsdomäne durch unterschiedliche Anreize angeregt werden und in verschiedenartigen Formen des Verhaltens Ausdruck finden. Diese *Dualitätshypothese* schließt jedoch nicht aus, dass beide Formen von Motiven auch in ein Verhältnis der Wechselwirkung eintreten können, um auf diesem Weg gemeinsam auf das Verhalten und Erleben von Menschen einzuwirken. Welche Befunde sprechen für eine solche *Interaktionshypothese*? Zur Beantwortung dieser Frage werde ich anschließend Ergebnisse aus zwei Forschungsgebieten berichten: Im ersten geht es um Koalitionen, im zweiten hingegen um Konflikte zwischen impliziten und expliziten Handlungsmotiven.

5.7.1 Koalitionen zwischen impliziten und expliziten Motiven

McClelland (1985b) und Biernat (1989) vermuteten, dass implizite und explizite Handlungsmotive häufig arbeitsteilig zusammenwirken. Kennzeichen dieser Arbeitsteilung ist, dass implizite Motive eher eine energetisierende, explizite Motive hingegen eher eine lenkende Funktion in der Regulation motivierten Verhaltens erfüllen. Implizite Motive beinhalten hoch generalisierte Präferenzen für die Auseinandersetzung mit bestimmten Formen von Anreizen, die sich jedoch in unterschiedlichsten Lebensregionen vorfinden lassen. Wo (d. h. in welchem Lebensbereich) und wie (d. h. durch welche Form des Verhaltens) ein implizites Motiv zum Ausdruck gebracht wird, hängt daher maßgeblich von den bewussten Zielen, Werten und Einstellungen einer Person ab sowie von den Gelegenheiten und Einschränkungen, die für ihre Lebenssituation kennzeichnend sind.

Die Idee, dass explizite Motive eine Lenkungsfunktion, implizite Motive hingegen eine Energetisierungsfunktion in der Regulation motivierten Verhaltens erfüllen, wurde bisher am ausführlichsten in Studien zur Leistungsmotivation überprüft. French und Lesser (1964) analysierten unterschiedliche Ausdrucksformen des Leistungsmotivs (TAT) bei Frauen, die entweder ein traditionelles oder ein karriereorientiertes Rollenbild aufwiesen. Beiden Gruppen legten sie Aufgaben sowohl zur intellektuellen Kompetenz als auch zur sozialen Kompetenz vor. Bei karriereorientierten Frauen sagte die Stärke des Leistungsmotivs (TAT) die Höhe der Leistung bei intellektuellen Aufgaben vorher. In der Gruppe der Frauen mit traditionellem Rollenbild ging ein hohes Leistungsmotiv hingegen mit besseren Leistungen bei Aufgaben zur sozialen Kompetenz einher. In unserem Alltagsverständnis ist der Begriff der Leistung sehr eng mit der Meisterung von Anforderungen in Schule und Beruf verknüpft. Das (implizite) Leistungsmotiv wurde aber weder für schulische noch für berufliche Karrieren erfunden. Im Kern geht es diesem Motiv um Effektivität und um die Vervollkommnung persönlicher Fertigkeiten. Je nach Lebensorientierung und persönlicher Werthaltung kann dieses Anliegen in unterschiedlichsten Verhaltensdomänen zum Ausdruck gebracht werden. Entscheidend ist allein, ob an das eigene Handeln ein Tüchtigkeitsmaßstab angelegt werden kann.

Integraler Bestandteil der Lenkungs-Energetisierungs-Idee ist die Vorstellung, dass ein optimales Niveau an Effektivität im Leistungshandeln erst dann erreicht werden kann, wenn implizite und explizite Leistungsmotive gleichermaßen stark ausgeprägt sind. Mit Veroff (1969) könnte man dann, wie oben erwähnt, von der Entwicklung eines integrierten Leistungsmotivs sprechen. In Untersuchungen bei Grundschülern fand Veroff, dass ein integriertes Leistungsmotiv mit hoher Effizienz bei der Bewältigung belastender Leistungssituationen verbunden ist. In einer seiner Untersuchungen erhielten Schüler negative Rückmeldungen zu ihrer Leistung bei einer Puzzleaufgabe. Ihnen wurde gesagt, dass sie bei den bisherigen Aufgaben deutlich schlechter als ihre Mitschüler abgeschnitten hätten. Danach wurde registriert, wie sich ihre Leistung bei weiteren Aufgaben veränderte. Schüler mit einem integrierten Leistungsmotiv bildeten die einzige Gruppe, die sich von der Misserfolgsrückmeldung nicht beirren ließ. Sie konnten ihre Leistung aufrechterhalten oder sogar noch weiter steigern. Bei allen übrigen Schülern traten nach dem Misserfolg deutliche Leistungseinbußen auf. Ähnliche Ergebnisse hat Brunstein (2001a) in experimentell kontrollierten Studien mit studentischen Probanden ermittelt. Auch hier entwickelten Teilnehmer, die ein integriertes Leistungsmotiv besaßen (d.h. die hohe Werte sowohl im TAT als auch in Fragebögen aufwiesen) mit Abstand die höchste Effizienz, wenn kritische Rückmeldungen zur eigenen Leistung im Vergleich zu der anderer Personen erteilt wurden. Allerdings koalierten implizite und explizite Leistungsmotive nur dann miteinander, wenn die Aufgaben (Konzentrationstests) ausdrücklich als Test einer wichtigen Fähigkeit vorgestellt wurden (z.B. der Fähigkeit, Erfolg im Beruf zu haben). Durch diese ich-involvierende Instruktion wurde das leistungsorientierte Selbstbild der Probanden aktiviert. Dies war wiederum die Voraussetzung dafür, dass das implizite Leistungsmotiv in die Auseinandersetzung mit sozial-evaluativen Leistungsrückmeldungen gelenkt werden konnte. War auch nur eines der beiden Motive schwach ausgeprägt, so zogen negative Rückmeldungen zum eigenen Leistungsvermögen eine Verschlechterung der Aufgabenleistung nach sich.

Dass solche Interaktionseffekte nicht nur in Laborversuchen auftreten, sondern auch für reale Lebensleistungen relevant sind, dokumentiert eine Untersuchung von Langens (2001). In einer Reanalyse von Daten, die im Rahmen eines Motivationstrainings bei indischen Geschäftsleuten erhoben worden waren, analysierte Langens, wie das implizite Leistungsmotiv (TAT) mit Diskrepanzen zwischen Realselbst und Idealselbst (kurz: Selbstdiskrepanzen) zusammenwirkt. Als abhängige Variable wurden die geschäftlichen Aktivitäten der Teilnehmer erhoben. Selbstdiskrepanzen (z.B. zwischen der tatsächlichen und der erwünschten beruflichen Tätigkeit) erwiesen sich im Hinblick auf die geschäftliche Aktivität weder als besonders stimulierend noch als deprimierend. In Verbindung mit dem Leistungsmotiv sagten sie jedoch markante Unterschiede in der geschäftlichen Tüchtigkeit vorher. Am aktivsten waren Teilnehmer, die sich von ihrem eigenen Ideal weit entfernt fühlten, aber dennoch ein starkes Leistungsmotiv besaßen. Fehlte dieses Motiv, so korrelierten Selbstdiskrepanzen entsprechend negativ mit der geschäftlichen Tüchtigkeit. Aber auch bei Geschäftsleuten, die mit sich selbst zufrieden waren, erzeugte ein hohes Leistungsmotiv keine stimulierenden Effekte auf die geschäftliche Aktivität. Bildhaft gesprochen wirkten Selbstdiskrepanzen wie eine Schleuse, durch die der Strom leistungsmotivierten Verhaltens fließen konnte. Neben einem hohen Leistungsmotiv setzte dies allerdings voraus, dass die Schleusen auch geöffnet waren (d.h. dass Diskrepanzen zwischen wahrgenommenen und erwünschten Selbstaspekten bestanden).

5.7.2 Konflikte zwischen impliziten Motiven und expliziten Handlungszielen

Nicht immer erzeugen Wechselwirkungen zwischen impliziten und expliziten Motiven adaptive Wirkungen. Vielmehr können sie auch zu Konflikten führen, die sich in behavioralen und affektiven Defiziten manifestieren. Anschließend werde ich dies durch zwei empirische Beispiele illustrieren.

Anhand der Daten zweier Längsschnittstudien analysieren Winter, John, Stewart, Klohnen und Duncan (1998), wie Traits mit Motiven in der Persönlichkeitsentwicklung von Frauen im Erwachsenenalter zusammenwirken. Ganz im Sinne der oben formulierten Interaktionshypothese vermutete diese Autorengruppe, dass Traits bestimmen, in welcher konkreten Form Motive im Verhalten Ausdruck finden. Als Kriterien erfassten sie soziale Lebensleistungen, die im Kontext von Partnerschaft, Freizeit und Beruf erbracht wurden. Als Prädiktoren verwendeten sie neben Fragebögen zur Extraversion TAT-Maße für das Macht- und das Affiliationsmotiv. Tatsächlich erwiesen sich die statistischen Interaktionen zwischen Introversion-Extraversion einerseits und impliziten Macht- und Affiliationsbedürfnissen andererseits als signifikante Prädiktoren der untersuchten Lebensleistungen. Hier ein kurzer Ausschnitt aus den Befunden: Extravertierte Frauen mit einem hohen Machtmotiv waren in beruflichen Laufbahnen engagiert, die mit sozialem Einfluss und Prestige assoziiert waren. Zudem maßen sie der Pflege sozialer Beziehungen im Kontext ihrer Berufstätigkeit eine hohe Bedeutung zu. Für extravertierte Frauen mit einem hohen Affiliationsmotiv war demgegenüber kennzeichnend, dass sie befriedigende partnerschaftliche Beziehungen entwickelten. Außerdem engagierten sie sich häufiger im sozial-karitativen Bereich. Ein ganz anderes Bild zeichneten die Befunde, die Winter et al. für introvertierte Frauen ermittelten. Bei ihnen war weder das Machtmotiv mit Karrierestreben im Beruf verknüpft, noch stand das Affiliationsmotiv mit der Entwicklung befriedigender Sozialbeziehungen in Verbindung. Im Gegenteil – partnerschaftliche Probleme und Ehescheidungen traten bei introvertierten Frauen besonders häufig auf, wenn sie gleichzeitig auch hoch affiliationsmotiviert waren. Diese Befunde demonstrieren, dass es für Introvertierte, im Unterschied zu Extravertierten, sehr viel schwieriger ist, soziale Bedürfnisse in zwischenmenschlichen Beziehungen zum Ausdruck zu bringen. In gewisser Weise steht hohe Introversion der Verwirklichung von sozialen Motiven diametral entgegen. Für eine Person, die lieber allein als mit anderen zusammen ist, dürfte es nicht ganz einfach sein, ihren impliziten Wunsch nach sozialer Nähe zu erfüllen (es sei denn, sie schreibt gerne Liebesromane). Gleiches gilt für eine Person, die trotz hoher Introversion ein starkes Bedürfnis nach sozialer Wirksamkeit besitzt.

Dass ein hohes Maß an Inkongruenz zwischen impliziten Motiven einerseits und expliziten Lebenszielen andererseits emotionale Probleme zur Folge haben kann, zeigen Studien, die Brunstein und Kollegen (Brunstein, Lautenschlager,

Nawroth, Pöhlmann & Schultheiss, 1995; Brunstein, Schultheiss & Grässmann, 1998; für einen Überblick vgl. Brunstein, Schultheiss & Maier, 1999) zum affektiven Wohlbefinden durchgeführt haben. In diesen Studien berichteten Studierende ihre aktuellen wirkungs- (Leistung und Macht) und bindungsthematischen (Affiliation und Intimität) Ziele. Zudem wurde die Stärke ihrer impliziten Wirkungs- und Bindungsmotive mit einem TAT erfasst. Über den Zeitraum mehrerer Wochen bis Monate machten die Probanden dann immer wieder Angaben zu ihrem affektiven Wohlbefinden. Die Ergebnisse lassen sich wie folgt skizzieren: Je intensiver die Probanden nach Zielen strebten, die zu ihren eigenen Motiven passten (d. h. nach Wirkungszielen im Falle eines hohen Wirkungsmotivs bzw. nach Bindungszielen im Falle eines hohen Bindungsmotivs), desto positiver entwickelte sich ihr Wohlbefinden in der Folgezeit. Probanden, die zahlreiche Ziele verfolgten, die für die Befriedigung ihrer impliziten Motive ungeeignet waren (d. h. Wirkungsziele im Falle eines hohen Bindungsmotivs bzw. Bindungsziele im Falle eines hohen Wirkungsmotivs), verzeichneten hingegen eine deutliche Abnahme positiver Affekte und eine entsprechend deutliche Zunahme negativer Affekte in ihrem Lebensalltag. Selbst wenn es Probanden gelang, Ziele zu verwirklichen, die nicht mit ihren impliziten Motiven übereinstimmten, zog dies keine Steigerung ihres emotionalen Wohlbefindens nach sich. Tatsächlich wurden solche Erfolge mit einem Pyrrhussieg erkauft: Je mehr sich die Probanden darauf konzentrierten, bedürfnis-inkongruente Ziele zu realisieren, desto mehr vernachlässigten sie andere Ziele, die für die Befriedigung ihrer Motive besser geeignet gewesen wären.

5.7.3 Die Suche nach Moderatoren und Mediatoren

Wie ich zu Beginn dieses Kapitels berichtet habe, bestehen zwischen TAT-Motiven und selbst formulierten Handlungszielen zumeist keine bedeutsamen Zusammenhänge. Diskrepanzen und Konflikte zwischen impliziten Motiven einerseits und selbst gewählten Zielen andererseits sind daher keine Seltenheit. Dies wirft zwei weiterführende Fragen auf: 1. Worin unterscheiden sich Personen, die bevorzugt Ziele verfolgen, welche zu ihren eigenen Motiven passen, von Personen, deren Motive und Ziele häufig nicht zusammenpassen? 2. Durch welche Maßnahmen kann die Kluft zwischen impliziten und expliziten Motiven überbrückt werden? Beiden Fragen werde ich anschließend im Kontext der Bildung von Alltagszielen nachgehen.

Bei der ersten Frage geht es im Kern darum, Variablen zu identifizieren, welche die Beziehung zwischen impliziten Motiven und expliziten Zielen moderieren. Der Befund, dass zwischen Motiven (TAT) und Zielen (freier Selbstbericht) zumeist kein bedeutsamer Zusammenhang besteht, besagt eigentlich nur, dass neben Personen, die sich häufig an bedürfnis-inkongruente Ziele binden, auch Personen existieren, deren Ziele sehr gut mit ihren latenten Bedürfnissen übereinstimmen. Variablen, welche es gestatten, diese beiden Personengruppen zu differenzieren, werden gemäß ihrer statistischen Funktion als *Moderatoren* bezeichnet.

Brunstein (2001b) berichtete, dass die von Kuhl (1983) beschriebenen Dispositionen der Handlungs- vs. Lageorientierung eine solche moderierende Funktion bei der Bildung von Zielen erfüllen. Sie beeinflussen, in welchem Umfang sich eine Person an bedürfnis-kongruente, oder aber an bedürfnis-inkongruente Ziele bindet. Handlungsorientierte Personen verfolgen, wie die Ergebnisse dieser Studie zeigten, primär Ziele, die zu ihren impliziten Motiven passen. Besaßen Handlungsorientierte ein hohes Wirkungsmotiv, so waren sie in zahlreiche Ziele involviert, die sich auf das Streben nach Leistung und Macht bezogen. Besaßen sie hingegen ein hohes Bindungsmotiv, so bildeten sie bevorzugt Ziele, die sich um soziale Kontakte und zwischenmenschliche Beziehungen drehten. Lageorientierte waren hingegen häufiger in Ziele involviert, die von ihren impliziten Motiven abwichen oder ihnen direkt entgegenstanden (man denke hier z. B. an eine Person, die trotz eines hohen Intimitätsmotivs nach machtthematischen Zielen strebt). Kuhl (2001, S. 277 ff.) erklärt diese Befunde damit, dass handlungsorientierte Personen über die Fähigkeit verfügen, negative Emotionen, wie sie nach alltäglichen Frustrationen auftreten, rasch „herabregulieren" zu können. Sie sind gleichsam darauf spezialisiert, Zustände der Anspannung in Zustände der Entspannung zu transformieren. Entspannung ist nach Kuhl aber die Voraussetzung dafür, dass Menschen bei der Bildung von Zielen auf Gedächtnissysteme (sog. Extensionsgedächtnis) zurückgreifen können, in denen ihre eigenen, affektiven Handlungspräferenzen gespeichert sind. Gerade dieser Zugriff ist lageorientierten Personen häufig verwehrt. Sie neigen dazu, selbst bei kleineren Fehlschlägen in fortgesetzte Grübeleien zu verfallen, was im Effekt dazu führt, dass negative Emotionen über lange Zeit aufrechterhalten werden. In einem Zustand der fortdauernden Anspannung können aber die eigenen affektiven Präferenzen nicht mehr exploriert werden. Entsprechend gering ist dann der Einfluss, den implizite Motive auf die Bildung von Zielen ausüben. Die Folge ist, dass lageorientierte Personen Ziele sehr häufig unreflektiert übernehmen, ohne sie auf ihre Passung mit den eigenen Bedürfnissen zu überprüfen. Haben sie sich aber erst einmal an ein Ziel gebunden, fällt es Lageorientierten zumeist schwer, sich wieder von ihm zu lösen – selbst wenn das betreffende Ziel wenig zu ihrer Lebenszufriedenheit beiträgt (Maier & Brunstein, 1999).

Bei der zweiten Frage geht es darum, Mediatoren zu identifizieren, welche gleichsam als Vermittler für eine stärkere Annäherung bewusst gefasster Ziele an implizite Motive Sorge tragen. Schultheiss und Brunstein (1999) berichteten, dass Zielimaginationen (*goal imagery*) eine solche Vermittlungsfunktion erfüllen. Mit dem Begriff der Zielimagination wird die wahrnehmungsanaloge Simulation der Verfolgung und Verwirklichung eines potentiellen Ziels bezeichnet. Zielimaginationen finden statt, noch bevor sich eine Person an das betreffende Ziel gebunden hat. Sie sind reich an sensorischen Details und affektiven Empfindungen und orientierten sich dabei an der unmittelbaren Erfahrung des eigenen (vorgestellten) Tuns. In der Terminologie Epsteins (1994) repräsentieren Zielimaginationen eine *experientielle* Form der Informationsverarbeitung, die von der *rationalen* Verarbeitung symbolischer Informationen abzugrenzen ist. Schultheiss und Brunstein gingen davon aus, dass die Funktionsweise impliziter Motive weit besser zu einer experientiellen als zu einer rationalen Form der Informationsverarbeitung passt (zu einer vollständigen Darstellung dieses Modells vgl. Schultheiss, in press). Ihre Hauptthese lautete daher, dass implizite Motive erst dann auf die Bildung von Handlungsabsichten einwirken können, wenn ein erwogenes Ziel von seinem ursprünglich sprachlichen Format in ein experientielles Format übersetzt wird. Genau diese Übersetzungsaufgabe erfüllen Zielimaginationen, wie Schultheiss und Brunstein in zwei Untersuchungen fanden. Probanden, die ein vorgegebenes Ziel in einer Imaginationsübung experientiell elaborierten, fühlten sich anschließend nur dann auch zu seiner Verwirklichung verpflichtet, wenn das betreffende Ziel mit ihren impliziten Motiven (TAT) übereinstimmte. Ohne vorausgehende Imaginationsübung stand die Stärke der freiwillig eingegangen Zielbindung in keiner systematischen Beziehung zu den impliziten Motiven der Probanden. Des weiteren zeigte sich, dass Probanden, welche die Imaginationsübung durchlaufen hatten, auch bei der Realisierung des betreffenden Ziels weitaus effektiver waren als Probanden, welche keine vergleichbare Übung absolviert hatten. Zielimagnationen führen zur Anregung impliziter Motive innerhalb des Kontextes eines erwogenen Ziels. Auf dieser Grundlage kann eine Person dann besser entscheiden, ob das betreffende Ziel ihren Bedürfnissen entspricht oder, im negativen Fall, zuwiderläuft. Zudem lassen sich Ziele sehr viel effektiver realisieren, wenn sie durch dazu passende Motive unterstützt werden. All dies setzt jedoch voraus, dass sich eine Person vergegenwärtigen kann, was es für sie emotional bedeutet, ein bestimmtes Ziel zu verfolgen oder es statt dessen zurückzuweisen.

5.8 Resümee

Die in diesem Kapitel beschriebene Forschung demonstriert, dass McClellands Vorschlag, implizite Motive von selbst attribuierten Motiven zu unterscheiden, auf einer breiten empirischen Basis steht. Beide Arten von Motiven korrelieren mit spezifischen, klar voneinander unterscheidbaren Verhaltensmerkmalen; sie reagieren auf verschiedenartige Anreize und reflektieren unterschiedliche Typen von Bedürfnissen; nicht zuletzt werden sie durch Erziehungsmerkmale beeinflusst, die in unterschiedlichen Phasen der Ontogenese wirksam sind. McClellands Modell *dualer* Motive hat zu einer größeren Klarheit in der Interpretation von empirischen Befunden der Motivationspsychologie geführt. Spanglers (1992) Metaanalyse verdeutlicht dies. Gleichzeitig hat McClellands Konzeption aber auch neue Studien angeregt. Immer häufiger werden Untersuchungen durchgeführt, in denen Phänomene des Leistungs-, Macht- und Affiliationsstrebens aus dem Zusammenwirken beider Arten von Motiven erklärt werden.

Welche Schlussfolgerungen lassen sich aus McClellands Konzeption für zukünftige Arbeiten in der Motivationspsychologie ziehen? Sicherlich ist hier zunächst an die Bildung einer neuen Generation von Theorien zu denken. Einerseits wird es weiterhin darauf ankommen, die Funktionsweise von Motiven, Selbstbildern und Zielen, einschließlich ihrer Interaktionen mit Merkmalen der Umwelt, präzise und umfassend zu explorieren. Andererseits werden aber auch neue Fragen zu beantworten sein: Wie werden implizite und explizite Handlungsmotive in der Verhaltensregulation miteinander koordiniert? Wie werden Konflikte zwischen impliziten und expliziten Handlungsmotiven gelöst? Welche Entwicklungsbedingungen fördern die Zusammenführung beider Arten von Motiven zu einem harmonischen Gesamtsystem? Um solche Fragen zu beantworten, ist es erforderlich, multisystemische Motivationstheorien zu entwickeln, die neben Aussagen zu Teilsystemen auch Aussagen zu ihrem Zusammenspiel enthalten. In der Motivationspsychologie haben solche Theorien noch Seltenheitswert (vgl. Buck, 1985; Kuhl, 2001; Schultheiss, in press). In gleicher Richtung ist auch die Forderung zu verstehen, multivariate Forschungsansätze in der Motivationspsychologie zu intensivieren (Brunstein, Maier & Schultheiss, 1999; Cooper, 1983; McClelland, 1985b; Winter, 1996). Multivariate Forschung dient nicht nur der Verbesserung der Varianzaufklärung. Vielmehr stellt sie auch ein probates Mittel dar, um Einzelbefunde, die isoliert nebeneinander stehen, miteinander zu vernetzen, um sie schließlich zu einem kohärenten Gesamtbild zusammenzusetzen.

Auch die praktischen Implikationen der Konzeption McClellands sind nicht zu übersehen. Die Vorstellung, dass Menschen über duale Motive verfügen, eröffnet die Perspektive, Konflikte nicht nur innerhalb, sondern auch zwischen Motivationssystemen zu analysieren (z. B. zwischen impliziten Motiven und expliziten Zielen), einschließlich der Anpassungsschwierigkeiten, die daraus resultieren. Die Fähigkeit, selbst generierte Ziele sowohl auf äußere Anforderungen als auch auf innere Bedürfnisse abzustimmen, bildet eine wichtige Grundlage für die Entwicklung motivationaler Reife und Adaptivität (Brunstein & Maier, 2001). Dies wirft allerdings, wie Rheinberg (im Druck) ausführt, gleich wieder die Frage auf, welche motivationalen Kompetenzen dieser Fähigkeit zu Grunde liegen. Rheinbergs Frage richtet sich nicht nur an die Grundlagenforschung, sondern beinhaltet auch eine wichtige Aufgabenstellung für die angewandte Motivationspsychologie (z. B. hinsichtlich der Trainierbarkeit und Förderung motivationaler Kompetenzen).

Nicht zuletzt wirft McClellands Konzeption methodische Fragestellungen auf. Seit 50 Jahren ruht die Erforschung impliziter Motive auf der Methode des TAT sowie daraus abgeleiteter Messverfahren (vgl. Schmalt & Sokolowski, 2000, sowie den Beitrag von H.-D. Schmalt in diesem Band). Innovation in der empirischen Forschung hängt aber nicht zuletzt von Fortschritten ab, die bei der Messung psychologischer Konstrukte erzielt werden. Welche Trends lassen sich in dieser Hinsicht erkennen? In den letzten Jahren werden immer häufiger chronometrische Tests und Experimentierverfahren dazu eingesetzt, um motivationale Prozesse zu explorieren. Hier sind beispielsweise Studien zu nennen, in denen Verhaltenseffekte von TAT-Motiven mit denen von Priming-Verfahren verglichen oder kombiniert werden (Bargh & Barndollar, 1996; Weinberger & Silverman, 1987; Zurbriggen, 2000). Die dabei festgestellten Parallelen zwischen den Effekten beider Verfahren unterstützen die Auffassung, dass überdauernde Motive, ebenso wie kurzzeitig angeregte Motivationszustände, ohne bewusste Kontrolle auf das Verhalten einwirken können (vgl. Bargh & Gollwitzer, 1994). Für die Messung individueller Differenzen in motivationalen Präferenzen sind Priming-Verfahren jedoch nur bedingt geeignet. Dies liegt zum einen daran, dass ihre Effekte nur kurzzeitig wirken, im Gegensatz zu den langfristigen Effekten von TAT-Motiven (Bargh & Barndollar, 1996). Zum anderen liegt die Reliabilität von Priming-Effekten noch deutlich unter der des TAT (vgl. Banse, 1999). Eine denkbare Lösung für dieses Problem bietet ein chronometrisches Messverfahren, das Greenwald, McGhee und Schwarz (1998) für die Erfassung impliziter Einstellungen entwickelt haben. Der von ihnen konstruierte Implizite Assoziationstest (IAT) weist eine hohe Reliabilität auf und ist zudem ökonomisch einsetzbar. Ähnlich wie die mit Hilfe des TAT erfassten Motive sind die durch den IAT erfassten Attitüden nur geringfügig mit Selbstberichtsmaßen korreliert. Dass zwischen der Erforschung impliziter vs. expliziter Einstellungen und der Erforschung impliziter vs. expliziter Motive unübersehbare Querverbindungen bestehen, haben Wilson, Lindsey und Schooler (2000) erst kürzlich deutlich gemacht. Damit eröffnet sich ein weites Feld, auf dem sich beide Forschungsgebiete sowohl in theoretischer als auch in methodischer Hinsicht gegenseitig befruchten können.

5.9 Literatur

Andrews, J. D. W. (1967). The achievement motive and advancement in two types of organizations. *Journal of Personality and Social Psychology, 6,* 163–168.
Atkinson, J. W. (1957). Motivational determinants of risk-taking behavior. *Psychological Review, 64,* 359–372.
Atkinson, J. W. (1981). Studying personality in the context of an advanced motivational psychology. *American Psychologist, 36,* 117–128.
Atkinson, J. W., Bongort, K. & Price, L. H. (1977). Explorations using computer simulation to comprehend thematic apperceptive measurement of motivation. *Motivation and Emotion, 1,* 1–27.
Bäumler, G. (1975). Beeinflussung der Leistungsmotivation durch Psychopharmaka: I. Die 4 bildthematischen Hauptvariablen. *Zeitschrift für Experimentelle und Angewandte Psychologie, 22,* 1–14.
Banse, R. (2001). Affective priming with liked and disliked persons: Prime visibility determines congruency and incongruency effects. *Cognition and Emotion, 15,* 501–520.

Bargh, J. A. & Barndollar, K. (1996). Automaticity in action: The unconscious as reporitory of chronic goals and motivation. In P. M. Gollwitzer & J. A. Bargh (Eds.), *The psychology of action: Linking cognition and motivation to behavior* (pp. 457–481). New York, NY: Guilford Press.

Bargh, J. A. & Gollwitzer, P. M. (1994). Environmental control of goal-directed action: Automatic and strategic contingencies between situations and behavior. In W. D. Spaulding (Ed.), *Nebraska Symoposium on Motivation: Vol. 41. Integrative views of motivation, cognition, and emotion* (pp. 71–124). Lincoln, NE: University of Nebraska Press.

Biernat, M. (1989). Motives and values to achieve: Different constructs with different effects. *Journal of Personality, 57*, 69–95.

Block, J. (1995). A contrarian view of the five-factor approach to personality description. *Psychological Bulletin, 117*, 187–215.

Borkenau, P. & Ostendorf, F. (1993). *NEO-Fünf-Faktoren Inventar (NEO-FFI) nach Costa und McCrae: Handanweisung.* Göttingen: Hogrefe.

Bornstein, R. F. (1998). Implicit and self-attributed dependency strivings: Differential relationships to laboratory and field measures of help-seeking. *Journal of Personality and Social Psychology, 75*, 778–787.

Brunstein, J. C. (2001a). *Implizite und explizite Formen des Leistungsstrebens. Validierung eines Zwei-Komponenten-Modells der Leistungsmotivation.* DFG-Bericht. Universität Potsdam.

Brunstein, J. C. (2001b). Persönliche Ziele und Handlungs- versus Lageorientierung. Wer bindet sich an realistische und bedürfniskongruente Ziele? *Zeitschrift für Differentielle und Diagnostische Psychologie, 22*, 1–12.

Brunstein, J. C. & Hoyer, J. (2002). Implizites versus explizites Leistungsstreben: Befunde zur Unabhängigkeit zweier Motivationssysteme. *Zeitschrift für Pädagogische Psychologie, 16*, 51–62.

Brunstein, J. C., Lautenschlager, U., Nawroth, B., Pöhlmann, K. & Schultheiss, O. C. (1995). Persönliche Anliegen, soziale Motive und emotionales Wohlbefinden. *Zeitschrift für Differentielle und Diagnostische Psychologie, 16*, 1–10.

Brunstein, J. C. & Maier, G. W. (1996). Persönliche Ziele: Ein Überblick zum Stand der Forschung. *Psychologische Rundschau, 47*, 146–160.

Brunstein, J. C. & Maier, G. W. (2001). Das Streben nach persönlichen Zielen: Emotionales Wohlbefinden und proaktive Entwicklung über die Lebensspanne. In G. Jüttemann & H. Thomae (Hrsg.), *Persönlichkeit und Entwicklung* (S. 155–188) Weinheim: Beltz.

Brunstein, J. C., Maier, G. W. & Schultheiss, O. C. (1999). Motivation und Persönlichkeit: Von der Analyse von Teilsystemen zur Analyse ihrer Interaktionen. In M. Jerusalem & R. Pekrun (Hg.), *Emotion, Motivation und Leistung* (S. 147–167). Göttingen: Hogrefe.

Brunstein, J. C., Schultheiss, O. C. & Grässmann, R. (1998). Personal goals and emotional well-being: The moderating role of motive dispositions. *Journal of Personality and Social Psychology, 75*, 494–508.

Brunstein, J. C., Schultheiss, O. C. & Maier, G. W. (1999). The pursuit of personal goals: A motivational approach to well-being and life adjustment. In J. Brandtstädter & R. M. Lerner (Eds.), *Action and self-development: Theory and research through the life span* (pp. 169–196). New York, NY: Sage.

Buck, R. (1985). Prime theory: An integrated view of motivation and emotion. *Psychological Review, 92*, 389–413.

Conway, M. A. & Pleydell-Parker, C. W. (2000). The construction of autobiographical memories in the self-memory system. *Psychological Review, 107*, 261–288.

Cooper, W. H. (1983). An achievement motivation nomological network. *Journal of Personality and Social Psychology, 44*, 841–861.

Costa, P. R. & McCrae, R. R. (1988). From catalogue to classification: Murray's needs and the five-factor model. *Journal of Personality and Social Psychology, 55*, 258–265.

Craig, J. A., Koestner, R. & Zuroff, D. C. (1994). Implicit and self-attributed intimacy motivation. *Journal of Social and Personal Relationships, 11,* 491–507.
Dahme, G., Jungnickel, D. & Rathje, H. (1993). Güteeigenschaften der Achievement Motivation Scale (AMS) von Gjesme und Nygard (1970) in der deutschen Übersetzung von Göttert und Kuhl: Vergleich der Kennwerte norwegischer und deutscher Stichproben. *Diagnostica, 39,* 257–270.
deCharms, R., Morrison, H. W., Reitman, W. & McClelland, D. C. (1955). Behavioral correlates of directly and indirectly measured achievement motivation. In D. C. McClelland (Ed.), *Studies in motivation* (pp. 414–423). New York, NY: Appleton-Century-Crofts.
Emmons, R. A. & McAdams, D. (1991). Personal strivings and motive dispositions: Exploring the links. *Personality and Social Psychology Bulletin, 17,* 648–654.
Entin, E. E. (1974). Effects of achievement-oriented and affiliative motives on private and public performance. In J. W. Atkinson & J. O. Raynor (Eds.), *Motivation and achievement* (pp. 219–236). Washington, DC: Winston & Sons.
Epstein, S. (1994). Integration of the cognitive and psychodynamic unconscious. *American Psychologist, 49,* 709–724.
Festinger, L. (1954). A theory of social comparison processes. *Human relations, 7,* 117–140.
French, E. G. & Lesser, G. S. (1964). Some characteristics of the achievement motive in women. *Journal of Abnormal and Social Psychology, 68,* 119–128.
Gjesme, T. & Nygard, R. (1970). *Achievement-related motives: Theoretical considerations and construction of a measuring instrument.* Unpublished manuscript. University of Oslo.
Greenwald, A. G., McGhee, D. E. & Schwartz, J. L. K. (1998). Measuring individual differences in implicit cognition: The Implicit Association Test. *Journal of Personality and Social Psychology, 74,* 1464–1480.
Halisch, F. & Heckhausen, H. (1989). Motive-dependent vs. ability-dependent valence functions for success and failure. In F. Halisch & J. van den Bercken (Eds.), *Intentional perspectives on achievement and task motivation.* Lisse, The Netherlands: Swets & Zeitlinger.
Heckhausen, H. (1975). Fear of failure as a self-reinforcing motive system. In I. G. Sarason & C. Spielberger (Eds.), *Stress and anxiety* (Vol. 2., pp. 117–128). Washington, DC: Hemisphere.
Heckhausen, H. (1980). *Motivation und Handeln.* Berlin: Springer.
Heckhausen, H. (1982). The development of achievement motivation. In W. W. Hartrup (Ed.), *Review of child development research* (Vol. 6, pp. 600–668). Chicago, IL: The University of Chicago Press.
Heckhausen, H. & Rheinberg, F. (1980). Lernmotivation im Unterricht, erneut betrachtet. *Unterrichtswissenschaft, 8,* 7–47.
Helmke, A. (1987). Entwicklung lern- und leistungsbezogener Motive und Einstellungen: Ergebnisse aus dem SCHOLASTIK-Projekt. In F. E. Weinert & A. Helmke (Hrsg.), *Entwicklung im Grundschulalter* (S. 59–76). Beltz: PVU.
Horner, M. S. (1974). Performance of men in noncompetitive and interpersonal competitive achievement-oriented situations. In J. W. Atkinson & J. O. Raynor (Eds.), *Motivation and achievement* (pp. 237–254). Washington, DC: Winston & Sons.
Jackson, D. N. (1974). *Manual for the Personality Research Form.* Goshen, NY: Research Psychology Press.
Jenkins, S. R. (1987). Need for achievement and women's careers over 14 years: Evidence for occupational structure effects. *Journal of Personality and Social Psychology, 53,* 922–932.
Kagan, J. (1988). The meanings of personality predicates. *American Psychologist, 43,* 614–620.
King, L. A. (1995). Wishes, motives, goals, and personal memories: Relations of measures of human motivation. *Journal of Personality, 63,* 985–1007.
Koestner, R. & McClelland, D. C. (1990). Perspectives on competence motivation. In L. Pervin (Ed.), *Handbook of personality theory and research* (pp. 527–548). New York, NY: Guilford Press.

Koestner, R., Weinberger, J. & McClelland, D. C. (1991). Task-intrinsic and social-extrinsic sources of arousal for motives assessed in fantasy and self-report. *Journal of Personality, 59,* 57–82.
Köller, O. (2000). *Leistungsgruppierung, soziale Vergleiche und selbstbezogene Fähigkeitskognitionen in der Schule.* Habilitationsschrift. Universität Potsdam.
Kuhl, J. (1983). *Motivation, Konflikt und Handlungskontrolle.* Berlin: Springer.
Kuhl, J. (2001). *Motivation und Persönlichkeit.* Göttingen: Hogrefe.
Kukla, A. (1972). Foundations of an attributional theory of performance. *Psychological Review, 79,* 454–470.
Langens, T. A. (2000). Predicting behavior change in Indian businessmen from a combination of need for achievement and self-discrepancy. *Journal of Research in Personality, 35,* 339–352.
Lundy, A. (1985). The reliability of the Thematic Apperception Test. *Journal of Personality Assessment, 49,* 141–145.
Maier, G. W. & Brunstein, J. C. (1999). Action versus state orientation and disengagement from unrealistic goals. Poster presented at the 107th Annual Convention of the American Psychological Association. Boston, USA.
Mazur, A. & Booth, A. (1998). Testosterone and dominance in men. *Behavioral and Brain Sciences, 21,* 353–397.
McClelland, D. C (1958). Methods of measuring human motivation. In J. W. Atkinson (Ed.), *Motives in fantasy, action, and society* (pp. 7–42). Princeton, NJ: Van Nostrand.
McClelland, D. C. (1961). *The achieving society.* Princeton, NJ: Van Nostrand.
McClelland, D. C. (1980). Motive dispositions. The merits of operant and respondent measures. In L. Wheeler (Ed.), *Review of personality and social psychology* (Vol. 1, pp. 10–41). Beverly Hills, CA: Sage.
McClelland, D. C. (1985a). *Human motivation.* Glenview, IL: Scott, Foresman & Co.
McClelland, D. C. (1985b). How motives, skills, and values determine what people do. *American Psychologist, 40,* 812–825.
McClelland, D. C. & Boyatzis, R. E. (1982). The leadership motive pattern and long-term success in management. *Journal of Applied Psychology, 67,* 737–743.
McClelland, D. C., Atkinson, J. W., Clark, R. A. & Lowell, E. L. (1953). *The achievement motive.* New York, NY: Appleton-Century-Crofts.
McClelland, D. C., Clark, R. A., Robey, T. B. & Atkinson, J. W. (1949). The projective expression of need for achievement on thematic apperception. *Journal of Experimental Psychology, 39,* 242–255.
McClelland, D. C. & Franz, C. E. (1992). Motivational and other sources of work accomplishment in mid-life: A longitudinal study. *Journal of Personality, 60,* 680–707.
McClelland, D. C., Koestner, R. & Weinberger, J. (1989). How do self-attributed and implicit motives differ? *Psychological Review, 96,* 690–702.
McClelland, D. C. & Pilon, D. A. (1983). Sources of adult motives in patterns of parent behavior in early childhood. *Journal of Personality and Social Psychology, 44,* 564–574.
Mehrabian, A. (1969). Measures of achieving tendency. *Educational and Psychological Measurement, 29,* 445–451.
McAdams, D. (1982). Experiences of intimacy and power: Relationships between social motives and autobiographical memory. *Journal of Personality and Social Psychology, 42,* 292–302.
McAdams, D. P. & Constantian, C. A. (1983). Intimacy and affiliation motives in daily living: An experience sampling analysis. *Journal of Personality and Social Psychology, 45,* 851–861.
McKeachie, W. J. (1961). Motivation, teaching methods, and college learning. In M. R. Jones (Ed.), *Nebraska Symposium on Motivation* (Vol. 9, pp. 111–142). Lincoln, NE: University of Nebraska Press.
Meyer, W.-U. (1984). *Das Konzept von der eigenen Begabung.* Bern: Huber.
Miller, K. S. & Worchel, P. (1956). The effects of need-achievement and self-ideal discrepancy on performance under stress. *Journal of Personality, 25,* 176–190.

Mischel, W. & Gilligan, C. (1964). Delay of gratification, motivation for the prohibited gratification, and reponses to temptation. *Journal of Abnormal and Social Psychology, 69,* 411–417.
Murray, H. A. (1938). *Explorations in personality.* New York, NY: Oxford Press.
Nicholls, J. G. (1978). The development of the concepts of effort and ability, perception of own attainment, and the understanding that difficult tasks require more than ability. *Child Development, 49,* 800–814.
Nicholls, J. G. (1984). Achievement motivation: Conceptions of ability, subjective experience, task choice, and performance. *Psychological Review, 91,* 328–346.
O'Connor, P. A., Atkinson, J. W. & Horner, M. (1966). Motivational implications of ability grouping in schools. In J. W. Atkinson & N. T. Feather (Eds.), *A theory of achievement motivation* (pp. 231–248). New York, NY: Wiley.
Patten, R. L. & White, L. A. (1977). Independent effects of achievement motivation and overt attribution on achievement behavior. *Motivation and Emotion, 1,* 39–59.
Rheinberg, F. (1980). *Leistungsbewertung und Lernmotivation.* Göttingen: Hogrefe.
Rheinberg, F. (1989). *Zweck und Tätigkeit.* Göttingen: Hogrefe.
Rheinberg, F. (2000). *Motivation* (3. Aufl.). Stuttgart: Kohlhammer.
Rheinberg, F. (im Druck). Freude am Kompetenzerwerb, Flow-Erleben und motiv-passende Ziele. In M. v. Salisch (Hrsg.), *Emotionale Kompetenz entwickeln.* Stuttgart: Kohlhammer.
Rheinberg, F. & Krug, S. (1999). *Motivationsförderung im Schulalltag* (2. Aufl.). Göttingen: Hogrefe.
Schmalt, H.-D. & Sokolowski, K. (2000). Zum gegenwärtigen Stand der Motivdiagnostik. *Diagnostica, 46,* 115–123.
Schultheiss, O. C. (in press). An information processing account of implicit motive arousal. In M. L. Maehr & P. Pintrich (Eds.), *Advances in motivation and achievement: Vol. 12. Methodology in motivation research.* Greenwich, CT: JAI Press.
Schultheiss, O. C. & Brunstein, J. C. (1999). Goal imagery: Bridging the gap between implicit motives and explicit goals. *Journal of Personality, 67,* 1–38.
Schultheiss, O. C. & Brunstein, J. C. (2001). Assessment of implicit motives with a research version of the TAT: Picture profiles, gender differences, and relations to other personality constructs. *Journal of Personality Assessment, 77,* 71–86.
Schultheiss, O. C. & Brunstein, J. C. (2002). Inhibited power motivation and persuasive communication: A lens model analysis. *Journal of Personality, 70,* 553–582.
Schultheiss, O. C., Campbell, K. L. & McClelland, D. C. (1999). Implicit power motivation moderates men's testosterone responses to imagined and real dominance success. *Hormones and Behavior, 36,* 234–241.
Schultheiss, O. C. & Rohde, W. (2001). Implicit power motivation predicts men's testosterone changes and implicit learning in a contest situation. *Hormones and Behavior, 77,* 71–86.
Sears, R. R., Maccoby, E. E. & Levin, H. (1957). *Patterns of child rearing.* Evanston, IL: Row Peterson.
Siegel, P. & Weinberger, J. (1998). Capturing the „Mommy and I are One" merger fantasy: The oneness motive. In R. F. Bornstein & J. M. Masling (Eds.), *Empirical perspectives on the psychoanalytic unconscious* (pp. 71–97). Washington, DC: American Psychological Association.
Smith, C. P. (Ed.). (1992). *Motivation and personality: Handbook of thematic content analysis.* Cambridge, MA: Cambridge University Press.
Sorrentino, R. M. & Hewitt, E. C. (1984). The uncertainty-reducing properties of achievement tasks revisited. *Journal of Personality and Social Psychology, 47,* 884–899.
Sorrentino, R. M., Short, J. C. & Raynor, J. O. (1984). Uncertainty orientation: Implications for affective and cognitive views of achievement behavior. *Journal of Personality and Social Psychology, 46,* 189–206.

Spangler, W. D. (1992). Validity of questionnaire and TAT measures of need for achievement: Two meta-analyses. *Psychological Bulletin, 112,* 140–154.
Stipek, D., Recchia, S. & McClintic, S. (1992). Self-evaluation in young children. *Monographs of the Society for Research in Child Development, 57,* No. 1.
Tauer, J. M. & Harachiewicz (1999). Winning isn't everything: Competition, achievement orientation, intrinsic motivation. *Journal of Experimental Social Psychology, 35,* 209–238.
Trope, Y. (1986). Self-enhancement and self-assessment in achievement behavior. In R. M. Sorrentino & E. T. Higgins (Eds.), *Handbook of motivation and cognition: Foundations of social behavior* (pp. 350–378). New York, NY: Guilford.
Veroff, J. (1969). Social comparison and the development of achievement motivation. In C. P. Smith (Ed.), *Achievement-related motives in children* (pp. 46–101). New York, NY: Russell Sage Foundation.
Veroff, J. & Smith, D. A. (1985). Motives and values over the adult years. *Advances in motivation and achievement, 4,* 1–53.
Weinberger, J. & McClelland, D. C. (1990). Cognitive versus traditional motivational models: Irreconcilable or complementary? In E. T. Higgins & R. M. Sorrentino (Eds.), *Handbook of motivation and cognition: Foundations of social behavior* (Vol. 2, pp. 562–597). New York, NY: Guilford Press.
Weinberger, J. & Silverman, L. H. (1987). Subliminal psychodynamic activation: A method for studying psychoanalytic dynamic propositions. In R. Hogan & H. Jones (Eds.), Perspective in personality (Vol. 2, pp. 251–287). Greenwich, CT: JAI Press.
Weiner, B. (1986). *An attributional theory of motivation and emotion.* New York, NY: Springer.
Weiner, B. & Kukla, A. (1970). An attributional analysis of achievement motivation. *Journal of Personality and Social Psychology, 15,* 1–20.
Wendt, H. W. (1955). Motivation, effort, and performance. In D. C. McClelland (Ed.), *Studies in motivation* (pp. 448–459). New York, NY: Appleton-Century-Crofts.
Wilson, T., Lindsey, S. & Schooler, T. Y. (2000). A model of dual attitudes. *Psychological Review, 107,* 101–126.
Winter, D. G. (1996). *Personality: Analysis and interpretation of lives.* New York, NY: McGraw-Hill.
Winter, D. G., John, O. P., Stewart, A. J., Klohnen, E. C. & Duncan, L. E. (1998). Traits and motives: Toward an integration of two traditions in personality research. *Psychological Review, 105,* 230–250.
Winter, D. G. & Stewart, A. J. (1978). Power motivation. In H. London & J. Exner (Eds.), *Dimensions of personality* (pp. 391–447). New York, NY: Wiley.
Woike, B. A. (1995). Most-memorable experiences: Evidence for a link between implicit and explicit motives and social cognitive processes in everyday life. *Journal of Personality and Social Psychology, 68,* 1081–1091.
Woike, B. A., Gershkovich, I., Piorkowski, R. & Polo, M. (1999). The role of motives in the content and structure of autobiographical memory. *Journal of Personality and Social Psychology, 76,* 600–612.
Zurbriggen, E. L. (2000). Social motives and cognitive power-sex associations: Predictors of aggressive sexual behavior. *Journal of Personality and Social Psychology, 78,* 559–581.

Kapitel 6

Die Messung des Leistungsmotivs mittels des Thematischen Auffassungstests

Thomas A. Langens und Julia Schüler

Zusammenfassung

Leistungsmotivation äußert sich in dem Bestreben, Erfolg in der Auseinandersetzung mit Gütemaßstäben zu suchen. In diesem Kapitel wird der Thematische Auffassungstest (TAT), ein Verfahren zur Messung des Leistungsmotivs, dargestellt. Im Gegensatz zu reinen Fragebogenverfahren, die vor allem das Selbstkonzept einer Person erfassen, erlaubt der TAT die Erhebung von impliziten, also nicht notwendig bewussten Motiven. Im TAT werden Personen dazu aufgefordert, Geschichten zu mehrdeutigen Bildern zu erfinden. Diese Geschichten können dann mit Hilfe eines Kategoriensystems auf das Auftreten von Leistungsthematik untersucht werden. Das Maß für das Leistungsmotiv ergibt sich aus der Häufigkeit leistungsthematischer Inhalte in den Geschichten einer Person. Wir werden sowohl die Entwicklung des Kategoriensystems für das Leistungsmotiv nachzeichnen als auch eine kurze Einführung in das Kategoriensystem selbst geben. Abschließend geben wir einen Überblick über Studien, die die Validität des TAT-Maßes belegen: Personen mit einem starken TAT-Leistungsmotiv versuchen stärker als Personen mit einem niedrigen TAT-Leistungsmotiv, Handlungskompetenzen zu entwickeln, eigene Fähig- und Fertigkeiten zu erweitern und ihr eigenes bisheriges Leistungsniveau stets neu zu übertreffen.

Nach deCharms (1976) ist Motivation eine milde Form der Besessenheit. Im Falle des Leistungsmotivs äußert sich diese „Besessenheit" in einem Streben nach Erfolg in der Auseinandersetzung mit einem Gütemaßstab. Menschen mit einem starken Leistungsmotiv drängt es dazu, etwas besser zu machen als andere Menschen, etwas besser zu machen, als es bisher gemacht wurde, sich nicht mit den üblichen Standards zufrieden zu geben und Dinge auf neue Art und Weise zu tun (Koestner & McClelland, 1990; McClelland, 1961). Hoch leistungsmotivierte Personen tun das alles nicht, um die Anerkennung anderer Menschen zu erhalten oder weil sie sich dazu verpflichtet fühlen, sondern einfach, weil sie nicht anders können: Sie suchen das emotionale Hochgefühl, das ihnen das Übertreffen von Leistungsstandards gibt und fürchten das unbefriedigende Gefühl, das eine nur mäßige Leistung in ihnen hinterlässt. Wie andere Motivationsprozesse auch wird leistungsmotiviertes Verhalten also im wesentlichen über affektive Prozesse vermittelt. Da sich affektive Prozesse (Spaß an einer guten Leistung) nicht notwendig direkt in sprachliche Repräsentationen („Ich bin jemand, der immer sein Bestes gibt") übersetzen, kann man das Leistungsmotiv eines Menschen nicht durch einfaches Nachfragen ermitteln. Solche sprachlichen Urteile werden stärker durch das Selbstkonzept eines Menschen als durch seine affektiven Reaktionen gefärbt (McClelland, Koestner & Weinberger, 1989).

In diesem Kapitel werden wir den Thematischen Auffassungstest (kurz: TAT) vorstellen, ein Verfahren zur Messung des Leistungsmotivs, das Menschen nicht nach ihren bewussten Zielen oder ihren sich selbst zugeschriebenen Eigenschaften fragt, sondern das Leistungsmotiv aus Phantasiegeschichten, die zu mehrdeutigen Bildern geschrieben werden, zu rekonstruieren versucht. Wir werden zuerst die Geschichte und die Logik der Entwicklung dieses Verfahrens kurz resümieren und dann den von McClelland und Mitarbeitern (McClelland, Atkinson, Clark & Lowell, 1953) entwickelten Inhaltsschlüssel in seinen Grundzügen beschreiben. Abschließend werden wir darauf eingehen, welche Klassen von Verhaltensweisen mit Hilfe dieses Maßes vorhergesagt werden können. Obwohl bereits vor langer Zeit entwickelt, hat der TAT in der aktuellen Diagnostik überall da an Bedeutung gewonnen, wo die Unterscheidung zwischen dem (bewussten) Selbstkonzept und (nicht notwendig bewussten) impliziten Motiven wichtig ist und berücksichtigt werden sollte (vgl. Brunstein, Kapitel 5 in diesem Band).

6.1 Die Entwicklung des TAT-Verfahrens zur Messung des Leistungsmotivs

Die Überzeugung, dass Menschen nur in begrenztem Ausmaß über die Beweggründe ihres Handelns Auskunft geben können, vertrat bereits Murray (1938), einer der Gründungsväter der modernen Motivationspsychologie. Seine Vorbehalte ließen ihn nach einem Verfahren suchen, das Abwehrmechanismen – wie etwa die Verdrängung inakzeptabler Wünsche – und das Bedürfnis, sich in einem möglichst guten Licht zu präsentieren, unterlaufen konnte. Von den vielen Verfahren, die er zusammen mit seinen Mitarbeitern erprobte, hat sich letztlich nur der Thematische Auffassungstest durchgesetzt (Morgan & Murray, 1935). Der TAT arbeitet nach dem folgenden Prinzip: Probanden werden mehrdeutige Bilder (siehe Abbildung 1) gezeigt und dazu aufgefordert, interessante Geschichten zu diesen Bildern zu erzählen. Murray nahm an, dass sich die Lebenserfahrungen eines Probanden, seine Motive und Bedürfnisse, direkt in den Motiven und Bedürfnissen der Hauptperson der Geschichte (des „Helden") widerspiegeln. Wenn also etwa ein Schüler zu Abbildung 1 die Geschichte von einem Jungen erzählt, der einmal der beste Violinist seines Landes werden möchte, dann hätte Murray angenommen, dass dieser Schüler selbst danach strebt, in einem Lebensbereich (vielleicht Musik, vielleicht aber auch in einem anderen) herausragende Leistungen zu erbringen.

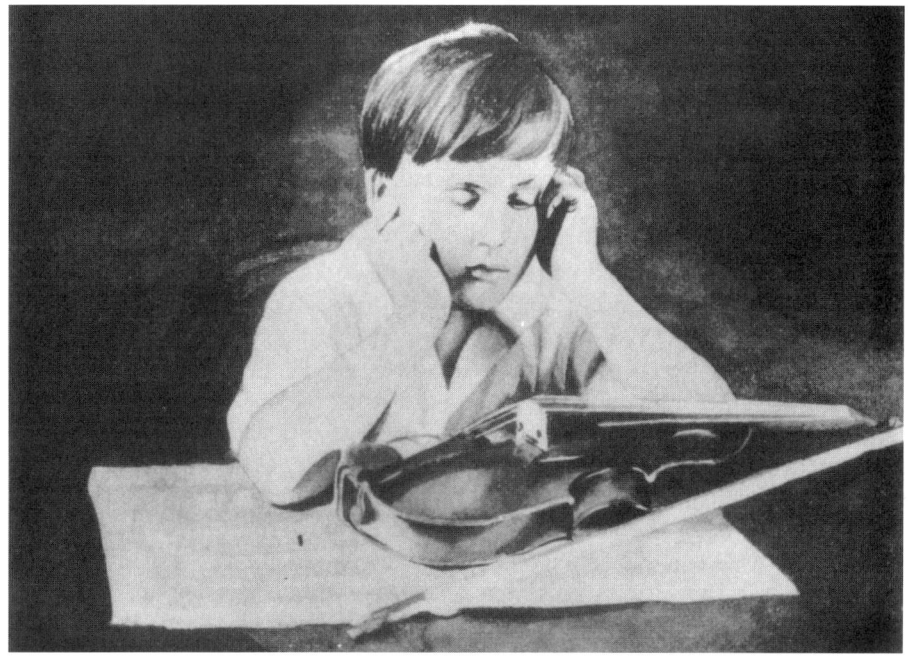

Abbildung 1:
Die erste Karte des Murray-TATs. Sie zeigt den jungen Jehudi Menuhin, der vor seiner Geige sitzt.

Murrays Vertrauen in den TAT lag eine sehr persönliche Erfahrung zu Grunde. Als Murrays Vater gestorben war, schien seine Mutter nach ihren eigenen Worten nach wenigen Monaten über dessen Tod hinweggekommen zu sein. Weder trug sie schwarz, noch sprach sie viel von ihrem verstorbenen Mann. Als Murray ihr ein paar TAT-Bilder vorlegte, erzählte sie ihm jedoch Geschichten von Frauen, die aufgrund des Ablebens eines geliebten Menschen völlig verzweifelt waren. Dieses Erlebnis überzeugte Murray nicht nur davon, dass seine Mutter noch stärker trauerte, als sie es zugeben wollte, es stärkte auch seine Zuversicht, mit dem TAT ein Verfahren entwickelt zu haben, das einen direkten Zugang zu den unbewussten Bedürfnissen und Motiven einer Person bot. So überzeugt war Murray von dem diagnostischen Potential des TAT, dass er TAT-Geschichten als ein „Röntgenbild der Seele" bezeichnete.

In Röntgenbildern können jedoch nur Experten lesen. Um also die Motivstruktur einer Person aufzudecken, mussten TAT-Geschichten nach Murray einer Gruppe von Experten vorgelegt werden, die dann in einer gemeinsamen Analyse und Diskussion die Motive einer Person aus deren Geschichten herauspräparierten. Bei einem solchen Vorgehen besteht natürlich die Gefahr, dass das abschließende Urteil der Expertengruppe von ihrer Zusammensetzung abhängt.

Der TAT, so, wie Murray ihn verwendete, schien immer den Anschein der Subjektivität mit sich zu tragen. Der Beitrag McClellands und seiner Mitarbeiter zur TAT-Diagnostik bestand darin, einen weitgehend objektiven Schlüssel zur Verrechnung von TAT-Geschichten zu entwickeln und zudem den empirischen Nachweis zu erbringen, dass die so gewonnenen Kennwerte auch das Verhalten von Personen in leistungsthematischen Situationen vorhersagen können.

Wie kann man also *nachweisen*, dass die Inhalte einer frei erfundenen Geschichte tatsächlich ein Indikator für eine stabile Persönlichkeitseigenschaft, also etwa das Leistungsmotiv, sind? Das Vorgehen, das McClelland und seine Mitarbeiter entwickelt haben, besticht durch eine einfache und zugleich zwingende Logik: Man schafft zuerst eine Situation, die das Leistungsmotiv anregt, etwa indem man Studenten einen Leistungstest bearbeiten lässt und ihnen mitteilt, dass die Ergebnisse ihrer Gruppe mit den Leistungen der Studenten einer anderen Universität verglichen werden. Wenn mit dem TAT tatsächlich Leistungsmotivation erfasst werden kann, dann sollte sich die Anregung des Leistungsmotivs in den Geschichten, die unter diesen anregenden Bedingungen geschrieben werden, niederschlagen. Um herauszufinden, was genau nun ein Indikator für ein angeregtes Leistungsmotiv ist, verglich McClelland diese Geschichten mit anderen, die unter Bedingungen geschrieben wurden, die das Leistungsmotiv nicht oder weniger stark anregen. Er ließ dazu Studenten dieselben Aufgaben bearbeiten, jedoch mit der Instruktion, dass die Aufgaben auf ihre Verständlichkeit hin untersucht werden sollen (und nicht etwa die Teilnehmer auf ihre Leistungsfähigkeit).

Durch eine Vielzahl von so gearteten Experimenten konnte McClelland den Nachweis erbringen, dass sich die unter anregenden Bedingungen geschriebenen Geschichten von unter neutralen Bedingungen verfassten Geschichten unterschieden: Deutlich häufiger schrieben Studenten unter anregenden Bedingungen Geschichten, in denen eine Person etwas besonders gut machen wollte, besser als bisher oder besser als andere, oder in der ihr einzigartige Leistungen gelangen. McClelland und seine Mitarbeiter entwickelten daraufhin ein detailliertes Kategoriensystem, das abbildete, welche Klassen von Geschichteninhalten unter leistungsanregenden Bedingungen häufiger auftraten als unter neutralen (McClelland et al., 1953).

Damit war also der Nachweis erbracht, dass die Anregung des Leistungsmotivs dazu führte, dass sich vermehrt leistungsthematische Inhalte in die Phantasiegeschichten von Personen einschlichen. Wie kann man dieses Ergebnis nun zur Messung des Leistungsmotivs einer einzelnen Person nutzen? Der Grundgedanke ist simpel: Wenn eine Person unter neutralen (nicht das Leistungsmotiv anregenden) Bedingungen Geschichten schreibt, in denen gehäuft Inhalte auftreten, die sonst vor allem unter leistungsanregenden Bedingungen gefunden werden, dann kann man die Schlussfolgerung ziehen, dass bei dieser Person das Leistungsmotiv „chronisch" angeregt ist: An der neutralen Situation liegt es ja offensichtlich nicht, dass sie viele leistungsthematische Inhalte produziert, also kann nur eine Eigenschaft der Person – eben ihr starkes Leistungsmotiv – dafür verantwortlich sein.

6.2 Die Vorgabe des TAT

Weitere Untersuchungen zeigten, dass die Häufigkeit, mit der in TAT-Geschichten leistungsthematische Inhalte auftreten, nicht nur von der Situation (leistungsanregend vs. neutral) und der Person (hoch vs. niedrig leistungsmotiviert) abhängt, sondern auch von den Bildern, die vorgegeben werden: Zu Bildern, die starke Anreize für das Leistungsmotiv enthalten (wie etwa Abbildung 2), werden auch häufiger Geschichten geschrieben, die mit Leistungsthematik gesättigt sind. Nur wenn man also die Erhebungssituation und den Anreizcharakter des Bildmaterials konstant hält, lässt sich das in TAT-Geschichten ermittelte Leistungsmotiv unterschiedlicher Personen vergleichen. Die Ergebnisse von McClellands Untersuchungen legten nahe, dass man die besten Resultate erzielt, wenn man den TAT in einer neutralen Situation vorgibt und Bilder verwendet, die mittlere bis starke Anreize für das Leistungsmotiv enthalten.

Abbildung 2:
Eine Karte, wie sie von McClelland et al. (1953) in den Experimenten zur Entwicklung des Leistungsschlüssels verwendet wurde.

Standardisiert wurden ebenfalls die Instruktionen: Nachdem sie sich eine TAT-Tafel für einen kurzen Moment angesehen haben, werden die Probanden gebeten, eine interessante, spannende Geschichten zu diesem Bild zu erfinden. Beim Schreiben der Geschichte können sie sich an vier unterstützende Fragen orientieren: Was geschieht auf dem Bild? Was denken und fühlen die dargestellten Personen und welche Absichten verfolgen sie? Wie ist es zu der Situation gekommen? Wie geht die Geschichte weiter? Üblicherweise haben Probanden pro Tafel fünf Minuten Zeit zum Schreiben ihrer Geschichte, und im allgemeinen werden ihnen vier bis sechs Bilder vorgelegt (vgl. Schultheiss & Brunstein, 2001).

Im folgenden werden wir das Kategoriensystem zur Verrechnung von Leistungsthematik in TAT-Geschichten im Detail und anhand von Beispielen darstellen. Wir hoffen, dass dadurch deutlich wird, welcher Art die spontanen Gedanken und Assoziationen hoch leistungsmotivierter Personen sind.

6.3 Der Inhaltsschlüssel und seine Anwendung

Nehmen wir an, zwei fiktive Personen (Schüler X und Schüler Y) hätten die vorgegebenen fünf Minuten dazu genutzt, die in Tabelle 1 wiedergegebenen Geschichten zu der TAT-Tafel in Abbildung 2 zu schreiben.

Tabelle 1:
Zwei Beispielgeschichten zu der Karte in Abbildung 2.
Leistungsthematische Verrechnungen wurden markiert und in Klammern indiziert (siehe weitere Erläuterungen im Text).

Schüler X	Schüler Y
Die beiden Personen auf dem Bild arbeiten schon seit Jahren an einer neuartigen Maschine. Sie wollen$_{(B)}$ eine Druckerpresse entwickeln, die alle anderen in den Schatten stellt. Manche ihrer Versuche haben sich als Fehlschlag$_{(I-)}$ herausgestellt; die Materialien hielten der Belastung nicht stand$_{(HU)}$; darüber waren sie frustriert$_{(G-)}$, haben sich aber nicht entmutigen lassen. Jetzt sind sie sicher$_{(E+)}$, dass sie auf dem richtigen Weg sind. An diesem Nachmittag werden sie auf die richtige Idee kommen, die ihnen zum Durchbruch$_{(I+)}$ verhilft. Sie werden ihren Erfolg gebührend feiern$_{(G+)}$ und sich danach an ihr nächstes Projekt begeben.	Auf dem Bild sind ein Meister und sein Lehrling zu erkennen. Der jüngere Mann arbeitet angestrengt, um ein Werkstück zu Ende zu bringen. Er muss es noch heute fertigstellen, da der Meister es gleich am nächsten Tag begutachten will. Trotz des Zeitdrucks schweifen seine Gedanken immer wieder von der Tätigkeit ab. Ach, wenn die Arbeit doch nur schon erledigt wäre! Die kritischen Augen des Meisters prüfen indes, wie gut er bereits die alltäglichen Handgriffe seines Berufes beherrscht. Zur Zufriedenheit beider erfüllt der Lehrling rechtzeitig zum Feierabend die geforderte Leistung.

Auf den ersten Blick scheinen beide Geschichten etwas mit dem Erbringen von Leistung zu tun zu haben. Beim zweiten Hinsehen fällt jedoch auf, dass sich die Beweggründe des geschilderten Verhaltens unterscheiden: Der Lehrling in der Geschichte von Schüler Y erledigt die notwendigen Aufgaben, weil es von ihm verlangt wird und weil diese bewertet werden. Würde der Meister den Lehrling aus seiner Pflicht entlassen, würde dieser wahrscheinlich nicht an seiner Aufgabe weiterarbeiten, sondern dankbar sein Werkzeug aus der Hand legen. Die Energie für das Verhalten der Erfinder in der Geschichte des Schülers X scheint aus einer anderen Quelle zu stammen: Wenn sie könnten, würden sie Tag und Nacht arbeiten, von dem Wunsch beseelt, etwas Einzigartiges zu schaffen.

Dieser Unterschied wird in einem ersten Schritt der Auswertung von TAT-Geschichten berücksichtigt. Hier wird überprüft, ob sich in der Geschichte überhaupt Leistungsthematik findet. Nur wenn das der Fall ist, wird in einem zweiten Schritt eine Feinanalyse durchgeführt, die das Auftreten einzelner Unterkategorien überprüft. Das Kennzeichen für Leistungsinhalte ist eine Auseinandersetzung mit einem Gütemaßstab, die explizit geäußert wird oder aber indirekt erschlossen werden kann. McClelland fand bei der experimentellen Entwicklung des Kategoriensystems drei unter leistungsanregenden Bedingungen vermehrt auftretende Kriterien: die Auseinandersetzung mit einem Gütemaßstab, das Erbringen einzigartiger Leistungen und das Verfolgen langfristiger Ziele.

Auseinandersetzungen mit einem Gütemaßstab sind dann offensichtlich, wenn von kompetitiven Aktivitäten wie Wettkämpfen berichtet und der Wunsch deutlich wird, besser sein zu wollen als andere (z. B. „Er will die beste Leistung bringen und alle anderen ausstechen"). Wird dieser Wunsch nicht explizit geäußert, dann kann er auch aus den berichteten Affekten bei Zielerreichung oder -verfehlung erschlossen werden. („Er fühlte sich großartig, als er erfuhr, als Bester abgeschnitten zu haben"). Die Auseinandersetzung muss nicht mit äußeren Maßstäben stattfinden, sondern kann auch mit inneren Bewertungskriterien erfolgen. Eine besonders sorgfältige und umsichtige Bearbeitung einer Aufgabe mit dem Ziel, etwas besonders gut zu tun, ist ein typisches Beispiel („Er arbeitete behutsam und konzentriert, um auch die schwierigste Aufgabe zu lösen"). Wenden wir dieses Kriterium auf unsere Beispiele an, finden wir es für Schüler X erfüllt, nicht jedoch für Schüler Y. So spiegelt sich nur in der Geschichte von Schüler X der Wunsch wider, besser sein zu wollen als andere und das Bestreben, ein Werk zu schaffen, das alle anderen in den Schatten stellt.

Das *Erbringen einzigartiger Leistungen* ist ein weiteres Kriterium, das ebenfalls nur auf Schüler X zutrifft. Erfindungen oder künstlerische Leistungen, die sich deutlich von alltäglichen abheben, sind weitere charakteristische Beispiele für besondere Leistungen. Der Lehrling in Schüler Ys Geschichte arbeitet hingegen lediglich an einer Routineaufgabe. Auch die *langfristige Verfolgung eines Leistungsziels*, wie das Bestreben, einen angesehenen Beruf zu erlangen oder ein anspruchsvolles Projekt anzugehen, stellen eine Auseinandersetzung mit einem Gütemaßstab dar.

In diesem ersten Schritt der Auswertung haben wir also sehen können, dass die Geschichte von Schüler X eine Leistungsthematik erkennen lässt, die von Schüler Y jedoch nicht. Der zweite Schritt in der Analyse von TAT-Geschichten – die Feinanalyse der Geschichteninhalte – wird also nur für die Geschichte von Schüler X durchgeführt und im folgenden nachvollzogen. Bei der Entwicklung der Unterkategorien lehnten sich McClelland und Mitarbeiter an ein allgemeines Schema zielgerichteter Handlungsabläufe an (vgl. Abbildung 3). Dies besteht aus der Person, aus dem angestrebten Ziel und aus Hindernissen, die der Zielverwirklichung im Wege stehen können. Die Verhaltenssequenz beginnt mit Bedürfnissen (B) innerhalb der Person – hier also mit dem Bedürfnis etwas besser machen zu wollen – und der angenommenen Erwartung, das leistungsthematische Ziel zu erreichen (E+) oder zu verfehlen (E–). Aus der Zielerreichung resultiert positiver Affekt (G+) wie Freude über das Leistungsergebnis, bei Zielverfehlung negativer (G–) wie Scham oder Enttäuschung. Die auf das

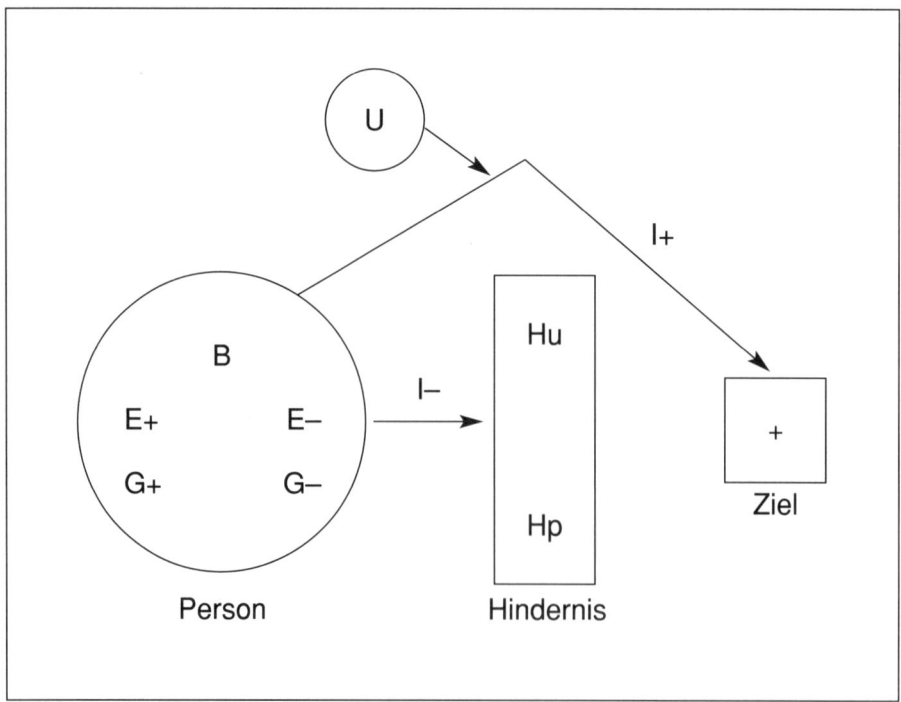

Abbildung 3:
Schema eines zielgerichteten Handlungsablaufs (nach McClelland et al., 1953, S. 109).

Die Messung des Leistungsmotives

Bedürfnis folgende zielgerichtete Aktivität kann erfolgreich sein (I+) oder nicht der Zielannäherung dienen (I–). Instrumtentelle Aktivitäten können an Hindernissen scheitern oder durch diese erschwert werden, die innerhalb der Person selbst liegen (HP) oder aus der Umwelt kommen (HU). Ebensogut kann die Person jedoch auch von außen Hilfestellungen bei ihren instrumentellen Aktivitäten erfahren (U). Schauen wir nun genauer in die Geschichte von Schüler X, um zu sehen, ob wir diese Inhaltskategorien wiederfinden. Das *Bedürfnis* nach Erfolg in der Auseinandersetzung mit einem Gütemaßstab zeigt sich etwa in Ausdrücken wie „wollen", „erhoffen", „möchten" (z. B. „Er will den Wettbewerb gewinnen", „Er hofft sich hiermit selbst übertroffen zu haben"). In unserem Beispiel erfüllt der Satz „Sie wollen eine Druckerpresse entwickeln" das Kriterium für ein Leistungsbedürfnis. Welche instrumentellen Aktivitäten stellen die Hauptakteure unserer Geschichte nun an, um dieses Ziel zu erreichen?

Instrumentelle Aktivitäten sind Versuche, sich dem leistungsthematischen Ziel durch offenes Verhalten oder mentale Aktivitäten zu nähern und können erfolglos oder erfolgreich sein. Die zentralen Akteure der Geschichte von Schüler X generieren z. B. Ideen, die ihnen zum Ziel verhelfen: „Die Idee wird ihnen zum Durchbruch verhelfen". Einige ihrer Aktivitäten waren jedoch auch nicht von Erfolg gekrönt: „Manche Versuche haben sich als Fehlschläge herausgestellt". Erfolg oder Misserfolg instrumenteller Handlungen lässt sich erst am Ende der Geschichte feststellen.

Wichtig ist auch, welche *Erfolgs- oder Misserfolgserwartungen* bezüglich des angestrebten Ziels geäußert werden. Schüler X lässt seine Akteure einen positiven Zielzustand antizipieren: „Sie sind sich sicher, dass sie auf dem richtigen Weg sind". Weitere Beispiele für positive oder negative Zielzustände sind: „Er wird ein erfolgreicher Geschäftsmann werden" oder „Die Erfindung wird nicht funktionieren".

Nun können der zielgerichteten Aktivität *Hindernisse* im Wege stehen. Solche Blockaden können von der handelnden Person selbst ausgehen, wenn z. B. mangelnde Fähigkeiten, Entscheidungsschwierigkeiten, vergangene Misserfolge oder geringes Selbstvertrauen die Zielverwirklichung behindern, oder aber durch die Umwelt bedingt sein. In unserem Beispiel blockiert ein äußeres Hindernis die Zielerreichung: „Die Materialien hielten der Belastung nicht stand". Andere Beispiele sind: „Obwohl ihre Idee revolutionär war, wurde ihnen die finanzielle Unterstützung versagt" oder „Der Gedanke daran, dass die Erfindung wie die letzte scheitern würde, lähmte seine Handlungen".

Neben Hindernissen kann der „Held" der Geschichte jedoch auch *Unterstützung* von außen erfahren, etwa in Form von direkter Hilfe, Ratschlägen oder Ermutigungen, die ihn dem Ziel näher bringen. Schüler X hat auf Hilfestellungen für die beiden Männer verzichtet, ein passendes Beispiel wäre: „Ein Kollege gab ihnen den Rat, wie sie es noch besser machen könnten".

Das Erreichen oder Verfehlen eines Leistungsziels ist häufig mit *positiven oder negativen Affekten* verbunden. Einer Person der Geschichte kann ein positiver affektiver Zustand direkt zugeschrieben werden („Die Aufgabe macht ihm Spaß"), oder er kann unmittelbar erschlossen werden wie in unserer Geschichte: „Sie werden ihren Erfolg gebührend feiern". Auch eine objektive Anerkennung für ein Leistungsergebnis wie „Viele Menschen beglückwünschten ihn für seine Erfindung" oder „In der Fachpresse wurden seine Leistungen honoriert" lässt positiven Affekt vermuten. Häufig schildern die Probanden auch negative Emotionen aufgrund eines Misserfolgs. So erleben die beiden Männer unserer Geschichte Frustration: „Über den Fehlschlag waren sie frustriert".

Wenn die Geschichte ausschließlich eine leistungsbezogene Verhaltenssequenz beschreibt, andere Inhalte – wie etwa Macht oder Anschluss – also gänzlich ausgespart werden, ist Leistung das eigentliche *Thema*. Tabelle 2 fasst die Inhaltskategorien noch mal zusammen und enthält weitere Beispiele. Pro Geschichte wird jede der Subkategorien höchstens einmal verrechnet. Der Gesamtwert für das Leistungsmotiv eines Probanden ergibt sich aus der Summe der leistungsthematischen Verrechnungen über alle Bilder, zu denen er Geschichten geschrieben hat.

Damit die Objektivität der Verrechnung von TAT-Geschichten gewährleistet ist – voneinander unabhängige Beurteiler also zu gleichen Ergebnissen kommen – ist ein gründliches Studium des Inhaltsschlüssels und seine Einübung unerlässlich. Interessierte Leser sollten dazu die Monographie von Smith (1992) oder

Tabelle 2:
Inhaltskategorien des Verrechnungsschlüssels von McClelland et al. (1953).

B	Bedürfnis	„Diesmal will er noch besser sein"
I+ / I–	Instrumentelle Aktivität mit positivem/ neg. Ausgang	„Die Person arbeitete hart an der Lösung des Problems"
E+ / E–	Antizipierter positiver/ negativer Zielzustand	„Eines Tages wird er ein erfolgreicher Arzt sein"/ „Er wird die Prüfung nicht bestehen"
HP / HU	Hindernisse in der Person/ aus der Umwelt	„Er zweifelte an seinen Fähigkeiten"/ „Man legt ihm Steine in den Weg"
U	Unterstützung durch andere	„Die ermunternden Worte seines Kollegen halfen weiter"
G+ / G–	Positive/ negative Gefühle	„Er freute sich über das Ergebnis"/ „Er war traurig, als es nicht funktionierte"
Th	Thema	

den Schlüssel von Winter (1991) heranziehen. Der Schlüssel von Winter (1991) verzichtet auf die Auswertung von Unterkategorien, erlaubt dafür aber die Auswertung nicht nur von Leistungs-, sondern ebenfalls von Macht- und Anschlussthematik. Darüberhinaus lässt er sich auf beliebige Texte – wie etwa Politikerreden – anwenden. Geschulte Kodierer erreichen bei der Auswertung von TAT-Protokollen in der Regel Übereinstimmungen von 85 % und mehr. Wenn angemessene Instruktionen gegeben werden, dann erreichen TAT-Kennwerte gute Test-Retestkorrelationen (Winter & Stewart, 1977). Die interne Konsistenz der Kennwerte ist verfahrensbedingt eher gering; die Anwendung probabilistischer Testmodelle hat jedoch gezeigt, dass die einzelnen Unterkategorien durchaus als eindimensional betrachtet werden können (Kuhl, 1978).

6.4 Das Verrechnungssystem von Heckhausen

Dem Leser wird aufgefallen sein, dass in die Berechnung des Kennwertes für Leistungsmotivation sowohl positive Kategorien (etwa Erfolgserwartungen und erfolgreiche instrumentelle Aktivitäten) als auch negative Kategorien (Misserfolgserwartungen und erfolglose Aktivitäten) eingehen. Die Unterscheidung in eine aufsuchende Motivrichtung „Hoffnung auf Erfolg" und eine meidende „Furcht vor Misserfolg" ist in McClellands Verrechnungssystem nicht vorgesehen, wurde aber in Deutschland von Heckhausen (1963) vorgenommen und in die Konstruktion eines TAT-Schlüssels umgesetzt.

Die Inhaltskategorien von Heckhausens Verrechnungsschlüssel zur Auswertung der beiden Motivtendenzen ähneln denen McClellands; so wird für „Hoffnung auf Erfolg" das Bedürfnis nach Leistung und Erfolg, Erfolgserwartungen, instrumenelle Tätigkeiten zur Zielerreichung, positiver Gefühlszustand und Erfolgsthema verrechnet. Hinzu kommt bei Heckhausen die Kategorie Lob infolge guter Leistungen. Für „Furcht vor Misserfolg" gelten entsprechend das Bedürfnis nach Vermeidung eines Misserfolgs und darauf gerichtete Tätigkeiten, negative Gefühle und Misserfolgsthema. Hinzu kommen berichteter Misserfolg und Tadel infolge mangelnder Leistung. Wenngleich dieses System eine differenziertere Verrechnung und somit auch detaillierte Aussagen ermöglicht, wollen wir auf die Darstellung der meidenden Motivkomponente verzichten. Furcht vor Misserfolg würde problemlos ein eigenes Kapitel ausfüllen und den Rahmen dieses Kapitels sprengen.

Heckhausens Kennwert für Hoffnung auf Erfolg weist auch empirische Überschneidungen mit McClellands Kennwert für Leistungsmotivation auf: Die Korrelationen der beiden Kennwerte liegen meist bei $r = .80$. Die empirischen Befunde der Leistungsmotivationsforschung, die mit McClellands Maß gewonnen wurden und denen wir uns nun zuwenden, lassen sich also weitgehend auf Heckhausens Hoffnung auf Erfolg generalisieren.

6.5 Validität der Kennwerte

Die Feuerprobe eines psychodiagnostischen Verfahrens ist die Verhaltensvorhersage. Die Anwendung des TATs scheint nur dann gerechtfertigt, wenn nachgewiesen werden kann, dass sich Personen mit hohen Kennwerten in ihrem Verhalten von denen mit niedrigen Kennwerten unterscheiden. Zum Beispiel erwarteten am Anfang der Forschung zum Leistungsmotiv viele Anwender, dass sich mit Hilfe des TATs Schulnoten vorhersagen lassen: Hoch leistungsmotivierte Schüler sollten doch ganz sicher insgesamt bessere Noten haben als Schüler mit einem niedrigen Leistungsmotiv. Diese Vorhersage ließ sich jedoch in einer Reihe von Untersuchungen nicht bestätigen (zusf. Entwisle, 1972). Dies macht deutlich, dass die Kenntnis eines Persönlichkeitsmerkmals allein kaum eine Vorhersage von Verhalten erlaubt – man muss auch etwas über die Situation und die Art der Aufgaben wissen, um Zusammenhänge zwischen dem Leistungsmotiv einer Person und ihrer Leistung zu finden.

Damit sich das Leistungsmotiv im Verhalten zeigt, muss es auf die passenden *Anreize* treffen. Atkinson (1964) konnte nachweisen, dass insbesondere Aufgaben mittlerer Schwierigkeit das Leistungsmotiv anregen: Genau dann, wenn ein Erfolg maximal unsicher ist, geben hoch leistungsmotivierte Personen ihr Bestes. Wenn Sie etwa gerne Tennis spielen, dann ist der Erfolg bei einem Spiel gegen einen ungefähr gleich starken Gegner maximal unsicher und sollte Ihr Leistungsmotiv maximal anregen. Gegen einen schwächeren Gegner hätten sie leichtes Spiel (und einen schalen Triumph) und gegen einen weit besseren keine Chance – der Ausgang ist in beiden Fällen vorher bekannt und das Spiel daher für Personen mit einem starken Leistungsmotiv völlig uninteressant. Im Klassenzimmer wird es jedoch schwierig sein, ein Niveau mittlerer Schwierigkeit für alle Schüler immer gleichermaßen aufrechtzuerhalten. So ist es oft unvermeidlich, dass einige Schüler durch den Lernstoff überfordert und andere unterfordert werden. Dann jedoch sollte auch das Leistungsmotiv kaum mehr angeregt werden, und man kann ebenfalls nicht erwarten, dass hoch leistungsmotivierte Schüler insgesamt bessere Noten bekommen.

Ein mittleres Schwierigkeitsniveau ist nur der Spezialfall einer ganzen Klasse von Anreizen, die sich dadurch auszeichnen, dass es die Aktivität selbst ist, die das Ziel des Handelns darstellt. Hoch Leistungsmotivierte finden etwa Gefallen an Aufgaben, bei denen sie Erfolg oder Misserfolg selbst zu verantworten haben und die nicht vom Verhalten anderer Personen (wie etwa bei Gruppenarbeiten) oder vom Zufall (wie bei Glücksspielen) abhängen. Zudem bevorzugen sie Aufgaben, bei denen sie möglichst rasch eine Rückmeldung über ihre Leistung erhalten. Je stärker eine Aufgabe solche *Tätigkeitsanreize* – mittlere Schwierigkeit, Eigenverantwortlichkeit, Leistungsrückmeldung – enthält, desto stärker regt sie das Leistungsmotiv an und desto enger wird der Zusammenhang zwischen Leistungsmotiv und Verhalten.

Hoch leistungsmotivierte Personen scheinen dagegen nicht auf soziale Aufforderungen anzusprechen. Wenn Leistung etwas ist, das von einer anderen Person eingefordert oder von einer Institution ausdrücklich erwartet wird („Ich erwarte von Dir, daß Du hier eine gute Note bekommst!"), dann schneiden hoch leistungsmotivierte Personen nicht besser ab als Menschen mit einem niedrigen Leistungsmotiv. Wie Spangler (1992) in einer Metaanalyse empirischer Studien zum Leistungsmotiv zeigen konnte, scheinen solche *sozialen Anreize* gute Leistungen bei hoch leistungsmotivierten Personen sogar eher zu unterdrücken: Wenn man also möchte, dass leistungsmotivierte Personen eher schlecht abschneiden, dann muss man sie nur deutlich genug auffordern, möglichst gute Leistungen zu erbringen.

Eine Studie von Brunstein und Hoyer (2000) konnte zeigen, dass leistungsmotivierte Personen sich eher an ihren eigenen Leistungen als an den Leistungen anderer Menschen orientieren. Die Teilnehmer dieser Studie arbeiteten an einem Konzentrationstest und erhielten dabei nach jeweils zehn Testdurchgängen sowohl ein individuelles als auch ein normatives Feedback, die jedoch beide vom Versuchsleiter manipuliert wurden. Das individuelle Feedback war entweder aufsteigend (die Leistungen des Probanden schienen über die Durchgänge immer etwas besser zu werden) oder absteigend (der Proband schien sich, gemessen an seinen vorherigen Reaktionszeiten, immer etwas zu verschlechtern). Entsprechend variiert wurde die normative Leistungsrückmeldung: In einer Bedingung waren sie aufsteigend (im Vergleich zu anderen Teilnehmern wurde der Teilnehmer besser ...), in der anderen absteigend (... bzw. schlechter). Die entscheidende Frage lautet nun: Unter welchen Bedingungen zeigten hoch leistungsmotivierte Teilnehmer die besten Leistungen?

Es zeigte sich, dass normative Leistungsrückmeldungen keinen Einfluss auf die Leistung hoch leistungsmotivierter Teilnehmer hatten: Ihre Leistungen waren völlig unabhängig von der Art des normativen Feedbacks (aufsteigend vs. absteigend). Das *individuelle Feedback* interagierte dagegen deutlich mit dem Leistungsmotiv. Hoch leistungsmotivierte Probanden verbesserten ihre Reaktionszeiten über die Testdurchgänge nur dann, wenn sie absteigendes individuelles Feedback erhielten. Nur dann also, wenn sie in ihren eigenen Leistungen nachzulassen schienen, strengten sich leistungsmotivierte Teilnehmer an und erzielten nach und nach bessere Leistungen. Erhielten sie dagegen aufsteigendes Feedback, dann verschlechterte sich ihre Leistung (verlangsamten sich ihre Reaktionen). Mit anderen Worten: Die Aufgabe schien Teilnehmer mit einem starken Leistungsmotiv nur dann zu besseren Leistungen zu motivieren, wenn sie diese noch nicht völlig gemeistert hatten. Wenn sie erst einmal ein hohes Leistungsniveau erreicht haben, dann scheinen sich hoch leistungsmotivierte Personen neue Herausforderungen zu suchen.

Die empirischen Befunde weisen zusammengefasst darauf hin, dass Personen, die im TAT eine starke Leistungsthematik erkennen lassen, ein starkes „autonomes" Leistungsmotiv (Veroff, 1969) entwickelt haben: Sie streben vor allem danach, ihre eigenen Handlungskompetenzen zu erweitern, zu sehen, wie sich die eigenen Fähig- und Fertigkeiten erweitern und entwickeln, unabhängig davon, welche Anforderungen von Lehrern, Eltern, Vorgesetzten oder anderen Autoritäten an sie herangetragen werden (Koestner & McClelland, 1990). Der wichtigste Maßstab für hoch leistungsmotivierte Personen ist ihr eigenes bisheriges Leistungsniveau: Daran orientieren sie sich, das wollen sie übertreffen. Ein starkes TAT-Leistungsmotiv manifestiert sich jedoch nicht nur in der Bearbeitung von leistungsbezogenen Aufgaben. Stellt man Kinder vor die Wahl, eine kleine Belohnung (einen Schokoriegel) sofort oder eine große Belohnung (zwei Schokoriegel) nach einer Wartezeit zu bekommen, dann sind Kinder mit einem starken Leistungsmotiv eher dazu bereit, auf die große Belohnung zu warten (Mischel, 1961). Agarwal und Tripathi (1980) konnten zeigen, dass Studenten mit einem starken Leistungsmotiv häufig an zukünftige Ereignisse dachten, während niedrig leistungsmotivierte Studenten mit ihren Gedanken eher bei gegenwärtigen oder vergangenen Ereignissen waren. Langens (2002) fand, dass Phantasien und Tagträume von der Verwirklichung eigener Ziele (etwa: Erfolg in Studium und Beruf) hoch leistungsmotivierte Personen stärker dazu anstacheln, diese Ziele dann auch in der Realität zu verfolgen und zu verwirklichen als Personen mit einem niedrigen Leistungsmotiv. Menschen mit einem starken Leistungsmotiv zeichnen sich also ganz allgemein durch ein gutes Maß an selbstregulatorischen Kompetenzen und durch eine erweiterte Zeitperspektive aus.

Insbesondere diese Fähigkeit zu einer effizienten Selbstregulation scheint auch in andere Lebensbereiche auszustrahlen: Hoch leistungsmotivierte Schüler sind bei ihren Mitschülern insgesamt beliebter (Teevan, Diffenderfer & Greenfeld, 1986) und kommen auch nach Ansicht ihrer Lehrer besser mit ihren Klassenkameraden aus (Feld, 1967). Als Erwachsene haben sie nicht nur ein höheres Einkommen (McClelland & Franz 1992), sie sind meist auch glücklicher verheiratet (McAdams & Vaillant, 1982) und konsumieren deutlich weniger Drogen (Veroff, 1982) als Personen mit einem niedrigen Leistungsmotiv. Diese Befunde weisen darauf hin, dass das Leistungsmotiv (gemessen mit dem TAT) auch als ein globaler Indikator für eine gelungene psychosoziale Entwicklung verstanden werden kann (McClelland, 1985; Veroff, 1982).

Diese Befunde sollten nun nicht zu der Annahme verleiten, dass hoch Leistungsmotivierte die besseren Menschen sind: Zum einen scheint ein starkes Intimitätsmotiv ebenfalls zu erhöhter Lebenszufriedenheit beizutragen (Mc Adams & Vaillant, 1982), und zum anderen sind hoch leistungsmotivierte Menschen manchmal auch bereit, ihre Ziele durch nicht immer akzeptierte Mittel zu erreichen (Cortes & Gatti, 1972). Gerade in pädagogischen Kontexten ist eine Förderung des Leistungsmotivs jedoch manchmal erwünscht – und Programme zur Stärkung der Leistungsmotivation haben etwa gezeigt, dass dies auch möglich ist. Damit niedrig leistungsmotivierte Schüler ein starkes Leistungsmotiv entwickeln können, sollte man sie die Erfahrung machen lassen, dass die Auseinandersetzung mit Gütemaßstäben durchaus Spaß machen (also positive Affekte anregen) kann. Das gelingt etwa, indem man realistische Zielsetzungen fördert oder die Teilnehmer zum Anlegen einer individuellen, auf eigene Fortschritte gerichteten, Bezugsnorm ermutigt (siehe zusf. Rheinberg & Krug, 1993).

6.6 Literatur

Agarwal, A. & Tripathi, L. B. (1980). Time perspective in achievement motivation. *Psychologia: An International Journal of Psychology in the Orient, 23*, 50–62.
Atkinson, J. W. (1964). *An introduction to motivation.* Princeton, NJ: Van Nostrand.
Brunstein, J. C. & Hoyer, S. (2000). *Implizites und explizites Leistungsstreben: Motivmaße, Leistungsstandards und Verhaltenskriterien.* Universität Potsdam: Unveröffentlichtes Manuskript.
Cortes, J. B. & Gatti, F. M. (1972). *Delinquency and crime: A biopsychological approach.* New York: Seminar Press.
DeCharms, R. (1976). *Enhancing motivation: Change in the classroom.* New York: Irvington.
Entwisle, D. R. (1972). To dispel fantasies about fantasy-based measures of achievement motivation. *Psychological Bulletin, 77*, 377–391.
Feld, S. C. (1967). Longitudinal study of the origins of achievement strivings. *Journal of Personality and Social Psychology, 7*, 408–414.
Heckhausen, H. (1963). *Hoffnung und Furcht in der Leistungsmotivation.* Meisenheim/Glan: Hain.
Koestner, R. & McClelland, D. C. (1990). Perspectives on competence motivation. In: L. A. Pervin (Ed.), *Handbook of personality. Theory and research.* (pp. 527–548). New York: Guilford Press.
Kuhl, J. (1978). Situations-. reaktions- und personbezogene Konsistenz des Leistungsmotivs bei der Messung mittels des Heckhausen-TAT. *Archiv für Psychologie, 130*, 37–52.
Langens, T. A. (2002). *Anliegen, Tagträume und Motivation.* Göttingen: Hogrefe.
McAdams, D. P. & Vaillant, G. E. (1982). Intimacy motivation and psychosocial adjustment: A longitudinal study. *Journal of Personality Assessment, 46*, 586–593.
McClelland, D. C. (1961). *The achieving society.* Princeton, NJ: Van Nostrand.
McClelland, D. C. (1985). *Human motivation.* Cambridge, MA: Cambridge University Press.
McClelland, D. C., Atkinson, J. W., Clark, P. A. & Lowell, E. L. (1953). *The achievement motive.* New York: Appleton-Century-Crofts.
McClelland, D. C. & Franz, C. E. (1992). Motivational and other sources of work accomplishment in mid-life: A longitudinal study. *Journal of Personality, 60*, 679–707.
McClelland, D. C., Koestner, R. & Weinberger, J. (1989). How do self-attributed and implicit motives differ? *Psychological Review, 96*, 690–702.
Mischel, W. (1961). Delay of gratification, need for achievement, and acquiescence in another culture. *Journal of Abnormal and Social Psychology, 62*, 543–552.
Morgan, C. D. & Murray, H. A. (1935). A method for examining fantasies: The Thematic Apperception Test. *Archives of Neurology and Psychiatry, 34*, 289–306.
Murray, H. A. (1938). *Explorations in personality.* New York: Oxford University Press.
Rheinberg, F. & Krug, S. (1999). *Motivationsförderung im Schulalltag* (2. Auflage). Göttingen: Hogerefe.
Schultheiss, O. C. & Brunstein, J. C. (2001). Assessment of implicit motives with a research version of the TAT: Picture profiles, gender differences, and relations to other personality measures. *Journal of Personality Assessment, 77*, 71–86.

Smith, C. P. (1992). *Motivation and personality : Handbook of thematic content analysis.* Cambridge : Cambridge University Press.

Spangler, W. D. (1992). Validity of questionnaire and TAT measures of need for achievement: Two meta-analyses. *Psychological Bulletin, 112,* 140–154.

Teevan, R. C., Diffenderfer, D. & Greenfeld, N. (1986). Need for achievement and sociometric status. *Psychological Reports, 58,* 446.

Veroff, J. (1969). Social comparison and the development of achievement motivation. In C. P. Smith (Ed.), *Achievement related motives in children* (pp. 46–101). New York: Russell Sage, 1969.

Veroff, J. (1982). Assertive motivations: Achievement versus power. In D. G. Winter & A. J. Stewart (Eds.), *Motivation and society* (pp. 99–132). San Francisco: Jossey-Bass.

Winter, D. G. (1991). *Manual for scoring motive imagery in running text (3rd edition).* Unpublished manuscript: University of Michigan.

Winter, D. G. & Stewart, A. J. (1977). Power motive reliability as a function of retest instructions. *Journal of Consulting and Clinical Psychology, 45,* 436–440.

Kapitel 7

Leistungsmotivation im Unterricht: über den Einsatz des LM-Gitters in der Schule

Heinz-Dieter Schmalt

Zusammenfassung

Motive zu messen, stellt einen diagnostischen Vorgang besonderer Art dar, weil Motive situationsseitig angeregt werden müssen, um sie im Verhalten zur Wirksamkeit zu bringen. Das LMG regt das Leistungsmotiv bildsituativ an, was einen unverfälschten Zugriff auf die impliziten Motivgrundlagen gestattet. In explorativen und konfirmatorischen Faktorenanalysen weist das LMG eine stabile Drei-Faktoren-Struktur auf. Neben „Hoffnung auf Erfolg" können aktive und passive Formen von „Furcht vor Misserfolg" unterschieden werden. Das LMG erfüllt gängige Anforderungen an die Reliabilität. Eine ganze Reihe von Validitätsuntersuchungen bestätigt die Gültigkeit des Verfahrens. Erfolgsmotivierte sind im Vergleich zu den Misserfolgsmotivierten leistungsüberlegen, insbesondere in neuartigen und ungewohnten Situationen und arbeiten auch ausdauernder an Leistungsaufgaben. Ein besonderes Augenmerk gilt der Unterscheidung der beiden „Furcht-vor-Misserfolg"-Motive. Aktive und passive Furcht vor Misserfolg sind im schulischen Kontext vor allem durch unterschiedliche Misserfolgsattribuierungen und unterschiedliche Zielsetzungen gekennzeichnet. Schließlich konnten in mehreren Studien zu Motivänderungsprogrammen die erwünschten Effekte (insbesondere die Verringerung passiver Furcht vor Misserfolg) mit Hilfe des LMG nachgewiesen werden, was einen weiteren Beleg für die Gültigkeit und Nützlichkeit des LMG im schulischen Alltag darstellt.

Das Leistungsmotiv wird in Anlehnung an die frühen Arbeiten von McClelland und seinen Mitarbeitern (McClelland et al., 1953) definiert als eine Persönlichkeitsdisposition, die in Situationen angeregt wird, in denen Gütemaßstäbe vorliegen – in denen sich also Erfolg und Misserfolg einstellen können. Motivational bedeutsam werden diese Gütemaßstäbe, wenn eine Person sie als verbindlich akzeptiert und sich mit ihnen auseinandersetzt. Dies manifestiert sich in dem Bestreben, die eigene Tüchtigkeit zu steigern oder möglichst hoch zu halten. In diesem Bestreben kann das Erleben auf die kritischen Zustände Zielerreichung (Erfolg) oder Zielverfehlung (Misserfolg) gerichtet sein. Es entstehen so im Leistungsbereich zwei generelle motivationale Orientierungen, die auf die Erreichung von Erfolg bzw. Vermeidung von Misserfolg gerichtet sind. Beide Orientierungen sind gleichermaßen auf das Leistungsthema – Auseinandersetzung mit einem Gütemaßstab – ausgerichtet, die unterschiedliche Zentrierung auf die Erlangung von Erfolg und Vermeidung von Misserfolg lässt im Erleben und Verhalten jedoch völlig unterschiedliche Regulationsformen entstehen (Higgins, 1997).

In der auf Atkinson (1964) zurückreichenden Tradition der Leistungsmotivationsforschung wird angenommen, dass es auch in der Motivausstattung von Personen interindividuell unterschiedliche Bewertungsvoreingenommenheiten für die Ereignisse Erfolg und Misserfolg gibt, die sich als verschiedenartige Ausprägungen der Motive „Hoffnung auf Erfolg" und „Furcht vor Misserfolg" darstellen lassen (Heckhausen, 1963; Heckhausen, Schmalt & Schneider, 1985). Hoffnung und Furcht sind demnach die grundlegenden Aspekte leistungsmotivierten Erlebens und Verhaltens. Je nachdem, welcher Aspekt im Erleben und Verhalten habituellerweise vorherrscht, werden Erfolgs- und Misserfolgsmotivierte unterschieden. Dies ist ein Grundsachverhalt der meisten Theorien leistungsorientierten Verhaltens, der auch in zeitgenössischen Zieltheorien (s. u.) wieder aufgegriffen wird (Elliot, 1997).

Da sich das Leistungsmotiv (Hoffnung auf Erfolg; Furcht vor Misserfolg) nur dann im Erleben und Verhalten manifestiert, wenn es situationsseitig angeregt wird durch Situationen, in denen die Auseinandersetzung mit Gütemaßstäben verbindlich ist, so ist davon auszugehen, dass das Leistungsmotiv in der Regel auch in schulischen Situationen angeregt wird und das Erleben und Verhalten bestimmt. Wenn allerdings im Unterricht keine Gütemaßstäbe verbindlich gemacht werden – etwa dadurch, dass ein Lehrer die Auseinandersetzung mit Gütemaßstäben und die Steigerung der Kompetenzen seiner Schüler für weniger wichtig hält – wird auch das Leistungsmotiv nicht angeregt. Die Erforschung der Auswirkungen leistungsthematischer Anregungsbedingungen auf Personen mit unterschiedlich ausgeprägtem Leistungsmotiv stellt ein ganz zentrales Thema der Forschung zur Leistungsmotivation dar. Es ist deshalb nur folgerichtig, wenn seit den ersten Anfängen der Leistungsmotivationsforschung neben der Bestimmung leistungsthematischer Anregungsbedingungen auch Bemühungen zur Messung des Motivs standen.

Lange Zeit hat es nur zwei gebräuchliche Verfahren zur Messung des Leistungsmotivs gegeben: den TAT und Fragebogenverfahren (McClelland, 1980). Dieses Vorgehen der Forschung, das Leistungsmotiv mit zwei verschiedenen Verfahren zu messen, führt zu einigen Problemen, da diese Verfahren entweder gar nicht oder nur sehr schwach miteinander korreliert sind und zudem auch sehr unterschiedliche Validitätsbereiche abdecken (McClelland, Koestner & Weinberger, 1989; Spangler, 1992; Schmalt & Sokolowski, 2000). Beide Ergebnisse der Forschung sind nur schwerlich mit der Vorstellung zu vereinbaren, es gäbe nur ein einziges Leistungsmotiv. McClelland und Mitarbeiter (McClelland et al., 1989) lösen das Problem, indem sie die Existenz zweier voneinander unabhängiger Motive, jeweils gemessen mit dem TAT oder Fragebogen, postulieren. Sie unterscheiden biologische (implizite) und soziale (explizite) Motive. Beides sind motivationale Konstrukte mit ganz unterschiedlichen Eigenschaften und ganz unterschiedlichen Möglichkeiten, Verhalten und Erleben zu beeinflussen. Beide Motive arbeiten parallel, aber voneinander unabhängig. Biologische Motive basieren auf genetischer Information sowie frühen vorsprachlichen Sozialisationserfahrungen und sind dem bewussten Erleben nicht zugänglich; soziale Motive basieren auf lebensgeschichtlich späteren sozialen Lernerfahrungen nach der Zeit des Spracherwerbs und sind im Bewusstsein repräsentiert. Das biologische, implizite Motivsystem dürfte eher um Motive als Affektdispositionen, d. h. kurzfristig und hedonisch, organisiert sein; das soziale, explizite System dürfte eher um kognitive, das Selbst betreffende Schemata organisiert und an das semantische Repräsentationssystem der Sprache gebunden sein, womit sich erst die Möglichkeit langfristigen folgenzentrierten Handelns eröffnet. Die Informationsverarbeitung im ersten System dürfte eher „automatisch", im zweiten System eher kontrolliert und bewusst erfolgen (vgl. Brunstein, Kap. 5 in diesem Band; Langens & Schüler, Kap. 6 in diesem Band).

Die Unterscheidung von Motivationsprozessen – eingeschlossen die Motive –, die ohne Bewusstsein ablaufen und solchen, die obligatorisch an Bewusstsein gebunden sind, ist ein zentrales Thema in zeitgenössischen Motivationstheorien (z. B. Bargh & Chartrand, 1999). Die Eingriffs- und Gestaltungsmöglichkeiten des Bewusstseins im Motivationsgeschehen werden hierbei besonders herausgehoben (Schmalt & Sokolowski, in Vorb.). Dieses Thema wurde im übrigen bereits in der Würzburger Schule von Ach (1910) und Marbe (1915) unter dem Thema Willenspsychologie behandelt.

Was die „echten", die biologischen Bedürfnisse anbelangt, so war McClelland der Ansicht, dass diese ausschließlich mittels TAT gemessen werden können. Ein solches implizites Motiv kann man deswegen nicht mit einem Fragebogen erfassen, weil es sich sprachlich nicht so ohne weiteres darstellen lässt, es macht sich im (bewussten) Erleben und Verhalten nur indirekt bemerkbar und auch nur dann, wenn es durch einen Anreiz, also durch einen externen situativen Faktor angeregt wird. McClelland kam nun auf die Idee, bei der Diagnostik eines solchen Motivs den gleichen Weg einzuschlagen und es situativ – beispielsweise durch eine bildsituativ dargestellte Leistungssituation – anzuregen. McClelland et al. (1953) in den USA und Heckhausen (1963) in Deutschland griffen deshalb bei der Diagnostik des Leistungsmotivs auf das TAT-Verfahren zurück, indem sie ihren Probanden (Pbn) Bildsituationen mit leistungsthematischem Gehalt (z. B. Schüler und Lehrer vor einer Schultafel, Meister und Lehrling vor einer Werkbank etc.) zeigten und die dazu berichteten Geschichten auf leistungsmotivationalen Gehalt hin analysierten (vgl. Langens & Schüler, Kap. 6 in diesem Band). Die Motivationsforschung verdankt diesem Verfahren eine ganze Reihe von Erkenntnissen, und die Mehrzahl der theorieüberprüfenden Untersuchungen ist mit diesem Verfahren durchgeführt worden. Für viele Fragestellungen, speziell für den Einsatz im schulischen Bereich, erwies sich der TAT aber auch häufig als unhandlich und viel zu zeitaufwendig, was Durchführung und Auswertung anbelangt.

7.1 Das Leistungsmotiv-Gitter

Ich habe deswegen ein Verfahren entwickelt, das von der Notwendigkeit der bildsituativen Anregung der grundlegenden Motive ausgeht, bei der Bearbeitung durch die Probanden und Auswertung aber auf fragebogenähnliche Prozeduren zurückgreift. Unterdessen gibt es eine Reihe von Verfahrensversionen, die sich bislang bei der Behandlung von Forschungs- und Praxisproblemen gleichermaßen bewährt haben: das LM-Gitter für Kinder und Jugendliche zur Messung des Leistungsmotivs, das in Kurz- und Langversionen vorliegt (Schmalt, 1976, 1999, in Vorb.) sowie das MMG (Multi-Motiv-Gitter), ein Gitterverfahren zur Messung der Motive Anschluss, Leistung und Macht (Schmalt, Sokolowski & Langens, 2000; Sokolowski, Schmalt, Langens & Puca, 2000). Wir beziehen uns hier im Wesentlichen auf das Gitter für Kinder und Jugendliche zur Messung des Leistungsmotivs im schulischen Kontext.

Abbildung 1:
Vier Bildsituationen aus dem LMG.

Das LM-Gitter für Kinder und Jugendliche enthält in seiner Originalversion 18 grafisch dargestellte Situationen, in denen das Thema „Leistung" angesprochen wird (z. B. im Sport, in der Schule etc.; vgl. Abb. 1). Unter jeder Bildsituation erscheinen 18 Aussagen, in denen unterschiedliche Motivationsinhalte angesprochen werden, wie sie für Hoffnung auf Erfolg und Furcht vor Misserfolg typisch sind, wie z. B. die Konstatierung des Leistungsbedürfnisses (hier dessen meidender Komponente) („Er hat Angst, dass er dabei etwas falsch machen könnte") oder Gefühle im Zusammenhang mit dem Thema Leistung („Er ist unzufrieden mit dem, was er kann")[1].

Die Pbn müssen pro Bild nun angeben, welche der Aussagen sie für zutreffend halten. Die Anzahl der „zutreffend"-Ankreuzungen wird für jede Aussage über den gesamten Bildersatz aufsummiert (also Werte von 0 bis 18). Schließlich werden die Aussagen, die einen gemeinsamen Faktor bilden, zusammengefasst (s. u.). Es war geplant, getrennte Skalen für die aufsuchende (Hoffnung auf Erfolg) und meidende Komponente (Furcht vor Misserfolg) des Leistungsmotivs zu entwickeln. Auf Anregung amerikanischer Kollegen, die das 18 x 18-Format des LM-Gitters für viel zu umständlich und zeitaufwendig hielten, kam jüngst eine aus 6 Bildern und 10 Aussagen bestehende Kurzversion zustande (Schmalt, in Vorb.), über die hier ebenfalls berichtet wird.

7.1.1 Zur Theorie der Motivmessung mittels Gitter-Technik

Motive sind dispositionelle Konstrukte, die sich in mehrfacher Hinsicht von klassischen Eigenschaftskonstrukten unterscheiden (vgl. Winter et al., 1998). Um überhaupt Spuren im Erleben und Verhalten zu hinterlassen, bedarf ein Motiv der Anregung durch einen thematisch zu dem Motiv „passenden" situativen Anreiz. Wesentliche Merkmale einer solchen Motivanregung bestehen darin, dass ein Handlungsziel entworfen und Affekte antizipiert werden, die bei Zielerreichung oder -verfehlung resultieren werden. Dies alles ist ein Prozess, der oft von kurzer Dauer ist und sich in aller Regel unserem bewussten Erleben entzieht, also implizit bleibt. Gleichwohl können sich bei entsprechender Gelegenheit – beispielsweise wenn man Probanden direkt danach fragt – auch diese Ergebnisse einer Motivanregung im bewussten Erleben wiederfinden und dann Bestandteile von Selbst-Schemata und Selbstkonzepten einschließlich der entsprechenden Zielentwürfe bilden (vgl. Schmalt & Sokolowski, 2000, in Vorb.). Der bewusste Niederschlag von Motivanregungen als Bestandteil von Selbstkonzepten unterliegt dann allerdings den Gesetzmäßigkeiten und Tendenzen bei der Bildung und Darstellung von Selbstkonzepten, etwa der Tendenz zur Selbst-Konsistenz (self-consistency) oder Selbst-Erhöhung (self-enhancement) (vgl. Baumeister, 1999).

---

1 Als das LM-Gitter entwickelt wurde, hatte sich die „Er"-Formulierung als brauchbar für beide Geschlechter erwiesen. Die im Jahre 2000 entwickelten Verfahren gibt es entweder in passenden „Er"- und „Sie"-Formaten (Kurzversion des LM-Gitters) oder es werden geschlechtsneutrale Formulierungen verwendet (MMG).

Fragebogen erfassen Motive explizit, indem die Probanden sich selbst Motive oder Beweggründe zuschreiben. Sie beinhalten bewusste Interpretationen und Bewertungen dessen, was das Individuum für wichtig hält, wozu auch persönliche Gewichtungen kultureller Wertsetzungen gehören. Solche Motive, die man sich bewusst selbst zuschreibt, sind Teil des individuellen Selbstkonzepts. Ob und inwieweit die im Fragebogen erfasste, im Bewusstsein interpretierte Motivation den ursprünglichen Prozessen bei der Motivanregung entsprechen, ist eine noch offene Forschungsfrage. Die fehlende Korrelation zwischen Verfahren, die die impliziten Prozesse bei der Motivanregung messen (TAT) und Verfahren, die den habituellen Niederschlag im bewussten Erleben erfassen (Fragebogen), ist jedenfalls aufgrund der dargestellten besonderen Einflüsse, denen Selbstkonzepte unterliegen, nicht verwunderlich.

Moderne experimentelle Untersuchungstechniken zu dieser Frage simulieren den Vorgang der Motivanregung mit Hilfe von Primingverfahren. Hierbei wird ein bestimmtes Motivthema durch Präsentation von Bildern für die Versuchspersonen unbemerkt angeregt, um dann die Auswirkungen im Erleben und Verhalten zu studieren. Pbn, bei denen so z.B. das Leistungsmotiv angeregt wurde, arbeiteten effizienter und länger an Leistungsaufgaben, auch wenn sie dabei unterbrochen wurden (Bargh & Chartrand, 1999). Selbst die Motivation zur Aufnahme von Flüssigkeit lässt sich – von den Probanden unbemerkt – durch die Darbietung von Bildmaterial verändern (Winkielman, Berridge & Wilbarger, 2001). Ebenfalls kann durch das – wiederum unbemerkt bleibende – Präsentieren von Bildmaterial der gedächtnismäßige Zugriff auf inhaltlich dazu passende Fragmente erleichtert werden (Roediger & McDermott, 1993). Im direkten Vergleich zu sprachlichem Material eignet sich bildhaftes Material besonders gut, um – jeweils unbemerkt – bestimmte Bedeutungsgehalte in den Probanden anzuregen (McGlinchey-Berroth et al., 1993). Es ist deshalb auch der bevorzugte Weg, um in implizite Motivbereiche vorzudringen (vgl. Schmalt & Sokolowski, 2000; Schultheiß, 2001).

Bei der Messung von Motiven mittels TAT ging man ursprünglich von der Vorstellung aus, dass man bei der Messung von Motiven ähnlich wie bei der Realanregung von Motiven vorgehen und sie durch geeignete situative Auslöser anregen müsse (s.o.). Bei der bildmäßigen Repräsentation solch auslösender Situationen sprach man geradezu von „Miniaturlebenssituationen" (Heckhausen, 1967). Ein psychodiagnostisches Verfahren, das mit solchen bildsituativen Anregungen arbeitet, lag bereits vor und wurde von Murray (1943) entwickelt. Man griff in den fünfziger Jahren auf diesen TAT zurück, konstruierte aber völlig neue Bildersätze, um die drei wichtigen Motive Leistung, Macht und Anschluss anzuregen.

Die Gitter-Technik steht in dem Methodenspektrum zwischen TAT und Fragebogenverfahren, weil sie Merkmale aus beiden Verfahren in sich vereint. In ähnlicher Weise wie beim TAT wird ein Motiv bildsituativ, also unter Umgehung expliziter sprachlicher Schemata, angeregt. Zu jedem Bild, das hinsichtlich seiner Anregungseigenschaften kontrolliert ist, wird ein Satz von Aussagen präsentiert, in dem wichtige Motivationskomponenten (Erwartungen, Zielsetzungen, Affektantizipationen) beschrieben werden. Die Personen geben dann das Ausmaß ihrer Zustimmung zu der jeweiligen Aussage an, ein Vorgang, der auf expliziter Kontrolle beruht. Die bildsituative Motivanregung ist also ein impliziter, die Antwortproduktion ein expliziter Vorgang. Das Verfahren stellt deshalb eine Kombination von impliziten und expliziten Anteilen dar, was uns veranlasst hat, das Verfahren als „semiprojektiv" zu bezeichnen. Dieser gewiss nicht unproblematische Begriff wird neuerdings wieder häufiger in der Literatur verwendet (z. B. King, 1995; Woike, 1995), speziell auch im Hinblick auf die Gitter-Technik (Asendorpf, Weber & Burkhardt, 1994; Burkhardt, Zumkley & Kornadt, 1987; Ingenkamp, 1985). TAT und Gitter-Technik stimmen also darin überein, das jeweils zu messende Motiv mit Hilfe bildhaften Materials implizit anzuregen. Die bildhafte Reizdarbietung lässt den Prozess der Motivanregung für den Probanden im Dunkeln, während die verbal-semantische Reizdarbietung im Fragebogen diesen Prozess natürlich explizit macht und deshalb eher in die bewusste Selbstdarstellung bei der Beschreibung von Selbstkonzepten eindringt.

Die im TAT und bei der Gitter-Technik vorgegebenen Bilder führen zu einer Reizverarbeitung, die als „bottom up"-Prozess zu verstehen ist. Die Repräsentation wird reizgetrieben aufgebaut und führt durch Aktivierung thematisch passender kognitiver Module zu einer motivabhängigen Wahrnehmung, Deutung und Interpretation jeden Bildes. Dagegen wird durch die sprachlich vorgegebenen Reize in Fragebögen ein konzeptgetriebener „top down"-Prozess ausgelöst, der zur Bereitstellung selbstbezogenen Wissens aus dem semantischen Gedächtnis führt. So kann man verdeutlichen, dass es bei der bildhaften Reizdarbietung in TAT und der Gitter-Technik durch die für die Deutung und Interpretation notwendige Aktivierung thematisch einschlägiger Module zu einer impliziten Motivanregung kommt. Dagegen dürfte dies durch die ausschließlich auf sprachlich-semantischen Codes beruhende Informationsverarbeitung bei Fragebögen nicht möglich sein. Der implizite Zugang zur Motivmessung mittels TAT oder Gitter-Technik ist dadurch bestimmt, dass im Prozess der Motivationsentfaltung subjektive „Anreizlandschaften" entstehen, die das durch Motive gewichtete Anreiz-Pendant (Aufforderungscharakter) der Motive darstellen. Bereits Lewin hatte das gegenseitige Entsprechungsverhältnis von Motiv und Aufforderungscharakter analysiert und festgestellt, dass einer „… Wandlung der Bedürfnisse allemal eine Wandlung der Aufforderungscharaktere" entspricht und interindividuelle Veränderungen und Unterschiede in den Bedürfnissen und Motiven sich in den Aufforderungscharakteren ankündigen „… längst bevor sie dem einzelnen gewahr werden …" (Lewin, 1926, S. 353).

7.1.2 Die Güteeigenschaften des LMG

Die entscheidenden Schritte bei der Überprüfung der Güteeigenschaften des Gitters waren Dimensionsanalysen, die Aufschluss über die dem Verfahren zugrunde liegenden Hauptdimensionen geben sollten. Hierbei wurden eine Reihe unterschiedlicher Verfahren eingesetzt: zweimodale Faktorenanalysen (Aussagen x Personen) (Schmalt, 1976, 1999, in Vorb.; Schmalt & Schab, 1984; Smits & Schmalt, 1978; Halisch, 1982); dreimodale Faktorenanalysen (Situationen x Aussagen x Personen) (Rösler, Jesse, Manzey & Grau, 1982); Clusteranalysen (Smits & Schmalt, 1978) sowie konfirmatorische Faktorenanalysen (Schmalt, 1999, in Vorb.) (ausführliche Darstellung in Schmalt, 1999, S. 113–118). Den verschiedenen Analysen lagen Daten von insgesamt etwa 2000 Probanden zugrunde. Sämtliche durchgeführten Analysen weisen eindeutig auf eine dreifaktorielle Lösung hin (s. Tab. 1).

Tabelle 1:
Dreifaktorielle Rotationslösungen für das LMG (aus Schmalt & Schab, 1984) sowie, in Klammern, für die Kurzversion des LMG (Schmalt, in Vorb.).

Aussagen	FMp	HE	FMa
4. Er denkt: „Ich bin stolz auf mich, weil ich das kann."		.66 (.67)	
9. Er denkt: „Ich will das einmal können."		.63 (.66)	
14. Er will mehr können als alle anderen.		.48	
17. Er denkt: „Wenn das sehr schwer ist, versuche ich das bestimmt länger als andere."		.45 (.63)	
2. Er denkt: „Wenn das schwierig ist, mache ich lieber ein anderes Mal weiter."	.58		
6. Er ist unzufrieden mit dem was er kann.	.59 (.77)		
8. Er denkt: „Ich frage lieber jemanden, ob er mir helfen kann."	.57		
12. Das gefällt ihm nicht.	.53		
16. Er will lieber gar nichts tun.	.62 (.80)		
18. Er denkt, er kann das nicht.	.66 (.74)		
5. Er denkt: „Ob auch nichts falsch ist?"			.79 (.79)
11. Er hat Angst, dass er dabei etwas falsch machen könnte.			.66 (.80)
13. Er will nichts verkehrt machen			.66 (.74)
Eigenwert	3.92	3.21	1.83
Varianz in %	21.91	17.94	10.22

In mehreren exploratorischen (zweimodalen) Faktorenanalysen (Hauptachsenanalysen mit anschließender Varimax-Rotation) erwies sich die dreifaktorielle Lösung als die größte, in der sämtliche Faktoren durch wenigstens drei Aussagen mit substantiellen Ladungen ($a^2/h^2 > 50\%$ und absolute Höhe der Faktorladung $> .40$) gebildet werden (Stevens, 1992). Die gleiche Empfehlung, nämlich eine dreifaktorielle Lösung als die optimale zu akzeptieren, lieferte auch die Betrachtung des scree-plots aufeinander folgender Eigenwerte. Dies gilt gleichermaßen für die Lang- als auch für die Kurzversion des LM-Gitters.

In den anschließend gerechneten konfirmatorischen Faktorenanalysen wurden Maximum Likelihood Methoden via AMOS 3.6 (Arbuckle, 1997) eingesetzt, um die Güte der dreifaktoriellen Lösung direkt zu überprüfen. Es wurden zu diesem Zweck vier verschiedene Modelle miteinander verglichen: ein-, zwei- und dreifaktorielle Lösungen, die letzte in den Varianten mit und ohne Skaleninterkorrelation.

Tabelle 2:
Goodness-of-Fit-Indices für verschiedene Faktormodelle des LMG (nach Schmalt, 1999).

	χ^2	χ^2/df	GFI	AGFI	AIC	BBC	CAIC
3-Faktoren-Modell, unkorreliert	287.0	3.7	.87	.82	343.0	346.2	473.8
3-Faktoren-Modell, korreliert	251.7	3.4	.88	.83	313.7	317.3	457.4
2-Faktoren-Modell, korreliert	481.6	6.3	.79	.71	539.6	542.9	674.0
1-Faktor-Modell	630.7	8.2	.72	.61	686.7	689.9	816.5

Anmerkung: Bei den Indices AIC, BBC und CAIC bedeuten kleinere Werte einen besseren Modellfit (Bollen, 1989).

Die Ergebnisse zeigen, dass sämtliche Indices ein korreliertes Drei-Faktoren-Modell als das beste Modell empfehlen. Der „Goodness-of-Fit"-Index (GFI) und der „Adjusted-Goodness-of-Fit"-Index (AGFI) weisen die höchsten Werte auf; die χ^2-Statistik, ebenso wie die übrigen Kennwerte, weisen die niedrigsten Werte auf und χ^2/df liegt deutlich unter 5.0. GFI-Werte über .85 und AGFI-Werte über .80 gelten als Indikatoren für einen guten Modellfit (Hayduck, 1989). Für die AIC-, BBC- und CAIC-Werte gilt, dass kleinere Werte einen besseren Modellfit anzeigen; ebenso gelten χ^2/df-Quotienten < 5.0 als Kennwerte für einen guten Modellfit. Sämtliche hier herangezogenen Kennwerte weisen also darauf hin, dass das korrelierte Drei-Faktoren-Modell den Daten in exzellenter Weise entspricht. Mit Hilfe der χ^2-Statistik sind auch die einzelnen Lösungen direkt miteinander vergleichbar. Der χ^2-Wert für das korrelierte Drei-Faktoren-Modell ($\chi^2 = 251.7$) ist signifikant geringer als alle anderen Werte (sämtliche p's $< .001$).

Fast identische Befundmuster ergeben sich für die Kurzform des LMG. Dies ist zunächst deswegen bemerkenswert, weil die Kurzfassung auf weniger als 20% des ursprünglichen Itemsatzes reduziert wurde (18 x 18 vs. 6 x 10). In den Ergebnissen der exploratorischen Faktorenanalysen erscheint wiederum die bekannte Drei-Faktoren-Struktur als die optimale. Sämtliche kritischen Faktorenladungen sind >.60 und die a^2/h^2-Koeffizienten liegen deutlich jenseits der 50%-Grenze. Auch dieses kennzeichnet eine optimale Faktorenstruktur (Stevens, 1992, S. 382–384). Die Ergebnisse der konfirmatorischen Faktorenanalyse für ein korreliertes Drei-Faktoren-Modell weisen ebenfalls in die gleiche Richtung: GFI = .96; AGFI = .92 und AIC = 104.38. Das χ^2/df-Verhältnis liegt ebenfalls deutlich niedriger als 5.0. Insgesamt ist die Qualität dieser Passungsindikatoren noch etwas höher als bei der Langform des LMG.

Inhaltlich gesehen enthält das LM-Gitter folgende drei Skalen: Hoffnung auf Erfolg (HE), gegründet auf positive Effizienzerwartungen, FMp: Furcht vor Misserfolg (passiv), gegründet auf negative Effizienzerwartungen, und FMa: Furcht vor Misserfolg (aktiv), gegründet auf der Antizipation, den drohenden Misserfolg durch gesteigerten Einsatz vermeiden zu können. Es erscheinen also zwei misserfolgsbezogene Faktoren und ein erfolgsbezogener Faktor. Diese Zweiteilung der misserfolgsbezogenen Motivstruktur erinnert an die Angstforschung, die ebenfalls zwei Komponenten, nämlich Besorgtheit („cognitive-worry") und Emotionalität („autonomic-emotional") unterscheidet (Liebert & Morris, 1967; Sarason, 1975; Wine, 1971; Endler, Edwards, Vitelli & Parker, 1989; Elliot, 1997). Die kognitive Angstkomponente Besorgtheit hat in Bezug auf Leistungseffizienz eher beeinträchtigende, die emotionale Angstkomponente hat eher förderliche Auswirkungen. Beide FM-Faktoren des LMG haben den Regulationsfokus auf Vermeidung von Misserfolg gerichtet, FMp beschreibt kognitive Aktivitäten ruminativer Art, die beeinträchtigenden Einfluss auf die Handlungseffizienz haben, während FMa eher emotionale Aspekte beschreibt, wie sie mit aktiver Misserfolgsmeidung durch gesteigertes Engagement einhergehen (vgl. Gray, 1987).

Die Berechnung der Motivkennwerte erfolgt durch Aufsummieren der „zutreffend"-Antworten in den Aussagen, die einem Faktor angehören, jeweils über den gesamten Situationssatz. Dies erlaubt eine getrennte Berechnung der Motivkennwerte für „Hoffnung auf Erfolg" (HE), „Furcht vor Misserfolg, passiv" (FMp) und „Furcht vor Misserfolg, aktiv" (FMa). Häufig werden auch Differenzwerte zwischen den aufsuchenden und meidenden Motiven gebildet, was eine zusammenfassende Information über die dominante Richtung des Leistungsmotivs gibt und als „Netto-Hoffnung" (NH; Heckhausen, 1963) bezeichnet wird. Für das LMG wird hierbei die Differenz zwischen HE und FMp berechnet.

Zusammenfassend ist festzuhalten: Die dreifaktorielle Struktur des LM-Gitters erweist sich als außerordentlich stabil. Sie ist methodenunabhängig, gilt für Jungen und Mädchen gleichermaßen, lässt sich bei Kindern und Jugendlichen der verschiedenen Schultypen auffinden und gilt auch bei wiederholter Testdurchführung und sowohl für die Lang- als auch für die Kurzform. Die Faktorkongruenzkoeffizienten für jeweils identische Faktoren aus unterschiedlichen Untersuchungen liegen zwischen .87 und .99 (Halisch, 1982) bzw. zwischen .92 und .96 (Schmalt & Schab, 1984), während diese Koeffizienten für nicht identische Faktoren zwischen -.64 und .28 liegen. Die Wiederholungszuverlässigkeiten bei einem Intervall von zwei und acht Wochen liegen zwischen .67 und .85. Die Homogenitätsschätzungen für die drei Skalen liegen bei .92 (HE), .91 (FMp) und .88 (FMa). Die Kurzversion des LMGs weist ebenfalls noch zufriedenstellende Retest-Reliabilitäten auf. Nach einem Drei-Wochen-Intervall liegen die Werte zwischen .49 und .67. Insgesamt gesehen ist das LM-Gitter also ein stabiles und zuverlässig arbeitendes Meßverfahren.

7.1.3 Konstruktvalidität

Die mit dem LM-Gitter erhobenen Motivkennwerte sind valide Prädiktoren für sämtliche klassischen Verhaltens- und Erlebensmaße in einem nomologischen Netzwerk des Leistungsmotivs. Im Einzelnen liegen Theorie-stützende Befunde vor für verschiedene Leistungsdaten (z.B. Schulnoten, Konzentrations-Leistungen), Anspruchsniveausetzungen, Risiko-Wahlen, Ausdauerverhalten, Belohnungsaufschub, intrinsische Motivation, Ursachenzuschreibungen und Zielbildungen (zusf.: Heckhausen, et al., 1985; Schmalt, 1999, in Vorb.). Die Befunde stammen sowohl aus laborexperimentellen Anordnungen als auch aus Felduntersuchungen im Klassenraum.

Das laborexperimentelle Vorgehen soll exemplarisch an einem Experiment zum Ausdauerverhalten dargestellt werden. Dies ist besonders geeignet, weil sich das Zusammenwirken von Motivdispositionen mit situativen Faktoren sehr schön demonstrieren lässt. Ausdauerverhalten ist nämlich nicht, wie man meinen möchte, ausschließlich durch das Leistungsmotiv bestimmt, etwa derart, dass Hoch- und Erfolgsmotivierte generell länger an leistungsbezogenen Aufgaben arbeiten, sondern es wird durch Situationsfaktoren - hier die Schwierigkeit der Aufgabe - modifiziert. Das experimentelle Vorgehen sieht so aus, dass Versuchspersonen in zwei Experimentalgruppen an (identischen) Aufgaben arbeiten, die der Versuchsleiter als „leicht" oder „schwierig" bezeichnet und die Aufgabenbearbeitung in mehreren Durchgängen stets erfolglos bleibt. Gemessen wird die Zeit, die die Versuchspersonen freiwillig bei der Aufgabe bleiben, bis sie abbrechen und zu einer Alternativaufgabe übergehen.

Den theoretischen Hintergrund zu dieser Untersuchung lieferte das Risiko-Wahl-Modell Atkinsons (1964). Etwas verkürzt dargestellt lässt sich aus diesem Modell ableiten, dass bei als „leicht" bezeichneten Aufgaben die Erfolgsmotivierten länger ausharren sollten, während bei als „schwierig" bezeichneten

Aufgaben die Misserfolgsmotivierten länger ausharren sollten. Diese auf den ersten Blick kontraintuitiven Hypothesen begründen sich wie folgt: Eine Aufgabe, die als „leicht" bezeichnet wird, deren Bearbeitung aber permanent in einem Misserfolg endet, wird subjektiv zunehmend schwieriger. Diese Situation wird von den Erfolgsmotivierten zunehmend als eine motivierende Herausforderung erlebt, so dass sie länger dabei bleiben. Misserfolgsmotiverte hingegen fürchten insbesondere die negativen Konsequenzen eines Misserfolgs, die allerdings bei der Bearbeitung einer subjektiv extrem schwierigen Aufgabe – bei wiederholtem Misserfolg – immer weniger bedrohlich werden. Man kann durch Misserfolg bei einer extrem schwierigen Aufgabe „nichts mehr verlieren", was von den Misserfolgsmotivierten eher als Entspannung erlebt wird; sie bleiben also lieber bei dieser Aufgabe, ehe sie zu einer anderen Aufgabe übergehen, die eine neue Herausforderung enthält und neue Misserfolgsbefürchtungen aufkommen lässt. Dieses manchmal zu beobachtende dysfunktionale „Verbohren" in eine Aufgabe sollte also vornehmlich bei Misserfolgsmotivierten, die an einer subjektiv schwierigen Aufgabe arbeiten, zu beobachten sein. Abb. 2 zeigt die Ergebnisse dieser Studie. Als Maß für die Motivstärke wurde die Differenz aus HE und FMp zugrunde gelegt. Gemessen wurde die Zeit, die Pbn bei dieser Aufgabe ausharren, ehe sie zu einer mittelschweren Alternativaufgabe der gleichen Art übergehen. Die Ergebnisse zeigen sehr schön den vorhergesagten Unterschied zwischen den beiden Motivgruppen: Erfolgsmotivierte verweilen länger bei einer ursprünglich leichten Aufgabe, Misserfolgsmotivierte verweilen länger bei der schwierigen Aufgabe; allerdings nur im Vergleich zu den Erfolgsmotivierten.

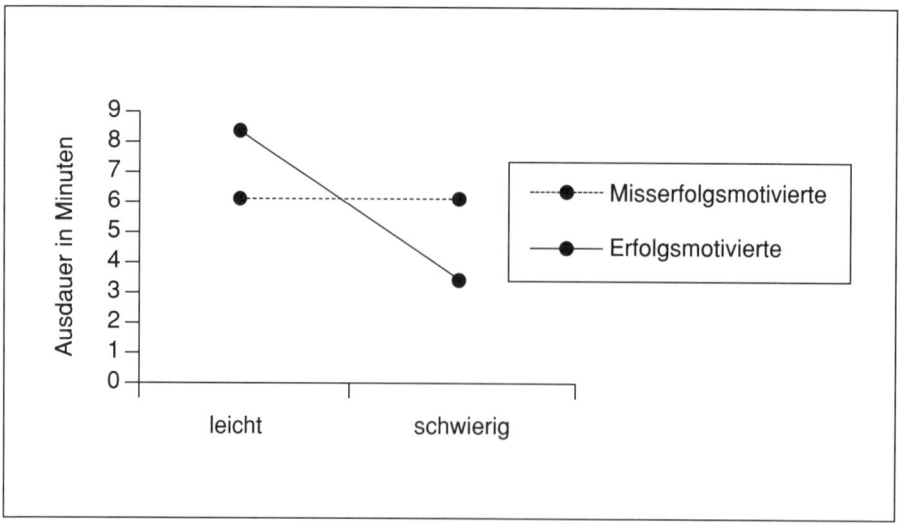

Abbildung 2:
Ausdauer in Minuten für Erfolgs- und Misserfolgsmotivierte bei leichten und schwierigen Aufgaben (nach Schmalt, 1999).

7.2 Motive im Klassenraum

Das Leistungsmotiv, so wie es im LM-Gitter gemessen wird, ist ein sehr globales Konstrukt, das in sehr vielen Situationen und für sehr unterschiedliches Verhalten, sofern es nur leistungsthematisch ist, Vorhersagen erlaubt. Dieser Gedanke eines moderaten aber weitverzweigten Zusammenhangs des Leistungsmotivs mit ganz unterschiedlichen Typen von leistungsthematischen Erlebens- und Verhaltensdaten wird durch eine im Klassenraum durchgeführte Untersuchung belegt, in der neben den Motivkennwerten (Kurzform des LMG) eine ganze Reihe weiterer Variablen via Fragebogen erhoben wurden, so das Selbstkonzept eigener Kompetenz, intrinsische Motivation, Spaß an der Schule, Attribuierungen und schließlich der über mehrere Fächer gemittelte Notenschnitt (Schmalt, in Vorb.). Insbesondere das Maß für „Furcht vor Misserfolg" (passiv) konnte seiner Rolle als globaler Prädiktor gerecht werden, weil er mit allen anderen Maßen in signifikanter Beziehung stand. Bei regressionsanalytischer Behandlung ergaben sich signifikante Beziehungen zur intrinsischen Motivation ($\beta = -.21$), zu Spaß an der Schule ($\beta = -.16$), der Attribution auf „Schwierigkeit" ($\beta = .20$) und zu den gemittelten Zensuren ($\beta = .18$). Hoch misserfolgsmotivierte Schüler (FMp) sind also im Klassenraum weniger stark intrinsisch motiviert, sie haben weniger Spaß an der Schule und haben im Schnitt schlechtere Noten, was sie auf zu hohe Schwierigkeit des Unterrichts zurückführen. Dies als ein Beispiel, wie mit einem einzigen Motivmaß eine ganze Reihe von leistungsthematischen Motivationsvariablen im Klassenraum vorhergesagt werden können.

Wenn man im schulischen Alltag gezielt bestimmte Erlebens- oder Verhaltensvariablen vorhersagen will, kann es sinnvoll sein, neben den Motiven noch spezifischere motivationale Variablen zu berücksichtigen, wie Interessen, Anliegen und Ziele, weil diese Variablen nicht so global sind wie Motive und genauer auf die Schulsituation zugeschnitten sind. In diesem Zusammenhang sind insbesondere die leistungsbezogenen Zielsetzungen von Schülern ein viel beachtetes theoretisches Konzept geworden (Ames & Archer, 1988; Elliott & Dweck, 1988; Elliot, 1997; Harackiewicz et al., 2000). Für das Unterrichtsgeschehen erwies sich die Unterscheidung zwischen Leistungs- und Bewältigungszielen (performance vs. mastery) als bedeutungsvoll. Leistungsziele sind solche, in denen es darum geht, Leistung und Kompetenz im Vergleich mit Mitschülern zu zeigen, während es bei Bewältigungszielen darum geht, in der Schule etwas zu lernen, um dadurch die eigene Kompetenz zu steigern und Aufgaben besser bewältigen zu können (Ames & Archer, 1988).

In einem von Elliot (1997) entwickelten „hierarchischen Motivationsmodell" werden nun diese Ziele in ein klassisches Motivationsmodell, das aus globalen Motiven auf der einen und spezifischen Verhaltens- und Erlebensweisen auf der anderen Seite besteht, als Variablen „mittlerer Reichweite" eingebaut. Sie sollen gewissermaßen zwischen den globalen Motiven und den spezifischen Verhaltens- und Erlebensweisen im Unterricht vermitteln. In der bereits zitierten Untersuchung (Schmalt, in Vorb.) haben wir deshalb auch diese Ziele erfasst und setzen Motive, Ziele und verschiedene leistungsthematische Erlebens- und Verhaltensweisen miteinander in Beziehung. Aus den vielfältigen Zusammenhangsmustern, die sich zwischen Motiven, Zielen und leistungsthematischen Erlebens- und Verhaltensweisen ergeben, greifen wir hier die Interaktion zwischen aktiver Furcht vor Misserfolg (FMa) und dem Bewältigungsziel (in der Schule etwas lernen wollen) heraus. Abb. 3 veranschaulicht die Interaktion der aktiven Furcht vor Misserfolg (FMa) mit dem Bewältigungsziel auf den Notenschnitt für Deutsch und Mathematik. Wie Abb. 3 zeigt, gibt es keine generellen Effekte von Motiv oder Ziel auf die Noten, sondern nur eine Wechselwirkung beider. Einen guten

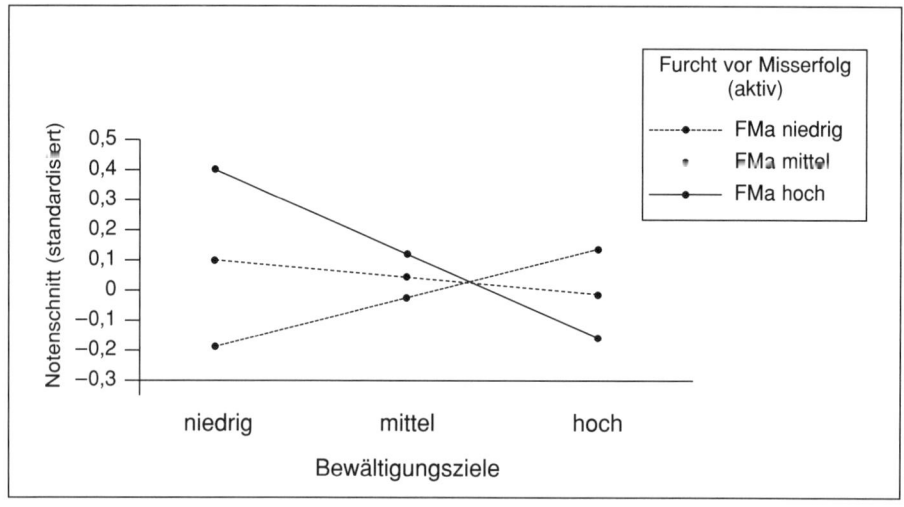

Abbildung 3:
Interaktion von aktiver Furcht vor Mißerfolg und Bewältigungszielen auf den Notendurchschnitt (nach Schmalt, in Vorb.).

Notenschnitt erreichen Schüler mit hoher aktiver Misserfolgsängstlichkeit, die gleichzeitig in hohem Maße Bewältigungsziele, nämlich in der Schule etwas lernen zu wollen, übernehmen. Die weitaus schlechtesten Noten erzielen Schüler mit hoher aktiver Misserfolgsängstlichkeit, die keine Bewältigungsziele übernehmen; ganz offensichtlich setzt sich dann, wenn kein Lern- oder Bewältigungsziel gebildet wird, der meidende Regulationsfokus des Misserfolgsmotivs mit seinen leistungsbeeinträchtigenden Auswirkungen durch.

Ein weiterer Befund, der die Stärken und Schwächen globaler und spezifischer Maße für Motivation im Unterrichtsgeschehen verdeutlicht, kommt aus einer Untersuchung von Rheinberg, Vollmeyer und Burns (2001). In dieser Studie wurde der Informationsgewinn bei einer Problemlöseaufgabe untersucht. Es ging hierbei darum, die Funktionsweise eines komplexen Systems herauszufinden, um es möglichst schnell selbst steuern zu können. Die verwerteten Systeminformationen wurden erfasst zu Anfang des Versuchs, noch ohne Erfahrung mit dem System („Runde 1") und bei zunehmender Vertrautheit mit der Aufgabe („Runde 2" und „Runde 3"). Auf der Seite der Prädiktoren wurde das LM-Gitter (hier das bereits erwähnte NH-Maß) sowie der FAM (Rheinberg et al., 2001) berücksichtigt, der aufgaben- und situationsspezifische Herausforderungen und Interessen misst. Die Güte der Vorhersagen der verschiedenen Prädiktoren auf den Informationsgewinn (hier dargestellt als „Prozent gemeinsame Varianz") ist in Abb. 4 dargestellt und gestattet, den Beitrag globaler und spezifischer motivationaler Variablen für die Verhaltensvorhersage abzuschätzen. Die Befunde stehen klar in Übereinstimmung mit den motivationstheoretischen Ableitungen.

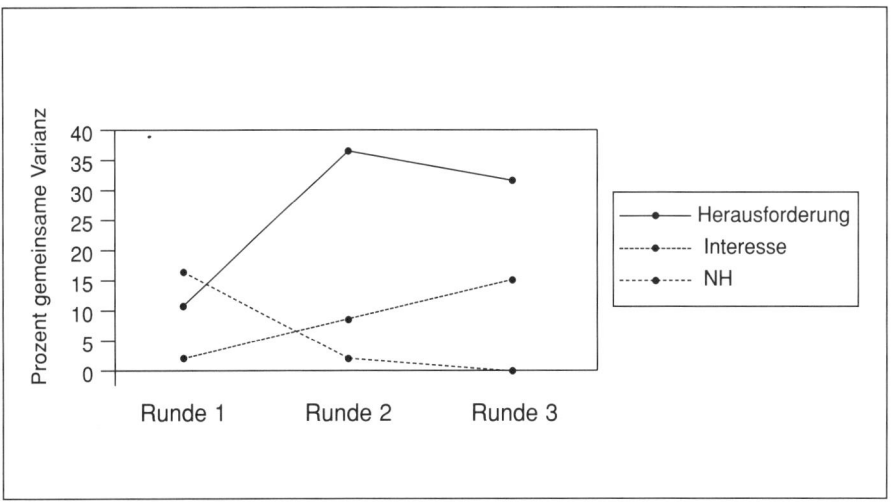

Abbildung 4:
Gemeinsame Varianz zwischen dem Wissenserwerb und den FAM-Faktoren Herausforderung und Interesse sowie dem NH-Wert aus dem LM-Gitter (nach Rheinberg et al., 2001).

Wenn noch keine spezifischen Erfahrungen mit einer Leistungsaufgabe vorliegen, ist das globale Leistungsmotiv (NH) der beste Prädiktor. Sobald jedoch spezifische Erfahrungen mit einer vormals unbekannten Problemlöseaufgabe vorliegen, ändert sich das Bild; nun wird ein Maß für aufgabenspezifische Herausforderungen (FAM) ein zuverlässiger Prädiktor.

7.3 Motivänderungsprogramme im Klassenraum

Die überwältigende Mehrzahl von Untersuchungen zum Einfluss motivationaler Variablen auf das Unterrichtsgeschehen zeigt, dass erfolgsmotivierte Schüler im Vergleich zu den misserfolgsmotivierten besser und effizienter mit schulischen Anforderungen umgehen und mit größerem Spaß bei der Sache sind. Manche Schwierigkeiten und Benachteiligungen von misserfolgsängstlichen Schülern lassen sich sicherlich durch differenzierende Maßnahmen im Unterricht – z. B. individualisierte Aufgabenzuweisung und Leistungsrückmeldung – z. T. neutralisieren, die ungünstige dispositionelle Motivausstattung und ihr Beeinträchtigungspotential bleiben jedoch bestehen, so dass es lohnend erscheint, Versuche zu unternehmen, eine solche dysfunktionale und beeinträchtigende Motivdisposition zu verändern. Es gibt deshalb seit einigen Jahrzehnten eine eigene Forschungstradition, die sich mit Möglichkeiten der Modifikation dysfunktionaler Motivdispositionen im Schulunterricht beschäftigt (zusf. Rheinberg & Krug, 1999).

In den meisten der im deutschsprachigen Raum durchgeführten Interventionsstudien wurde zum Nachweis der erzielten Effekte – z. B. Verminderung von „Furcht vor Misserfolg" – das LM-Gitter eingesetzt. Die in diesen Studien oftmals nachgewiesenen Effekte des Modifikationsprogramms stellen deshalb einen zentralen Gültigkeitsbeleg für die Tauglichkeit des Programms dar und sind gleichermaßen als Belege für die Gültigkeit des LM-Gitters anzusehen. Modifikationsprogramme zur Reduzierung von Misserfolgsängstlichkeit setzen bei typischen Erlebens- und Verhaltensweisen von Misserfolgsmotivierten an. Misserfolgsmotivierte Schüler neigen dazu, im schulischen Kontext ein negatives Selbstkonzept eigener Kompetenz zu entwickeln, sich häufig zu über- oder unterfordern, Leistungsanforderungen möglichst aus dem Wege zu gehen und wenn sie sich dennoch auf leistungsbezogene Tätigkeiten einlassen, mit geringer Effizienz zu arbeiten. Es besteht also Veranlassung genug, den Versuch zu unternehmen, über geeignete Interventionstechniken an diesen negativen Erlebens- und Verhaltensweisen anzusetzen, um darüber die Misserfolgsängstlichkeit von Schülern zu reduzieren. Die Entwicklung entsprechender Maßnahmen geschah auf dem Hintergrund des von Heckhausen (1980) entwickelten Modells des Leistungsmotivs als ein Selbstbewertungssystem. Diese Modellvorstellung baut auf der zentralen Annahme auf, dass sich Erfolgs- und Misserfolgsmotivierte im Umgang mit Ursachenzuschreibungen für die von ihnen erzielten Leistungen deutlich unterscheiden. Während sich die Erfolgsmotivierten hauptsächlich für ihre Erfolge persönlich verantwortlich fühlen und vornehmlich mit ihrer guten Begabung in Verbindung bringen, einen Misserfolg hingegen mit widrigen Umständen oder unzureichender Anstrengung erklären, führen die Misserfolgsmotivierten ihre Erfolge eher auf äußere glückliche Umstände zurück und belasten sich selbst mit der Verantwortlichkeit für Misserfolge, die sie mit mangelnder eigener Begabung in Verbindung bringen. Eine solche Asymmetrie in den Ursachenzuschreibungen ist mit unterschiedlichen affektiven Konsequenzen (Selbstbekräftigungen) verbunden. Der Umstand, dass sich Erfolgsmotivierte eher für ihre Erfolge, Misserfolgsängstliche sich hingegen eher für ihre Misserfolge verantwortlich fühlen, hat zur Konsequenz, dass die Affektbilanz der Erfolgsmotivierten sehr viel positiver ist als die der Misserfolgsmotivierten. Diese vergleichsweise schlechtere Selbstbewertungsbilanz der Misserfolgsängstlichen bewirkt, dass Leistungsverhalten für sie nicht positiv bekräftigend wirkt – sie versuchen, Leistungstätigkeiten wenn irgend möglich zu umgehen; wenn dies nicht möglich ist, wählen sie häufig Aufgaben, die weit über oder unter ihrem Leistungsvermögen liegen. Sie tun dies, um selbstwertbelastende Rückschlüsse über ihre eigene Fähigkeit möglichst zu vermeiden, haben allerdings auch keine Chancen, ihre tatsächlichen Leistungsmöglichkeiten zu erfahren und sich ein positiveres Selbstbewertungsverhalten anzueignen. Das Motivsystem stabilisiert sich selbst. Ein verhängnisvoller Kreisprozess.

Neben diesen Auswirkungen auf das Selbstbewertungssystem Erfolgs- und Misserfolgsmotivierter ist der unterschiedliche Einsatz der Ursachenelemente „mangelnde Anstrengung" vs. „mangelnde Begabung" für negative Ereignisse auch von weitreichender Bedeutung auf der Verhaltensebene, weil bei einer Attribuierung auf Begabungsmängel bei negativen Ereignissen, wie es die Misserfolgsängstlichen dispositionell bevorzugen, in der Regel eine weitere Beschäftigung mit der Aufgabe, um doch noch einen Erfolg zu erreichen, unterbleibt. Günstiger wäre hier die Übernahme des für die Erfolgsmotivierten typischen Attribuierungsstils, nämlich einen Misserfolg mit mangelnder Anstrengung zu erklären. Eine solche Attribuierung verbessert die Selbstbewertungsbilanz und hält Leistungsbemühungen auch angesichts negativer Ereignisse aufrecht.

Seltsamerweise gibt es nicht viele empirische Untersuchungen, die diese zentrale Annahme des Selbstbewertungsmodells anhand expliziter Attribuierungen überprüft hätten. Eine deutliche Unterstützung für die Annahme asymmetrischer selbstwertbelastender Attribuierungen für Erfolg und Misserfolg durch misserfolgsmotivierte Schüler kommt aus einer Untersuchung von Schmalt (1982). In dieser Untersuchung, die im Klassenraum stattfand, arbeiteten die Schüler an einer visuellen Diskriminationsaufgabe und nahmen anschließend Attribuierungen für ihre Leistungsergebnisse vor, die als Erfolg oder Misserfolg eingestuft wurden. Das Leistungsmotiv wurde mit dem LMG gemessen. Die Hauptbefunde dieser Untersuchung, bezogen auf die passive Furcht vor Misserfolg (FMp), sind in Abb. 5 dargestellt, und zwar für die hier interessierenden Ursachenelemente „Begabung" und „Anstrengung". Beides sind internale Ursachen, und Erfolg wird mehr als Misserfolg mit diesen Ursachen in Verbindung gebracht, ein Effekt, der als „hedonische Verzerrung" bekannt ist und häufig empirisch nachgewiesen wurde. Unter sonst vergleichbaren Bedingungen ist es für die Entwicklung und Aufrechterhaltung eines positiven Selbstbildes günstig, sich eher für Erfolge und nicht so sehr für Misserfolge persönlich verantwortlich zu fühlen. Deutlich sind darüber hinaus die interindividuellen Unterschiede in Bezug auf das Misserfolgsmotiv. Hoch misserfolgsmotivierte (FMp) Schüler erklären einen Misserfolg deutlich mehr mit „mangelnder Begabung" und weniger mit „mangelnder Anstrengung" als die niedrig misserfolgsmotivierten Schüler. Es scheint also durchaus angemessen, solche Attribuierungsasymmetrien in Rechnung zu stellen und zu versuchen, über deren Veränderung eine Motivänderung zu erreichen.

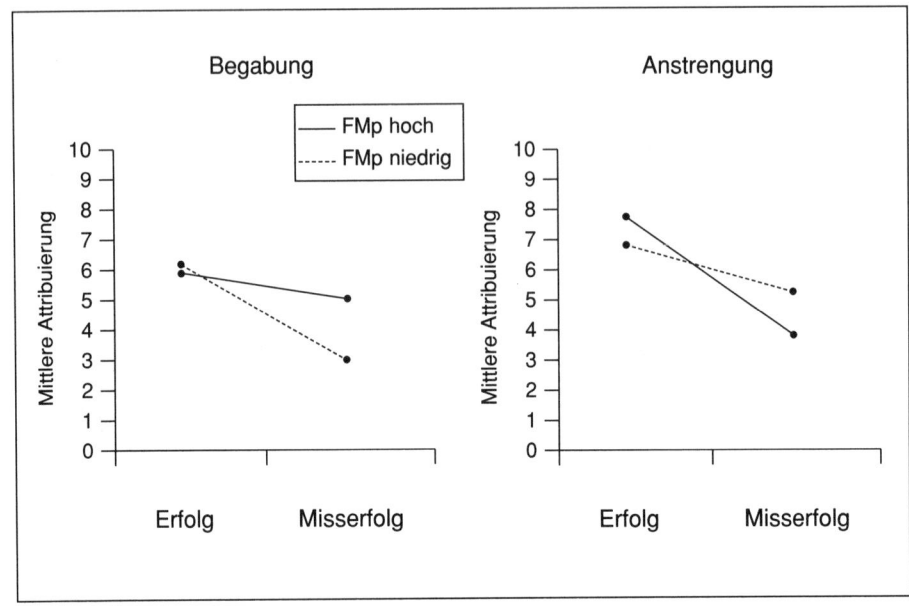

Abbildung 5:
Mittlere Attribuierungen auf Begabung und Anstrengung in Abhängigkeit von Furcht vor Misserfolg (FMp) (nach Schmalt, 1982).

Die entwickelten Motivänderungsprogramme fokussieren denn auch im wesentlichen auf drei Aspekte:
– dass Misserfolgsängstliche lernen, sich mit realistischen Aufgabenanforderungen zu konfrontieren und angemessene Schwierigkeitsgrade zu wählen,
– dass Misserfolgsängstliche lernen, Erfolge und Misserfolge nicht in selbstwertbelastender Weise zu erklären
– und insbesondere lernen, negative Ereignisse nicht mit mangelnder Begabung, sondern mit mangelnder Anstrengung zu erklären.

Ein Motivänderungsprogramm zur Behebung einer misserfolgsängstlichen Leistungsmotivation, das auf diesem attributionstheoretischen Ansatz beruht und an den beschriebenen asymmetrischen Attributionsmustern für Erfolg und Misserfolg ansetzt, haben Krug und Hanel (1976) durchgeführt und auf Wirksamkeit überprüft. Wesentliche Programminhalte bestanden darin, misserfolgsängstliche Schüler zu veranlassen, Aufgaben angemessener Schwierigkeit zu wählen und ihnen zu verdeutlichen, dass Erfolg und Misserfolg am ehesten mit der investierten Anstrengung in Zusammenhang stehen. Der „Kniff" bei diesem Vorgehen besteht darin, durch Wahl einer Aufgabe, deren Schwierigkeit auf den eigenen Fähigkeitsstand bezogen ist, (mangelnde) Begabung als mögliches Ursachenelement für die Erklärung von Misserfolg auszublenden und Anstrengungsunterschiede als Ursache salient zu machen.

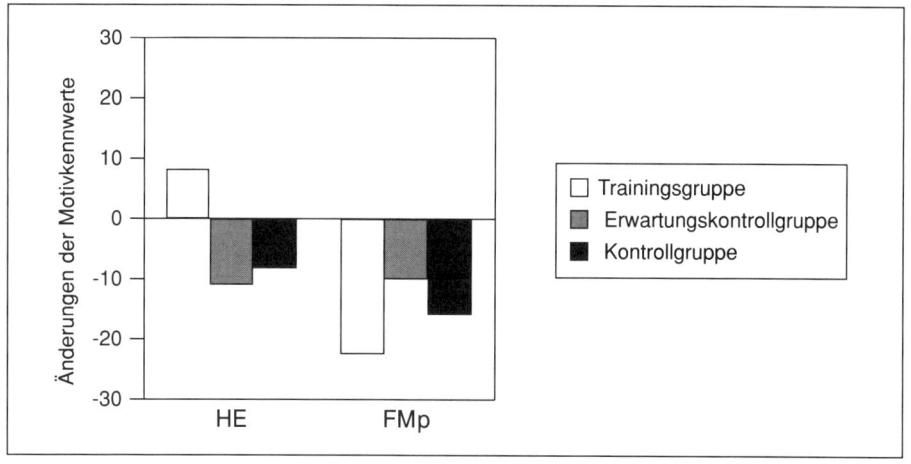

Abbildung 6:
Änderung von „Hoffnung auf Erfolg" (HE) und „Furcht vor Misserfolg" (FMp)
in den drei Versuchsgruppen vor und nach der Durchführung des Trainingsprogramms
(nach Krug und Hanel, 1976).

An der von Krug und Hanel (1976) durchgeführten Untersuchung nahmen misserfolgsängstliche und leistungsschwache Schüler einer 4. Grundschulklasse teil. Die Änderung der Kennwerte für das Leistungsmotiv (HE und FMp) vor und nach dem Trainingsprogramm zeigt Abb. 6. Es wird dort deutlich, dass bei der Trainingsgruppe, im Vergleich zu einer Kontroll- und einer Erwartungskontrollgruppe, die erfolgsbezogene Tendenz des Leistungsmotivs ansteigt, während sich die misserfolgsmeidende Tendenz verringert. Ähnliche Effekte konnten in einer Reihe von Nachfolgeuntersuchungen bei verschiedenen Probandengruppen bei weiterer Verfeinerung des Trainingsprogramms beobachtet und mit Hilfe des LM-Gitters nachgewiesen werden (vgl. Heckhausen et al., 1985, Kap. 5 und 6).

Eine andere einschlägige Untersuchung basiert auf einer Adaptation dieses Programms zur Förderung der Leistungsmotivation im Sportunterricht und wurde an der Deutschen Sporthochschule in Köln entwickelt (Hecker, Kleine, Weßling-Lünnemann & Beier, 1979). Wesentlicher Programminhalt war hier die Vermittlung fähigkeitsangemessener Strategien der Aufgabenwahl bei einer Hochsprungaufgabe. Das Trainingsprogramm kam während des 3. Schuljahres in mehreren Versuchsklassen insgesamt fünfzehnmal zum Einsatz. Es führte zunächst, wie erwartet, zu einer zunehmend realistischeren Anspruchsniveausetzung, aber auch zu einer Änderung im Motivbereich (vgl. Abb. 7). Nach Beendigung der Trainingsserien waren die Versuchsgruppen erfolgszuversichtlicher als die Kontrollgruppen, ein Effekt, der sich hier ausschließlich auf das Motivmaß HE zurückführen lässt.

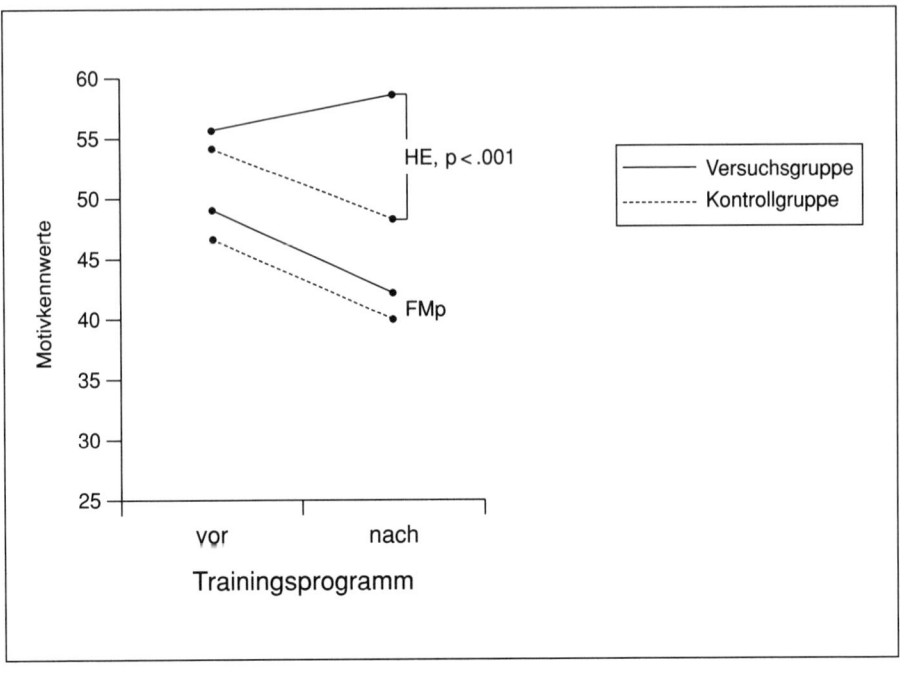

Abbildung 7:
Änderungen von „Hoffnung auf Erfolg"(HE) und „Furcht vor Misserfolg" (FMp) in Versuchs- und Kontrollgruppen vor und nach der Durchführung des Trainingsprogramms (nach Hecker et al., 1979).

Interessanterweise traten in dieser Untersuchung auch entsprechende Veränderungen in den Attributionsmustern auf. Erfolg wurde häufiger mit den internalen Faktoren Begabung und Anstrengung und seltener mit externalen Faktoren erklärt. Dieser Befund unterstreicht die Validität der gefundenen Veränderungen im Motivbereich. Winterstein (1991) berichtet ähnliche Befunde für ein in Brasilien durchgeführtes Motivänderungprogramm. In dieser Studie konnte der förderliche Effekt anhand eines deutlich absinkenden Wertes für Furcht vor Misserfolg (FMp) nachgewiesen werden. Zusammenfassend weisen diese Arbeiten sowohl auf die Brauchbarkeit der Interventionsmethoden wie auch auf einen speziellen Aspekt der Gültigkeit des LM-Gitters hin, der dieses Verfahren für Probleme der Motivdiagnostik im Unterricht besonders geeignet erscheinen lässt.

7.4 Schlussfolgerung

Zusammenfassend gesehen zeigen die hier berichteten Untersuchungen zum LM-Gitter für Kinder und Jugendliche, dass das Verfahren ein wichtiges und zuverlässig arbeitendes Diagnostikum für das Leistungsmotiv darstellt. Es besitzt eine stabile 3-faktorielle Struktur, die sich in mehreren Stichproben unter Einsatz ganz unterschiedlicher Methoden auffinden lässt. Die Struktur ist bei Jungen ebenso wie bei Mädchen, in verschiedenen Schultypen, auch bei wiederholter Testanwendung und ebenso bei einer neu entwickelten Kurzversion replizierbar. Das Verfahren arbeitet in jeder Hinsicht zuverlässig. Die hier vorgenommene Auswahl an empirischen Untersuchungen zur Validität des Verfahrens bezieht sich ebenso auf experimentelle Anordnungen, korrelative Untersuchungen und Überprüfungen von Motivänderungsprogrammen. Aus dem nomologischen Netzwerk zum Leistungsmotiv konnten mit Hilfe des LM-Gitters eine ganze Reihe von motivgebundenen Unterschieden aufgezeigt werden, so etwa im Leistungsverhalten, Ausdauerverhalten, bei Zielsetzungen und Ursachenzuschreibungen für Erfolg und Misserfolg sowie beim Nachweis der Tauglichkeit von Motivänderungsprogrammen. In allen Untersuchungen hat sich das LM-Gitter hinsichtlich seiner Gültigkeit in vollem Umfang bewährt.

7.5 Literatur

Ach, N. (1910). *Über den Willensakt und das Temperament.* Leipzig: Quelle und Meyer.
Ames, C. & Archer, J. (1988). Achievement goals in the classroom: Students' learning strategies and motivation processes. *Journal of Educational Psychology, 80,* 260–267.
Arbuckle, J. L. (1997). *Amos Users' Guide. Version 3.6.* Chicago: SmallWaters Corporation.
Asendorpf, J. B., Weber, A. & Burkhardt, K. (1994). Zur Mehrdeutigkeit projektiver Testergebnisse: Motiv-Projektion oder Thema-Sensitivität? *Zeitschrift für Differentielle und Diagnostische Psychologie, 15,* 155–165.
Atkinson, J. W. (1964). *An introduction to motivation.* Princeton, N.J.: Van Nostrand.
Bargh, J. A. & Chartrand, T.L. (1999). The unbearable automaticity of being. *American Psychologist, 54,* 461–479.
Baumeister, R. F. (1999). The nature and structure of the self: An overview. In R.F. Baumeister (Ed.), *The self in social psychology* (pp. 1–20). Philadelphia: Psychology Press.
Bollen, K. A. (1989). *Structural equations with latent variables.* New York: Wiley.
Burkhardt, K., Zumkley, H. & Kornadt, H.-J. (1987). Das Aggressions-Motiv-Gitter. Konstruktion und erste Ergebnisse. *Diagnostica, 33,* 339–353.
Elliot, A. J. (1997). Integrating the „classic" and „contemporary" approaches to achievement motivation: A hierarchical model of approach and avoidance achievement motivation. In M.L. Maehr & P. R. Pintrich (Eds.), *Advances in motivation and achievement* (pp. 143–179). Grennwich, Connecticut: Jai Press.
Elliott, E. S. & Dweck, C. S. (1988). Goals: An approach to motivation and achievement. *Journal of Personality and Social Psychology, 54,* 5–12.
Endler, N. S., Edwards, J. M., Vitelli, R. & Parker, J. D. A. (1989). Assessment of state and trait anxiety: Endler Multidimensional Anxiety Scales. *Anxiety Research: An International Journal, 2,* 1–14.
Gray, J. A. (1987). *The psychology of fear and stress* (2nd ed.). New York: McGraw-Hill.
Halisch, F. (1982). Über die Güteeigenschaften des LM-Gitters für Kinder (Schmalt). Kritische Anmerkungen zu einer Analyse von Krug & Walter (1979). *Diagnostica, 28,* 146–153.

Harackiewicz, J. M., Barron, K. E., Tauer, J. M., Carter, S. M. & Elliot, A. J. (2000). Short-term and long-term consequences of achievement goals: Predicting interest and performance over time. *Journal of Educational Psychology, 92,* 316–330.

Hayduck, L. A. (1989). *Structural equation modeling with LISREL: Essential and advances.* Baltimore: The Johns Hopkins University Press.

Hecker, G., Kleine, W., Wessling-Lünnemann, G. & Beier, A. (1979). Interventionsstudien zur Entwicklungsförderung der Leistungsmotivation im Sportunterricht. *Zeitschrift für Entwicklungspsychologie und Pädagogische Psychologie, 11,* 153–169.

Heckhausen, H. (1963). *Hoffnung und Furcht in der Leistungsmotivation.* Meisenheim: Hain.

Heckhausen, H. (1967). *The anatomy of achievement motivation.* New York: Academic Press.

Heckhausen, H. (1980). *Motivation und Handeln.* Berlin: Springer.

Heckhausen, H., Schmalt, H.-D. & Schneider, K. (1985). *Achievement motivation in perspective.* New York: Academic Press.

Higgins, E. T. (1997). Beyond pleasure and pain. *American Psychologist, 52,* 1280–1300.

Ingenkamp, K. (1985). *Lehrbuch der pädagogischen Diagnostik.* Weinheim: Beltz.

King, L. A. (1995). Wishes, gender, goals, and personal memories: Relations of measures of human motivation. *Journal of Personality, 63,* 985–1007.

Krug, S. & Hanel, J. (1976). Motivänderung: Erprobung eines theoriegeleiteten Trainingsprogramms. *Zeitschrift für Entwicklungspsychologie und Pädagogische Psychologie, 8,* 274–287.

Lewin, K. (1926). Untersuchungen zur Handlungs- und Affektpsychologie II: Vorsatz, Wille und Bedürfnis. *Psychologische Forschung, 7,* 330–385.

Liebert, R. M. & Morris, L. W. (1967). Cognitive and emotional components of test anxiety: A distinction and some initial data. *Psychological Reports, 20,* 975–978.

Marbe, K. (1915). Der Begriff der Bewußtseinslage. *Fortschritte der Psychologie und ihrer Anwendungen, 3,* 27–39.

McClelland, D. C. (1980). Motive dispositions: The merits of operant and respondent measures. In L. Wheeler (Ed.), *Review of personality and social psychology* (pp 10–41). Beverly Hills, CA: Sage.

McClelland, D. C., Atkinson, J. W., Clark, R. A. & Lowell, E. L. (1953). *The achievement motive.* New York: Appleton-Century-Crofts.

McClelland, D. C., Koestner, R. & Weinberger, J. (1989). How do self-attributed and implicit motives differ? *Psychological Review, 96,* 690–702.

McGlinchey-Berroth, R., Milberg, W. P., Verfaellie, M., Alexander, M. & Kilduff, P. T. (1993). Semantic processing in the neglected visual field: Evidence from a lexical decision task. *Cognitive Neuropsychology, 10,* 79–108.

Murray, H. A. (1943). *Thematic Apperception Test: Manual.* Cambridge: Harvard University Press.

Rheinberg, F. & Krug, S. (1999). *Motivationsförderung im Schulalltag* (2. Aufl.). Göttingen: Hogrefe.

Rheinberg, F., Vollmeyer, R. & Burns, B. D. (2001). FAM: Ein Fragebogen zur Erfassung aktueller Motivation in Lern- und Leistungssituationen. *Diagnostica, 47,* 57–66.

Roediger, H. L. & McDermott, K. B. (1993). Encoding specificity in perceptual priming. In A. Garriga-Trillo, P. R. Miñón, C. Garcia-Gallego, P. Lubin, J. M. Merino & A. Villarino (Eds.), *Proceedings of the Nineth Annual Meeting of the International Society for Psychophysics* (pp. 227–232). Madrid: UNED.

Rösler, F., Jesse, J., Manzey, D. & Grau, U. (1982). Ist das LM-Gitter nur ein LM-Test? Eine dreimodale Faktorenanalyse des LM-Gitters für Kinder (Schmalt). *Diagnostica, 28,* 131–145.

Sarason, I. G. (1975). Anxiety and self-preoccupation. In I. G. Sarason & C. D. Spielberger (Eds.), *Stress and anxiety,* Vol. 2, pp. 27–44. Washington, D. C.: Hemisphere.

Schmalt, H.-D. (1976). *Die Messung des Leistungsmotivs.* Göttingen: Hogrefe.

Schmalt, H.-D. (1982). Two concepts of fear of failure motivation. In R. Schwarzer, H. van der Ploeg & C. D. Spielberger (Eds.), *Advances in test anxiety research* (pp. 45–52). Lisse: Swets & Zeitlinger.
Schmalt, H.-D. (1999). Assessing the achievement motive using the grid technique. *Journal of Research in Personality, 33,* 109–130.
Schmalt, H.-D. (in Vorb.). *Motives, goals, and motivation: Extending construct validity of the Achievement-Motive Grid (AMG).*
Schmalt, H.-D. & Schab, W. (1984). Methodenkritische Untersuchungen zum LM-Gitter für Kinder (Schmalt). *Diagnostica, 30,* 282–298.
Schmalt, H.-D. & Sokolowski, K. (2000). Zum gegenwärtigen Stand der Motivdiagnostik. *Diagnostica, 46,* 115–123.
Schmalt, H.-D. & Sokolowski, K. (in Vorb.). Motivation. In H. Spada (Hrsg.), *Allgemeine Psychologie.*
Schmalt, H.-D., Sokolowski, K. & Langens, T.A. (2000). *Das Multi-Motiv-Gitter für Anschluß, Leistung und Macht.* Frankfurt: Swets.
Schultheiß, O. C. (2001). An information processing account of implicit motive arousal. In M. L. Maehr & P. Pintrich (Eds.), *Advances in motivation and achievement, Vol. 12: Methodology in motivation research* (pp 1–41). Greenwich: JAI Press.
Smits, B. & Schmalt, H.-D. (1978). Dimensionsanalytische Untersuchungen des LM-GITTERs für Kinder (SCHMALT). *Diagnostica, 24,* 146–161.
Sokolowski, K., Schmalt, H.-D., Langens, T.A. & Puca, R.M. (2000). Assessing achievement, affiliation, and power motives all at once: The Multi-Motiv Grid (MMG). *Journal of Personality Assessment, 74,* 126–145.
Spangler, W.D. (1992). Validity of questionnaire and TAT measures of need for achievement: Two meta-analyses. *Psychological Bulletin, 112,* 140–154.
Stevens, J. (1992). *Applied multivariate statistics for the social sciences.* Hillsdale, N.J.: Erlbaum.
Wine, J. (1971). Test anxiety and direction of attention. *Psychological Bulletin, 76,* 92–104.
Winkielman, P., Berridge, K.C. & Wilbarger, J. (2002). *Doing without feeling: Unconscious affect influences human consumption.* Manuscript submitted for publication.
Winter, D. G., John, O. P., Stewart, A. J., Klohnen, E. C. & Duncan, L. E. (1998). Traits and motives: Toward an integration of two traditions in personality research. *Psychological Review, 105,* 230–250.
Winterstein, P. J. (1991). *Leistungsmotivationsförderung im Sportunterricht.* Hamburg: Verlag Dr. Kovac.
Woike, B. A. (1995). Most-memorable experiences: Evidence for a link between implicit and explicit motives and social cognitive processes in everyday life. *Journal of Personality and Social Psychology, 68,* 1081–1091.

Kapitel 8

Der Operante Motiv-Test (OMT): ein neuer Ansatz zur Messung impliziter Motive

Julius Kuhl, David Scheffer und Jan Eichstaedt

Zusammenfassung

Menschliche Motive sind komplexe hypothetische Konstrukte, die sich offenbar über die individuelle Selbsteinschätzung nur unzureichend erfassen lassen. Dieser implizite Charakter von menschlichen Motiven wie dem Leistungs-, Macht- oder Bindungsmotiv lässt sich zum einen durch ihren empirisch nachgewiesenen frühkindlichen Entwicklungsverlauf begründen. Wir halten es daher für wesentlich, dass eine Motivmessung entwicklungspsychologisch konzeptionalisiert ist. Zum anderen lässt sich der implizite Charakter von Motiven aber auch durch die Komplexität der zugrundeliegenden Wissensbasis dieses Konstruktes begründen, welche einer einfachen Introspektion Grenzen setzt. Ein Motiv beinhaltet unserer Auffassung nach neben sozialen Bedürfnissen, welche sich u. a. in früher Kindheit gebildet haben können, auch eine handlungsregulatorische Komponente, welche die Umsetzung der Bedürfnisse steuert oder kanalisiert. Neuere kognitionspsychologische Befunde legen nahe, dass das Wissen über Systemverbindungen zwischen unterschiedlichen Subsystemen der Persönlichkeit wie Bedürfnissen, handlungsregulatorischen und Wahrnehmungsprozessen implizit ist. Durch die Persönlichkeits-Interaktions-Theorie versuchen wir, die Vielfalt der Befunde in der Motivationsforschung zu integrieren und den impliziten Charakter von Motiven funktionsanalytisch zu begründen.

8.1 Implizite vs. explizite Motive

Wenn man die Bedürfnisse oder Motive eines Menschen messen will, kann man ihn entweder direkt fragen (explizite Messung) oder indirekt aus seinem spontanen Verhalten erschließen (implizite Messung). Wenn man davon ausgeht, dass nicht jeder Mensch willens und in der Lage ist, über seine Bedürfnisse und Motive Auskunft zu geben, kann man von direkten Methoden (z. B. Fragebögen) keine hohe Validität erwarten. Da Verhaltensbeobachtungen sehr aufwändig sind, versucht man in der Motivationsforschung schon seit mehr als einem halben Jahrhundert Motive durch die Fantasiegeschichten zu messen, die Probanden zu vielfach interpretierbaren Bildvorlagen erfinden (z. B. Thematischer Apperzeptions-Test nach Murray, 1938). Das Grundprinzip ist einfach: Wer zu einem Paar, das auf einer Parkbank an einem Flussufer sitzt, eine Liebesgeschichte erzählt, dürfte ein stärkeres Bedürfnis nach persönlichen Beziehungen haben (Affiliation, Bindung) als jemand, der in den beiden Personen Wissenschaftler sieht, die sich während der Mittagspause gerade über eine neue

Erfindung unterhalten (Leistungsbedürfnis) oder einen Chef, der gerade seinem Mitarbeiter Anweisungen gibt (Machtbedürfnis).

In einem programmatischen Beitrag haben McClelland, Koester und Weinberger (1989) beschrieben, wie sich implizite und explizite Motive unterscheiden. Sie verweisen darauf, dass bereits auf operationaler Ebene zwischen spontanen, „operanten" (früher: „projektiven") Verfahren, die implizite Motive messen sollen, und respondenten oder „self-report" Maßen, die explizite Motive operationalisieren, keine empirischen Korrelationen bestehen. Diese These ist seitdem mehrfach repliziert worden und kann mittlerweile als Faktum gelten: Subjektive Einschätzungen über persönliche Werte oder Anliegen in Fragebögen und Interviews sind auch dann empirisch von operanten inhaltsanalytischen Motivmessungen unabhängig, wenn sie die gleichen thematischen Bereiche erfassen sollen (Brunstein, Schultheiß & Grässmann, 1998; King, 1995; Kuhl & Wessel, 1994; zusammenfassend Spangler, 1992).

Auch die Validitäten impliziter Motivmaße unterscheiden sich deutlich von denen expliziter, wobei erstere offenbar besonders bei spontanen, nicht-reaktiven Kriterien (wie bspw. Karriereverläufen) die bessere Vorhersage ermöglichen (McClelland & Boyatzis, 1982; Spangler, 1992). Auch eine rezente Meta-Analyse von Meyer, Finn, Eyde, Kay, Moreland, Dies, Eisman, Kubiszyn & Reed (2001) zeigt, dass generell operante Methoden wie der TAT oder Rorschach bezüglich ihrer Validität oft besser abschneiden als respondente Methoden bzw. „self reports" (wie bspw. der NEO oder der MMPI).

Relativ wenig sagen McClelland, Koestner und Weinberger (1989) jedoch darüber aus, *warum* sich explizite Motive von impliziten unterscheiden. Als Begründung hierfür findet man z. B. das folgende Zitat:

„The implicit motives seem more likely to be built on affective experiences with natural incentives early in life, before the development of language, than are self-attributed motives that would develop later, after concepts of the self, others, and what is valuable have been acquired (McClelland, Koestner & Weinberger, S. 697, 1989)."

Während man den Stand der experimentellen und prognostischen Validierung impliziter Motive sicherlich als sehr hoch einschätzen darf, steht die im Zitat angeklungene entwicklungspsychologische Validierung bislang noch weitgehend aus (s. hierzu aber McClelland & Pilon, 1983; Scheffer, 2001; Trudewind, 1975). Ohne eine solche entwicklungspsychologische Fundierung impliziter Motive bleibt unser Verständnis bezüglich der zugrundeliegenden Prozesse und ihrer Operationalisierung begrenzt. Unserer Ansicht nach bedarf es weiterer Anstrengungen, um den Gegenstandsbereich „implizite Motive" präziser zu beschreiben und zu verstehen. Mit dem Operanten Motiv Test (OMT) liefern wir hierfür ein Instrument, welches konzeptionell andere Verfahren wie den TAT oder das „Gitter" (Sokolowski, Schmalt & Langens, 2000) ergänzt und damit den Blick auf den Gegenstandsbereich erweitert.

In diesem Kapitel wollen wir die Überlegungen, die uns bei der Entwicklung dieses Verfahrens geleitet haben, darstellen. Im nächsten Kapitel werden wir dann Material, Auswertung, psychometrischen Kennwerte und Validität des Verfahrens darstellen. Die in diesem Kapitel entwickelten theoretischen Konstruktionsgrundlagen finden sich im nächsten daher auf einer praktisch-empirischen Ebene wieder.

8.2 Wesentliche Merkmale einer impliziten Motivmessung

Mehr als 60 Jahre intensiver konzeptioneller und empirischer Arbeit in der Motivationsforschung und neuere Entwicklungen angrenzender Gebiete ermöglichen es heute, wesentliche Merkmale einer impliziten Motivmessung herauszustellen.

8.2.1 Entwicklungspsychologischer Bezug

McClelland, Koestner & Weinberger (1989) begründen den impliziten Charakter von sozialen Motiven mit deren frühkindlichen Entwicklung, welche noch vor der Entstehung elaborierter Sprache beginnen soll. Zu dieser Hypothese haben McClelland & Pilon (1983) unterstützende Daten präsentiert: Kinder, die als Erwachsene eine hohe Motiv-Ausprägung aufweisen (im Bereich Affiliation, Leistung oder Macht), unterscheiden sich systematisch darin, wie sie von ihren Müttern erzogen wurden. Andere Untersuchungen deuten ebenfalls darauf hin, dass die Entstehung sozialer Motive mit frühen Entwicklungsabschnitten assoziiert zu sein scheint. Connors (1963) zeigte, dass Zweitgeborene in der Kindheit weniger Aufmerksamkeit und Wärme als ihre erstgeborenen Geschwister bekommen und als Erwachsene deshalb im Durchschnitt ein höheres Affiliationsmotiv haben. Youngleson (1973) stellte fest, dass in Heimen großgewordene Kinder später höhere Affiliationsmotivkennwerte aufweisen. Lundy & Poots (1987) schließlich fanden heraus, dass Erwachsene mit einem hohen Begegnungs(*intimacy*)- und Affiliationsmotiv sich besonders gut an „Übergangsobjekte", wie Schmusedecken, Spielzeuge oder Stofftiere erinnern, welche vor allem der Bewältigung von Trennungserlebnissen dienen.

Child, Storm und Veroff (1958) fanden frühe Erziehungsmuster von Eltern gegenüber ihren leistungsmotivierten Kindern, welche sie (1) als „achievement training" (Einfordern von Gütemaßstäben) und (2) als „independence training" (Einfordern früher Unabhängigkeit) skizzieren. Rosen & D'Andrade (1959) haben in ihrer klassischen Studie über die Wurzeln des Leistungsmotivs die oben beschriebenen zwei Komponenten auch in direkten Verhaltensbeobachtungen der Interaktionen zwischen Eltern und ihren Söhnen gefunden. Winterbottom (1958) zeigte in einer weiteren Studie, dass besonders die Mütter von Jungen mit einem hohen Leistungsmotiv signifikant *früher* Unabhängigkeit im Leben der Kinder einfordern als die Mütter von Jungen mit einem eher niedrigen Leistungsmotiv. Heckhausen (1972) sah in Kind-Variablen wie in der sensumotorischen Exploration und im „Selbermachen-Wollen" Vorläufer der Leistungsmotivation, die als Wirksamkeitsmotiv oder Funktionslust schon im 2. und 3. Lebensjahr beobachtbar sind. Auch er betont dabei die Wechselwirkung zwischen *Frühzeitigkeit* der Unabhängigkeitsanforderungen von Seiten der Eltern an das Kind und der *Altersangemessenheit* dieser Anforderungen. Er geht davon aus, dass eine frühe Förderung durch die Eltern das Leistungsmotiv positiv beeinflusst, wenn sie an das *Entwicklungsniveau des Kindes angepasst ist, also keine zu starke Überforderung darstellt.*

Trudewind (1975) stellte ebenfalls die Entwicklung des Leistungsmotivs in den Kontext der ökologischen Umwelt des Kindes. In seinem Modell der Genese des Leistungsmotivs wurden die proximaten Wirkungsmechanismen in Kontexten lokalisiert, welche über die Familienstruktur, die ökonomischen Bedingungen, Alters- und Geschlechtsrollenvorschriften bis hin zu gesellschaftlichen Ideologien reichen. Er konnte dabei zeigen, dass sich die Entwicklungsbedingungen verschiedener Komponenten des Leistungsmotivs deutlich unterscheiden. Die tüchtigkeitsbezogene Förderung und Stimulation der Kinder durch die Eltern wirkt sich offenbar aktivierend auf eine emotional eher *negative* Komponente des Leistungsmotivs aus, die auf die Vermeidung von Misserfolgen ausgerichtet ist.

Auch wenn diese Befunde zum Teil auf Beobachtungen mit Kindern bis zum Alter von 9 Jahren beruhen, deuten doch übergreifende Muster der gefundenen Erziehungsdimensionen auf einen stabilen, weit in die Kindheit zurückreichenden Hintergrund hin. Auch passen die Befunde gut zu kulturvergleichenden Untersuchungen, die zeigen, dass die Kulturen und Familien bei ihren Kindern eine hohe Leistungsmotivation bewirken, die (1) bei diesen die Auseinandersetzung mit Gütemaßstäben einfordern oder (2) darauf bestehen, dass die Kinder früh bestimmte Entwicklungsaufgaben alleine bewältigen (McClelland, 1961).

Eines der frühen entwicklungspsychologischen Konzepte zur Entstehung des Machtmotivs stammt von Adler (1927). Er betonte den sozialen Aspekt des Machtmotivs und sah dessen Entstehung vor dem Hintergrund der relativen Ohnmacht von Personen mit geringer Körpergröße, die sie zeitlebens danach streben lässt, diese Minderwertigkeit umzukehren. Dass auch eine Minderwertigkeit im weiteren Sinne das Bedürfnis nach Macht verstärken kann, zeigen Befunde, dass Menschen, die in aversiven Kontextbedingungen wie Armut, zerbrochenen Familien oder totalitären Regierungsformen aufwachsen, erhöhte Machtmotivkennwerte im TAT aufweisen (Veroff et al., 1980). Interessanterweise deutet auch die schon zitierte Untersuchung von McClelland und Pilon (1983) in diese Richtung: Signifikante Korrelationen zwischen mütterlichen Pflegepraktiken im Alter von 5 Jahren und einem erhöhten Machtmotiv dieser Kinder im Alter von 31–32 Jahren fanden sich nur bei der Duldung sexueller und aggressiver Impulse (r = .31; p < .01) sowie dem Fehlen von Lob für gutes Verhalten des Kindes am Tisch (r = .32; p < .01).

Zusammenfassend kann festgehalten werden, dass es eine Reihe von empirischen Hinweisen darauf gibt, dass wichtige Aspekte der sozialen Motivation in frühen Entwicklungsabschnitten entstehen. Die Befunde deuten überwiegend darauf hin, dass diese frühen Entwicklungsbedingungen einer „Ist-Soll-Diskrepanz" entsprechen, d.h., eher einen deprivierenden oder zumindest emotional kritischen Hintergrund aufweisen. Die Ansicht, dass Entzug bedürfnisrelevanter Anreize die Bedürfnis- und Motivstärke erhöht, ist übrigens bereits in den ersten Arbeiten mit dem TAT (Atkinson & McClelland, 1948) und auch von anderen Psychologen betont worden (Bischof, 1975; Lewin, 1926).

Kritisch bewerten muss man aber, dass der Deprivationshintergrund von Motiven empirisch und konzeptionell in der TAT-Tradition insgesamt eher randständig behandelt und implizit sogar konterkariert worden ist (McAdams, 1980). Auch muss man wohl die empirische Evidenz zur Genese insbesondere des Affiliations- und Machtmotivs als insgesamt zu wenig umfangreich, wenig detailliert und theoretisch nicht zufriedenstellend fundiert bezeichnen.

Ausgehend von der klassischen Definition eines Motivs von McClelland (1987) als „*a recurrent concern for a goal state based on a natural incentive a concern that energizes, orients, and selects behavior* (S. 590)", kann man konstatieren, dass die Motivationsforschung der letzten Jahrzehnte vor allem den zweiten Teil der Definition bestätigt hat. In vielen experimentellen und korrelativen Untersuchungen konnte belegt werden, dass Motive Verhalten energetisieren, orientieren und Lernen bedingen. Allerdings hat die bisherige Forschung wenig zum Verständnis des ersten Teils der Definition beigetragen.

McClelland (1987) hat eine Entwicklungs-Konzeptionalisierung von impliziten Motiven angedeutet und wie Trudewind (1975) auf eine ökologische Perspektive verwiesen. Wie übergreifend ein solcher Versuch sein muss, verdeutlicht z.B. die breit gefasste Konzeption von Whiting (1963). Auch das Entwicklungsmodell von Keller (2000) weist auf die Interdependenzen unterschiedlicher Ebenen (ökonomische, gesellschaftliche, familiäre und individuelle) bei der Entwicklung von motivationalen Orientierungen hin, sowie auf ihre evolutionäre Anpassungsbedeutung und auf kulturvergleichende Implikationen (s. auch Scheffer, 2001).

Die wichtigsten Grundannahmen des Modells von Keller sind die folgenden: Motivationale Orientierungen entstehen als Anpassungsleistungen an makrokontextuelle und -ökonomische Rahmenbedingungen. Unter Bedingungen harten Wettbewerbs, ungleich oder unvorhersehbar verteilten Ressourcen sind Motive im Sinne einer Tendenz, individuelle Bedürfnisse auch gegen Widerstände befriedigen zu wollen, von Vorteil (independente Orientierung). Eine relativ gleichverteilte, vorhersagbare Ressourcenlage lässt eher eine interdependente Orientierung adaptiv erscheinen, bei der individuelle Bedürfnisse zugunsten der Bedürfnisse des „Kollektivs" zurückgestellt werden.

Diese motivationalen Grundorientierungen werden Kindern in jungen Jahren durch die Interaktionen in der Familie vermittelt und gestalten so die Verhaltensweisen bis ins Erwachsenenalter. Insbesondere eine geringe familiäre Kohäsion oder „Wärme", väterliche Abwesenheit und geringe Einflussnahme sowie eine frühe Forderung nach Autonomie an das Kind gelten als Strukturmerkmale, welche eine independente Orientierung und damit die Entwicklung „egoistischer" Motive begünstigen (Keller, 2000; Scheffer, 2001).

Die anthropologische und kulturvergleichende Literatur ist reich an empirischen Hinweisen, dass diese familiären Interaktions-Strukturen an der Entstehung motivationaler Grundorientierungen beteiligt sind. McClelland (1961) weist auf das Merkmal der Gewährung von und Forderung nach früher Unabhängigkeit („selber-machen-können") sowie das Setzen klarer Gütemaßstäbe als entscheidendes Interaktionsmerkmal zwischen Eltern und ihren Kindern für die Entstehung des Leistungsmotivs hin. Draper & Harpending (1983) und Belsky, Steinberg & Draper (1992) verdeutlichen, dass väterliche Abwesenheit und wenig kohäsive Familien einen Bezug zu machtthematischen (vor allem bei Jungen) und affiliationsthematischen (vor allem bei Mädchen) Verhaltensmustern aufweisen. Untersuchungen von McClelland, Constantian, Regalado & Stone (1978), Mischel (1961) und Rutherford & Mussen (1968) weisen in die gleiche Richtung.

Umgekehrt bewirken familiäre Strukturen, die sich durch hohen Zusammenhalt und Wärme auszeichnen, eine verstärkte Internalisierung von elterlichen und gesellschaftlichen Normen auf Seiten der Kinder sowie eine höhere emotionale Ausgeglichenheit („Bedürfnislosigkeit") und Empathie (MacDonald, 1992; Macoby & Martin, 1983; Keller & Eckensberger, 1998). Wärme scheint dabei in zwei Komponenten zerlegbar. Familienforscher wie Biller (1993) unterteilen die familiäre Struktur in eine horizontale Dimension (Nähe und Zugänglichkeit) und eine vertikale (Einfluss und Involviertheit). Es ist von verschiedenen Forschern vermutet worden, dass eine hohe Wärme (im vertikalen Sinne einer hohen Involviertheit der Eltern) stark machtthematische Verhaltensmuster (Aggression, Statusstreben, Impulsivität etc.) bei Jungen und männlichen Adoleszenten verringert.

Mit Elder (1974) kann man zusammenfassend sagen, dass familiäre Konflikte und geringe Kohäsion aber auch *mütterliche* Dominanz gegenüber ihrem Partner als direkte Folge wirtschaftlich schwieriger Umstände angesehen werden können. Diese familiären Interaktionen wiederum wirken sich dann auf die frühesten zwischenpersönlichen Erfahrungen von Kindern aus, welche die Entwicklung bestimmter Motive (bspw. Macht, Affiliation) begünstigen. Familiäre Strukturen sind somit ein *Signal* makrokontextueller Rahmenbedingungen, welche die Motiventwicklung in einem evolutionären Rahmen interpretierbar macht (Keller, 2000; Scheffer, 2001). Eine wichtige Konsequenz aus dieser Interpretation ist die allgemeine Annahme, dass die Motivgenese eine Funktion früher deprivierender oder zumindest „herausfordernder" Rahmenbedingungen sein könnte.

8.2.2 Handlungsregulatorischer Bezug

Wenn sich die Motivgenese, wie im vorigen Abschnitt angedeutet, in einem tendenziell konflikthaften Rahmen vollzieht, dann werden volitionale Funktionen bei der Selbstregulation von Gedanken und Handlungen, die Hartnäckigkeit der Zielverfolgung, die Fähigkeit zur Abschirmung von Absichten gegenüber anderen Handlungstendenzen sowie Mechanismen der Kontrolle negativer Emotionen für das Verständnis der Motiventwicklung wichtig (Ford, 1992; Kuhl & Beckmann, 1985). Charakteristische Unterschiede in bestimmten volitionalen Mechanismen, welche sich bspw. durch das Konstrukt der Handlungs-/ Lageorientierung beschreiben lassen (s. Kapitel 12 in diesem Band), ermöglichen Vorhersagen darüber, welche Individuen ihre Bedürfnisse angesichts konflikthafter bzw. deprivierender Situationen zu aktualisieren vermögen (Kuhl, 1983, 1994; Kuhl & Beckmann, 1994).

Bedürfnisse werden immer dann in verringertem Maße befriedigt, wenn die Umwelt diese nicht unterstützt, wenn für die Erreichung eines Ziels kurzfristige Belohnungen aufgeschoben werden müssen, oder wenn alternative Motivationstendenzen beim Individuum miteinander konkurrieren (Kuhl, 1981; Kuhl & Kraska, 1989; Mischel, 1961). Unter solchen Bedingungen, in denen nämlich das Erreichen eines Ziels eigenständige, planvolle Problemlösestrategien verlangt, ist es oft sinnvoll, die Umsetzung von Bedürfnissen zu hemmen. Hierdurch werden die aus unerledigten Bedürfnissen resultierenden Absichten solange im Arbeitsgedächtnis aufrechterhalten, bis sie sich unter geeigneteren Umständen befriedigen lassen. Hierfür ist allerdings die Mobilisierung von positivem Affekt notwendig, welcher den Aufschub ermöglichenden Antagonismus zwischen Absichtsgedächtnis und dem Ausführungssystem aufhebt (Kuhl & Kazén, 1999).

Lageorientierte, die stark zum Abwägen und Zögern neigen, können diesen Antagonismus zwischen Absichtsgedächtnis und Ausführungssystem nicht rechtzeitig lösen, weil sie das Planen und Abwägen kaum beenden und eine dem Plan entsprechende intuitive Verhaltenssteuerung schwer initiieren können. Diese Aktivierung einer intuitiven Verhaltenssteuerung wird durch positiven Affekt herbeigeführt, den Lageorientierte schwerer als Handlungsorientierte selbst generieren, d. h., ohne äußere Unterstützung mobilisieren können (Beckmann & Kuhl, 1984; Dibbelt, 1997). Langfristig (ontogenetisch) gesehen, sollten es zur prospektiven Lageorientierung neigende Personen (s. Kuhl, 1983) daher schwerer als zur Handlungsorientierung neigende Personen haben, implizite Motive zu entwickeln – denn die Verhaltensaktivierung zum Zwecke der Bedürfnisbefriedigung definiert ja ein Motiv.

Noch ein weiteres Argument spricht dafür, dass Lageorientierte schwerer implizite Motive aufbauen können. Es gibt Hinweise, dass Lageorientierte bereits bei der Zielbildung ihre *Bedürfnisse* weniger berücksichtigen als Handlungsorientierte, was mit einer empirisch nachweisbaren Tendenz zur Übernahme *fremder* Bedürfnisse und Ziele einhergehen kann (Kuhl & Beckmann, 1994; Kuhl & Kazén, 1994). Lageorientierte dieses Typs, die mehr durch unkontrollierbares Grübeln als durch mangelnde Umsetzungsenergie charakterisiert sind, sind anfällig dafür, die Erwartungen und Wünsche *anderer* mit den eigenen zu verwechseln und gehäuft fremde Erwartungen statt eigener Präferenzen zu verfolgen (Kuhl & Kazén, 1994). Sie handeln also tendenziell *fremdbestimmt*. Und sie können, obwohl sie die Alienation u. U. durchaus spüren, an ihrem Zustand wenig ändern – zumindest solange sie Belastungen ausgesetzt sind – da es sich um eine funktionale Beeinträchtigung handelt (Kuhl & Helle, 1986). Da intrinsische Motive durch eine externe Bedürfnisorientierung unterminiert werden (Deci & Ryan, 1991; McClelland, 1987), kann erwartet werden, dass intrinsische Motivation bei Lageorientierten seltener entsteht als bei Handlungsorientierten.

Im Unterschied zur prospektiven Lageorientierung beruht eine andere Form alienationsverursachender Lageorientierung nicht auf der Unfähigkeit, in Belastungssituationen positiven, handlungsbahnenden Affekt selbstgesteuert heraufzuregulieren (LOP), sondern in als bedrohlich erlebten Situationen negativen Affekt herabzuregulieren (LOM). Negativer Affekt hemmt den Zugang zur Selbstwahrnehmung (Kuhl, 2000, 2001). Dass Lageorientierte es unter aversiven Bedingungen versäumen, von ihnen präferierte Alternativen auszuwählen, oder aber es ihnen noch nicht einmal im Vorfeld gelingt, überhaupt ihre emotionalen Präferenzen zu identifizieren, ist mit unterschiedlichen Methoden mehrfach repliziert worden (Baumann, 1999; Kuhl & Beckmann, 1994). Eine Methode zum Nachweis von Alienation im Sinne einer Schwierigkeit, eigene emotionale Präferenzen wahrzunehmen ist in folgendem Experiment durch einen Kennwert für „falsche Selbstzuschreibungen" entwickelt worden: In einem simulierten Büroalltag soll nach einer kurzen Distraktionsaufgabe von den Versuchsteilnehmern unterschieden werden, ob Aufgaben von ihnen selbst ausgesucht wurden, oder ob ihr Chef dafür die Anweisung gab. Als Zeichen für falsche Selbstzuschreibung wird gewertet, wenn besonders unattraktive Aufgaben, die eigentlich Anweisungen vom Chef waren, von den Personen in der späteren Erinnerung für *selbstgewählt* gehalten werden. Lageorientierte zeigen diese falschen Selbstzuschreibungen signifikant öfter als Handlungsorientierte, und zwar dann, wenn vorher eine negative Stimmung induziert worden ist (Baumann, 1999). Eine plausible Erklärung für diesen Effekt ist der für Lageorientierte unter aversiven Bedingungen postulierte erschwerte Zugang zu den eigenen impliziten Motiven und anderen Selbstrepräsentationen.

Zusammenfassend kann man annehmen, dass sich implizite Motive in der Ontogenese leichter entwickeln, wenn dem Individuum handlungsorientierte Funktionen der Selbstregulation zur Verfügung stehen, da hierdurch die Beteiligung eigener Bedürfnisse an der Zielbildung und Verhaltensausführung leichter gelingt. Die beiden Thesen haben die Konstruktion des OMT angeleitet, und sie finden sich auch in den Fragen zu jedem Bild im OMT wieder: Auf jedes Bild müssen Probanden zum einen aufschreiben, *was der Hauptperson wichtig ist,* und zum anderen, *wie sie sich dabei fühlt*. Die erste Frage dient der Kodierung der durch frühe Entwicklungsbedingungen vorgeformten Bedürfnisse eines Individuums, welche vor allem bestimmen, worauf eine Person in ihrer Wahrnehmung achtet (Bischof, 1985; Scheffer, 2001). Die Antwort auf die 2. Frage gibt Aufschluss über die affektive Steuerung, mit der motiviertes Verhalten bei einem Individuum assoziiert ist. Hierdurch können implizite Prozesse der Handlungssteuerung erschlossen werden, die in hohem Maß an die Herauf- und Herabregulation von positivem und negativem Affekt gekoppelt sind (Kuhl, 2001; Scheffer, 2001).

Dieser entwicklungspsychologische und handlungsregulatorische Hintergrund spezifiziert den Inhaltsschlüssel des OMT, welcher sich stark auf die TAT-Tradition bezieht, sich jedoch auch davon unterscheidet. Unterschiede zwischen OMT und TAT liegen nicht nur in verschiedenen inhaltlichen Definitionen von Motiven und Motivkomponenten begründet, sondern auch in der unterschiedlichen Durchführung des Tests und anderem Bildmaterial. Diese Änderungen sollen in den folgenden Abschnitten begründet werden.

8.2.3 *Kognitionspsychologischer Bezug*

Spätestens seit Freud wird allgemein vermutet, dass die Determinanten menschlichen Verhaltens nicht auf bewusste Prozesse beschränkt sind. In den Kognitionswissenschaften sind nicht bewusstseinsfähige Verarbeitungsprozesse mit reliablen und validen Methoden messbar (Goschke, 1997, Schacter, 1987, Tulving, 1985). Beispiele sind Maße für das implizite Gedächtnis wie Fragmentergänzungen (z. B. BUS), freie Reproduktion oder implizite Assoziationstests, die inzwischen auch in der Sozialpsychologie zur Erfassung impliziter Einstellungen eingesetzt werden (IAT: Greenwald & Banaji, 1995; Greenwald, McGhee & Schwartz, 1998).

Im OMT werden die Versuchspersonen ähnlich wie im IAT aufgefordert, Assoziationen zu bestimmten Reizvorlagen aufzuschreiben. Das für den TAT charakteristische Aufschreiben von erfundenen Geschichten wird vermieden, weil es zum einen sehr zeitraubend ist und deshalb keine hinreichend hohe Itemzahl realisierbar ist, die nötig wäre, um eine hinreichend hohe Reliabilität zu erzielen. Erfahrungsgemäß sinkt der Informationswert ab der siebten Geschichte rapide ab, so dass die Itemzahl des TAT meist auf sechs begrenzt wurde (Atkinson, 1958). Zum anderen können bei der Abfassung von Geschichten komplexe Prozesse auftreten, die den impliziten Gehalt spontaner Assoziationen bereits wieder durch kognitive Überformungen und motivierte Selbstdarstellungen verzerren. Um die positiven Aspekte des Geschichtengenerierens zu erhalten, werden die Versuchspersonen gebeten, sich eine Geschichte „auszudenken", ohne sie niederzuschreiben, dann aber Fragen dazu zu beantworten (Pennebaker, 1993).

Die Messidee beim OMT unterscheidet sich daher von der beim TAT. Der Person wird im OMT eine Serie von sieben bis fünfzehn Bildern vorgelegt, neben denen jeweils vier Fragen stehen, die sie in kurzen Sätzen *so spontan wie möglich* beantworten soll. Die Beantwortung dieser Fragen setzt die Wahrnehmung der vorgelegten Bilder und die Identifikation mit einer der dort abgebildeten Person voraus. Beide Prozesse legen signifikante Komponenten der Persönlichkeit eines Individuums frei, weil *Menschen die Tendenz haben, eine ambige soziale Situation in Übereinstimmung mit früheren Erfahrungen und aktuellen Bedürfnissen zu interpretieren* (Murray, 1943, S. 1).

Aufgrund dieser Messidee erfordert sowohl das Erlernen des Motivschlüssels als auch die Auswertung des OMT weniger Zeit als der TAT. Die Begründung für diese Vereinfachung erfordert eine eingehende Behandlung der gedächtnispsychologischen Grundlagen der impliziten Motivmessung:

Die Unterscheidung zwischen den expliziten und impliziten mentalen Prozessen des Lernens sowie des Gedächtnisses sind in den vergangenen zwei Jahrzehnten recht intensiv beforscht worden und werden dennoch bis heute kontrovers diskutiert. Reber (1989) definiert implizites Wissen als *abstrakte Repräsentation von Kontext-Strukturen*, welche in Abwesenheit bewusster, reflektierbarer Lernstrategien erworben wurden. Berry und Broadbent (1987) nehmen an, dass implizites Wissen *Wissen über nicht-saliente Systembeziehungen* ist. Während explizites Lernen in Form von direkten Gedächtnis-Aufgaben wie Erinnern und Wiedererkennen gemessen wird, welche die bewusste Vergegenwärtigung vorher begegneter Episoden voraussetzt, müssen implizite Gedächtnisleistungen indirekt nachgewiesen werden, wobei der Nachweis von

Vertrautheit eines Inhalts in einer vorangegangenen Episode, die aber bewusst nicht mehr benannt werden kann, entscheidend ist.

Implizite mentale Einflüsse wie etwa *Priming* können schon bei Säuglingen nachgewiesen werden (Naito & Komatso, 1993). Beim Priming stellt die kurzzeitige Präsentation eines Ausschnitts vorher gemachter Erfahrungen konditionierte Reaktionen wieder her, und zwar selbst dann, wenn dazwischen ein langes Zeitintervall liegt. Im Unterschied zu dieser Reaktivierung früher erworbener Reaktionen durch Reize, *die im Kontext enthalten sind,* setzt explizites Erinnern eine Vergegenwärtigung von Vorgängen voraus, *die nicht mehr im Kontext enthalten sind*. Die Ergebnisse dieser Untersuchungen zeigen, dass implizites Wissen bei Säuglingen deutliche Ähnlichkeiten mit impliziten Gedächtnisleistungen von Erwachsenen aufweisen (Naito & Komatso, 1993).

Für die Messung impliziter Motive sind diese Theorien und Befunde aus der Gedächtnisforschung bedeutsam, denn sie legen nahe, dass das nicht bewusstseinspflichtige Wiedererkennen „nicht-salienter" Strukturmerkmale in den Bildvorlagen eine Bedingung dafür ist, überhaupt an implizit repräsentiertes Wissen über Motive heranzukommen. Wenn jemand in einer mehrdeutigen Bildvorlage wiederholt eine Auseinandersetzung der Protagonisten mit Leistungsstandards wahrnimmt, dann kann man dies sicherlich nicht als *Erinnern* bezeichnen. Die Person erkennt in der Bildvorlage etwas ihr Vertrautes wieder, weil sie, so die Messidee des OMT, diesen Kontext in der Vergangenheit immer wieder aufgesucht oder angestrebt hat. Es lässt sich also gedächtnispsychologisch durchaus begründen, warum eine implizite Motivmessung so dicht wie möglich an der spontanen Wahrnehmung „vertraut versus fremd" ansetzen sollte.

8.2.4 Noetisches und autonoetisches Bewusstsein

Unterstützt wird diese Annahme durch weitere Befunde aus der Gedächtnisforschung (Wheeler, Stuss & Tulving, 1997). Diese Autoren beschreiben ein sog. „noetisches Bewusstsein" als Folge der Operationen eines prozeduralen Gedächtnisses. Diese Form des Bewusstseins steht Kindern schon vor dem 18. Lebensmonat zur Verfügung. Es ermöglicht bereits eine sehr einfache Repräsentation perzeptuell abwesender Reize, ist jedoch zum größten Teil reizgesteuert. Kinder auf dieser Bewusstseinsstufe können sich noch nicht selbst reflektieren, also bspw. im Spiegel erkennen. Die Repräsentationen dieser Bewusstseinsstufe werden nonverbal oder mit sehr einfachen Worten als propositionale Fragmente der ursprünglichen Episode ausgedrückt (d. h. es handelt sich um ein semantisches, nicht aber episodisches Gedächtnis).

Wheeler, Stuss & Tulving (1997) erklären mit dem noetischen Bewusstsein auch die Kindheits-Amnesie: Aufgrund der Verfügbarkeit eines noetischen nicht aber autonoetischen Bewusstseins in den ersten Lebensjahren können Erwachsene nicht mental in ihre frühe Kindheit zurückreisen, um Erlebnisse persönlich wiederzuerleben. Die Unterscheidung zwischen noetischem und autonoetischem Bewusstsein ist experimentalpsychologisch und neurobiologisch gut bestätigt (Wheeler et al. 1997). Frühkindliche Erfahrungen haben noch keine autonoetische Repräsentanz (z. B. in Form von expliziten, selbstreferenziellen Erinnerungen an erlebte Episoden), weil die für das episodische Gedächtnis relevante Hirnstruktur (Hippocampus) in den ersten Lebensjahren noch nicht ausgereift ist (Metcalfe & Jacobs, 1998). Aufgrund der fehlenden Beteiligung des Hippocampus sind frühe Erlebnisse nie *persönlich* erlebt worden. Auf einer affektiven Ebene erleb- bzw. erfühlbar werden frühkindliche Erlebnisse aber dann, wenn sie durch geeignete Reize *wiederbelebt* werden. Auch die für diese Form des noetischen Bewusstseins relevanten neurobiologischen Netzwerke sind inzwischen gut elaboriert. Affektive Reaktionen auf spezifische Reize werden durch klassisch konditionierte Assoziationen zwischen objektrepräsentierenden und affektgenerierenden Systemen vermittelt. Diese durch die Mandelkerne (Amygdala) vermittelten Assoziationen sind auch ohne Beteiligung des Hippocampus möglich (LeDoux, 1995; Metcalf & Jacobs, 1998).

Wenn wir uns das eingangs vorgestellte Zitat von McClelland et al. (1989) vergegenwärtigen, wird deutlich, dass zumindest der Bedürfniskern von impliziten Motiven im noetischen Gedächtnis repräsentiert sein muss. In der Tat weiß man heute, dass bedürfnisrelevante Sollwerte durch elementare Strukturen des Gehirns vermittelt werden (z. B. je nach Bedürfnistyp verschiedene Kerne des Hypothalamus), die auch ohne Beteiligung affektgenerierender Strukturen (z. B. Amygdala) oder kognitiver Elaborationen (z. B. Hippocampus und Neocortex) verhaltenswirksam sein können (Clemente & Chase, 1973; Leibowitz et al., 1989). Der präaffektiv und präkognitiv wirksame Bedürfniskern bildet sich nach McClelland et al. (1989) vor der Existenz eines episodischen Gedächtnisses. Daraus erwächst für die Motivmessung die Herausforderung, Methoden zu verwenden, die auch noetische Gedächtnisinhalte aktivieren.

Der OMT versucht diesem Umstand dadurch Rechnung zu tragen, dass die Kodierung unmittelbar an der Wahrnehmung von und Identifikation mit der handelnden Person ansetzt, welche auch durch sehr einfache Sätze oder sogar Satzfragmente und Schlüsselworte von erfahrenen Auswertern objektiv interpretiert werden kann. Entscheidend ist beim OMT demnach nicht, wie elaboriert oder wie viel jemand schreibt – für die Auswertung wird allein die Interpretation der Bildvorlage durch die Probanden gewertet, welche pro Bild im OMT zu einer Motivkodierung führt. Die erste spontane Wahrnehmung einer sozialen Situation ist unsere Operationalisierung eines impliziten Motivs, wobei selbstverständlich auch die Null-Kodierung möglich ist, wenn die Auffassung der Bildvorlage nicht mit einem der drei Grundmotive (Affiliation bzw.

Bindung, Leistung und Macht) korrespondiert. Dadurch kommt der OMT ohne komplizierte Auswertungsvorschriften aus (wie z. B. Herauspartialisierung der Worthäufigkeit, Kodierung nur jedes zweiten Satzes falls nicht ein anderes Motiv genannt wird u. ä., siehe Winter, 1994). Und er erscheint aus unserer Sicht durch die relative Simplizität der Messidee eher als bspw. der TAT geeignet, auch auf noetischen Bewusstseinsinhalten beruhende Interpretationen zu erfassen.

Damit soll keineswegs gesagt werden, dass andere Verfahren wie der TAT nicht und der OMT nur auf dem noetischen Bewusstsein beruhen. Befunde von McAdams (1982), McAdams, Hoffman, Mansfield, & Day (1996), Woike (1995) und Woike, Gershkovich, Piorkowski, & Polo, (1999) zeigen, dass die durch den TAT gemessenen Motive einen starken Bezug zu motivspezifischen, persönlich bedeutsamen und stark affektiven autobiographischen Bewusstseinsinhalten aufweisen, die zwar dem episodischen bzw. autonoetischen Gedächtnis angehören, sich aber von Gedächtnisinhalten, die mit expliziten Motiven assoziiert sind (Routineerlebnisse, klar artikulierte Ziele etc.), deutlich unterscheiden. Im Rahmen der als nächstes dargestellten PSI-Theorie kann man davon ausgehen, dass Motive auf einer komplexen Wechselwirkung noetischer und autonoetischer Inhalte aufbauen, weil sie auf der Beteiligung impliziter Gedächtnisfunktionen beruhen, welche durch prozedurale wie durch episodische Gedächtnisinhalte gespeist werden. Eine Annahme der PSI-Theorie über die Funktionsmerkmale des Extensionsgedächtnisses ist es, dass nur durch dieses Subsystem auch weit zurückliegende episodische Inhalte und sensori-motorische Prozeduren miteinander verknüpft und für die Verhaltenssteuerung verwendet werden können. Damit lässt sich – ganz im Sinne der klassischen Motivdefinition (McClelland et al., 1953; McClelland 1987) – der Motivbegriff klarer von dem Bedürfnisbegriff unterscheiden, als es in der Motivationsforschung durchgehalten wurde: Bedürfnisse sind durch Sollwerte definiert, die auch ohne autonoetische Elaboration wirksam werden können (z. B. Klammern statt Begegnen im Affiliationsbereich oder Fressen statt Essen im Bereich der Hungermotivation). Motive enthalten dagegen aufgrund zahlloser autobiographischer Erfahrungen elaborierte Netzwerke über bedürfnisrelevantes Verhalten, Erwartungen und Bezüge zu anderen Bedürfnissen, Werten und weiteren Selbstaspekten. Bei der Konstruktion des OMTs haben wir großen Wert darauf gelegt, solche Inhalte verstärkt für die Motivdefinition zu verwenden, welche eine signifikante Assoziation zu frühkindlichen, familiären Erlebnissen aufweisen (Scheffer, 2001; s. auch nächstes Kapitel).

Zusammenfassend kann man die folgende These festhalten: Je stärker ein Motiv-Test das episodische Gedächtnis aktiviert, desto weniger dürften dabei Repräsentationen aus der frühen Kindheit zutage treten. So wird sicherlich die Frage „*ich mag Situationen, in denen ich merke wie gut ich bin*" aufgrund rezenter episodischer Informationen beantwortet werden, die höchstens noch bis in die Vorschulzeit zurückgeführt wird (wobei der Prozess der Gewichtung von früheren und rezenten Episoden natürlich unbekannt bleibt). Um einiges wahrscheinlicher erscheint die Aktivierung noetischer, frühkindlicher Gedächtnisinhalte, wenn die spontane Interpretation einer mehrdeutigen Bildvorlage gefordert ist. Die Antwort einer Person *„die Frau im Bild versucht, eine schwierige aber dennoch lösbare Aufgabe anzugehen"* kann durchaus auch auf Repräsentationen aufbauen, die bereits im noetischen Bewusstsein vorhanden sind. Die Interpretation könnte ja durch früh im Leben gemachte Erfahrungen aktiviert worden sein – die Person erkennt etwas Vertrautes wieder, ohne dass sie einen episodischen Gedächtnisinhalt abrufen muss, nach dem in einem operanten Test ja gar nicht gefragt wird.

Diese Annahmen sind zur Zeit gewiss noch spekulativ und müssen systematisch untersucht werden. Mit dem OMT liegt nun ein Verfahren vor, das aufgrund seiner funktionsanalytischen Differenzierungen gestattet, noch systematischer mit Bildvorlagen zu experimentieren als es bislang möglich war.

8.3 Integration durch die PSI-Theorie

Dass Menschen über ihre Motive nur begrenzt explizite Auskunft geben können, kann man auch funktional erklären. In der Persönlichkeits-System-Interaktions-Theorie von Kuhl („PSI-Theorie": Kuhl, 2000; 2001) wird u. a. ein Antagonismus zwischen dem analytischen Wissenssystem (Planen und Denken) und dem ganzheitlich intuitiven Fühlsystem bzw. einem elementaren, ebenfalls intuitiven Verhaltenssteuerungssystem postuliert. Übertragen auf die Messung von impliziten Motiven könnte dies folgendes bedeuten: Je stärker jemand darüber nachdenkt, ob bspw. der Gewinn von Einfluss und Macht eines seiner wichtigen Ziele ist, desto weniger zugänglich ist für ihn die implizite Repräsentation, d. h. das „Fühlen" des Machtmotivs. Erst in spontanen Interpretationen und darauf aufbauenden (operanten) Handlungen werden die tatsächlichen Motive deutlich, da sie zum Teil als sensori-motorische Prozeduren gespeichert sind, die dann am besten zugänglich sind, wenn sie kontextabhängig „bottom-up" gesteuert werden, d. h. ohne Umweg über hochinferente Kognitionen („top-down").

Die PSI-Theorie ist Basis des Auswertungsschlüssels für den OMT. Diese Theorie geht in Übereinstimmung mit der klassischen Motivationstheorie (Atkinson, 1958; Heckhausen, 1989; McClelland, 1987) davon aus, dass die Umsetzung von Motiven durch Affekte moduliert wird. Die PSI-Theorie beschreibt diesen Prozess genauer: Die affektgesteuerte Umsetzung wird vermittelt durch den Einfluss, den Affekte auf die Aktivierung der für die Umsetzung wichtigen kognitiven Systeme ausüben. Zentrale Annahme für die Messung von impliziten Motiven ist dabei, dass Motive auf der Aktivierung zumindest eines der beiden von Kuhl (2000; 2001) angenommenen impliziten Subsysteme (Intuition und Fühlen) aufbauen. Zwei Modulationshypothesen fassen dies zusammen und bilden die Grundlage für die Messidee des OMT.

1. (Basis-) Modulationsannahme: Je sensibler eine Person für positive Affekte ist, desto stärker werden ihre Bedürfnisse mit dem kognitiven Subsystem der *Intuition* verknüpft (genauer: intuitive Verhaltenssteuerung). Diese Verknüpfung ist eine mögliche Bedingung für die Entwicklung impliziter Motive, besonders solcher, die auf zwischenmenschliche Nähe und gegenseitigen Austausch gerichtet sind (Affiliations- oder Bindungsmotive, aber auch das Machtmotiv). Die durch diese Motive gespeiste zwischenmenschliche Orientierung wird von einer freudigen, herzlichen Stimmung begleitet, die gemäß der 1. Modulationsannahme die Energie zur Aktivierung intuitiver Verhaltensprogramme verleiht.

Umgekehrt führt eine weitgehende Hemmung positiver Affekte zu einer Verknüpfung von Bedürfnissen mit dem kognitiven Subsystem des *Denkens*. Diese Verknüpfung ist für die Entstehung von Motiven nützlich, die einen starken expliziten Bezug haben, weil Denken und Problemlösen im Vordergrund stehen – insbesondere für das Leistungsmotiv. Da beim Leistungsmotiv nicht nur die Konfrontation mit Schwierigkeiten (und das damit verbundene Aushalten von Frustration und gehemmtem positiven Affekt) und das problemlösende Denken relevant ist, sondern ebenso wichtig auch die *Umsetzung* explizit intendierter (im Intentionsgedächtnis gespeicherter) Absichten und Pläne ist, muss gemäß der 1. Modulationsannahme im Anschluss an die Problemlösephase die Heraufregulierung des zunächst abgesenkten positiven Affekts bewerkstelligt werden, damit das Intentionsgedächtnis wieder an die intuitive Verhaltenssteuerung angekoppelt werden kann (welches in der Planungsphase von der intuitiven Verhaltenssteuerung abgekoppelt war). Hieraus wird verstehbar, warum auch ein teilweise auf expliziten Absichten beruhendes Motiv (d. h. das Leistungsmotiv) intuitiv-implizite Anteile beinhaltet.

Auch wenn die Intuition nicht an der Ausführung eines Motivs beteiligt ist, können wir von einem impliziten Motiv sprechen, wenn ein weiteres implizites Subsystem dessen Aktivierung durch die Herabregulierung von negativem Affekt übernimmt.

2. (Basis-) Modulationsannahme: Die PSI-Theorie nimmt eine weitere affektive Dimension an, die auch unabhängig zum positiven Affekt generiert werden kann. Es handelt sich hierbei um die Sensibilität für negativen Affekt, die nicht das Gegenteil von positivem Affekt ist, da beide Zustände nicht so stark miteinander korrelieren, dass sie als Gegensatzpole derselben affektiven Dimension betrachtet werden müssten (Watson & Tellegen, 1985). D. h. Stimmungen, die durch das Fehlen von negativem Affekt geprägt sind (z. B. *Gelassenheit, Vertrautheit*), brauchen nicht die gleiche Wirkung zu haben wie Stimmungen (*Unternehmungslust, Liebe*), die mit positivem Affekt verbunden sind.

Wenn die Sensibilität für negativen Affekt sehr hoch ist, dann verbinden sich Motive mit dem kognitiven Subsystem des *Empfindens*, das Objekte von ihrem Kontext abstrahiert, um sie explizieren zu können (äußere, aber auch innere „Objekte" wie Gefühle und Gedanken). Das durch negativen Affekt aktivierte Empfinden ist mit einer Aufmerksamkeitsfunktion verknüpft, die Unstimmigkeiten hervorhebt. Dadurch wird bei starkem negativen Affekt die Wahrnehmung auf Diskrepanzen (zu dem Erwarteten oder Erwünschten) gelenkt, die vermieden werden sollen, also Aspekte wie Einsamkeit, drohenden Misserfolg oder Machtverlust, was mit dem bewussten Erleben entsprechender Angstinhalte einhergeht.

Je mehr der negative Affekt vom Individuum ausgehalten und dann herabreguliert werden kann, desto mehr werden Motive mit dem kognitiven Subsystem des *Fühlens* verknüpft. Das Fühlen unterstützt vor allem das Extensionsgedächtnis, in dem alle eigenen Bedürfnisse, Werte, Vorlieben mit den Abstraktionen aus einer Vielzahl bedürfnisrelevanter Erfahrungen verbunden und in einer für ganzheitlich-parallele Verarbeitung typischen *impliziten* Form *simultan* zugänglich sind. Da diese Funktionsmerkmale des Fühlens eng mit den Charakteristika zusammenhängen, die mit dem klassischen Motivbegriff verbunden wurden (Atkinson, 1958; McClelland, 1987), könnte man die Beziehung zwischen Fühlen und Motiv auch noch enger sehen: Durch die Herabregulierung von negativem Affekt, und die damit verbundene Aktivierung des ganzheitlichen Fühlens, werden Motivformen aktiviert, die mit dem Fühlen und dem integrierten Selbst verknüpft sind, wodurch die mit den Motiven verbundenen Selbstaktualisierungsbedürfnisse in den Vordergrund treten.

Die besprochene Wirkung der Herabregulierung von negativem Affekt dürfte sich besonders günstig auf die Umsetzung aller drei Motive auswirken, weil es bei jedem Motiv wichtig ist, einen Überblick über die Gesamtheit eigener Interessen und Bedürfnisse und Befriedigungsmöglichkeiten zu haben. Dieser Überblick wird vom ganzheitlichen Fühlen vermittelt, das durch ein Gedächtnissystem unterstützt wird, das ausgedehnte Netzwerke von Handlungsmöglichkeiten, Handlungsfolgen, eigenen Bedürfnissen und Werten bereitstellt. Diese Netzwerke sind aus zahllosen noetischen und autonoetischen Erfahrungen der Person abstrahiert. Wegen seiner immensen *Ausdehnung* wird dieses parallele Netzwerk *Extensions*gedächtnis genannt. Der Begriff Extensionsgedächtnis drückt nicht nur die große Ausdehnung (Extension) dieser Netzwerke aus, die eine riesige Zahl relevanter Erfahrungen simultan in die Verhaltenssteuerung einfließen lässt, sondern auch die Aussage der 2. Modulationsannahme, dass dieses System nur aktivierbar ist, wenn das System negativen Affekt und Spannungsempfindungen herabreguliert (*ex tensione*: aus der Spannung gehen). Eine *mittlere* Erregungsmodulation (genauer: ein Pendeln um den Mittelpunkt des negativen Affekts, also vom Aushalten schmerzhafter Erlebnisse bis zu deren Bewältigung durch Herabregulierung) kann als wichtige Voraussetzung für die lernorientierte Form der Leistungsmotivation angesehen werden, weil nur so einerseits Diskrepanzen und Schwierigkeiten beachtet werden (was gemäß der 2. Modulationsannahme durch negativen Affekt erleichtert wird), andererseits solche Diskrepanzen aber nicht als aversiv, sondern als stimulierend erlebt werden (McClelland et al., 1953). Damit wird zusätzlich zu den durch das Empfindungssystem vermittelten Diskrepanzen auch der Zugang zum Extensionsgedächtnis gebahnt. Es hilft den für das Fühlen charakteristischen ganzheitlichen Überblick über innere und äußere Kontexte zu vermitteln, und Diskrepanzen (Erwartungswidriges oder Unerwünschtes) doch noch in das bisherige Erfahrungswissen zu integrieren, dieses ggfs. zu modifizieren (Akkommodation) oder falls solche Versuche fehlschlagen, Diskrepantes klar abzulehnen. Damit ist das Fühlen mitsamt dem Extensionsgedächtnis die wichtigste Voraussetzung für das Treffen selbstbestimmter, motivkongruenter Entscheidungen.

Die PSI-Theorie bildet auch die Grundlage für den OMT-Auswertungsmodus und die Selektion geeigneter Bildvorlagen. Wenn nämlich die Beteiligung impliziter Subsysteme Voraussetzung für die Zugänglichkeit einiger Motivformen sein soll, dann kann man daraus folgern, dass gerade die Bildvorlagen in einem Test besonders geeignet sein sollten, die Merkmale zu betonen, welche eine Mustererkennung nicht-salienter Kontextmerkmale erfordern. Um diese Annahme überprüfen zu können, liegt der OMT in drei verschiedenen Versionen vor, bei denen das Abtsraktionsniveau der Bildvorlagen innerhalb wie zwischen den Versionen variiert. Die relativ deutlichsten oder am wenigsten abstrakten Bilder verwenden wir in der Version, die mit den Bildvorlagen des „Gitter" von Sokolowski, Schmalt & Langens (2001) arbeitet. Abstrakter sind die Bilder, welche die Hamburger Grafik-Designerin Kathrin Bethge für uns entworfen hat, und welche die Formen der dargestellten Personen nur noch andeutet. Vielleicht am abstraktesten ist die OMT-Verison, bei der die Bildvorlagen aus Foto- und Filmvorlagen ausgeschnitten und durch einen elektronischen Filter entfremdet werden. Insbesondere bei der letztgenannten Version wurde das Ausmaß an Verfremdung objektivierbar innerhalb des Tests variiert.

Diese verschiedenen Bild-Versionen des OMT sollen ermöglichen, in Zukunft Motive auf unterschiedlichen Funktionsebenen zu erfassen: Von der Ebene elementarer (präkognitiver und präaffektiver) Bedürfnisse bis hin zur Einbindung von Bedürfniskernen in umfassende autobiographische Erfahrungsnetzwerke. Insbesondere bei den beiden letztgenannten Versionen erwarten wir, dass nur dann Motivkodierungen bei einer Person möglich sind, wenn implizite Subsysteme an der Interpretation der dargestellten sozialen Interaktionen beteiligt sind. Die mit impliziten Systemen verbundene parallel-distribuierte Verarbeitung perzeptiver Informationen ist effizienter als die sequentiell-analytische (linkshemisphärische) Verarbeitung, wenn die Wahrnehmungsvorlage undeutlich, unvertraut oder verrauscht ist (Sergent, Ohta & MacDonald, 1992). Sobald höhere Funktionsebenen beteiligt sind, können auf der Grundlage der PSI-Theorie funktionsanalytische Unterscheidungen vorgenommen werden, die über die klassische Unterscheidung von Aufsuchungs- und Meidenkomponenten hinausgehen: Der OMT unterscheidet fünf Formen der Motivanbindung an die kognitiven und affektiven Systeme. Die ersten vier Formen ergeben *vier Aufsuchungsformen* jedes Motivs, die sich aus der Kreuzung der beiden Basisaffekte mit der Beteiligung oder Nichtbeteiligung des integrierten Selbst (Extensionsgedächtnis und Fühlen) bilden lassen: Motive können mit oder ohne Beteiligung des Selbst und auf der Basis positiven oder negativen Affekts umgesetzt werden. Die fünfte Motivvariante entspricht der klassischen Meidungsform (Leistungsfurcht, Beziehungsangst oder Ohnmacht).

Im folgenden Kapitel werden erste empirische Arbeiten mit den drei Versionen vorgestellt.

8.4 Literatur

Adler, A. (1927). *Praxis und Theorie der Individualpsychologie.* München: Bergmann.
Atkinson, J. W. (1957). Motivational determinants of risk-taking behavior. *Psychological Review, 64,* 359–372.
Atkinson, J. W. (1958). *Motives in fantasy, action, and society.* Princeton, N.J.: Van Nostrand.
Atkinson, J. W. & McClelland, D. C. (1948). The projective expression of needs: II. The effect of different intensities of the hunger drive on thematic apperception. *Journal of Experimental Psychology, 33,* 643–658.
Baumann, N. (1999). *Selbst- versus Fremdbestimmung: Zum Einfluß von Stimmung, Bewußtheit und Persönlichkeit.* Dissertation, Universität Osnabrück.
Beckmann, J. & Kuhl, J. (1984). Altering information to gain action control: Functional aspects of human information-processing in decision-making. *Journal of Research in Personality, 18,* 223–237.
Belsky, J., Steinberg, L. & Draper, P. (1991). Childhood experience, interpersonal development, and reproductive strategy: An evolutionary theory of socialisation. *Child Development, 62,* 647–670.
Berry, D. C. & Broadbent, D. E. (1987). On the relationship between task performance and associated verbalizable knowlegde. *Quarterly Journal of Experimental Psychology, 36,* 209–231.
Biller, H. B. (1993). *Fathers and families. Paternal factors in child development.* Westport, CT: Auburn House.
Bischof, N. (1975). A systems approach towards the functional connections of attachment and fear. *Child Development, 46,* 801–817.
Bischof, N. (1985). *Das Rätsel Ödipus: Die biologischen Wurzeln des Urkonfliktes von Intimität und Autonomie.* München, Zürich: Piper.
Brunstein, J. C., Schultheiss, O. C. & Grässmann, R. (1998). Personal goals and emotional well-being: The moderating role of motive dipositions. *Journal of Personality and Social Psychology, 75,* 494–508.
Child, I. L., Storm, T. & Veroff, J. (1958). Achievement themes in folk tales related to socialization practice. In J. W. Atkinson (Ed.), *Motives in fantasy, action and society (*pp. 479–492). Princeton, N. J.: Van Nostrand.
Clemente, C. D. & Chase, M. H. (1973). Neurological substrates of aggressive behavior. *Annual Review of Physiology, 35,* 329–356.

Connors, C. K. (1963). Birth order and needs for affiliation. *Journal of Personality, 31*, 408–416.
Deci, E. L., & Ryan, R. M. (1991). A motivational approach to self: Integration in personality. In E. Dienstbier (Ed.), *Nebraska Symposium on Motivation, Volume 38: Perspectives on motivation* (pp. 237–288). Lincoln, NE: University of Nebraska Press.
Dibbelt, S. (1997). *Wechseln und Beibehalten von Zielen als Subfunktion der Handlungskontrolle.* Dissertation. Universität Onsbarück.
Draper, P. & Harpending, H. (1982). Father absence and reproductive strategy: An evolutionary perspective. *Journal of Anthropological Research, 38*, 255–273.
Elder, G. H. (1974). *Children of the Great Depression: Social change in life experience.* Chicago: University of Chicago Press.
Ford, M. E. (1992). *Motivating humans. Goals, emotions, and personal agency beliefs.* Newbury Park, CA: Sage.
Goschke, T. (1997). Zur Funktionsanalyse des Willens: Integration kognitions-, motivations- und neuropsychologischer Perspektiven. *Psychologische Beiträge, 39*, 375–412.
Greenwald, A. G. & Banaji, M.R. (1995). Implicit social cognition: Attitudes, self-esteem, and stereotypes. *Psychological Review, 102*, 4–27.
Greenwald, A. G., McGhee, D. E. & Schwartz, J. L. (1998). Measuring individual differences in implicit cognition: The implicit association test. *Journal of Personality and Social Psychology, 74*, 1464–1480.
Heckhausen, H. (1972). Die Interaktion der Sozialisationsvariablen in der Genese des Leistungsmotivs. In C. F. Graumann (Ed.), *Handbuch Psychologie, Bd. 7*, S. 955–1019. Göttingen: Hogrefe.
Heckhausen, H. (1989). *Motivation und Handeln (2. Auflage).* Berlin: Springer-Verlag.
Keller, H. (2000). Human parent-child relationships from an evolutionary perspective. *American Behavioral Scientist, 43*, 957–969.
Keller, H. & Eckensberger, L. (1998). Kultur und Entwicklung. In H. Keller (Hrsg.), *Lehrbuch Entwicklungspsychologie* (S. 57–96). Bern: Huber.
King, L. A. (1995). Wishes, motives, goals, and personal memories: Relations of measures of human motivation. *Journal of Personality, 63*, 985–1007.
Kuhl, J. (1981). Motivational and functional helplessness: The moderating effect of state versus action orientation. *Journal of Personality and Social-Psychology, 40*, 155–170.
Kuhl, J. (1983). *Motivation, Konflikt und Handlungskontrolle.* Heidelberg: Springer-Verlag.
Kuhl, J. (1994). Motivation and Volition. In G. d'Ydevalle & P. Eelen (Eds.), *Current advances in psychological science: An international perspective* (pp 311–340). Hillsdale, NJ: Erlbaum.
Kuhl, J. (2000). A functional-design approach to motivation and volition: The dynamics of personality systems interactions. In M. Boekaerts, P. R. Pintrich & M. Zeidner (Hrsg.), *Self-regulation: Directions and challenges for future research* (S. 111–169). New York: Academic Press.
Kuhl, J. (2001). *Motivation und Persönlichkeit: Interaktion psychischer Systeme.* Göttingen: Hogrefe.
Kuhl, J. & Beckmann, J. (1985). *Action control theory: From cognition to behavior.* New York: Springer.
Kuhl, J. & Beckmann, J. (1994). Alienation: Ignoring one's preferences. In J. Kuhl. & J. Beckmann (Hrsg.), *Volition and Personality. Action versus state orientation* (p. 375–390). Göttingen: Hogrefe.
Kuhl, J. & Helle, P. (1986). Motivational and volitional determinants of depression: The degenerated-intention hypothesis. *Journal of Abnormal Psychology, 95*, 247–251.
Kuhl, J. & Kazén, M. (1994). Self-discrimination and memory: State orientation and false self-ascription of assigned activities. *Journal of Personality and Social Psychology, 66*, 1103–1115.
Kuhl, J. & Kazén, M. (1999). Volitional faciliation of difficult intentions: joint activation of intention memory and positive affect removes stroop interference. *Journal of Experimental Psychology: General, 128*, 382–399.

Kuhl, J. & Kraska, K. (1992). *Der Selbstregulations- und Konzentrationstest für Kinder (SRKT-K)*. Göttingen: Hogrefe.
Kuhl, J. & Wessel, T. (1994). *Motives, volitional inhibition, and personality disorders: Differential validity of self-report, projective, and semi-projective measures of achievement, affiliation, and power motives*. Vorpublikationsabzug. Universität Osnabrück.
LeDoux, J. E. (1995). Emotion: Clues from the brain. *Annual-Review-of-Psychology, 46,* 209–235.
Leibowitz, S. F., Weiss, G. F., Walsh, U. A. & Viswanath, D. (1989). Medial hypothalamic serotonin: Role in circadian patterns of feeding and macronutritient selection. *Brain Research, 503,* 132–140.
Lewin, K. (1926). Über die Ursachen des seelischen Geschehens. *Psychologische Forschung, 7,* 310–316.
Lundy, A. & Potts, T. (1987). Recollection of a transitional object and needs for intimacy and affiliation in adolescents. *Psychological Reports, 60,* 767–773.
MacDonald, K. (1992). Warmth as a developmental construct: An evolutionary analysis. *Child Development 63,* 753–773.
Macoby, E. E. & Martin, J. A. (1983). Socialization in the context of the family: Parent-child interaction. In P. H. Mussen (Ed.), *Handbook of child psychology: Vol. 4. Socialization, personality, and social development* (pp. 1–101). New York: Wiley.
McAdams, D. P. (1980). A thematic coding system for the intimacy motive. *Journal of Research in Personality, 14,* 413–432.
McAdams, D. P. (1982). Experiences of intimacy and power: Relationships between social motives and autobiographical memory. *Journal of Personality and Social Psychology, 42,* 292–302.
McAdams, D. P., Hoffman, B. J., Mansfield, E. D. & Day, R. (1996). Themes of agency and communion in significant autobiographical scenes. *Journal of Personality, 64,* 339–377.
McClelland, D. C. (1961). *The achieving society*. Princeton, N. J.: Van Nostrand.
McClelland, D. C. (1987). *Human motivation*. Cambridge University Press.
McClelland, D. C., Atkinson, J. W., Clark, R. A. & Lowell, E. L. (1953). *The achievement motive*. New York: Appleton-Century-Crofts.
McClelland, D. C. & Boyatzis, R. E. (1982). The leadership motive pattern and long term sucess in management. *Journal of Applied Psychology, 67,* 737–743.
McClelland, D. C., Clark, R. A., Roby, C. T. & Atkinson, J. W. (1949). The effect of the need for achievment on thematic apperception. *Journal of Experimental Psychology, 37,* 242–255.
McClelland, D. C., Constantian, C. A., Regalado, D. & Stone, C. (1978). Making it to maturity. *Psychology Today, 12,* 42–46.
McClelland, D. C., Koestner, R. & Weinberger, J (1989): How do self-atrtributed and implicit motives differ? *Psychological Review, 96,* 690–702.
Metcalfe, J. & Jacobs, W. J. (1998). Emotional memory: The effects of stress on „cool" and „hot" memory systems. *The Psychology of Learning and Motivation, 38,* 187–222.
Meyer, G. J., Finn, S. E., Eyde, L. D., Kay, G. G., Moreland, K. L., Dies, R. R., Eisman, E. J., Kubiszyn, T. W. & Reed, G. M. (2001). Psychological testing and psychological as-sessment. A review of evidence and issues. *American Psychologist, 56,* 128–165.
Mischel, W. (1961). Father-absence and delay of gratification. *Journal of Abnormal and Social Psychology, 62,* 116–124.
Murray, H. A. (1938). *Explorations in personality*. New York: Oxford University Press.
Murray, H. A. (1943). *Thematic Apperception Test*. Cambridge: Harvard University Press.
Naito, M. & Komatso, S. (1993). Processes involved in childhood development of implicit memory. In: P. Graf & M. E. J. Masson (Eds.), *Implicit memory: New directions in cognition, development, and neuropsychology*. (pp 231–260) Hillsdale, NJ: Lawrence Erlbaum.
Pennebaker, J. W. (1993). Putting stress into words: Health, linguistic, and therapeutic implications. *Behaviour Research and Therapy, 31,* 539–548.

Reber, A. S. (1989). Implicit learning and tacit knowledge. *Journal of Experimental Psychologie: General, 118,* 219–235.
Rosen, B. C. & D'Andrade, R. (1959). The psychosocial origins of achievement motivation. *Sociometry, 22,* 185–218.
Rutherford, E. E. & Mussen, P. H. (1968). Generosity in nursery school boys. *Child Development, 39,* 755–765.
Schacter, D. L. (1987). Implicit memory: History and current status. *Journal of Experimental Psychology: Learning, Memory, and Cognition, 13,* 501–518.
Scheffer, D. (2001). *Entwicklungsbedingungen impliziter Motive: Bindung, Leistung & Macht.* Dissertation veröffentlicht unter *http://elib.ub.uni-osnabrueck.de/publications/diss/E-Diss 150_thesis.pdf.*
Sergent, J., Ohta, S. & MacDonald, B. (1992). Functional neuroanatomy of face and object recognition. *Brain, 115,* 15–36.
Shipley, T. E. & Veroff, J. (1952). A projective measure of need for affiliation. *Journal of Experimental Psychology, 43,* 349–356.
Sokolowski, K. Schmalt, H.-D., Langens, T. A. & Puca, R. M. (2000). Assessing achievement, affiliation and power motives all at once: The Multi-Motive Grid (MMG). *Journal of Personality Assessment, 74,* 126–145.
Spangler, W. D. (1992). Validity of questionnaire and TAT measues of need for achievement: Two meta-analyses. *Psychological Bulletin, 112,* 140–154.
Trudewind, C. (1975). *Häusliche Umwelt und Motiventwicklung.* Göttingen: Hogrefe.
Tulving, E. (1985). How many memory systems are there? *American Psychologist, 40,* 495–501.
Veroff, J., Deppner, C., Kulka, R. & Douvan, E. (1980). Comparison of American Motives: 1957 versus 1976. *Journal of Personality and Social Psychology, 39,* 1249–1262.
Watson, D., & Tellegen, A. (1985). Toward a consensual structure of mood. *Psychological Bulletin, 98, 219–235.*
Weinert, A. B. & Gough, H. G. (2000). *„Revidierter Deutscher CPI".* Bern: Huber.
Wheeler, M. A., Stuss, D. T. & Tulving, E. (1997). Toward a theory of episodic memory: The frontal lobes and autonoetic consciousness. *Psychological Bulletin, 121,* 331–354.
Whiting, B. B. (Ed.) (1963). *Six cultures. Studies of child rearing.* New York: Wiley.
Winter, D. G. (1994). *Manual for scoring motive imagery in running text (Version 4.2).* University of Michigan.
Winter, D. G., Stewart, A., John, O. P., Klohnen, E. C. & Duncan, L. E. (1998). Traits and motives: Toward an integration of two traditions in personality research. *Psychological Review, 105,* 230–250.
Winterbottom, M. R. (1958). The relation of need for achievement to learning experiences in independence and mastery. In J. W. Atkinson (Ed.), *Motives in fantasy, action and society* (pp 453–478) Princeton, N. J.: Van Nostrand.
Woike, B. A. (1995). Most-Memorable Experiences: Evidence for a link between implicit and Weinert, A. B. & Gough, H. G. (2000). *„Revidierter Deutscher CPI".* Bern: Huber.
Woike, B., Gershkovich, I., Piorkowski, R., & Polo, M. (1999). The role of motives in the content and structure of autobiographical memory. *Journal of Personality and Social Psychology, 76,* 600–612.
Youngleson, M. L. (1973). The need to affiliate and self-esteem in institutionalized children. *Journal of Personality and Social Psychology, 26,* 280–286.

Kapitel 9

Der Operante Motiv-Test (OMT): Inhaltsklassen, Auswertung, psychometrische Kennwerte und Validierung

David Scheffer, Julius Kuhl und Jan Eichstaedt

Zusammenfassung

Die bereits in klassischen Tests wie dem TAT enthaltenen Motivoperationalisierungen werden im OMT um eine volitionale bzw. handlungsregulatorische Perspektive erweitert. Wir vertreten die Auffassung, dass Bedürfnisse und die Art und Weise, diese Bedürfnisse in Handlung umzusetzen, bereits auf der Messebene eng verwoben sind. Im OMT wird die Frage nach dem warum des Verhaltens (Bedürfnisse, Wünsche) und die Frage nach dem wie des Verhaltens (Umsetzungsstile, konkrete Implementierungsziele) getrennt ausgewertet. Die drei sozialen Grundmotive Macht, Leistung und Bindung werden demnach durch fünf Umsetzungstypen, welche inhaltlich den fünf Faktoren des „Big Five"-Modells der Persönlichkeit ähneln, die jedoch volitionale Prozesse nur annähernd beschreiben, spezifisch umgeformt. Daraus ergibt sich eine vorläufige 3 x 5 Matrix welche 15 Inhaltsklassen definiert. Diese Inhaltsklassen lassen sich in Inhaltsanalysen von Fantasiegeschichten objektiv voneinander trennen. Die darauf aufbauenden Skalen besitzen eine ausreichende innere Konsistenz und Stabilität. Erste empirische Untersuchungen belegen die Validität dieses Mehrebenenansatzes der Motivdiagnostik.

9.1 Das Mehrebenen-Modell der Motivdiagnostik im Operanten Motiv-Test (OMT)

Der OMT ergänzt die klassischen Instrumente der Motivdiagnostik um ein Mehrebenen-Modell. Den theoretischen Hintergrund dieses Modells haben wir im vorherigen Kapitel dargelegt: Eine Operationalisierung von *operanten* Persönlichkeitsdispositionen sollte unseres Erachtens sowohl Bedürfnisse als auch die Regulation bzw. Umsetzungsstrategien dieser Bedürfnisse *gleichzeitig* messen. Die bereits in klassischen Tests wie dem TAT enthaltenen Motivoperationalisierungen werden daher im OMT um eine *volitionale* Perspektive erweitert. Diese Idee ist natürlich nicht neu: Kuhl (1983) und Heckhausen (1989) haben darauf hingewiesen, dass Motivation und Volition eng miteinander verwoben sind. Diese enge Verbindung von Motiven und deren Umsetzung zeigt sich bereits beim Schreiben der Geschichten im TAT: Personen unterscheiden sich darin, *wie* die Bedürfnisse und Wünsche der Hauptperson an der Zielbildung beteiligt und dann auch gedanklich umgesetzt werden. Bei manchen Personen kann man bspw. lesen, dass die Hauptperson bei geringer situativer Günstigkeit attraktive Zustände nicht aktiv aufsucht, sondern die antizipierte oder eingetretene Lage mit negativen Gedanken und Gefühlen verbindet, ohne etwas daran zu ändern (Kuhl, 1972; 1978).

Eine ähnliche Konzeption ist kürzlich von Winter, Stewart, John, Klohnen, & Duncan (1998) im Rahmen einer Längsschnittstudie untersucht worden. Sie konnten zeigen, dass Motive von „Traits" kanalisiert werden, d. h., dass interindividuelle Unterschiede bezüglich der Sensibilität für positiven Affekt („Extraversion") die Umsetzung von Motiven bedeutsam beeinflussen. Ob das „Big-Five"-Modell eine gute Annäherung an regulatorische Prozesse bietet, soll hier nicht weiter problematisiert werden. Für das Mehrebenen-Modell liefert der „Big-Five"-Ansatz aber eine wichtige Begründung: „Traits" wie Extraversion oder Neurotizismus wurden auf der Basis von Worten konzeptualisiert, die Menschen benutzen, um andere zu beschreiben (Block, 1995; Hogan, 1996; Saucier & Goldberg, 1996). Es erscheint naheliegend, dass solche Worte auch von Probanden gebraucht werden, um „projektive" Tests zu bearbeiten. Dass dies auch „volitionale" Worte sein können, und dass sich diese bereits in einer Inhaltsanalyse im TAT klar von Bedürfnisbeschreibungen trennen lassen, folgt im Grund unmittelbar aus der Idee von Winter et al. (1998).

Das Mehrebenen-Modell, welches gleichzeitig der Motivauswertungsschlüssel des OMT ist, besagt, dass die Grundmotive durch unterschiedliche Regulationsmechanismen umgeformt werden, was sich in distinkten Inhalten bei der Bildinterpretation durch Probanden niederschlägt. Formal wird bei der Auswertung des OMT auf die erste Frage (*„Was ist für die Hauptperson in dieser Situation besonders wichtig"*) das dominierende Motiv des Probanden kodiert. Diese Motivkodierung ist übrigens sehr nahe an die von Winter (1994) definierten Inhalte für eine TAT-Auswertung angelehnt. Aus der Beantwortung der zweiten und dritten Frage (*„wie fühlt sich die Hauptperson dabei"* und *„warum fühlt sie sich so"*) werden dann die Regulationsmechanismen, die das jeweilige Motiv umsetzen, erschlossen. Eine detaillierte Beschreibung dieser volitionalen Strategien, die aus der PSI-Theorie von Kuhl (2000, 2001) abgeleitet werden, würde den Rahmen hier sprengen (s. Kuhl & Scheffer, 2001).

Wir beschränken uns deshalb an dieser Stelle auf eine kurze Zusammenfassung der mit dem OMT innerhalb jedes Motivs differenzierbaren fünf Systemebenen, die unterschiedlichen Umsetzungsformen entsprechen: Auf Ebene 1 wird der für die Umsetzung eines Motivs notwendige positive Affekt intrinsisch generiert, auf Ebene 2 dagegen extrinsisch. Beide Regulationsformen werden in der PSI-Theorie mit positivem Affekt (A+) verbunden. Sie unterscheiden sich inhaltlich jedoch deutlich (s. Tabelle 1): Auf Ebene 1 kommt der positive Affekt aus dem Selbst (S+) und berücksichtigt damit auch eine Vielzahl von eigenen Bezügen und Kontextbedingungen. Auf Ebene 2 wird der positive Affekt dagegen durch internalisierte, aber ursprünglich externe Bezüge ausgelöst (Anreizobjekte, Normen, Rollenvorgaben, Gütemaßstäbe etc.), welche die Bedürfnisumsetzung steuern. Auf Ebene 3 resultiert die Handlungsenergie aus der Herabregulierung von negativem Affekt, was in der PSI-Theorie durch A(–) symbolisiert wird. Negativer Affekt kann hier vom Individuum selbständig beseitigt werden, was in der PSI-Theorie als Voraussetzung für den Zugang zum Extensionsgedächtnis gilt [S(–)] und damit dieses ausgedehnte implizite (d. h. nicht in seiner vollen Ausdehnung bewusstseinsfähige) Netzwerk persönlicher Erfahrungen für die kreative Umsetzung von Motiven verfügbar macht. Durch die Herabregulierung von negativem Affekt werden positiv valenzierte Emotionen, welche für eine Annäherungsmotivation immer gebraucht werden, generiert. Positiver Affekt und herabregulierter negativer Affekt sind jedoch nur oberflächlich ähnlich: Sie unterscheiden sich deutlich und sollten daher unbedingt getrennt kodiert werden (Watson & Tellegen, 1985). Wegen der großen Ausdehnung des Extensionsgedächtnisses ist für seine Beteiligung an der Handlungssteuerung eine langanhaltende Aktivierung positiven Affekts wichtig, die durch die Herabregulierung negativen Affekts eher gewährleistet ist als durch direkten positiven Affekt, der oft auf zeitlich begrenzte „konsummatorische" Episoden beschränkt ist. Auf Ebene 4 wird die Motivumsetzung über gehemmten positiven Affekt organisiert, was mit Aktivierung des Gedächtnisses für explizite Absichten verbunden ist (Kuhl & Kazen, 1999). Auch hier muss der gehemmte positive Affekt durch äußere Anreize aufgelöst werden. Von Ebene 2 unterscheidet sich Ebene 4 deutlich sowohl in der Syntax als auch in der Form des extrinsischen Bezugs (z. B. Internalisierung von Zielen auf Ebene 2 versus Introjizierung von Zielen auf Ebene 4). Auf Ebene 5 schließlich wird das Motiv durch (bewussten) negativen Affekt gesteuert, der umsetzungshemmend wirkt und deshalb allenfalls durch die Hilfe anderer der Bedürfnisbefriedigung dient. Es handelt sich hier also um eine „lageorientierte" Strategie, Motive umzusetzen. Einen Überblick über das Mehrebenen-Modell des OMT gibt Tabelle 1.

Tabelle 1:
Das Mehrebenen-Modell und die Motiv-Komponenten des OMT.

Spalten definieren **Bedürfnisse („WAS")** Zeilen (Ebenen) definieren **Mechanismen („WIE")**	**Bindung** Entwicklungshypothese: Geringe familiäre Kohäsion („hohe emotionale Distanz bzw. geringe Wärme"):	**Leistung** Entwicklungshypothese: Elterliche Forderung an Unabhängigkeit (d. h. Konfrontation mit Schwierigkeiten):	**Macht** Entwicklungshypothese: Geringer Einfluss des Vaters auf das Kind:
Ebene 1: *Postulierter Mechanismus (PSI-Theorie):* **[A +]** u. **Intuition intrinsisch:** gekennzeichnet durch Selbstbezug und Tiefe	O11 Begegnung: Wärme, Liebe, freudiger Austausch, Aufgabe von Kontrolle	O21 Flow: Aufgehen in einer Aufgabe, Erkenntnis, Interesse oder Neugier, etwas ganz alleine schaffen	O31 Führung: Beeinflussung anderer durch Stärke oder selbstverständliche Überlegenheit

Ebene 2: Postulierter Mechanismus (PSI-Theorie): [A+] u. Intuition extrinsisch: anreizorientiert	O12 Geselligkeit: gemeinsamer Spaß durch Kontakt und Unterhaltung („oberflächlich")	O22 Gütemaßstab: Orientierung an übernommenen Gütestandards oder Zielen	O32 Anerkennung: Sich in den Mittelpunkt stellen; Status; Bestätigung durch andere;
Ebene 3: Postulierter Mechanismus (PSI-Theorie): [A(–)] u. Extensionsgedächtnis: Aktive Bewältigung von Frustration oder Bedrohung (des Selbst)	O13 Networking: Kontakt durch Unabhängigkeit; Überwindung v. Distanz durch Kompetenz	O23 Misserfolgsbewältigung: Fehler und Probleme erkennen und handlungsorientiert lösen	O33 Selbstbehauptung: Sich gegen Widerstände anderer durchsetzen; Entscheiden unter Unsicherheit
Ebene 4: Postulierter Mechanismus (PSI-Theorie): [A(+)] und analytisches Absichtsgedächtnis & anreizunabhängige Routinen: Planen, hartnäckig durchhalten	O14 Anschluss: Einsamkeit oder Ausschluss verhindern; Geborgenheit suchen; hartnäckig Nähe/Anschluss suchen	O24 Leistungsdruck: unter Stress durchhalten und nicht versagen; wetteifern; Druck aushalten; Anforderungen standhalten	O34 Direktion: Negative Seiten der Macht und Schwierigkeiten bei der Machtumsetzung (implizit) erkennen; einseitig Kontrolle anstreben
Ebene 5: Postulierter Mechanismus (PSI-Theorie): [A–] und Empfinden: negative Emotionen und negative Anreize erkennen	O15 Verbindlichkeit: Gefühle von Einsamkeit und Angst empfinden; Distanz erkennen; um Hilfe bitten; „klammern"	O25 Selbstkritik: die eigenen Fehler erkennen und zugeben; Misserfolge wahrnehmen; Hilfe annehmen	O35 Unterordnung: sich eigene Machtlosigkeit bewusst machen; erfolglose Strategien der Durchsetzung erkennen

Anmerkungen: Die Notationen zu den PSI-Mechanismen entsprechen denen bei Kuhl (2001).
A + = Mobilisierung von positivem Affekt; intuitives Handeln
A (–) = Herabregulieren von negativem Affekt; Zugriff auf das Extensionsgedächtnis und das Selbst
A – = negativer Affekt; Blockierung des Extensionsgedächtnisses und des Selbst
A (+) = gehemmter positiver Affekt; Zögern mit der Umsetzung; Bahnung des Planens/Abwägens und des analytischen Absichtsgedächtnisses (bewusste Vornahmen)

Die Spalten in der Tabelle werden durch die drei Basismotive definiert, welche als Funktion bestimmter familiärer Kontexte angesehen werden. In der Kopfzeile finden sich zu jedem Motiv die im Folgenden näher dargestellten „Entwicklungshypothesen" wieder, welche die postulierten familiären Entstehungskontexte jedes Motivs beschreiben. Die Zeilen der Tabelle definieren fünf spezifische Komponenten bzw. Umsetzungsformen jedes Motivs, welche durch fünf verschiedene Kombinationen der vier in der PSI-Theorie definierten kognitiven Subsysteme und der Basisaffekte erklärt werden. So werden die Motivkomponenten der ersten Ebene als Erscheinungsform einer intrinsischen (mit dem Selbstsystem verknüpften), handlungsorientierten Mobilisierung von positivem Affekt [A+] aufgefasst, die subjektiv als ein meist anstrengungsfreies lustvolles Aufgehen in der Tätigkeit erlebt wird: Da das Selbstsystem weitgehend unbewusst operiert, wird sein Beitrag zur Aufrechterhaltung der positiven

Motivation als wie von „selbst" oder „aus der Aufgabe kommend" wahrgenommen. Die Motivkomponenten der zweiten Ebene sind als Erscheinungsformen einer *extrinsischen* Mobilisierung von positivem Affekt mehr an konkreten Anreizobjekten orientiert als mit vielen Aspekten des Selbst abgeglichen (verschiedenen Bedürfnissen, Werten, eigenen Erfahrungen u. ä.). Beide Ebenen sind demnach Funktion einer *intuitiven* Motivumsetzung, welche aber aufgrund ihres intrinsischen bzw. extrinsischen Bezugs eindeutig unterscheidbar sind (bspw. Flow und Freude an der Tätigkeit vs. Gütemaßstäbe oder übernommene Leistungsziele beim Leistungsmotiv): Wenn das Selbstsystem stark an der Verhaltensveranlassung beteiligt ist (Ebene 1), liegt eine hochinferente („intelligente" oder „rationale") Form der Intuition vor, während die einseitig anreizgesteuerte Form eine phylo-, onto- und aktualgenetisch einfachere Form der Verhaltenssteuerung ist.

Die dritte Ebene wird durch eine aktive, handlungsorientierte Herabregulierung von negativen Affekten [A(–)] erklärt, die durch explizit erkannte Frustration, durch Misserfolg oder durch Barrieren entstehen und an der wiederum das Selbstsystem stark beteiligt ist (z. B. aktive Auseinandersetzung mit aversiven Befürchtungen oder Erfahrungen auf der Grundlage selbstrelevanter autobiographischer Erfahrungen, eigener Werte, Motive u. a.). Auf der vierten Ebene ist die Motivumsetzung durch einen latent vorhandenen, wegen der direkten handlungsorientierten Bewältigung aber meist oft gar nicht ausgedrückten negativen Affekt [A–] charakterisiert. Dieser negative Affekt wird auf dieser Ebene dadurch sehr rasch beseitigt (so dass er oft nicht einmal bewusst erlebt wird), dass stetig Handlungen ausgeführt werden, die das befürchtete Bedürfnisdefizit gar nicht erst entstehen lassen (z. B. Nähe suchen, Wetteifern bzw. Macht ausüben). Das Ausführen motivbefriedigender Handlungen ist i. U. zur Ebene 2 hier nicht von positivem Affekt und positiv valenzierten Anreizobjekten abhängig, wenn ein Rückgriff auf automatisierte Routinen erfolgt, der in der PSI-Theorie als eine anreizunabhängige Form der Verhaltenssteuerung beschrieben wird. Wenn der latente negative Affekt, der durch dieses aktive Vermeidungsverhalten reduziert wird, gleichzeitig mit der Hemmung positiven Affekts einhergeht, kann auf der Ebene 4 zusätzlich zu den automatischen Verhaltensroutinen auch der analytisch-explizite Zugang zum Intentionsgedächtnis die Motivumsetzung unterstützen. Lageorientiert und damit im engeren Sinne nicht mehr motivbildend (im Sinne einer der für die ersten vier Ebenen charakteristischen Formen der Aufsuchungsmotivation) ist dagegen der Zugang zur Motivumsetzung auf der fünften Ebene, bei der negativer Affekt auf einer bewusstseinsnahen Erlebnisebene perseveriert. Bedürfnisbefriedigung ist aber auch auf dieser Ebene möglich, etwa durch die Appellfunktion von Hilflosigkeits- oder Unterwürfigkeitsgesten.

Lassen sich diese theoretischen Annahmen, auf denen die Auswertung des OMTs beruht, empirisch verifizieren? Der folgende Abschnitt gibt einen Überblick über einige Befunde zur Konstruktvalidierung des OMT.

9.2 Empirische Befunde

Das Mehrebenen-Modell des OMT ermöglicht eine theoretisch begründete Differenzierung unterschiedlicher Motivkomponenten. Natürlich müssen sich die erörterten Komponenten aber auch empirisch hinreichend voneinander abgrenzen lassen.

Objektivität
Eine erste wichtige Frage betrifft hier die Zuverlässigkeit bei der Auswertung der einzelnen Komponenten, welche bei 16 Komponenten (auch die nicht-Kodierung ist ja zu beachten und auch gar nicht selten!) sicherlich schwieriger ist als bei Motivtests mit weniger Komponenten. Die Erfahrung zeigt jedoch, dass bei strikter Einhaltung formaler Regeln (bspw. Motivkodierung nach der 1. Frage, Kodierung der Ebene nach der 2. und 3. Frage) bereits nach einigen Tagen Übung Auswerter-Übereinstimmungen von über .85 (nach der Formel in Winter, 1994) erreicht werden können. Bei einer weiteren gemeinsamen Auswertungszeit lassen sich dann auch Übereinstimmungen von nahezu 100% erreichen, die jedoch zwischen verschiedenen Teams nicht immer replizierbar sind. Es müssen also weitere Regeln formuliert werden, um noch bestehende Ambiguitäten zu klären. Einen ersten Schritt haben wir mit dem Manual (Kuhl & Scheffer, 2001), welches auch in englischer Sprache vorliegt, unternommen.

Reliabilität
Wie die theoretischen Ausführungen im vorherigen Kapitel deutlich gemacht haben, ist die Wahl der Bildvorlagen elementar für die Motivmessung. Motive können als „intelligente Bedürfnisse" bezeichnet werden: Sie basieren auf einem ausgedehnten autobiographischen Wissen über die in verschiedenen Kontexten vorhandenen Handlungsoptionen zur Bedürfnisbefriedigung. Man kann sich dieses Merkmal von Motiven am besten an Hand von Fällen deutlich machen, in denen die Bedürfnisbefriedigung nicht von einem Motiv vermittelt ist. Ein Beispiel ist das Klammern zur Befriedigung des Bindungsbedürfnisses, das im Unterschied zur persönlichen Begegnung (*intimacy*) auch dann perseveriert, wenn eigentlich klar sein müsste, dass der Kontakt wenig befriedigende oder sogar schädigende Folgen hat. Da somit implizite Motive als *kontextrepräsentierende* Konstrukte gelten können, müssen wir davon ausgehen, dass ein unterschiedlicher Satz von Bildern selbst bei identischer „wahrer" Motivausprägung eines Individuums zu unterschiedlichen Messergebnissen führt. Die Annahme eines Extensionsgedächtnisses in der PSI-Theorie erklärt die Kontextabhängigkeit bei der Motivmessung: Unterschiedliche, in den Bildvorlagen enthaltene Strukturmerkmale reaktivieren verschiedene Facetten noetischer und autonoetischer Anteile, aus denen ein implizites Motiv besteht. Diese Vorstellung geht bereits auf die Konzeptionalisierung von impliziten Motiven durch McClelland (1965) zurück, der diese als *„affectively toned associative networks arranged in a hierarchy of strength or importance within a given individual* (S. 322)" definierte.

Für die Schätzung der Reliabilität des OMT hat die inhärente Kontextabhängigkeit von Motivmessungen natürlich Folgen: Die Bildvorlagen eines Motivtests lassen sich nicht wie Items eines klassischen Persönlichkeitsfragebogens behandeln, die eindimensional ein Merkmal messen. Bildvorlagen sind mehrdimensionale Items, und sie müssen dies auch sein, erst recht wenn wie beim OMT mehrere Motive gleichzeitig gemessen werden sollen. Wie reale Situationen meistens unterschiedliche Reaktionen gestatten, lassen geeignete Bildvorlagen meist mehrere Interpretationen zu, und zwar hinsichtlich der enthaltenen Motive wie auch der Ebenen. Die für eine Motivmessung geeigneten Bildvorlagen sind also mehrdeutig und weisen in einer Stichprobe von Individuen mit mittleren Motivausprägungen in etwa die gleiche Reaktionswahrscheinlichkeit zumindest für zwei der Motive und Ebenen auf. Damit ist die interne Konsistenz (Cronbachs Alpha) eigentlich kein angemessenes Mittel, die Reliabilität und Messgenauigkeit des Tests zu schätzen: Personen mit mittleren Motivausprägungen müssen zwangsläufig inkonsistent antworten. Personen mit extremer Motivausprägung jedoch nicht: Nur bei einem großen Stärkeunterschied zwischen dem dominanten Motiv und anderen Motiven sind konsistente Deutungen einer Bildvorlage zu erwarten.

Allerdings lässt sich aus den genannten Gründen die interne Konsistenz zur Schätzung der Reliabilität annäherungsweise bei Extremausprägungen des jeweiligen Motivs einsetzen, also in Ausprägungsbereichen, wo kaum noch mit Motivkonflikten zu rechnen ist.[1] Wie die nachfolgende Tabelle erläutert, ist die interne Konsistenz des OMT im 1. und 4. Quartil der untersuchten Stichprobe in akzeptabler Höhe. Der Abfall der internen Konsistenz in den mittleren beiden Quartilen ist einerseits eine statistische Zwangsläufigkeit, betrifft aber Motivtests aus den genannten theoretischen Gründen weitaus stärker als andere Tests (Intelligenz- und Situationstests fallen in ihrer internen Konsistenz auch in den mittleren Quartilen nur wenig ab). Im 1. und 4. Quartil ist der OMT bezüglich seiner internen Konsistenz vergleichbar mit anderen Persönlichkeitstests wie dem NEO oder dem CPI. Praktisch bedeutet dies, dass er selbst nach klassischen Kriterien in den Bereichen der zu messenden Dimensionen reliable Aussagen macht, um die es bei der Motivmessung geht (Motivtests sollen Aussagen über Motivdominanzen machen).

Tabelle 1:
Durchschnittliche interne Konsistenzen (Cronbachs Alpha) im 1. und 4. Quartil von den drei Grundmotiven des OMT.

	OMT		
	Bindung	Leistung	Macht
Cronbachs α	.74	.70	.78

Anmerkung: N = 200

---

[1] Hier liegt der Grund dafür, dass Cronbachs Alpha bei Intelligenztests besser geeignet ist, um die Reliabilität abzuschätzen: Verschiedene Intelligenzfaktoren konkurrieren normalerweise nicht, da die konkrete Aufgabe festlegt, welche Intelligenzkomponente benötigt und aktiviert wird.

Dass diese Berechnung eine gute Schätzung der Reliabilität des OMT ermöglicht, zeigen Befunde zur Stabilität des OMT. Diese liegt bei den Grundmotiven im Durchschnitt bei .72 nach einem Intervall von einer Woche. Die fünf Ebenen des OMT sind mit durchschnittlich .60 etwas weniger stabil. Auch die internen Konsistenzen liegen hier in dem gleichen Bereich. Wenn, wie angenommen, die Grundmotive durch frühkindliche Entwicklungsbedingungen geprägt werden, die Umsetzung der Motive dann jedoch erst später durch die Erfahrung mit Regulationsstrategien herausgebildet wird, sind diese unterschiedlichen Reliabilitäten theoretisch begründbar. Es ist auch wahrscheinlich, dass „Traits" mit ihrem starken genetischen Anteil etwas stabiler sind als Motive. Dennoch sind Motive wie auch ihre Umsetzungsstrategien offenbar hinreichend stabil, um differentiell valide zu sein. Bei einem Test, für den die klassischen Methoden der Reliabilitätsschätzung nur bedingt geeignet sind, ist die Validierung besonders wichtig: Aus einer hinreichenden Validität kann ja durchaus indirekt auf die Reliabilität geschlossen werden. Der folgende Abschnitt referiert zunächst Validierungsbefunde zu den Grundmotiven.

Motive als übergreifende Lebens- und Arbeitsorientierungen
Wie bei jeder Validierung einer Merkmalsmessung stellt sich die Frage nach dem adäquaten Kriterium. In Anlehnung an Adler (1927) wollen wir Motive als übergreifende Lebenspläne bezeichnen, die sich in relevanten *life-outcome-Daten* über die ganze Lebensspanne hinweg validieren lassen. Ein Beispiel einer solchen Validierung konnte mit dem OMT für das Bindungsmotiv erbracht werden: So sind die Korrelationen in einer annähernd als repräsentativ zu bezeichnenden Stichprobe aus Ost- und Westdeutschland zwischen einem hohen Bindungsmotiv und dem ersten Geschlechtsverkehr sowie einer früheren Bindung an den Lebenspartner auf dem 5%-Nivau signifikant, mit r(300)=−.12 und r(324)=−.13 jedoch von geringer Stärke (was im Rahmen eines multikausalen, systemtheoretischen Ansatz die Bedeutung dieses Befundes weniger einschränkt als im Rahmen einer klassischen monokausalen Betrachtung). Immerhin kann damit das Bindungsmotiv bei Männern und Frauen als ein Faktor für eine frühe sexuelle und Partnerbindung gelten. Interessanterweise ist dieser Zusammenhang etwas stärker bei den *vor 1949* geborenen Personen (r(109)=−.23 und r(103)=−.20). Ist in dieser Kohorte Varianz innerhalb des Zeitpunkts ersten sexuellen und partnerschaftlichen Kontakts stärker durch Motive aufklärbar, weil *eigenständige* Entscheidungen schwerer durchsetzbar waren als heute, also höhere Motivation erforderten? Diese Argumentation wird durch den Befund gestützt, dass wir die höchste Korrelation zwischen Bindungsmotiv und dem Alter beim ersten Geschlechtsverkehr bei Frauen, die vor 1945 geboren wurden, finden (r(62)=−.35; p<0.01).

Eine Validierung des Machtmotivs ergab sich in einem Assessment-Center, an dem Führungsnachwuchskräfte teilnahmen. Beurteiler waren erfahrene Personaler aus verschiedenen großen und mittleren Unternehmen im Raum Hamburg.

Das Assessment-Center bestand aus den üblichen Übungen (Gruppendiskussion, Präsentation, Problemlösesituationen), in denen jeweils vier Indikatoren für Führungs- und Entscheidungsstärke (Argumentationsfähigkeit, Durchsetzungsstärke, Gruppensteuerung und Konfliktfähigkeit) von durchschnittlich drei Beobachtern pro Person beurteilt wurden. Das Machtmotiv, welches drei Monate zuvor in einer Gruppensitzung gemessen worden war, korrelierte signifikant mit dem Summenscore der vier genannten Kriterien über alle vier Übungen hinweg mit $r(56)=.32$; $p<0.05$.

Eine Validierung des Leistungsmotivs erbrachte eine signifikante Korrelation mit den Studienzwischennoten von Studierenden der Universität der Bundeswehr ($r(98)=-.26$; $p<0.01$; „sehr gut" entspricht einer 1, „durchgefallen" einer 5). Der Abstand zwischen OMT-Messung und den Zwischennoten betrug dabei fast ein Jahr. Eine weitere Validierung ergab eine Studie von Heckhausen & Tommasik (2001): Realschulabgängerinnen mit einem hohen Leistungsmotiv bewerben sich signifikant effizienter auf einen Ausbildungsplatz als Abgängerinnen mit niedrigerem Leistungsmotiv. Dieser Zusammenhang gilt nicht für männliche Bewerber, bei denen ein hohes Bindungsmotiv ein signifikanter negativer Prädiktor für optimales Bewerbungsverhalten ist, was zur Studie von McClelland & Boyatzis (1982) passt, wonach ein hohes Affiliationsmotiv schädlich für die Karriere zumindest männlicher Angehöriger eines großen Unternehmens sind.

In einer Stichprobe mit 233 Personen beiderlei Geschlechts, die ca. zur Hälfte in der Wirtschaft und Industrie arbeiten und zur anderen Hälfte als Offiziere an der Universität der Bundeswehr studieren, wurde die Hypothese überprüft, dass es zwischen den Motiven des OMT und den Quadranten des CPI einen signifikanten Zusammenhang gibt. Die vier Quadranten des CPI stellen wohl eine der ehrgeizigsten und am besten erforschten Operationalisierungen für übergreifende Lebens- und Arbeitsorientierungen dar (Weinert & Gough, 2000). Personen, die dem *Alpha*-Quadranten zugeordnet werden, sind aktive und partizipative Menschen, die der Überzeugung sind, dass die gesellschaftlichen Normen im Großen und Ganzen ihre Richtigkeit haben. Ihre emotionale Energie konzentriert sich auf die mit anderen geteilte zwischenpersönliche Welt und auf das Festhalten an und Durchsetzen von akzeptierten Normen. Alphas sind die Macher, jene Leute, die die von der Kultur sanktionierten Aufträge ausführen. *Betas* sind distanzierte Menschen, die gleichfalls dazu neigen, gesellschaftliche Konventionen zu billigen. Ihre emotionale Energie konzentriert sich auf ihr *Innenleben* und auf das Akzeptieren von Normen, Vorschriften und Anordnungen, die sie als Leistungsorientierung begreifen. *Gammas* lieben – und reagieren auf zwischenpersönliche Aktivitäten. Sie bezweifeln aber auch die Einengung, Beschränkung und die begrenzende Wirkung vieler „traditionell westlicher Lebensformen". Ihre emotionale Energie konzentriert sich auf die mit anderen geteilte manifeste Welt, sie sind im Sinne von Hofstede (1980) interdependent-kollektivistisch. *Deltas* schließlich haben eine internale Orientierung. Sie wenden sich gegen jede Selbstoffenbarung und sie sehen auch zu viele Regeln der Gesellschaft eher als eine Art Zwangsjacke an. Ihre emotionale Energie konzentriert sich auf eine private innere Welt und auf ein persönliches, im Gegensatz zu einem traditionellen oder sanktionierten Wertesystem.

In einer logistischen Regression sagen die drei OMT-Motive als Prädiktoren die vier CPI-Quadranten signifikant vorher.

Tabelle 2:
Zusammenhänge zwischen den OMT-Motiven (Bindung, Leistung und Macht) und den CPI-Typen (Alpha, Beta, Gamma, Delta) in einer logistischen Regression mit den Motiven als Prädiktoren und den Typen als Kriterium.

	Alpha	Beta	Gamma	Delta
Bindung	B(1) = .30**	B(1) = –,05	B(1) = –.24*	B(1) = –.46*
Leistung	B(1) = .07	B(1) = .27*	B(1) = –.13	B(1) – .16
Macht	B(1) = .24**	B(1) = –.05	B(1) = –.17*	B(1) = –.30*

Anmerkung: * p < 0.05; ** p < 0.01

In der Tabelle wird deutlich, dass die ersten beiden Quadranten positiv mit den drei Motiven korrelieren, wobei Alphas bindungs- und machtmotiviert, Betas nur leistungsmotiviert sind. Die beiden unteren Quadranten korrelieren negativ mit den drei Motiven. Dies entspricht der Auffassung, dass es sich bei diesen Quadranten um von den traditionell-westlichen Vorstellungen abweichende Lebens- und Arbeitspläne handelt. Wie Scheffer (2001) dargelegt hat, spiegeln hohe Motivausprägungen eine independente Lebensorientierung wider, welche ihren adaptiven Wert vor allem in individualistischen, westlichen Kontexten entfaltet. Niedrige Ausprägungen auf westlich geprägtem Motivbegriff können Anzeichen einer interdependenten Orientierung sein, die in „kollektivistischen" Kulturen funktional ist (s. auch Keller, 2000).

Konvergente und diskriminante Validität des OMT
Neben dem Kriterium signifikanter life-outcomes ist für die Validierung des OMT fraglos auch der Zusammenhang mit etablierten Maßen für explizite und implizite Motive wichtig. Dabei muss zunächst einmal gezeigt werden, dass der OMT *nicht* mit expliziten Motivmassen und self-reports korreliert (diskriminante Validität).

In einer gemischten Stichprobe (Frauen und Männer aus den Bereichen Wirtschaft und Militär) ergaben sich zwischen den Skalen des *Values and Interests Inventory* (Hogan, Hogan & Weinert, 1996) – Ästhetik, Anschluss, Altruismus,

Geschäft, Hedonismus, Macht, Anerkennung, Wissenschaft, Sicherheit, Tradition – und den drei Grundmotiven nur eine signifikante Korrelation, was auf die empirische Unabhängigkeit zwischen expliziten Motiven (Werten) und impliziten Motiven hinweist. Die einzige signifikante Korrelation war die zwischen dem Bindungsmotiv und dem Wert für Anschluss im VII ($r = .16$; $p < 0.05$).

Bezüglich der diskrimanten Validität ist es zunächst überraschend, dass in einer Stichprobe mit 100 Studenten und Studentinnen der Nordakademie (Fachhochschule der Wirtschaft in Elmshorn) zwischen Leistungsmotiv und dem IQ des IST-2000 eine signifikante Korrelation gefunden wurde ($r = .24$; $p < .05$). Es bestanden keine signifikanten Korrelationen zwischen den anderen beiden Motiven und der Intelligenz im IST-2000. Erklärbar mag diese unerwartete Korrelation dadurch sein, dass eine hohe Intelligenz die Entwicklung eines Leistungsmotivs befördert. Denkbar ist jedoch auch die umgekehrte Interpretation: Ein hohes Leistungsmotiv fördert die Intelligenz, weil leistungsmotivierte Personen stimulierende, mittelschwere Aufgaben aufsuchen (Atkinson, 1957; Kuhl, 1978).

Bezüglich der konvergenten Validität ist anzunehmen, dass der OMT trotz der unterschiedlichen Durchführungs- und Auswertungsmodalitäten mit dem TAT korreliert. In einer ersten Studie mit dem OMT konnte diese erwartete konvergente Validität bestätigt werden. Die Korrelation zwischen OMT-Bindungs- und TAT-Affiliationsmotiv (nach dem Winter-Schlüssel, 1994) betrug $r(53) = .31$; $p < 0.05$. Die zwischen den Maßen für das Leistungs- und Machtmotiv jeweils .47; $p < 0.01$. Keine der Korrelationen zwischen *verschiedenen* Motiven erreichte die Signifikanzgrenze.

In weiteren Untersuchungen stellte sich dann jedoch heraus, dass dieser Zusammenhang von einer Reihe von Randbedingungen abhängig ist. In einer Untersuchung mit 122 Studenten der Universität der Bundeswehr konnten wir einige dieser Randbedingungen spezifizieren. Die wichtigste scheint der verwendete Bildersatz zu sein, wobei sich herauskristallisiert, dass die Bilder, welche den klassischen TAT-Bildvorlagen am ähnlichsten sind, d.h., die wenig abstrahiert oder künstlich verfremdet erscheinen (so wie der Bildersatz von Sokolowski, Schmalt & Langens, 2000), am deutlichsten mit dem TAT korrelieren. Bei der aktuellen Version sind dies die Bilder 3, 4, 7, 9, 12 und 14[2], die damit einen Sub-Set definieren, der die höchste Verbindung mit dem TAT aufweist.

Eine wichtige differentielle Randbedingung sind die durch das „Big-Five"-Modell operationalisierten Traits, welche den Zusammenhang zwischen TAT und OMT mediieren (Scheffer, Kuhl & Eichstaedt, in Vorb.).

---

[2] Der OMT kann als Online-Testverfahren im Internet abgerufen werden: http://psycho.unibw-hamburg.de/ OMT

Befunde zu den familiären Entwicklungskontexten
Die frühen familiären Interaktionsstrukturen werden von uns über eine retrospektive Darstellung der Familie in der Kindheit durch den Familiensystem-Test (FAST) von Gehring (1993) operationalisiert. Diese Figurenlege-Technik operationalisiert familiäre Kohäsion („Wärme") und Hierarchie und baut auf Konzepten der familientherapeutischen Praxis und Forschung auf (Minuchin, 1977; Boszormenyi-Nagy & Spark, 1981, Gehring et al., 1994; Gehring & Schultheiss, 1987). Der Test ermöglicht eine Differenzierung zwischen nichtklinischen und psychosozial belasteten Familien (Marti & Gehring, 1992). In der Ursprungsfamilie erlebte Kohäsion und Wärme wird durch die durchschnittliche Nähe der auf einer Art Schachbrettmuster aufgestellten Familienangehörigen (einschließlich der eigenen Person) operationalisiert. Die in der Ursprungsfamilie erlebte Struktur und Hierarchie wird durch die mittleren Größenunterschiede der dargestellten Figuren gemessen. Die Darstellung familiärer Kohäsion und Hierarchie variiert mit dem Alter und Geschlecht von Kindern (Feldmann & Gehring, 1988) und hat sich insbesondere in der klinischen Praxis als Operationalisierung frühkindlicher Beziehungsrepräsentationen bewährt. Edwards (1980) hat Befunde zusammengefasst, die zeigen, dass Figurenlegetechniken signifikant mit tatsächlicher Distanz-Nähe-Regulation korreliert, und dass die Variablen, die echtes Distanz-Nähe-Verhalten beeinflussen, auch die Beziehungen der Figuren untereinander beeinflussen.

In einer annähernd als repräsentativ zu bezeichnenden Stichprobe aus Ost- und Westdeutschland (N = 323) war das Bindungsmotiv wie erwartet signifikant bei den Personen erhöht, die im FAST eine geringe Kohäsion der Ursprungsfamilie gezeigt hatten, wenn in einer ANOVA das Geschlecht kontrolliert wurde (Median-Test: $\chi^2 = 4.04$; $p < 0.05$). Die Entwicklungshypothese für das Machtmotiv (Tab. 1) konnte nur bei den männlichen Probanden verifiziert werden: Nur bei Männern ist das Machtmotiv signifikant dann erhöht, wenn sie ihrem Vater im FAST keinen Einfluss oder einen geringeren Einfluss als der Mutter zugewiesen hatten. Der Interaktionseffekt Geschlecht x Einfluss war signifikant ($F = 4.59$; $p < 0.05$). Der Effekt der Variablen Einfluss des Vaters war tendenziell signifikant ($F = 3.43$; $p = .07$).

Komplizierter war die Befundlage beim Leistungsmotiv. Zunächst wurde durchaus die von Trudewind (1975) formulierte Annahme bestätigt, dass die Komponenten des Leistungsmotivs, die einen Wunsch nach Unabhängigkeit thematisieren, weil sie eigenständiges, positiv valenziertes Aufsuchen von Leistungssituationen beinhalten (im OMT sind dies O21 und O22 in Tabelle 1), signifikant mit einer geringen Hierarchie zur Mutter im FAST assoziiert sind. Das Umgekehrte gilt für die Komponenten des Leistungsmotivs, die eine gewisse Abhängigkeit thematisieren, weil ihnen aktives bzw. passives Vermeidungsverhalten zu Grunde liegt (besonders O24 und O25): Hier gab es einen positiven Zusammenhang zwischen dem hierarchischen Gefälle zur Mutter (im FAST) und der Motivstärke

(Scheffer, 2001). Damit erscheint das Leistungsmotiv auch aus dieser entwicklungspsychologischen Perspektive in eine aufsuchende und eine vermeidende Variante unterteilbar zu sein (s. Trudewind, 1975), deren Ausrichtung davon abhängt, ob die Mutter gemäß FAST einen starken Einfluss auf das Kind ausgeübt hat oder nicht. Starke Hierarchien sind eher mit negativer Emotionalität verknüpft als flache Hierarchien: Einfluss wird oft über explizite oder implizite Einschüchterung ausgeübt und umgekehrt führen latente Ängste zu einer Präferenz von Ranghöheren (weil sie Sicherheit und Trost vermitteln können). Das klassische (aufsuchende) Affiliationsmotiv (Veroff, 1957) ist der vierten Ebene des OMT zuzuordnen (Kuhl, 2001, Kap. 12). Die erwähnten Zusammenhänge zwischen OMT-Kennwerten und FAST-Indikatoren für motivrelevante Entwicklungskontexte konnten für das Bindungs- und Machtmotiv, allerdings nicht für das Leistungsmotiv, in einer Stichprobe von 68 Studierenden der Universität der Bundeswehr repliziert werden. Tabelle 2 gibt einen Überblick über die Befunde.

Tabelle 2:
Mittelwerte der drei OMT-Motiv-Scores (Anschluss bzw. Bindung, Leistung, Macht) für die Familienstrukturen Kohäsion und väterlicher Einfluss.

Familienstruktur	OMT-Motive		
	Bindung	Leistung	Macht
familiäre Beziehungen sind kohäsiv	2.06a	3.69a	7.09
familiäre Beziehungen sind distanziert	4.23b	2.91b	6.17
Vater einflussreicher als Mutter	3.27	3.73	5.50a
Vater weniger oder gleich einflussreich	3.16	3.07	7.16b

Anmerkung: Spaltenmittelwerte mit ungleichem Subskript unterscheiden sich signifikant ($p < 0,05$).

Es lässt sich ein starker Effekt der familiären Kohäsion auf das Bindungsmotiv feststellen ($F(1) = 17.77$; $p < 0.01$), wobei Personen, die distanzierte familiäre Beziehungen im FAST darstellen, mit AM = 4.23 im Schnitt deutlich bindungsmotivierter sind als Personen, die sich an kohäsive familiäre Beziehungen erinnern (AM = 2.06). Einen umgekehrten Zusammenhang findet man zwischen den familiären Beziehungen und dem Leistungsmotiv ($F(1) = 4.28$; $p < 0.05$). Personen aus distanzierten Familien weisen ein etwas geringer ausgeprägtes Leistungsmotiv auf (AM = 2.91) als Personen aus kohäsiven Familien (AM = 3.69). Die familiäre Kohäsion hatte keinen signifikanten Effekt auf die Ausprägung des Machtmotivs. Hier ist andererseits der Zusammenhang mit dem relativen *Einfluss* des Vaters signifikant ($F(1) = 8.30$; $p < 0.01$), also gerade der FAST-Index, der die für das Machtmotiv postulierte Entwicklungsbedingung erfassen soll (vgl. Kopfzeile in Tab. 1). Personen, die ihrem Vater im FAST einen höheren Einfluss als der Mutter zugewiesen haben, haben im Schnitt geringere (!) Ausprägungen beim Machtmotiv (M = 7.16) als Personen, die an ihren Vater weniger oder auch nur gleichviel Einfluss vergaben (M = 5.50). Ein hoher Einfluss des Vaters dämpft also offenbar das Machtmotiv von ihren Söhnen, wie von u. a. Draper & Harpending (1982) und MacDonald (1988; 1992) postuliert wurde.

Befunde zur Validität der Komponenten des OMT
Es liegen bereits einige Hinweise darauf vor, dass die Komponenten des OMT eine kontextspezifische Validität besitzen, d. h. dass man die Verhaltensvorhersage durch die höhere Differenzierungsleistung des OMT gegenüber den bekannten TAT-Schlüsseln merklich steigern kann. Verdeutlicht sei dies anhand eines Interaktionseffektes zwischen der Komponente *Gütemaßstab* (O22) und einem expliziten Motiv. In jüngster Zeit wird vermehrt auf die positiven Effekte einer „Passung" zwischen impliziten Motiven und expliziten Zielen oder Werten hingewiesen (Brunstein, Schultheiss, & Grässmann, 1998; Schultheiss & Brunstein, 1999). Diese Sicht konkordiert mit der in der Organisationspsychologie etablierten Zielsetzungstheorie von Locke & Latham (1990), nach der ein hoher Leistungswille mit expliziten, schwierigen aber erfüllbaren Zielen gekoppelt werden muss, um tatsächliche Arbeitsleistung oder -effizienz hervorzubringen (s. auch das Konzept vom „Person-Job-Fit", Holland, 1985).

In einer Stichprobe mit 68 Führungsnachwuchskräften aus verschiedenen großen und mittelständischen Unternehmen im Raum Hamburg wurde die Hypothese getestet, dass eine höhere Arbeitsleistung oder -effizienz durch eine Passung zwischen implizitem Leistungsmotiv und expliziten, geschäftsbezogenen Zielen und Werten vorhergesagt werden kann. Der implizite Aspekt der individuellen Zielsetzung wurde durch die Ausprägung der OMT-Komponente *Gütemaßstab* operationalisiert (s. O22 in Tab. 1), weil diese genau die von Locke und Latham (1990) betonten Aspekte thematisiert (Setzen klarer Gütestandards, deren Erreichen mit extrinsischem, positivem Affekt assoziiert ist). Der explizite Aspekt wurde durch die Skala *Geschäft* im VII von Hogan, Hogan & Weinert (1996) operationalisiert, welche das Interesse einer Person an Erfolg bei geschäftlichen Dingen wie Buchführung, Marketing, Management, Finanzen etc. erfragt. Beide Konstrukte (implizites und explizites Motiv) sind auch in dieser Stichprobe unkorreliert. Die Arbeitsleistung wurde durch Vorgesetzten- und Kollegenurteile im Rahmen eines sog. 360-Grad-Feedbacks („Benchmarks") beurteilt und fand 3–4 Monate nach der Erhebung des OMT und des VII statt. Alle Führungsnachwuchskräfte mussten sich kurz vor der endgültigen Laufbahnentscheidung durch mindestens zwei Vorgesetze und zwei Kollegen einstufen lassen, welche faktorenanalytisch drei Bereichen zugeordnet werden können: Den Anforderungen an die Management-Tätigkeit (z. B. Entschlossenheit unter Belastung, Übernahme von Verantwortung, Umsicht und Überblick bei der Steuerung von Projekten, Lernfähigkeit), Führungsstärke (z. B. Motivieren und Rekrutieren von Mitarbeitern, Lösen von Konflikten) und Umgang mit anderen (Service-Orientierung, Freundlichkeit, Gleichgewicht zwischen Privatleben und Beruf). Der beste Prädiktor für das Abschneiden im 360-Grad-Feedback in den Bereichen Management-Tätigkeit (ANOVA: $F = 5.59$; $p < 0.05$) und vor allem im Bereich der Service-Orientierung ($F = 11.37$; $p < 0.01$) ermöglichte die Interaktion aus der Leistungsmotivkomponente („Gütemaßstab") und Werteorientierung („Geschäft"). Ein weiterer Befund aus der gleichen Untersuchung kann ebenfalls die Validität der spezifischen Motivkomponenten verdeutlichen (s. Scheffer & Scherm, in Vorb.): Bei den Frauen, die an dieser Untersuchung teilnahmen, korrelierte nur die 4. Ebene des Machtmotivs („Direktion") signifikant und substantiell mit dem Abschneiden im 360-Grad-Feedback, bei den Männern dagegen nur die 3. Ebene („Selbstbehauptung"). Verschiedene Umsetzungsformen des gleichen Motivs können also mit mehr oder weniger erfolgreichen Kompetenzen assoziiert sein.

9.3 Kritische Würdigung

Mit dem OMT wird der Versuch unternommen, unterschiedliche Motivkomponenten im Auswertungsschlüssel zu berücksichtigen und eine theoretisch und empirisch fundierte Ergänzung zu traditionellen Motivmessungen wie TAT oder Gittertechnik anzubieten. Die Grundidee des OMT-Auswertungsschlüssels ist einfach: Beim Schreiben von kurzen Geschichten auf mehrdeutige Bildvorlagen verwenden Probanden sowohl Worte, welche auf ihre zugrundeliegenden Motive schließen lassen, als auch Worte, welche deren Umsetzung beschreiben und damit potentiell *volitionale Dispositionen* des Individuums offen legen.

Es ist noch ein weiter Weg bis zu einer Verifizierung dieser Idee. Einige Befunde haben uns überrascht und mussten post hoc interpretiert werden. So z. B. die keineswegs eindeutigen Korrelationen mit dem TAT. Bei einer experimentellen Anregung von Druck fanden wir bspw. sehr hohe Korrelationen ($r = .60$) zwischen dem OMT-Affiliationsmotiv (4. Ebene) und dem TAT-Leistungsmotiv und eine nur noch tendenziell signifikante Korrelation mit dem TAT-Affiliationsmotiv. Innerhalb des OMT gab es keinen Hinweis auf eine Konfundierung von Affiliations- und Leistungsmessung. Nachträglich sehen wir dies als einen Hinweis auf die den Ebenen des OMT zugrundeliegenden Systemkonfigurierungen: Auf Ebene 4 dominiert auch beim Bindungsmotiv das analytische Planen und Denken, was leicht mit einer „leistungsmotivierten" Thematik gleichgesetzt werden kann. Möglicherweise werden beim TAT auch manche affiliationsthematischen Inhalte Leistungs bezogen verrechnet, da die Leistungsthematik großzügiger als im OMT definiert ist. Die enge Verflechtung oder gar Konfundierung der beiden Motive wird besonders bei der Leistungsangst deutlich, die ja typischerweise eine Furcht vor der sozialen Bewertung des Misserfolgs (Scham) ist (Atkinson, 1957; Heckhausen, 1989). Es wird in zukünftigen Untersuchungen zu überprüfen sein, ob der OMT bessere Chancen eröffnet,

Motivkonfundierungen bei der Messung gegenüber dem TAT zu reduzieren. Im TAT ist letztlich nie zwischen motivationalen und volitionalen Inhalten getrennt worden. Im OMT wird dieser Versuch auf eine formale und damit objektivierbare Art versucht. Es bleibt jedoch abzuwarten, ob die Trennung von Motivation und Volition durch die 1. sowie 2. und 3. Frage des OMT tatsächlich gelingt.

9.4 Literatur

Adler, A. (1927). *Praxis und Theorie der Individualpsychologie*. München: Bergmann.
Atkinson, J. W. (1957). Motivational determinants of risk-taking behavior. *Psychological Review, 64*, 359–372.
Block, J. (1995). A contrarian view of the Five-Factor Approach to personality description. *Psychological Bulletin, 117*, 187–215.
Boszormenyi-Nagy, I. & Spark, G. (1973). *Invisible Loyalities: Reciprocity in intergenerational family therapy*. New York: Harper and Row.
Brunstein, J. C., Schultheiss, O. C. & Grässmann, R. (1998). Personal goals and emotional well-being: The moderating role of motive dipositions. *Journal of Personality and Social Psychology, 75*, 494–508.
Draper, P. & Harpending, H. (1982). Father absence and reproductive strategy: An evolutionary perspective. *Journal of Anthropological Research, 38*, 255–273.
Edwards, D. J. A. (1980). On the validity of projective measures of interpersonal distance. *Perceptual and Motor Skills, 50*, 43–50.
Feldman, S.S. & Gehring, T. M. (1988). Changing perceptions of family cohesion and power across adolescence. *Child Development, 59*, 1034–1045.
Gehring, T. M. (1993a). *Familien-System-Test. Manual*. Weinheim: Beltz.
Gehring, T. M. (1993b). The architecture of family structures: Toward a spatial concept of measuring cohesion and hierarchy. *Family-Process, 32*, 135–139.
Gehring, T. M., Marti, D. & Sidler, A. (1994). Are parents' and childrens' family constructs either different or similar, or both? *Child Psychiatry and Human Development, 25*, 125–137.
Gehring, T. M. & Schultheiss, R.B. (1987). Spatial representation and assessment of family relationships. *American Journal of Family Therapy, 15*, 261–264.
Heckhausen, H. (1989). *Motivation und Handeln (2. Auflage)*. Berlin: Springer-Verlag.
Heckhausen, J. & Tomasik, M. J. (2002). Get an Apprenticeship before School is Out: How German Adolescents Adjust Vocational Aspirations When Getting Close to a Developmental Deadline. *Journal of Vocational Behavior, 60*, 199–219.
Hofstede, G. (1980). *Culture's Consequences*. Bervely Hills, CA: Sage.
Hogan, R. (1996). A socioanalytic perspective on the five-factor model. In J. S. Wiggins (Ed.), *The five-factor model of personality: Theoretical perspectives* (pp. 163–179). New York: Guilford Press.
Hogan, J., Hogan, R. & Weinert, A. B. (1996). *Values and interests inventory*. Deutsche Fassung von A. B. Weinert, Universität der Bundeswehr Hamburg, 1996.
Holland, J. L. (1985). *Making vocational choices: A theory of vocational personalities and work environments*. Englewood Cliffs, NJ: Prentice-Hall.
Keller, H. (2000). Human parent-child relationships from an evolutionary perspective. *American Behavioral Scientist, 43*, 957–969.
Kuhl, J. (1972). *Zum Problem der Eindimensionalität der Messung von Leistungsmotivation mittels des Heckhausen-TAT*. Unveröffentlichte Diplomarbeit. Ruhr-Universität Bochum. WEG
Kuhl, J. (1978). Situations-, reaktions- und personbezogene Konsistenz des Leistungsmotivs bei der Messung mittels des Heckhausen-TAT. *Archiv für Psychologie, 130*, 37–52.

Kuhl, J. (1983). *Motivation, Konflikt und Handlungskontrolle*. Heidelberg: Springer-Verlag.
Kuhl, J. (2000). A functional-design approach to motivation and volition: The dynamics of personality systems interactions. In M. Boekaerts, P. R. Pintrich & M. Zeidner (Hrsg.), *Self-regulation: Directions and challenges for future research* (pp 111–169). New York: Academic Press.
Kuhl, J. (2001). *Motivation und Persönlichkeit: Interaktion psychischer Systeme*. Göttingen: Hogrefe.
Kuhl, J. & Kazén, M. (1999). Volitional faciliation of difficult intentions: joint activation of intention memory and positive affect removes stroop interference. *Journal of Experimental Psychology: General, 128*, 382–399.
Kuhl, J. & Scheffer, D. (2001). *Auswertungsmanual für den Operanten Motiv-Test (OMT)*. Unveröffentlichtes Manuskript. Osnabrück.
Locke, E. A. & Latham, G. P. (1990). *A theory of goal setting and task performance*. Eglewood Cliffs, N. J.: Prentice-Hall.
MacDonald, K. (1988). *Social and Personality Development. An Evolutionary Synthesis*. New York: Springer.
MacDonald, K. (1992). Warmth as a developmental construct: An evolutionary analysis. *Child Development, 63*, 753–773.
McClelland, D. C. (1965). Toward a theory of motive acquisition. *American Psychologist, 20*, 321–333.
McClelland, D. C. & Boyatzis, R. E. (1982). The leadership motive pattern and long termsucess in management. *Journal of Applied Psychology, 67*, 737–743.
Minuchin, S. (1974). *Families and family therapy*. Cambridge: Harvard University Press.
Saucier, G. & Goldberg, L. (1996). The language of personality. Lexical reflections on the five-factor model. In J. S. Wiggins (Ed.), *The five-factor model of personality: Theoretical perspectives* (pp. 21–50) New York: Guilford Press.
Scheffer, D. (2001). *Entwicklungsbedingungen impliziter Motive: Bindung, Leistung & Macht*. Dissertation veröffentlicht unter *http://elib.ub.uni-osnabrueck.de/publications/diss/E-Diss 150_thesis.pdf.*
Scheffer, D., Kuhl, J. & Eichstaedt, J. (in Vorb.). *Associations between implicit motives and traits: Affiliation and Agreeableness.*
Scheffer, D. & Scherm, M. (in Vorb.). *Personality, intelligence, preferences and the prediction of 360-Degree Feedbacks.*
Schutheiss, O. C. & Brunstein, J. C. (1999). Goal imagery: Bridging the gap between implicit-motives and explicit goals. *Journal of Personality, 67*, 1–38.
Sokolowski, K., Schmalt, H.-D., Langens, T. A. & Puca, R. M. (2000). Assessing achievement, affiliation and power motives all at once: The Multi-Motive Grid (MMG). *Journal of Personality Assessment, 74*, 126–145.
Trudewind, C. (1975). *Häusliche Umwelt und Motiventwicklung*. Göttingen: Hogrefe.
Veroff, J. (1957). Development and validation of a projective measure of power motivation. *Journal of Abnormal and Social Psychology, 54*, 1–8.
Veroff, J., Deppner, C., Kulka, R. & Douvan, E. (1980). Comparison of American Motives: 1957 versus 1976. *Journal of Personality and Social Psychology, 39*, 1249–1262.
Watson, D., & Tellegen, A. (1985). Toward a consensual structure of mood. *Psychological Bulletin, 98*, 219–235.
Winter, D. G. (1994). *Manual for scoring motive imagery in running text (Version 4.2)*. University of Michigan.
Winter, D. G., Stewart, A., John, O. P., Klohnen, E. C. & Duncan, L. E. (1998). Traits and motives: Toward an integration of two traditions in personality research. *Psychological Review, 105*, 230–250.

Kapitel 10

Kollektive Erinnerungsarbeit als qualitativer Zugang zu Lernmotivation und Lernverhalten

Ulrike Behrens und Joachim Stiensmeier-Pelster

Zusammenfassung

Als Alternative zu herkömmlichen diagnostischen Instrumenten wird die von Frigga Haug entwickelte Methode der Kollektiven Erinnerungsarbeit vorgestellt. Bei dieser Vorgehensweise begeben sich die Proband(inn)en in die Position von Forschenden, die sich als Subjekte der Forschung selbst einen Zugang zu den eigenen motivationalen und emotionalen Determinanten lernerischer Aktivitäten verschaffen. Die Methode wird in ihren theoretischen Grundlagen und den konkreten Arbeitsschritten präsentiert. Dabei fließen Erfahrungen mit dem Methodeneinsatz aus einem Forschungsprojekt zum Thema „Lernen" in die Darstellung ein und münden in konkreten Hinweisen zu den notwendigen personellen, zeitlichen und organisatorischen Rahmenbedingungen für den Einsatz Kollektiver Erinnerungsarbeit in der schulischen oder außerschulischen Arbeit mit Jugendlichen.

In diesem Beitrag wird die von Frigga Haug u. a. entwickelte Methode der Kollektiven Erinnerungsarbeit (Haug 1990; 1999) als alternativer Zugang zur Lernmotivation und zum Lernverhalten Schülerinnen und Schülern präsentiert. Nach einer allgemeinen Einführung in die Charakteristika der Methode werden die einzelnen Arbeitsschritte überblicksartig dargestellt. Abschließend werden konkrete Rahmenbedingungen für den Einsatz in der Schule bzw. in außerschulischen Lernorten genannt.

Im Unterschied zum Paradigma üblicher Motivationstests verzichtet diese Methode bewusst auf die Einnahme eines (wissenschaftlichen) Außenstandpunktes gegenüber den betreffenden Schülerinnen und Schülern. Statt dessen agieren diese selbst als Forschende, die mit Hilfe der Methode und mit Unterstützung geübter Moderatorinnen/Moderatoren sich selbst einen Zugang zu den Begründungen und Ursachen des eigenen Lernverhaltens eröffnen können. Damit geht dieser Ansatz über das Ziel bloßer Diagnostik hinaus, indem die forschenden Schülerinnen und Schüler selbst den eigenen Begründungszusammenhängen auf die Spur kommen und deren subjektive Funktionen für das eigene Leben und Lernen unter gegebenen Rahmenbedingungen entziffern können. Darüber hinaus kann an solche Erkenntnis die probeweise Veränderung der eigenen Lernpraxis bzw. Initiativen zur Verbesserung relevanter Rahmenbedingungen anschließen, die ihrerseits wiederum zu begleiten und in ihren Effekten einzuschätzen wären. Insofern ist Kollektive Erinnerungsarbeit der Möglichkeit nach Forschungsmethode, (selbst-)diagnostisches Verfahren *und* Anstoß zur praktischen Intervention.

Dieser Zugriff trägt der Auffassung Rechnung, dass die Handlungsbegründungen von Menschen und damit auch ihre Lerngründe und ihre Lernmotivation immer „erster Person" sind (Holzkamp 1991; 6) und damit zunächst durch Beobachtung vom Außenstandpunkt gar nicht zugänglich sind. Die Lernenden selbst hingegen können zu den einzigartigen Verknüpfungen und Anordnungen, in denen Lernen bzw. das zu Lernende sich ihnen darstellt, und zu der Art und Weise, wie beides mit den eigenen Erfahrungen und Zielen im Zusammenhang steht, einen Zugang gewinnen. Frigga Haug (1990; 42) schreibt dazu:

„Erinnerungsarbeit liegt u. a. die Annahme zugrunde, dass die Persönlichkeit ein Gedächtnis hat. Damit meine ich, dass die einzelnen Menschen im Laufe ihrer Geschichte ihre Persönlichkeiten so bauen, dass eine Art stimmiger Identität für sie entsteht. Dafür wählen sie aus der Fülle des Erlebten einzelnes aus, bewerten es bedeutungsvoll, verdrängen und vergessen anderes. Dieser Vorgang geschieht nicht so freiwillig und beliebig, wie das hier klingt. In den vorhandenen Strukturen gibt es Nahelegungen, Hindernisse, Unmöglichkeiten, die diese Selektion begünstigen."

Dieser Umstand bedingt, dass die Lernenden zwar einerseits Zeuginnen und Zeugen ihrer eigenen Lerngeschichte sind, dass es aber dennoch einer gesonderten Anstrengung bedarf, diese Kenntnis auch bewusst werden zu lassen und zur Praxisveränderung zu nutzen. Bei diesem Erkenntnisprozess kommt der Arbeit in *Gruppen* eine ganz besondere Bedeutung zu:

„Die Arbeit mit Erinnerungen braucht ein Kollektiv, eine Gruppe, da anders weder der herrschende gesunde Menschenverstand als solcher, noch die kritische Widerrede, noch der Konsens in der Argumentation, noch gegenläufige Erfahrungen und auch nicht die notwendige Phantasie mobilisiert werden können." (Haug 1999; 200)

Die Gruppe stellt als Korrektiv also sicher, dass sich die Forschenden nicht in ihren eigenen konstruierten Denkweisen und Selbstverständlichkeiten verstricken, sondern im Erkennensprozess hinter die subjektiv funktionale Fassade bisheriger Erinnerungskonstruktionen blicken können, oder, um es „vertikal" auszudrücken: deren Oberfläche zu durchdringen.

Kollektive Erinnerungsarbeit entstand in den 1970er Jahren als feministisches Forschungsprojekt (zur Geschichte des Ansatzes vgl. Haug 1999; 14–21); sie wurde über die Jahre zur Forschungsmethode ausgebaut und insbesondere in universitären Zusammenhängen weiter entwickelt. Dennoch stellt sie, wie andere Methoden qualitativer Sozialforschung häufig auch, bis heute keine *stan-*

dardisierte Vorgehensweise zur Verfügung. Sie ist vielmehr einer theoretisch fundierten Prozessidee verpflichtet, die auf den kreativen und gegenstandsadäquaten Umgang mit dem Material setzt. Zu ihrem „Leitfaden zur Methode" (Haug 1999; 199–227) schreibt Frigga Haug:

„Ergänzend bin ich auf vielfachen dringenden Wunsch der Aufgabe nachgekommen, vor der ich mich lange gedrückt habe: ich schrieb einen Forschungsleitfaden, der es ermöglichen soll, ohne stetige weitere Anleitung den Forschungsprozess selbst in die Hand zu nehmen. Dies widerspricht im Grunde meiner Vorstellung, den Prozess methodisch offen zu halten und so einen Freiraum zu lassen für innovatives Eingreifen. Jedoch bietet solcher Versuch tatsächlich die Möglichkeit, wie bei einem Kochrezept, das man ja auch variieren kann, nachlesen zu können, wie ,es' gewöhnlich oder zumeist gemacht wird, selbst zu prüfen, was man nicht außer Acht lassen sollte, was man verändern kann." (Haug 1999; 7)

Gemäß dieser Aufforderung zur methodischen Weiterentwicklung wurde Kollektive Erinnerungsarbeit im Hildesheimer Projekt „Lernen im subjektiven Begründungszusammenhang statt Begabung als Erklärungskonstrukt für Leistung" in der Arbeit mit Schülerinnen und Schülern der 7. bis 12. Jahrgangsstufe zu verschiedenen Aspekten des Oberthemas „Lernen" erprobt. Ziel der Forschungsarbeit war es, ein allgemeines Verständnis der subjektiven Bedeutungen des Lernens aus Sicht der Lernenden zu gewinnen und dies anschließend mit vorliegenden wissenschaftlichen Konzeptionen des Lernens zu kontrastieren (Behrens 2002).

Es konnte im Zusammenhang dieses Projektes erstmals gezeigt werden, dass die Methode, die sich bislang vor allem im akademischen Bereich bewährt hat, ebenfalls für den Einsatz zur gemeinsamen Forschungsarbeit mit Schülerinnen und Schülern geeignet ist. Voraussetzung für die Arbeit mit dieser Zielgruppe sind den Projekterfahrungen nach einige Variationen der Kernmethode, die sich in die folgenden vier Bereiche einteilen lassen:
1. die Reduktion der Theoriearbeit auf ein notwendiges Mindestmaß,
2. die Anreicherung durch Spiele und Entspannungsübungen,
3. die Einführung von qualifizierenden Übungen und
4. die methodisch-didaktische Aufbereitung der einzelnen Arbeitsschritte.

Alle diese Variationen referieren darauf, dass man bei Schülerinnen und Schülern bestimmte kommunikative Fähigkeiten nicht generell voraussetzen kann: Wo Akademikerinnen und Akademiker viele Elemente einer Diskussion mündlich vollziehen können, ohne dass der „rote Faden" aus dem Blick gerät, ist bei Schülerinnen und Schülern bedeutend größerer Wert auf die Protokollierung und Visualisierung von Argumentationsschritten und Zwischenergebnissen zu legen; wo Erwachsene in der Lage sind, sich auch über längere Zeiträume zu konzentrieren, brauchen Jugendliche früher und häufiger Phasen der spielerischen Entspannung. Und schließlich führt die in der Schule übliche Begrenzung des Zeitbudgets (kurze Arbeitsphasen in nur einem Teil des Schuljahres) dazu, dass zeitintensive Elemente wie z. B. die Recherche und Aufarbeitung vorliegender Theorien zum Thema weitgehend eingeschränkt werden müssen. Wie diese notwendigen Variationen konkret umgesetzt wurden und welche Grenzen der Methode dennoch kaum zu überwinden sind, ist dokumentiert in Behrens (2002; 72 ff.). In einem nächsten Schritt müsste für weitere Anwendungsbereiche geprüft werden, inwiefern Kollektive Erinnerungsarbeit für verschiedene thematische und organisatorische Kontexte einen gangbaren neuen Weg darstellt.

Auch wenn der Rahmen dieses Beitrages keinen detaillierten Ablauf eines Projektes mit Kollektiver Erinnerungsarbeit erlaubt, sollen im Folgenden zumindest die einzelnen Arbeitsschritte etwas genauer dargestellt werden, um einen generellen Einblick in die Vorgehensweise zu gestatten. Diese Beschreibung *allein* kann allerdings wahrscheinlich nicht als Anleitung zum Einsatz der Methode dienen – sie soll vielmehr Interesse für eine neue Herangehensweise an Fragen der Motivation, der eigenen Lerngründe, des Selbstkonzepts etc. wecken und zu eigenen Ideen für Forschungs- oder Lernprojekte anregen. Detailliertere Beschreibungen der konkreten Vorgehensweise finden sich vor allem bei Haug (1999; 199 ff), Behrens (2002; 77 ff.) sowie in Haubenreisser & Stöckmann (1993).

Das Material, an dem die Gruppen mit Kollektiver Erinnerungsarbeit forschen, besteht aus *Szenen*, kurzen Situationsgeschichten in denen die Schülerinnen und Schüler selbst (Lern-) Erlebnisse aus ihrer Erinnerung schildern. Diese Texte werden in einem gemeinsamen Bearbeitungsprozess *dekonstruiert*, d. h. in ihre sprachlichen Bestandteile zerlegt, um den Konstruktionsweisen, in denen die Einzelnen ihre Erlebnisse in der Erinnerung anordnen, „auf die Schliche" zu kommen. Diese Arbeit im (Forschungs-) Kollektiv mit selbst produziertem schriftlichem Material sowie dessen systematische Dekonstruktion stellen allgemeine Charakteristika der Methode dar. Detaillierter betrachtet, kann der Arbeitsprozess in sieben Arbeitsschritte untergliedert werden, die im Folgenden kurz dargestellt werden.

Den Anfang der Arbeit (*erster Schritt*) bildet eine gemeinsame Fragestellung. Hierbei ist es wichtig, dass die Frage für alle Forschenden tatsächlich von Belang ist; im schulischen Kontext wäre daher der gemeinsamen Entwicklung der Fragestellung besondere Bedeutung beizumessen, damit die Arbeit tatsächlich zu einer subjektiv relevanten Problematik stattfinden kann. Dies gilt auch dann, wenn ein allgemeines Themengebiet bereits abgesteckt ist: Eine solche vorgängige Entscheidung kann *nicht* den Aneignungsprozess *ersetzen*, in dem die Schülerinnen und Schüler das Thema wirklich zu ihrer eigenen Fragestellung machen und dabei ggf. einzelne Aspekte herausheben und andere als bedeutungslos zurückstellen.

Im *zweiten Schritt* ist das theoretische Feld zu erkunden, in dem die gewählte Fragestellung angesiedelt ist. Obwohl Kollektive Erinnerungsarbeit im Wesentlichen mit den alltäglichen Erinnerungen der Einzelnen arbeitet, ist sie keine theorielose Arbeit. Theorien sind immer schon vorhanden, besetzen die allgemeine Wahrnehmung, Darstellung und Gliederung eines Themas. Dabei existieren wissenschaftliche Konzepte in den Köpfen der Einzelnen in schöner Harmonie neben alltäglich überlieferten Realitätsdeutungen. Auch wenn es in einem gegebenen Zeitrahmen nicht möglich ist, vorliegende Theorien zum Gegenstand eingehend anzueignen und kritisch zu würdigen, ist es dennoch erforderlich, sich den Raum zur Explikation der eigenen Überzeugungen und Vorstellungen zu nehmen.

Diese theoretische Erkundungsarbeit mündet möglicherweise in einer Präzisierung der Fragestellung, zu der die Gruppe forschen will und wird in einem offenen Forschungsprozess kaum je abgeschlossen sein. Sie tritt aber später in ihrer Wichtigkeit zurück hinter die Arbeit am selbst produzierten Forschungsmaterial, dem Kernstück der Methode: Passend zur Fragestellung wird eine gemeinsame Überschrift formuliert, unter der die einzelnen Mitforschenden Szenen verfassen können (*dritter Schritt*). In diesen Szenen soll eine Erinnerung möglichst detailliert geschildert werden. Sie werden in der 3. Person geschrieben (also nicht: „Ich schlug das Buch auf" sondern „Sie schlug das Buch auf"), was den Autorinnen und Autoren erfahrungsgemäß die Distanzierung zur eigenen Erfahrung beim Schreiben und bei der späteren Bearbeitung erleichtert. Der Szenentitel soll offen genug sein, um Raum für individuelle Erinnerungen zu geben, gleichzeitig aber konkret genug, um Erinnerung auch auszulösen.

„Es ist wichtig, die Frage nicht analytisch und in wissenschaftlichen Begriffen zu stellen, da Erinnerung sich nicht einstellen will, wenn die Anrufung in einer nicht erfahrenen Sprache geschieht. ‚Als ich einmal Angst hatte' ist eine Formulierung, zu der wohl niemand nicht schreiben könnte, während z. B. eine entsprechende Frage aus der Wissenschaftssprache, ‚Zur Problematik geschlechtsspezifischer emotionaler Handlungsunfähigkeit' oder ‚geschlechtsspezifische Affektbesetzung', kaum oder zumindest kaum spontan auf Erinnerung stoßen würde. (…) Zudem wird sogleich klar, dass in der abstrakten Formulierung ein Wissen über den Vorgang vorausgesetzt ist, das überhaupt erst erarbeitet werden will." (Haug 1999; 202)

Aus den vorliegenden Szenen der Teilnehmerinnen und Teilnehmer wird nun ein erster Text ausgewählt, auf dessen gemeinsame Bearbeitung sich die Gruppe zunächst konzentriert. Weitere Szenen können im Anschluss an diese Analyse nach gleichem Muster untersucht werden. Ob eine Gruppe sich entscheidet, *alle* entstandenen Szenen zu bearbeiten, hängt vermutlich in erster Linie vom zur Verfügung stehenden Zeitrahmen ab. Außerdem kann nach der Analyse mehrerer Szenen eine theoretische Sättigung erreicht sein, die vermuten lässt, dass keine grundsätzlich neuen Ergebnisse mehr zu erwarten sind. Zu weiteren Möglichkeiten des kreativen Umgangs mit dem Material s. u. Selbst wenn jedoch anzunehmen ist, dass nicht alle entstandenen Szenen tatsächlich der Bearbeitung durch die Gruppe unterzogen werden können, ist es wichtig, dass alle Gruppenmitglieder sich durch das Schreiben zum gemeinsamen Titel auf die Thematik einstimmen und eine eigene Erinnerung als Ausgangspunkt zu Papier gebracht haben.

Vor der Bearbeitung des ersten Textes sollte sich die Gruppe nun zunächst über ihr spontanes Verständnis der Szene austauschen (*vierter Schritt*). Dazu kann man fragen: Was ist in der Geschichte sofort selbstverständlich und einleuchtend? Was ist andererseits nicht selbstverständlich oder erscheint unlogisch? Ziel ist dabei das Herausarbeiten der eigenen Vorannahmen, vorschnellen Interpretationen und Erklärungsmuster. Im Vergleich mit der eigenen Erinnerung zum Thema fallen außerdem einerseits verallgemeinerbare Aspekte, andererseits Besonderheiten der Geschichte ins Auge. Wo aus der Perspektive der Gruppenmitglieder etwas widersprüchlich oder unverständlich ist oder wo etwas Wesentliches in der Beschreibung ausgespart zu sein scheint (Leerstellen, „blinde Flecken") kann dies von der Gruppe entdeckt und festgehalten werden.

Im Anschluss findet eine Verständigung darüber statt, um welches Thema oder Problem es sich in der Geschichte handelt und welche „Theorie" zu diesem Thema die Szene anbietet. Die Ergebnisse zu diesen Fragen werden möglichst auf einem großen Poster notiert, das an einer Pinwand aufgehängt wird und auch genügend Platz für die nachfolgende Dekonstruktion der Szene bietet (eine mögliche Aufteilung eines solchen Posters zeigt Abbildung 1).

Erst nachdem diese allgemeinen Leseeindrücke der Gruppe gesammelt und festgehalten wurden, folgt als *fünfter Schritt* die eigentliche Dekonstruktion der Szene, bei dem diese systematisch in ihre sprachlichen Bestandteile zerlegt wird. Es bietet sich hierbei an, „Dekonstruktion" ganz wörtlich zu nehmen und eine (möglichst vergrößerte) Kopie der Szene tatsächlich zu zerschneiden. Wenn das geschehen ist, können die einzelnen Elemente, aus denen der Text zusammengebaut ist, hinsichtlich weiterer Fragen auf dem Poster neu angeordnet werden (vgl. Abbildung 1).

Um beispielsweise zu ergründen, wie sich der Autor oder die Autorin einer Geschichte selbst darstellt, werden alle Sätze oder Satzteile mit Bezug auf den Autor bzw. die Autorin herausgesucht. Hier wird wiederum unterschieden zwischen den Handlungen, Gefühlen und Zielen bzw. Interessen der Person. Im thematischen Kontext der Lernmotivation kann es z. B. interessant sein zu sehen, welche (Lern-)Ziele in der Szene ausdrücklich genannt werden, welche Aktivitäten zum Erreichen dieser Ziele an den Tag gelegt werden und welche Ziele demgegenüber tatsächlich erreicht werden.

Thema der Szene			
In der Szene enthaltene Theorie/n (über Lernen)			
	ICH (die Erzählperson)	Die Anderen	Leerstellen und Widersprüche
Handlungen Aktivitäten			
Ziele Interessen			
Gedanken Gefühle			(ggf. Besonderheiten in Sprache oder Stil)

Abbildung 1:
Auswertungsposter für eine Szene.

Eine andere Perspektive kann sich beim Blick auf die genannten Gefühle ergeben: Tauchen Gefühle überhaupt auf? Mit welchen Elementen sind sie verknüpft, von welchen abgetrennt etc.

In gleicher Weise können auch die Handlungen, Ziele und Gefühle der anderen handelnden Personen in der Szene in den Blick genommen werden. Es kann z. B. gefragt werden: Tauchen diese Personen mit Interessen und Motiven ausgestattet auf oder erscheinen ihre Handlungen z. B. als nicht weiter begründbare Eigenschaften der Anderen auf (der „strenge" Lehrer, die „faule" Schülerin etc.)?

Diese Vorgehensweise zielt im Wesentlichen darauf ab, jenseits sprachlicher Floskeln und kunstvoller Glättungen die in der Szene transportierten Wirklichkeitsdeutungen aufzudecken. Je nach Fragestellung der Gruppe bzw. Eigenart der Szene kann es nötig oder sinnvoll sein, weitere Unterteilungen vorzunehmen.[1]

---
1 So kann es z. B. in einer Szene unmöglich sein, die Aktivitäten einer Autorin von denen anderer Personen zu unterscheiden, weil sie durchgängig in einem anonymen „Wir" verschwindet. Auch dies fällt möglicherweise erst dann auf, wenn die Zuordnung bei der Dekonstruktion nicht gelingt. In einem solchen Fall wäre das „Raster" für die Dekonstruktion entsprechend zu ändern. Eine andere Möglichkeit wäre das Einfügen einer Rubrik für „sprachliche Besonderheiten" etc.

Nachdem der gesamte Text auseinander genommen wurde, sollte die Szene zur Seite gelegt und nur noch mit dem Dekonstruktionsergebnis weiter gearbeitet werden. Im Gegenteil zur eher unschöpferischen (wenn auch nicht immer einfachen) Aufgabe der Neuordnung von Satzelementen erfordert der folgende *sechste Schritt* nun einiges an Kreativität und Querdenken. Entscheidend ist es hierbei, in der Gruppe zu einer Forschungshaltung des „fremden Blicks" auf das Material zu finden. In der inneren Vorstellung, ohne zusätzliche Informationen („wie ein Marsmensch") den erforschten Gegenstand ausschließlich aus der Darstellungsweise in der Szene zu verstehen, kann herausgearbeitet werden, wie der Autor oder die Autorin sich selbst im Verhältnis zum Gegenstand konstruiert, von welchen „Mächten" er oder sie bewegt wird und was durch eigenes Handeln vorangebracht wird. Ziel ist es vor allem, die von Autorin oder Autor angebotenen Deutungen der eigenen Person nicht ohne Weiteres zu übernehmen, sondern gerade in Frage zu stellen und als nur *eine* mögliche Sichtweise zu betrachten, zu der es immer auch denkbare Alternativen gibt. Außerdem lässt sich fragen, welche verschiedenen Elemente einer Szene auf welche Weise miteinander verknüpft werden. Solche Verknüpfungen verweisen darauf, wie die Autorin bzw. der Autor den Gegenstand für sich konstruiert und bezogen auf die eigene Person anordnet. Bei der Bearbeitung dieser Fragen kann sichtbar werden, wie durch die Darstellung des Problems Lösungswege verbaut werden bzw. wie die bestehenden Verhältnisse durch ihre Interpretation bestätigt und reproduziert werden.

Die gefundenen Elemente der Gegenstandskonstruktion sollten ebenfalls schriftlich festgehalten werden. Bei geübteren Gruppen kann dieser Schritt schon in die Dekonstruktionsarbeit einfließen, wenn bereits dort interessante Elemente entdeckt werden. Sind die Teilnehmenden noch unerfahren mit Kollektiver Erinnerungsarbeit, ist es sinnvoll, beide Schritte klar zu trennen, um unnötige Verunsicherungen und „Ausstiege" zu vermeiden.

Zum Abschluss der Szenenbearbeitung sollten wesentliche Ergebnisse schriftlich festgehalten werden (*siebter Schritt*).

In gleicher Weise werden nun weitere Szenen von der Gruppe bearbeitet, um zu zusätzlichen Ergebnissen zu kommen. Alternativ kommen auch Varianten dieser Vorgehensweise in Betracht, indem z. B. die Befunde aus der ersten bearbeiteten Szene den Ausgangspunkt für die Bearbeitung weiterer Texte im Sinne eines Interessenfokus oder einer spezielleren Fragestellung bilden. Oder die Handlungs*möglichkeiten* der Einzelnen in bestehenden Verhältnissen werden in den Mittelpunkt gerückt, indem die Autorinnen und Autoren gebeten werden, ihrer Szene ein anderes Ende zu geben.

Ein Forschungs- und Lernprozess mit Kollektiver Erinnerungsarbeit wird kaum je zu einem wirklichen Ende zu führen sein, wohl aber ist es möglich, jeweils Zwischenergebnisse festzuhalten. Abschließend kann z. B. der Forschungsgegenstand, wie er sich in der analysierten Szene darstellt, mit den eingangs explizierten Theorien zum Thema kontrastiert werden, um daraus eine Neuformulierung der Fragestellung zu gewinnen. Auf diese Weise stellt sich der Gegenstand nach einem solchen Reflexionsprozess anders dar als zuvor (Problemverschiebung); andere Handlungsoptionen und Lösungsmöglichkeiten kommen in den Blick. Oder es ist möglich, die Dekonstruktionsergebnisse als neuen Theorieansatz auszuformulieren und diesen auf seine Erklärungskraft für alltägliche Situationen hin zu prüfen, usw.

Kollektive Erinnerungsarbeit setzt auf die engagierte und bewusste Mitarbeit der Teilnehmenden. Im Unterschied zu den verschiedenen gängigen Testverfahren kann daher der Zeitbedarf für einen solchen Arbeitsprozess nicht umstandslos vorher bestimmt werden, was für die praktische Umsetzung besonders in der Schule sicher eine Komplikation darstellt. Im Projekt „Lernen statt Begabung" wurden Erfahrungen mit Gruppen von bis zu 16 Mitgliedern aus der 7. bis 12. Klassenstufe gesammelt, wobei die einzelnen Gruppen jeweils altershomogen waren. Der vordefinierte zeitliche Rahmen umfasste i. d. R. vier Vormittage einer Woche, an denen konzentriert am Projekt gearbeitet wurde. Dabei stellte sich eine Gruppengröße von mindestens sechs und bis zu zwölf Teilnehmerinnen und Teilnehmern als besonders günstig heraus. Wegen der notwendigen bzw. nützlichen Erfahrung mit der Bearbeitung und Interpretation von Texten sollte das Alter der 7. Jahrgangsstufe nicht unterschritten werden.

Der zeitliche Rahmen von vier Vormittagen stellt ebenfalls das Minimum dar; steht noch weniger Zeit zur Verfügung, so müssten wesentliche Aspekte der Methode so gekürzt werden, dass dies wahrscheinlich auf Kosten der eigenständigen Beteiligung der Gruppenmitglieder gehen würde. Diese ist aber gerade notwendiges Kriterium einer sinnvollen Arbeit mit dieser Methode. Die im Projekt gewählte Blockform ist hingegen nicht zwingend – alternativ wäre auch die Arbeit in kürzeren Einheiten, z. B. im Rahmen der (Doppel-)Stunden eines Unterrichtsfaches, einer AG o. ä. denkbar. Zu prüfen wäre in diesem Fall die Möglichkeit, im Rahmen einer solchen Arbeit auch andere curriculare Inhalte eines oder sogar mehrerer Fächer mit zu behandeln (z. B. Grammatik oder Textanalysen im Deutschunterricht; Theoriearbeit in sozial-/geisteswissenschaftlichen Fächern; aktive Erarbeitung von Szeneninhalten im Fach Darstellendes Spiel etc.) und damit im Sinne projektorientierten Unterrichts einzubinden.

In der dargestellten Weise kann Kollektive Erinnerungsarbeit eine gleichermaßen vergnügliche wie erkenntnisreiche Entdeckungsreise zu den eigenen Motiven, Kausalüberzeugungen und Verhaltensweisen beim Lernen werden. Dabei wäre jedoch der theoretische Kern der Methode verfehlt, wenn sie missverstanden würde als Möglichkeit zum Aufdecken „falscher" Einstellungen z. B. zum Lernen, zur Schule oder zu einem bestimmten Unterrichtsfach, die dann im nächsten Schritt einfach nur abzulegen wären, um beispielsweise daraus resultierende Motivationsschwierigkeiten zu überwinden. Diese Sichtweise wäre in der Gefahr, die tatsächliche Funktionalität individueller Denkweisen unter jeweils gegebenen Rahmenbedingungen zu verneinen. So kann z. B. eine als selbstschädigend erkannte ablehnende Haltung zum Lernen durchaus einen subjektiven Sinn haben, wenn sie gleichzeitig einen psychischen Schutz vor der Zumutung außengesetzter Lernanforderungen darstellt. In sofern ist eine solche „falsche" Einstellung zum Lernen analytisch zu fassen als *eine* Umgangsweise mit jeweils vorgefundenen gesellschaftlichen und kulturellen Bedingungen und gibt zusätzlich Auskunft über die Eigenart dieser Bedingungen.

Gleichzeitig stellen die Verarbeitungsweisen der Einzelnen aber auch *allgemein mögliche* Verarbeitungsweisen unter gegebenen Handlungsprämissen dar und überschreiten damit die Ebene bloß individueller Konstellationen in Richtung auf intersubjektive Verallgemeinerbarkeit (Markard 1993; Haug 1990; 59). Die daraus resultierenden Veränderungsperspektiven richten sich aus dieser Sicht daher auch weniger auf die Änderung individuell „abweichender" Haltungen oder Verhaltensweisen der Einzelnen, als vielmehr auf die Umgestaltung der Bedingungen, unter denen Lernen stattfindet.

Abschließend muss etwas über die Qualifikation der Forschenden gesagt werden: Der Vorteil und gleichzeitig die Problematik der Kollektiven Erinnerungsarbeit liegt in der großen methodischen Offenheit des Ansatzes. Dies bedeutet auch, dass die vorliegenden „Rezepte" zur Durchführung (vgl. z. B. Haug 1999, 199–227; Haubenreisser & Stöckmann 1993; Meyer-Siebert 1989; Behrens 2002, 77 ff.) für das jeweils aktuelle Vorhaben einer Gruppe adaptiert und angepasst werden müssen. Ein solches „Rezept" hier schon zu präsentieren, würde den Rahmen dieses Beitrages sprengen – Ziel konnte es nur sein, einen allgemeinen, gleichwohl möglichst plastischen Eindruck von der Vorgehensweise Kollektiver Erinnerungsarbeit zu vermitteln.

Für die Lehrerinnen/Lehrer bzw. Gruppenleiterinnen/Gruppenleiter selbst, die mit Jugendlichen eine solche Arbeit angehen wollen, bieten sich verschiedene Möglichkeiten zur eigenen Qualifikation an: Um einen lebendigen Einblick in die Praxis Kollektiver Erinnerungsarbeit zu gewinnen, ist es sicherlich sinnvoll, sich selbst an einer entsprechenden Arbeits- oder Forschungsgruppe zu beteiligen. Diese könnte im Angebot einer Lehrer- oder Erwachsenenbildungsinstitution bereits vorhanden oder selbst initiiert werden. Schließen sich mehrere Kolleginnen und Kollegen zusammen, könnte eine bereits erfahrene Moderatorin für ein Projekt als Referentin gewonnen werden. Schließlich ist es auch möglich, sich in einem eigenen Projekt die Methode anhand der vorliegenden Literatur und Projektdokumentationen sukzessive selbst anzueignen – entweder ebenfalls zunächst im Kollegium oder (sicherlich ein lohnendes Wagnis) direkt zusammen mit den teilnehmenden Schülerinnen und Schülern. Ohnehin wird mit jedem Projekt der Umgang mit Thema und Material differenzierter, kreativer und reicher in den Zugangsweisen werden; ein Status der methodischen „Meisterschaft" *vor* dem Einstieg in ein erstes Projekt kann und muss daher gar nicht angestrebt werden.

All dies gilt in gleichem Maße für die teilnehmenden Schülerinnen und Schüler. Auch sie müssen sich sukzessive in der Anwendung der Methode und im Umgang mit dem speziellen Datenmaterial selbst qualifizieren – je größer der Informations- und Erfahrungsvorsprung der Moderatorin bzw. des Moderators ist, desto eher besteht auch die Gefahr, dass die Teilnehmenden sich auf ihre passive Rolle als Ausführende vorgegebener Arbeitsschritte zurückziehen und nicht wirklich zu einem eigenen Reflexionsprozess kommen. Daher ist es – dies eine letzte Anregung zur eigenen Ideenentwicklung – möglicherweise sinnvoll, einzelne methodische Aspekte Kollektiver Erinnerungsarbeit in anderen Unterrichtskontexten einmal zu erproben: Im Kontrast zur üblichen hermeneutisch-einfühlenden Herangehensweise bei der Inhaltsanalyse im Deutschunterricht könnte z. B. die Dekonstruktion eines Textes erprobt werden, um auf diese Weise zu erkunden, mit welchen sprachlichen Mitteln in literarischen, journalistischen etc. Texten Leseeindrücke hervorgerufen werden oder Zustimmung organisiert wird. Die Erfahrung mit Kollektiver Erinnerungsarbeit zeigt, dass sich nach solcher Arbeit der Blick verändert: Es wird deutlich, wie Sprache nicht nur strategisch verwendet wird, um bestimmte Eindrücke zu erwecken oder emotionale Effekte zu erzielen, sondern wie sich in ihr auch die herrschende Normalität kristallisiert. Sprache ermöglicht nicht nur Kommunikation, sie ist gleichzeitig das Korsett für das, was überhaupt denk- und sagbar ist (Haug 1990; 71 ff.). Die Dekonstruktion von Texten kann auch den Blick auf das eröffnen, was in diesem Korsett nicht sagbar ist – ein „fremder Blick" auf das Normale ermöglicht kreative und kritische Fragen an fremde und eigene Texte ebenso wie an scheinbare und tatsächliche Verhältnisse.

10.1 Literatur

Behrens, U. (2002). *Das Rätsel Lernen. Eine subjektwissenschaftliche Untersuchung zur Konstruktion und Bedeutung des Lernens.* Gießen: Focus; zugl.: Dissertation Universität Hildesheim.
Behrens, U. (2000). Lernen statt Begabung. Vorschläge zu einer neuen Herangehensweise an das Problem individuell unterschiedlicher Leistungen. *Forum Kritische Psychologie, 42,* 90–107.
Haubenreisser, K. & Stöckmann, M. (1993). Der andere Blick – Erinnerungsarbeit als Methode im Bildungsurlaub. In: F. Haug, & E. Wollmann, (Hrsg.). *Hat die Leistung ein Geschlecht? Erfahrungen von Frauen,* (S. 139–172). Berlin/Hamburg: Argument.
Haug, F. (1990). *Erinnerungsarbeit.* Hamburg: Argument.
Haug, F. (1999). *Vorlesungen zur Einführung in Erinnerungsarbeit.* Hamburg/Berlin: Argument.
Holzkamp, K. (1991). Was heißt „Psychologie vom Subjektstandpunkt"? Überlegungen zu subjektwissenschaftlicher Theorienbildung. *Forum Kritische Psychologie, 28,* 5–19.

Markard, M. (1993). Kann es in einer Psychologie vom Standpunkt des Subjekts verallgemeinerbare Aussagen geben? *Forum Kritische Psychologie, 31,* 29–51.

Meyer-Siebert, J. (1989). Wider die Einfühlsamkeit – Für Handlungsfähigkeit. Zur kollektiven Erinnerungsarbeit als Strategie und Methode. *Päd extra & demokratische Erziehung, 2 (1),* 9–12.

Teil 3

Diagnostik von Selbstregulation und Volition

Kapitel 11

Der Selbstregulations- und Konzentrationstest für Kinder (SRKT-K) und Erwachsene und der Selbstregulations-Strategientest für Kinder (SRST-K)

Nicola Baumann und Julius Kuhl

Zusammenfassung

Der SRKT-K ist ein computerunterstützter Test zur Prozessdiagnostik verschiedener Aspekte der Ablenkungs- und Versuchungsresistenz. Unter dem Begriff der Selbstregulation werden Prozesse zusammengefasst, die dazu beitragen, Absichten auch dann beizubehalten und in die Tat umzusetzen, wenn sie durch konkurrierende Motivationstendenzen gefährdet sind. Das Verfahren erlaubt neben der globalen Einschätzung der Selbstregulationseffizienz eine differenzierte Analyse der Distraktorwirkungen. Eine Zusatzaufgabe ermittelt, ob flexibel auf wechselnde Anforderungen reagiert werden kann. Der Test wurde für Grundschulkinder der Klassen 1–4 normiert, kann aber auch bei älteren Kindern und Erwachsenen eingesetzt werden. Die Durchführungszeit beträgt ca. 30 Minuten. Der SRST-K prüft das kindliche Wissen darüber, welche Strategien in Situationen, die Selbstregulation erfordern, anzuwenden sind. Der Test wird mit Hilfe von Bildergeschichten durchgeführt und erfasst die vier Strategien der Motivations-, Aufmerksamkeits- und Emotionskontrolle sowie der Misserfolgsbewältigung. Er stellt eine Ergänzung zum SRKT-K dar. Wenn der SRKT-K Selbstregulationsdefizite aufzeigt, kann mit Hilfe des SRST-K geprüft werden, inwiefern sie durch mangelndes Strategiewissen verursacht sind. Natürlich liefert er auch als Einzeltest interessante Informationen. Normen liegen für Grundschulkinder der Klassen 1–4 vor. Die Durchführungszeit beträgt ca. 20–25 Minuten.

Bei Schulproblemen stehen Eltern und Lehrer oft hilflos vor der Frage, was mit dem Kind nun eigentlich los ist. Will es sich nicht konzentrieren und lernen oder kann es nicht? Und was genau will oder kann das Kind nicht? Schulische Leistungen sind nicht nur durch Intelligenz und Motivation, sondern auch durch vielfältige selbstregulatorische Fähigkeiten beeinflusst. An dieser Stelle wäre es schön, genauere diagnostische Informationen zu bekommen, um die spezifischen Probleme besser angehen zu können. Der computerunterstützte Selbstregulations- und Konzentrationstest für Kinder (SRKT-K; Kuhl & Kraska, 1992) wurde entwickelt, um viele Teilprozesse, die am Zustandekommen selbstregulatorischer Leistungen beteiligt sind, genauer messbar zu machen. Er beruht auf einer Willenstheorie (Kuhl, 1983), die inzwischen gut elaboriert ist (Kuhl, 1998, 2000). Wille und Selbststeuerung werden nicht mehr als homogene Konzepte gesehen, sondern in ihre unterschiedlichen Funktionskomponenten aufgeteilt

(Fröhlich & Kuhl, in diesem Band). Dadurch lassen sich bestimmte Fragen willentlicher Kontrolle, deren Schwierigkeit einige Jahrzehnte zu einem völligen Verzicht auf das Konzept des Willens geführt hat, sinnvoll bearbeiten. Ist ein ehemaliger Raucher z. B. besonders willensstark, wenn er nicht mehr raucht, obwohl er sagt, dass er eigentlich lieber rauchen würde? Könnte er nicht gerade dadurch Willensstärke beweisen, dass er das tut, was er lieber tun möchte?

Knifflige Fragen dieser Art lassen sich theoretisch lösen, wenn man willentliche Teilfunktionen (Wollen, Wünschen und Ausführen) separiert. Eine Person kann mit dem Rauchen aufhören wollen, weil es für die Gesundheit schädlich ist (kognitive Präferenz: Wollen), gleichzeitig aber auch sehr gerne rauchen (emotionale Präferenz: Wünschen) und in ganz vielen Situationen automatisch zur Zigarette greifen (exekutive Präferenz: Ausführen). Die willentliche Leistung besteht nun darin, zwischen den verschiedenen Präferenzen zu vermitteln und abzuwägen.

In einer ersten Annäherung lassen sich zwei verschiedene Formen der *Selbststeuerungskompetenz* unterscheiden: Selbstregulation (SR) und Selbstkontrolle (SK). Die *Selbstregulation* wird eher durch positive Gefühle gestützt („ich identifiziere mich mit diesem Entschluss") und kann mit einem demokratischen Abstimmungsprozess zwischen den verschiedenen Präferenzen verglichen werden. Dagegen wird die *Selbstkontrolle* eher durch negative Gefühle gestützt (z. B. „wenn ich schwach werde, hat das schlimme Folgen") und kann mit dem diktatorischen Durchsetzen einer einmal gefassten Absicht (d. h., der kognitiven Präferenz) auch gegen konkurrierende Handlungstendenzen verglichen werden („Selbstdisziplin"). Andere Formen der Selbststeuerung beziehen sich nicht so sehr auf die Ausprägung verschiedener willentlicher Kompetenzen, sondern auf die *Effizienz* im Einsatz vorhandener Kompetenzen unter Belastung und Bedrohung. Manche Menschen reagieren auf Belastung mit einer Willenshemmung (lageorientierte Zögerlichkeit) während andere eine Willensbahnung zeigen (handlungsorientierte Initiative). Ebenso reichen die Reaktionen auf Bedrohung von einer Selbsthemmung (lageorientierte Präokkupation) bis zu einer Selbstbahnung (handlungsorientierte Ablösung von Unabänderlichem oder von unrealistischen Zielen).

Diese Dekomponierung des Willens ist wichtig, um mit dem Willenskonzept arbeiten zu können. Das Selbststeuerungsinventar (Fröhlich & Kuhl, in diesem Band) leistet mit geringem Zeitaufwand eine differenzierte Messung unterschiedlicher Komponenten der Selbststeuerung. Der Nachteil einer Selbstbeurteilung liegt jedoch in der Anfälligkeit gegenüber Störfaktoren wie der Tendenz zur sozialen Erwünschtheit und vor allen Dingen der begrenzten Bewusstseinsfähigkeit einiger Prozesse, die unser Verhalten steuern (vgl. Greenwald & Banaji, 1995; Nisbett & Wilson, 1977). Die wiederholte Messung der Selbststeuerung per Fragebogen ist zudem schwierig, weil Erinnerungseffekte spätere Messungen verfälschen können. Die objektive Erfassung des Willens ist jedoch durch einige grundsätzliche Messprobleme erschwert, die in der Geschichte der Psychologie die Entwicklung eines standardisierten und normierten objektiven „Willenstests" verhindert haben.

11.1 Probleme der Willensmessung

Die Messung von Willensprozessen erfordert die Etablierung eines Konflikts zwischen Handlungstendenzen z. B. zwischen einer Handlungsabsicht und einer Versuchungsquelle. Die Standardisierung einer Versuchungsquelle stellt jedoch ein erstes großes Problem dar. Für einen Nichtraucher erfordert der Verzicht auf eine Zigarette nicht die geringste Selbstregulation, während sie für einen ehemaligen Raucher eine der größten selbstregulatorischen Leistung überhaupt darstellt. Wie lässt sich der willentliche Anteil an einer Leistung erfassen? Zweitens ist es schwierig, aus einem Verhaltensdefizit auf ein Selbstregulationsdefizit zu schließen. Ist z. B. jemand willensschwach, der vor einer Woche gesagt hat, er will täglich laufen und doch nicht läuft? Möglicherweise hat ihm der Arzt inzwischen wegen seiner Kniegelenke abgeraten, so dass es ein Zeichen von Willensstärke ist, trotz seiner großen Lust auf Bewegung nicht zu laufen. Das gleiche Verhalten (nicht laufen) kann sowohl ein Zeichen für Willensstärke wie Willensschwäche sein. Wie lässt sich ein Selbstregulationsdefizit von einem Intentionswechsel unterscheiden, der durchaus „willensstark" umgesetzt wird? Drittens stellt sich die Frage wie man ein Selbstregulationsdefizit von ähnlichen aber nicht identischen Konstrukten wie Ablenkbarkeit abgrenzen kann. Woher weiß ich, ob das laufende MTV-Programm im Fernsehen ein Kind kognitiv von seinen Hausaufgaben ablenkt, weil die wechselnden Bilder und Rhythmen ständig Orientierungsreaktionen hervorrufen, oder aber motivational in Versuchung führt, weil das Kind lieber einen neuen Videoclip betrachten würde, anstatt die Hausaufgaben zu machen. Wie lässt sich ein Aufmerksamkeitsdefizit von einer geringen Versuchungsresistenz differenzieren? Im SRKT-K ist es gelungen, diese messmethodischen Probleme in einer ersten Annäherung zu überwinden.

11.2 Der Selbstregulations- und Konzentrationstest

Der SRKT-K ist der erste standardisierte objektive Test, der Einzelkomponenten der Selbststeuerung zu differenzieren vermag. Der Test ist nicht nur standardisiert, sondern auch für den Einsatz mit Kindern im Grundschulalter an fast 1 000 Grundschulkindern normiert. Die Dauer der computerunterstützten Testdurchführung beträgt mit Instruktionen ca. 30 Minuten. Der Test ist damit ein interessantes motivationsdiagnostisches Verfahren für die Praxis, das sowohl in der Schule als auch in der Beratung und Therapie eingesetzt werden kann. Es ermöglicht nicht nur die prozessdiagnostische Differenzierung von Aufmerksamkeits- und Selbstregulationsdefiziten und anderen Komponenten, sondern kann sowohl für die Evaluation von Interventionen als auch selbst als Baustein einer Intervention eingesetzt werden. Mit leichten Veränderungen der Instruktionen kann der SRKT-K sogar mit Erwachsenen durchgeführt werden und wertvolle Informationen für Beratung, Therapie (z. B. von Suchtpatienten) und Training (z. B. von Führungskräften) liefern.

Um Willensprozesse zu messen, wird im SRKT-K gezielt ein Konflikt zwischen Wünschen und Wollen angeregt. Der Computerbildschirm ist in vier Quadranten aufgeteilt. Die eigentliche Aufgabe befindet sich in dem Quadranten unten links. Sie besteht darin, bei einer einfachen visuellen Diskriminationsaufgabe möglichst viele Punkte bzw. Spielpfennige zu verdienen. Wenn in dem Quadranten ein Strich erscheint, muss eine Taste gedrückt werden, die mit einem Strich markiert ist. Erscheinen zwei Striche, muss die mit zwei Strichen markierte Taste gedrückt werden. Für jeden richtigen Tastendruck erhalten die Probanden einen Spielpfennig. Anschließend erscheint im Aufgabenfeld ein Sternchen. Die Kinder müssen die mit einem Sternchen markierte Leertaste betätigen, um die nächste Aufgabe anzufordern. Der aktuelle „Kontostand" ist über der Aufgabe angezeigt. Zusätzlich ist in dem Quadranten unten rechts eine Geldbörse dargestellt, in der die Anzahl der Spielpfennige (in Zukunft „Cents") als Spielgroschen dargestellt ist (in der Erwachsenenversion wird von Leistungspunkten statt von Pfennigen gesprochen).

Während der Aufgabenbearbeitung erscheint in dem Quadranten oben rechts zuweilen ein Baumstamm, an dem ein „liebes" und ein „böses" Äffchen um die Wette hoch klettern. Wenn das liebe Äffchen gewinnt, klettert es zur Geldbörse herunter und schenkt dem Kind ein bis drei Spielgroschen, während ihm das böse Äffchen ein bis drei Spielgroschen klaut. Die Geldbörse ist nur in den Spielphasen mit dem Ablenkungsreiz zu sehen. Dem Kind wird erklärt, dass es zwar spannend und erlaubt ist, das Wettklettern anzuschauen, dass sie den Ausgang jedoch nicht beeinflussen können. Für eine Maximierung des eigenen Kontostandes ist es daher sinnvoll, sich ganz auf die Aufgabe zu konzentrieren. Das Verständnis dieser Zusammenhänge wird solange durch Kontrollfragen und zusätzliche Informationen vertieft, bis das Kind eine klare Absicht gebildet hat, sich auf die Aufgabe zu konzentrieren. Um die Intensität des Ablenkungsreizes (des Distraktors) zu variieren, erfolgt das Wettklettern manchmal rein visuell (leise Bedingung) und manchmal begleitet durch einen Klick-Ton (laute Bedingung). Gelegentlich erscheint das Wettklettern direkt in dem Aufgabenfeld unten links. Das Kind muss dann die mit einem Baum markierte Taste drücken, um das Wettklettern in den oberen rechten Quadranten zurückzuschicken (Zwangsbedingung). In einem Testdurchlauf werden die Durchgänge mit den vier verschiedenen Distraktorbedingungen (Baseline ohne Distraktor, leiser Distraktor, lauter Distraktor, Zwangsbedingung) mehrmals wiederholt. Ein Distraktorintervall dauert jeweils 15 Sekunden.

Gegen Ende des Tests erfolgt eine kurze Zusatzaufgabe zur Erfassung von Überregulation. Bei identischem Versuchsablauf kann das Kind nun seine bis dahin gesammelten Spielpfennige verdoppeln, wenn es richtig mitzählt, wieviel Spielgroschen ihm das liebe Äffchen in der Zusatzphase schenkt. Es kann durch Weiterarbeiten an der ursprünglichen Aufgabe zwar nach wie vor einige Spielgroschen verdienen, jedoch nicht so viele wie durch das richtige Mitzählen der geschenkten Spielgroschen. Für eine Maximierung des eigenen Kontostandes muß das Kind die ursprüngliche Absicht, sich ganz auf die Aufgabe zu konzentrieren und das Wettklettern nicht zu beachten, aufgeben.

11.3 Kennwerte und Lösungsansätze im SRKT-K

Der Grundgedanke im SRKT-K ist, dass Leistungseinbußen während der Distraktorphasen im Vergleich zu der Aufgabenbearbeitung ohne Distraktor Rückschlüsse auf Selbstregulationsdefizite ermöglichen. Je häufiger ein Kind der Versuchung erliegt und sich durch das Wettklettern von der eigentlichen Aufgabe abbringen lässt, desto geringer sollte das Arbeitstempo (d. h. die mittlere Anzahl der Tastendrücke) im Vergleich zur Baseline ohne Distraktor sein. Diese Interpretation ist allerdings nur gerechtfertigt, wenn zwei Vorbedingungen erfüllt sind. Erstens, muss das Kind eine Selbstverpflichtung (Commitment) zur Bearbeitung der eigentlichen Aufgabe eingegangen sein, sonst könnte ein Betrachten des Wettkletterns ja ein selbstgewollter, „willensstark" umgesetzter Absichtswechsel sein. Tatsächlich haben in einer Stichprobe von N = 188 alle Kinder eine Frage hinsichtlich ihrer Selbstverpflichtung positiv beantwortet. Auch in der großen Normierungsstichprobe konnte die Selbstverpflichtung bei fast allen Kindern beobachtet werden.

Vor dem Hintergrund dieser starken Aufgabenbindung, stellte sich die Frage, ob das Wettklettern der Äffchen überhaupt eine wirkungsvolle Versuchung darstellen würde – die zweite Voraussetzung zur Messung von Versuchungsresistenz. Die in Tabelle 1 dargestellten Befunde bestätigen die Effektivität der Distraktoren. Es zeigten sich signifikante Haupteffekte für die vier Distraktorbedingungen in drei verschiedenen Variablen des SRKT-K. Trotz der hohen Aufgabenbindung zeigte sich mit zunehmender Salienz des Distraktors ein Absinken des Tempos und ein Anstieg der Temposchwankungen, was eine der Voraussetzungen zur Lösung des ersten der drei erwähnten Messprobleme ist.

Tabelle 1:
Mittelwerte (M) und Standardabweichungen (SD), Signifikanzniveaus und erklärte Varianzen (Omega) der MANOVA Haupteffekte für vier Distraktorbedingungen, getrennt für drei SRKT-K Variablen (aus Kuhl & Kraska, 1993). (N = 188).

	Distraktorbedingung				Signifikanz	
	Baseline	Leise	Laut	Zwang	p	Omega
Anzahl der Tastendrücke						
M	102.5	97.0	93.9	82.6	.0001	.33
SD	24.1	26.3	26.9	26.6		
Interreaktionszeiten						
M	.876	.894	.913	.951	.0002	.13
SD	.222	.236	.247	.282		
Varianz der Interreaktionszeiten						
M	.377	.415	.490	.574	.0250	.10
SD	1.359	.523	.713	.837		

Zum ersten Messproblem: Obwohl es in der erwähnten, relativ großen Stichprobe geglückt ist, sowohl eine Bindung an die eigentliche Aufgabe als auch eine starke Versuchungsquelle herzustellen, können die Diskriminationsaufgabe und das Wettklettern der Äffchen für verschiedene Kinder unterschiedlich interessant sein. Man kann versuchen, sie dadurch interessanter zu machen, dass die Kinder ihre Spielgroschen anschließend gegen ein Spielzeug eintauschen dürfen. Der Kunstgriff besteht jedoch darin, dass der Distraktor inhaltlich an die eigentliche Aufgabe angebunden ist. Das Ergebnis des Wettkletterns hat Konsequenzen für die Handlungsabsicht, die eigene Punktzahl zu maximieren. Je interessanter die Diskriminationsaufgabe und das Sammeln von Spielgroschen ist, desto interessanter ist auch der Ausgang des Wettkletterns. Unabhängig von der Höhe der Motivation sollte dadurch die Relation zwischen Aufgabenmotivation und Distraktormotivation annähernd gleich sein. Dieser Kunstgriff stellt zumindest eine akzeptable Annäherung an eine Standardisierung der Versuchsquelle dar. In einer Untersuchung mit Studenten (Baumann & Kuhl, 2002) zeigten sich tatsächlich keine signifikanten Korrelationen zwischen der über Leistungseinbußen gemessenen Versuchungsresistenz mit dem Interesse an der Aufgabe ($r = .02$) oder der subjektiven Versuchung durch das Wettklettern ($r = .08$). Die Befunde stützen die Annahme, dass es im SRKT-K gelungen ist, die selbstregulatorische Leistung unabhängig von interindividuellen Unterschieden in der Aufgaben- und Distraktormotivation zu erfassen.

Zum zweiten Messproblem: Leistungseinbußen in Distraktorphasen sind nicht nur dann zu erwarten, wenn das Kind sich entgegen seiner ursprünglichen Absicht durch das Wettklettern ablenken lässt, sondern auch dann, wenn es seine Selbstverpflichtung (Commitment) für die eigentliche Aufgabe teilweise oder vollständig aufgegeben hat und sich mit voller Absicht auf das Wettklettern einlässt. Im Falle eines Fortbestehens der Selbstverpflichtung für die Aufgabe ist jedoch im Gegensatz zu einem konfliktfreien Intentionswechsel damit zu rechnen, dass das Kind sich anstrengt, Leistungseinbußen wieder aufzuholen. Dies sollte neben einem verringerten durchschnittlichen Arbeitstempo zu einem Anstieg der Temposchwankungen in den Distraktorphasen führen. Tatsächlich zeigten Lehrerurteile über die Versuchungsresistenz ihrer Schüler („Wie leicht lässt sich das Kind ablenken, wenn ihm z. B. sein Nachbar etwas zeigen will?") die erwarteten Zusammenhänge mit dem Tempo und den Temposchwankungen (Kuhl & Kraska, 1992). Bei jüngeren Kindern (2. Klasse) wurde der Zusammenhang mit dem Tempo signifikant ($r=.22$, $p<.01$): Je geringer die Versuchungsresistenz von den Lehrern beurteilt wurde, desto niedriger war das Arbeitstempo der Kinder. Der Zusammenhang mit den Temposchwankungen wurde nicht signifikant ($r=-.10$, n.s.), wies jedoch in die erwartete Richtung. Bei älteren Kindern (4. Klasse), die bereits über mehr selbstregulatorische Kompetenzen und Kompensationsmöglichkeiten verfügen, wurde sowohl der Zusammenhang mit dem Tempo ($r=.18$, $p<.05$) als auch mit den Temposchwankungen signifikant ($r=-.21$, $p<.01$): Je geringer die Versuchungsresistenz, desto niedriger das Tempo und desto höher die Temposchwankungen in der Bedingung mit Distraktor. Trotz (oder gerade wegen) der Schwierigkeiten einer derartigen Fremdbeurteilung der Versuchungsresistenz (durch die globale Einschätzung der Lehrer) ermutigen die Befunde dazu, Temposchwankungen als Indikator für die Selbstregulationseffizienz heranzuziehen. Altersübergreifend ließ die Zunahme der Temposchwankungen während der Distraktorphasen sogar validere Rückschlüsse auf die Selbstregulationseffizienz zu als die Abnahme des Tempos (Kuhl & Kraska, 1992). Insgesamt lassen sich diese Befunde als erste Hinweise auf eine Differenzierung zwischen der missglückten Abschirmung von einer Versuchungsquelle und der konfliktfreien Ablösung der ursprünglichen Intention interpretieren.

Zum dritten Messproblem: Im Alltag ist das Auftreten eines „verführerischen" Ereignisses häufig damit gekoppelt, dass der Reiz nicht nur attraktiv, sondern auch neuartig ist und primär Aufmerksamkeitsfunktionen beeinträchtigt. Daher klagen Lehrer und Eltern häufig recht allgemein über „Konzentrationsschwierigkeiten", ohne zwischen kognitiven und motivationalen Beeinträchtigungen unterscheiden zu können. Diese Koppelung ist im SRKT-K dadurch aufgehoben, dass der Distraktor zunächst zwar neuartig, aber noch nicht motivational relevant ist. Leistungseinbußen während der ersten Hälfte eines Distraktorintervalls von 15 Sekunden werden daher als indikativ für Beeinträchtigungen basaler Aufmerksamkeitsfunktionen angesehen. Erst wenn das Wettklettern sich in der zweiten Hälfte des Distraktorintervalls allmählich entscheidet und der Gewinn oder Verlust für den eigenen Kontostand abzeichnet, kommt ein starker motivationaler Anreiz hinzu, auf das Wettklettern zu schauen. Der Distraktor ist zu diesem Zeitpunkt nicht mehr neu, jedoch besonders verführerisch. Leistungseinbußen während der zweiten Hälfte eines 15 Sekunden Intervalls werden daher als Beeinträchtigungen der Selbstregulation motivationaler Konkurrenzimpulse gesehen. Die Ergebnisse einer Faktorenanalyse belegen die theoretisch erwartete Unterscheidung zwischen Ablenkungs- und Versuchungsresistenz aufgrund der beiden Intervallhälften: Die Kennwerte der beiden Intervallhälften laden auf unabhängigen Faktoren (Kuhl & Kraska, 1992).

Interessanterweise waren die Leistungseinbußen bei Kindern mit einer diagnostizierten „Aufmerksamkeitsstörung" mit Hyperaktivität (ADHD) von der motivationalen Relevanz des Distraktors abhängig (Heise, Zachowski, Gerjets, Kuhl & Rothenberger, 2001): Hyperkinetische Kinder zeigten ausschließlich in der zweiten Intervallhälfte Leistungseinbußen, d. h. wenn die Distraktoren für sie motivational bedeutsam waren. In der ersten Intervallhälfte, wenn die Distraktoren eher kognitiv ablenken, zeigten sie demgegenüber keine Leistungsbeeinträchtigungen. Die Befunde sprechen gegen ein generelles Defizit in der Aufmerksamkeitskontrolle bei hyperkinetischen Kindern und verweisen auf spezifische selbstregulatorische Defizite in der Abschirmung von Intentionen gegen motivational relevante, mit einer kognitiv repräsentierten Absicht konkurrierende Handlungsimpulse.

Wie bereits erwähnt, eignet sich der SRKT-K auch zur Messung der Selbststeuerungsfunktionen von Erwachsenen. Um Leistungseinbrüche in Distraktorphasen auch in dieser Zielgruppe als Maß für Störungen der Versuchungsresistenz zu validieren und gegen Störungen der allgemeinen Konzentration abzugrenzen, haben Kuhl und Fuhrmann (1998) die Cover-Story für das Wettklettern der Äffchen entsprechend angepasst. In einer „informierten" Gruppe erhielten die Probanden die üblichen motivational relevanten Informationen über den Einfluss des Wettkletterns auf das eigene Konto. In einer „nicht informierten" Gruppe wurden die Probanden zwar auf die Existenz der Distraktoren hingewiesen, jedoch nicht über deren Bedeutung aufgeklärt. Die Distraktoren sollten daher lediglich kognitiv ablenken. Die informierten Probanden zeigten stärkere Leistungseinbrüche aufgrund der Distraktoren als die nicht informierten Probanden. Die Befunde sprechen für die Validität des SRKT-K auch bei Erwachsenen. Zusätzlich zeigten sich ausschließlich in der informierten Gruppe signifikante Korrelationen zwischen den Selbstregulationsmaßen des SRKT-K und den Selbstberichtsmaßen des SSI (siehe Fröhlich & Kuhl, in diesem Band). In der nicht informierten Gruppe, d. h. wenn das Wettklettern nicht motivational bedeutsam war, zeigten sich keine signifikanten Korrelationen zu den Skalen des SSI.

11.4 Weitere diagnostische Differenzierungen

Durch eine Trennung der ersten und zweiten Versuchshälfte ergeben sich weitere Möglichkeiten der diagnostischen Differenzierung. Beispielsweise lassen sich Ermüdungs- und Lerneffekte unterscheiden. Die Ergebnisse einer Faktorenanalyse legen zudem nahe, Leistungsveränderungen aufgrund der Distraktoren in der ersten und zweiten Testhälfte als unabhängige Faktoren zu betrachten (Kuhl & Kraska, 1992). Tatsächlich zeigte die Versuchungsresistenz in der ersten und zweiten Versuchshälfte unterschiedliche Korrelationen mit Lage- und Handlungsorientierung (Kuhl, Kraska & Christ, 1991): Während die Handlungsorientierung in der ersten Versuchshälfte positiv mit dem Tempomaß korrelierte ($r = .62$, $p < .01$), verschwindet dieser Zusammenhang in der zweiten Versuchshälfte. Stattdessen tritt für die Tempodifferenzen (Distraktor minus Baseline) ein umgekehrter Zusammenhang auf ($r = -.69$, $p < .01$), der die Lageorientierten als überlegen ausweist und zwar genau in der für die Versuchungsresistenz kritischen zweiten Intervallhälfte. Dieser zunächst paradox erscheinende Befund ergibt einen Sinn, wenn man annimmt, dass die Aufgabe in der ersten Versuchshälfte noch Spaß macht und die Fähigkeit betrifft, Absichten umzusetzen, die eine positive emotionale Unterstützung haben (Selbstregulation). Handlungsorientierte neigen zu dieser Form der Selbststeuerung (Kuhl & Fuhrmann, 1998). Wenn die Aufgabe im Verlaufe des Versuchs hingegen langweilig und unattraktiv wird, erfordert sie eher die Fähigkeit zur Selbstkontrolle. Lageorientierte operieren eher über diese Form der Selbststeuerung (Kuhl & Fuhrmann, 1998) und zeigen in der zweiten Versuchshälfte speziell in der motivational relevanten Phase eine entsprechend bessere Versuchungsresistenz als Handlungsorientierte (Kuhl, Kraska & Christ, 1991).

Die beiden Versuchshälften des SRKT-K bieten möglicherweise eine erste Möglichkeit, Makrokomponenten der Selbststeuerung (Selbstregulation versus Selbstkontrolle) auch mit einer objektiven Methode zu separieren. Befunde aus einer Pilotstudie mit 60 Studenten unterstützen diese Annahme und replizieren einen Teil der erwähnten Befunde aus den Untersuchungen mit Grundschulkindern. Handlungsorientierung und Versuchungsresistenz in der lauten Distraktorbedingung zeigten einen signifikanten negativen Zusammenhang ($r = -.43$, $p < .02$), wenn durch external kontrollierende Instruktionen der Selbstkontrollmodus zusätzlich angeregt wurde („Du mußt möglichst schnell arbeiten und viele Punkte verdienen. Du mußt besonders aufmerksam sein und Dich gut konzentrieren, weil Du uns zeigen sollst, wie gut Du bist."): Je stärker die Disposition zur Lageorientierung, desto höher die Versuchungsresistenz in der zweiten Versuchshälfte. Demgegenüber zeigte sich numerisch ein positiver Zusammenhang zwischen Handlungsorientierung und Versuchungsresistenz ($r = .31$, n.s.), wenn durch autonomieförderliche Instruktionen der Selbstregulationsmodus angeregt wurde („Die Aufgabe ist vielleicht ein wenig langweilig. Umso wichtiger ist es jetzt, aufmerksam zu sein und schnell zu arbeiten, damit Du viele Punkte zu verdienen kannst."). Der Zusammenhang wurde jedoch statistisch nicht signifikant. In der ersten Versuchshälfte, wenn die Aufgabe möglicherweise noch attraktiver ist und mehr emotionale Unterstützung erfährt, zeigte sich in beiden experimentellen Bedingungen kein signifikanter Zusammenhang zwischen Handlungsorientierung und Versuchungsresistenz.

Die unterschiedlichen Distraktorbedingungen (leise und laut) bieten weitere diagnostische Informationen. Der zusätzliche Ton war zunächst als Intensivierung der Versuchungsquelle konzipiert. Möglicherweise lassen sich jedoch interessante Bezüge zu diagnostischen Differenzierungen herstellen. Es hat sich beispielsweise gezeigt, dass einige Kinder eine bessere Versuchungsresistenz bei dem lauten als bei dem leisen Distraktor zeigen (Kuhl & Kraska, 1992). Die Befunde lassen sich dahingehend interpretieren, dass einige Kinder latent bereits über Abschirmstrategien verfügen, diese aber erst einsetzen, wenn sie sich der Gefahr einer Versuchung deutlich bewusst werden. Der zusätzliche Ton macht den Distraktor salienter und die potenzielle Gefahr bewusst, so dass Kinder, die stark über bewusste Kontrollstrategien arbeiten, sogar einen Vorteil haben, wenn sich in der lauten Bedingung der Distraktor geradezu aufdrängt. Leistungseinbußen in der leisen Distraktorbedingung lassen daher möglicherweise auf ein bei diesen Kindern vorhandenes Defizit der intuitiven Regulationsmechanismen schließen, während Leistungseinbußen in der lauten Distraktorbedingung auf ein Defizit bewusster Kontrollstrategien verweisen. Demnach wäre zu erwarten, dass gerade Kinder, die eher lageorientiert sind und zur Selbstkontrolle neigen, von dem Ton profitieren. Die Definition von Selbstkontrolle besagt, dass diese Selbststeuerungsform auf einer expliziten Grundlage funktioniert. Explizite Intentionen dominieren und werden „diktatorisch" gegen konkurrierende Präferenzen durchgesetzt. Vor diesem Hintergrund wäre es verständlich, wenn Kinder, die eher auf der expliziten Ebene funktionieren, von dem zusätzlichen Ton profitieren.

Hinweise auf einen Selbststeuerungsvorteil von Lageorientierten, wenn situativ der Selbstkontrollmodus (z. B. durch die Aufgabeninstruktion) und der Einsatz bewusster Kontrollstrategien (z. B. durch die Salienz des Distraktors) angeregt wird, zeigten sich in der bereits erwähnten Pilotstudie mit Studenten. In Abbildung 1 ist die Versuchungsresistenz (d. h. die Tempodifferenz zur Baseline in der zweiten Intervallhälfte) in der leisen und lauten Distraktorbedingung in Abhängigkeit von der Handlungskontrolldisposition und der Instruktion (external kontrollierend versus autonomieförderlich) dargestellt. Lageorientierte profitierten von der external kontrollierenden Instruktion und waren bei einem lauten Distraktor sogar etwas schneller als in der Bedingung ohne Distraktor. In der autonomieförderlichen Instruktionsbedingung zeigten Lageorientierte demgegenüber signifikante Leistungseinbrüche, wenn das Wettklettern aufgrund des zusätzlichen Tons salient war. Im Gegensatz dazu waren Handlungsorientierte in ihrer Versuchungsresistenz weniger von den Instruktionsbedingungen beeinflusst. Sie zeigten in beiden Bedingungen in etwa gleich hohe Einbrüche der Versuchungsresistenz, wenn der Distraktor durch den zusätzlichen Ton besonders salient war. Die Interaktion von Disposition (Lage-versus Handlungsorientierung), Anregungsbedingung (external kontrollierend versus autonomieförderlich) und Distraktorbedingung (keiner, leise, laut) war signifikant, $F(2, 56) = 4.96$, $p < .01$. Der Befund konnte inzwischen in einer Gesamtstichprobe von $N = 80$ repliziert werden (Baumann & Kuhl, 2002).

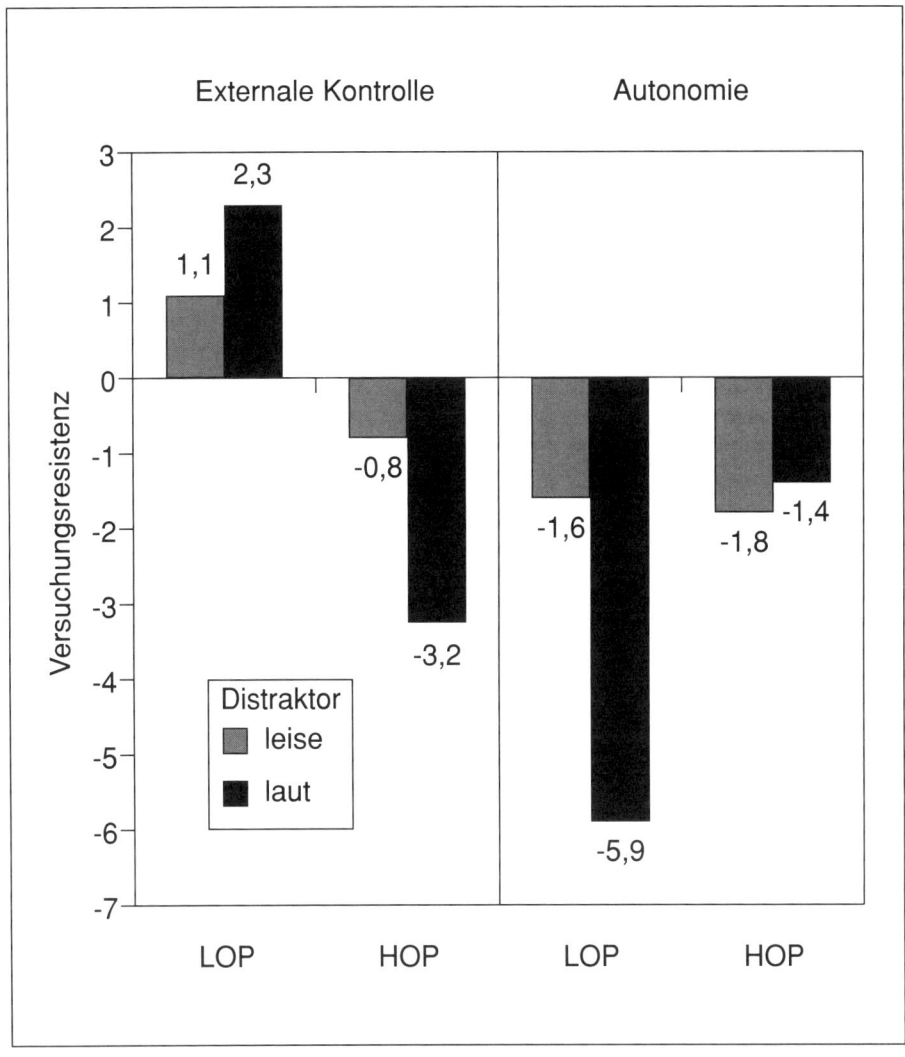

Abbildung 1:
Tempodifferenzen (Distraktor minus Baseline) in der zweiten Hälfte eines Distraktorintervalls als Maß für Versuchungsresistenz, getrennt für prospektiv Lageorientierte (LOP) und prospektiv Handlungsorientierte (HOP) in der external kontrollierenden und autonomieförderlichen Instruktionsbedingung.

Alternativ könnte man annehmen, dass Lageorientierte in der external kontrollierenden Bedingung sehr wohl abgelenkt waren, sich jedoch besonders stark angestrengt haben, ihre Tempoeinbußen zu kompensieren. In diesem Fall müssten sie eine erhöhte Varianz der Interreaktionszeiten aufweisen. Die im Vergleich zur Baseline *reduzierten* Temposchwankungen in dieser Bedingung unterstützen jedoch die Annahme, dass es Lageorientierten unter externaler Kontrolle tatsächlich gelungen ist, sich rigide von der Versuchungsquelle abzuschirmen. Umgekehrt sprechen die stark erhöhten Temposchwankungen der Lageorientierten in der autonomieförderlichen Bedingung dafür, dass sie sich um eine Kompensation gelegentlicher Ablenkungen bemüht haben. Trotz ihrer Absicht, an der Aufgabe zu arbeiten, haben sie Einbrüche in ihrer Versuchungsresistenz erlebt, die sie auszugleichen suchten. Der Befund in Abbildung 1 lässt sich nach dem Passungsprinzip erklären. Die Probanden zeigten dann eine gute Versuchungsresistenz, wenn die Anregungsbedingungen zu dem bevorzugten Selbstregulationsmodus und der Aufgabenanforderung passten. Die stärkere Abhängigkeit der Lageorientierten von den situativen Anregungsbedingungen spiegelt den für sie charakteristischen Mangel an Eigensteuerung wieder: Lageorientierung ist definiert als eine Fixierung auf eingetretene oder vorgestellte Lagen. Handlungsorientierte sind robuster gegenüber den äußeren Bedingungen, weil sie Affekte selbstgesteuert regulieren können.

Die Distraktorbedingung, in der die Kinder das Wettklettern über die Betätigung der T-Taste erst aus dem Aufgabenfeld entfernen müssen, bietet die Möglichkeit eine Selbststeuerungskomponente zu erfassen, die Initiative erfordert. Diese Komponente des SRKT-K ist bislang allerdings noch nicht systematisch genutzt worden. Zusammen mit allen übrigen Differenzierungsmöglichkeiten des SRKT-K stellt sich die Frage, ob die Variablen sich zu einer stabilen Disposition selbstregulatorischer Kompetenz zusammenfassen lassen. Diese Frage lässt sich über die interne Konsistenz und die Retestreliabilität erfassen. In Tabelle 2 sind die Interkorrelationen zwischen den einzelnen Distraktorbedingungen für das Tempo und die Temposchwankungen angegeben. Diese Korrelationen können als eine Schätzung der internen Konsistenz interpretiert werden. Während die interne Konsistenz für das Tempomaß recht hoch ist, zeigt sich für die Temposchwankungen lediglich eine moderate, jedoch für die meisten praktischen Fragestellungen hinreichende interne Konsistenz. Die selbstregulatorische Kompetenz kann als Disposition angesehen werden, die zumindest über die Testsituationen hinweg das notwendige Maß an Stabilität aufweist (Kuhl & Kraska, 1993). In einem Zeitintervall von vier Wochen zeigte sich gemittelt über alle Distraktorbedingungen sogar eine Retestreliabilität von $r = .92$ für das Tempo und von $r = .57$ für die Temposchwankungen. Trotz der Differenzierungsmöglichkeiten im SRKT-K, zeichnet sich zumindest für einige Kinder eine recht hohe Stabilität selbstregulatorischer Kompetenz ab.

Tabelle 2:
Korrelationen zwischen den einzelnen Distraktorbedingungen, getrennt für Tempo (Anzahl der Tastendrücke) und Temposchwankungen (Varianz der Interreaktionszeiten) (aus Kuhl & Kraska, 1993).

	Distraktorbedingung		
	Leise	Laut	Zwang
Baseline			
Tempo	.78	.78	.67
Temposchwankungen	.48	.71	.35
Leiser Distraktor			
Tempo		.92	.82
Temposchwankungen		.60	.41
Lauter Distraktor			
Tempo			.82
Temposchwankungen			.52

In der Beratung und erst recht in der Therapie kommt es häufig nicht nur auf die Ausprägung selbstregulatorischer Kompetenzen, sondern gerade auf das Gleichgewicht der unterschiedlichen Komponenten an. Ein ausgewogenes Verhältnis zwischen der Beibehaltung und Umgestaltung bzw. Ablösung von Absichten kann helfen, die Zielumsetzung kreativ zu gestalten. Wenn Kinder oder Klienten demgegenüber Ziele zu rigide abschirmen, und auch dann nicht aufgeben, wenn sie nicht zu erreichen oder nicht mehr sinnvoll sind, kann dies negative Folgen haben bis hin zur Entwicklung von Krankheitssymptomen. Die Beibehaltung „degenerierter (z. B. unrealistischer) Absichten" wird beispielsweise mit einem erhöhten Depressionsrisiko in Verbindung gebracht (Kuhl & Helle, 1994). Die Unfähigkeit, sich von einem einmal gebildeten Ziel auch wieder abzulösen (Überkontrolle), wird im SRKT-K mit der Zusatzaufgabe erfasst. Um den eigenen Kontostand zu maximieren und die Anzahl der geschenkten Groschen richtig zu zählen, müssen sich die Kinder von der eigentlichen Aufgabe ablösen und der Versuchungsquelle zuwenden. Alternativ kann man die Zusatzaufgabe auch für andere Fragestellungen einsetzen, indem man die Instruktionen verändert. Bei Erwachsenen wurde sie z. B. dafür genutzt, die freiwillige Persistenz zu beobachten, wenn der Versuchsleiter unter einem Vorwand die Probanden kurz allein lässt. Wenn die Autonomie der Probanden angeregt worden war, arbeiteten sowohl Lage- als auch Handlungsorientierte signifikant länger weiter je interessanter sie die Aufgabe fanden. Nach der Ausübung von externaler Kontrolle und Druck, arbeiteten Lageorientierte demgegenüber unabhängig von ihrem Interesse an der Aufgabe weiter, während für Handlungsorientierte numerisch ein Zusammenhang zwischen der Dauer der freiwilligen Weiterbeschäftigung und dem Interesse bestehen blieb (Baumann

& Kuhl, 2002). Dieser Zusammenhang erwies sich allerdings statistisch nicht als signifikant. Die Befunde weisen bei Lageorientierten unter externaler Kontrolle auf eine Entfremdung von eigenen Präferenzen hin (Alienation), die eine der theoretisch erwarteten Folgen von Überkontrolle ist (Kuhl & Beckmann, 1994). Gerade die Zusatzaufgabe bietet vielfältige Möglichkeiten zur Einbettung in einen experimentellen Kontext und kann durch eine einfache Variation der Instruktionen entsprechend unterschiedliche Inhalte erfassen.

11.5 Der Selbstregulations-Strategientest

Wenn sich im SRKT-K Selbstregulationsdefizite zeigen, lässt sich mit Hilfe des Selbstregulations-Strategientests für Kinder im Grundschulalter (SRST-K; Kuhl & Christ, 1993) überprüfen, inwiefern sie durch mangelndes Strategiewissen verursacht sind. Natürlich liefert der Test auch unabhängig vom SRKT-K interessante Informationen. Das Wissen um Strategien, die bei der Umsetzung und Beibehaltung von einmal gefassten Absichten hilfreich sind, entwickelt sich im Lauf des Grundschulalters schrittweise (Mischel & Mischel, 1983). Im SRST-K werden vier explizit repräsentierte Strategien der Selbstregulation erfasst: Aufmerksamkeitskontrolle (z. B. die Gedanken weg vom Spielen auf die Hausaufgaben lenken), Motivationskontrolle (z. B. sich Lob von der Lehrerin vorstellen), Emotionskontrolle (z. B. sich fröhliche Gedanken suchen) und Misserfolgsbewältigung (z. B. mit Gedanken an vergangenen Misserfolg umgehen).

Der Test wird mit Hilfe von Bildergeschichten durchgeführt, die drei Szenarien mit für Kinder typischen Konfliktsituationen beschreiben: (1) Die Hausaufgaben machen, wenn Freunde einen zum Mitspielen einladen. (2) Ein Geheimnis bewahren, wenn ein Freund einem sein neues Fahrrad anbietet, um das Geheimnis zu erfahren. (3) Das Taschengeld sparen für Rollschuhe, wenn man sich nach einer anstrengenden Sportstunde gerne etwas zu trinken kaufen möchte. Den Kindern wird in einem Erklärungsbild zunächst die Konfliktsituation dargestellt. Es folgen acht Strategiebilder, die die Gedanken des Protagonisten beschreiben. Für jede der oben genannten vier Selbstregulations-Strategien gibt es dabei je einen selbstregulationsförderlichen und einen selbstregulationshinderlichen Gedanken. Ob die Kinder bereits ein Verständnis dafür entwickelt haben, welche Gedanken das Durchhaltevermögen unterstützen und welche einen eher schwach machen können, wird dadurch erfasst, dass die Kinder voraussagen müssen, wie die Geschichte ausgeht, wenn das gezeigte Kind den betreffenden Gedanken hat: Die Kinder suchen jeweils eine der beiden dargestellten Ergebnisalternativen aus (z. B. ob das Kind, das gerade gedacht hat „die Hausaufgaben sind aber langweilig" schwach wird und zu den rufenden Kameraden geht, die vor dem Fenster spielen, oder ob es die Hausaufgaben erst fertig macht). Damit wird deutlich, inwiefern aus der Sicht des untersuchten Kindes der jeweilige Gedanke das Beibehalten des beabsichtigten Verhaltens erschwert oder erleichtert. Obwohl dieses Testformat Wissen über selbstregulatorische Strategien voraussetzt, werden relativ geringe Ansprüche an die Explizierbarkeit dieses Wissens gestellt: Für die Vorhersage des bei einem bestimmten „Gedanken" zu erwartenden Verhaltens ist ein implizites Verstehen der selbstregulatorischen Wirkung verschiedener Gedanken oder Selbstinstruktionen ausreichend.

Der Test wurde mit über 750 Grundschulkindern auf seine psychometrischen Eigenschaften geprüft und normiert. Die Retestreliabilität über einen Zeitraum von zwei Monaten ist mit .54 für den Gesamtwert zwar nicht hoch, aber durchaus in einer für Persönlichkeitsdispositionen üblichen Größenordnung. Eine höhere Stabilität ist schon deshalb nicht zu erwarten, weil sich das selbstregu-

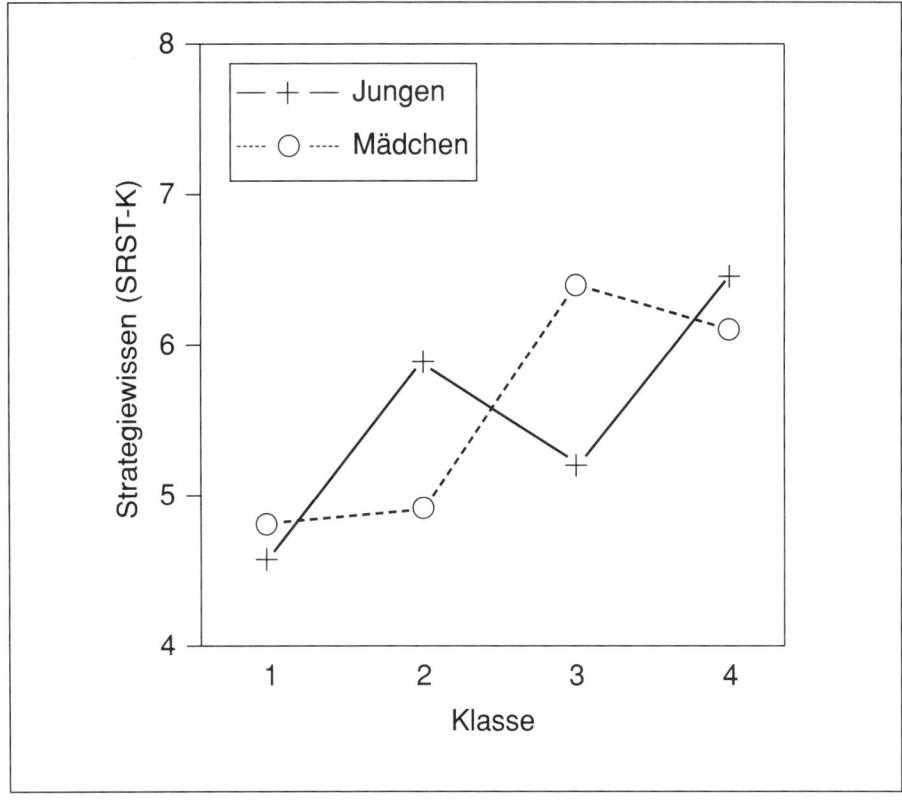

Abbildung 2:
Nach Geschlecht getrennter Altersverlauf des Strategiewissens (Gesamtwert im SRST-K)
(aus Kuhl & Christ, 1993).

latorische Wissen in diesem Alter stark verändert. In Abbildung 2 ist der Altersverlauf getrennt für Jungen und Mädchen wiedergegeben. Es zeigt sich nicht nur eine deutliche Verbesserung des Strategiewissens mit zunehmendem Alter, sondern auch eine systematische Veränderung der Rangreihe (Kuhl & Christ, 1993): Das relative Verhältnis des Strategiewissens von Jungen und Mädchen verändert sich. Eine höhere Stabilität der Testwerte würde dem zugrundeliegenden Konstrukt und der Testvalidität daher eher entgegenstehen.

Wenn die selbstregulatorische Kompetenz objektiv über den SRKT-K gemessen wird, zeigt sich die prognostische Validität des Strategientests. In Abbildung 3 dienen die Schwankungen im Arbeitstempo als Leistungsmaß für die selbstregulatorische Kompetenz, wobei geringere Schwankungen eine bessere Leistung beschreiben. In der Bedingung ohne Distraktor ist die Varianz der Interreaktionszeiten für die Kinder mit niedrigem und hohem Strategiewissen fast gleich. In der Bedingung mit Distraktor ist der Unterschied zwischen beiden Gruppen jedoch beträchtlich. Kinder mit einem niedrigem Strategiewissen zeigen starke Leistungseinbrüche: Die Varianz der Interreaktionszeiten erhöht sich auf mehr als das Vierfache. Demgegenüber zeigen Kinder mit einem hohen Strategiewissen kaum Leistungseinbrüche. Die Varianz der Interreaktionszeiten steigt nur um die Hälfte an (vgl. auch Kuhl & Kraska, 1989). Die Interaktion zwischen dem Strategiewissen im SRST-K und der Distraktion im SRKT-K stellt eine Validierung für beide Tests gleichzeitig dar.

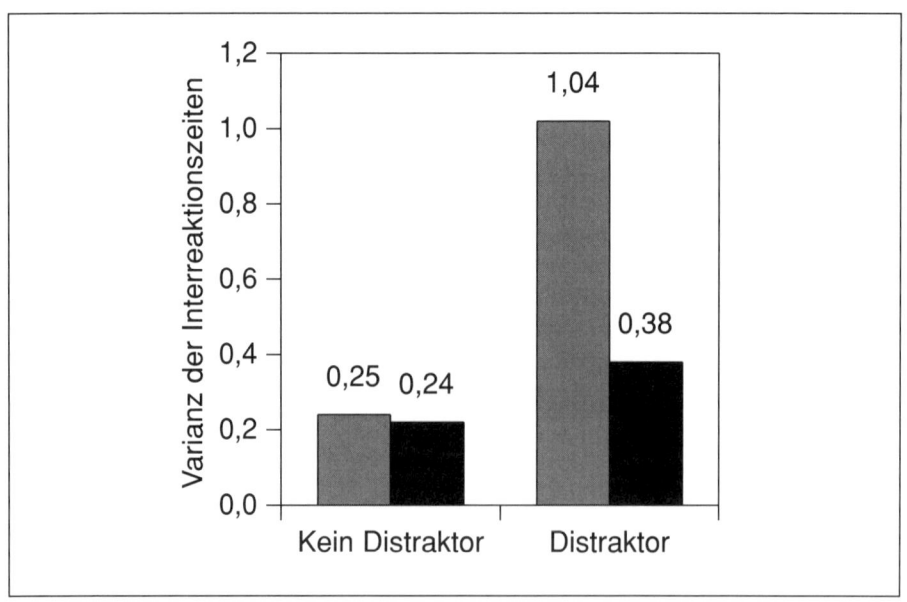

Abbildung 3:
Interaktion zwischen Stragiewissen im SRST-K und der Distraktion im SRKT-K
(aus Kuhl & Kraska, 1992).

Insgesamt zeigen die psychometrischen Eigenschaften der beiden Tests, dass es durchaus möglich ist, reliable und valide Kennwerte verschiedener Funktionskomponenten der Selbststeuerung auch dann zu erhalten, wenn man auf Selbst- oder Fremdbeurteilungen dieser Fähigkeiten verzichtet. Immer dann, wenn die offensichtlichen Beschränkungen von Selbstbeurteilungsskalen vermieden werden sollen, bieten objektive Verfahren eine interessante Alternative. Die Selbstbeurteilungsmethoden (vgl. Fröhlich & Kuhl, in diesem Band) sind dagegen immer dann angezeigt, wenn man sich in relativ kurzer Zeit einen umfassenden Überblick über möglichst viele Selbststeuerungsfunktionen verschaffen möchte. Falls sich bei einer Fragebogenmessung Auffälligkeiten ergeben, kann durch die Verwendung der hier beschiebenen Methoden eine Objektivierung erfolgen. Umgekehrt kann ein Selbststeuerungsdefizit, das durch die in diesem Kapitel beschriebenen objektiven Methoden diagnostiziert wurde, mit Hilfe des Selbststeuerungs-Inventars (Fröhlich & Kuhl, in diesem Band) näher aufgeschlüsselt werden: Je spezifischer man im individuellen Fall die problematischen Selbststeuerungsfunktionen identifizieren kann, desto konkretere und effizientere Maßnahmen lassen sich für Beratung, Training bzw. Therapie ableiten.

11.6 Literatur

Baumann, N. & Kuhl, J. (2002). *How to resist temptation: The effects of external control versus autonomy support on the self-regulation dynamics.* Eingereichtes Manuskript, Universität Osnabrück.

Greenwald, A. G. & Banaji, M. R. (1995). Implicit social cognition: Attitudes, self-esteem, and stereotypes. *Psychological Review, 102,* 4–27.

Heise, E., Zachowski, K.-P., Gerjets, P., Kuhl, J. & Rothenberger, A. (2001). *Interference control deficits with motivationally relevant distractors in ADHD.* Unveröffentlichtes Manuskript, Universität Göttingen.

Kuhl, J. (1983). *Motivation, Konflikt und Handlungskontrolle.* Berlin: Springer.

Kuhl, J. (1998). Wille und Persönlichkeit: Von der Funktionsanalyse zur Aktivierungsdynamik psychischer Systeme. *Psychologische Rundschau, 49,* 61–77.

Kuhl, J. (2000). A functional-design approach to motivation and self-regulation: The dynamics of personality systems interactions. In M. Boekaerts, P. R. Pintrich & M. Zeidner (Hrsg.), *Self-regulation: Directions and challenges for future research* (S. 111–169). New York: Academic Press.

Kuhl, J. & Beckmann, J. (1994). Alienation: Ignoring one's preferences. In J. Kuhl & J. Beckmann (Hrsg.), *Volition and personality: Action versus state orientation* (S. 375–390). Göttingen: Hogrefe.

Kuhl, J. & Christ, E. (1993). *Selbstregulations- und Strategientest für Kinder (SRST-K).* Göttingen: Hogrefe.

Kuhl, J. & Fuhrmann, A. (1998). Decomposing self-regulation and self-control: The volitional components inventory. In J. Heckhausen & C. S. Dweck (Hrsg.), *Motivation and self-regulation across the life-span* (S. 15–49). Cambridge: Cambridge University Press.

Kuhl, J. & Helle, P. (1994). Motivational and volitional determinants of depression. In J. Kuhl & J. Beckmann (Hrsg.), *Volition and personality: Action versus state orientation* (S. 283–296). Göttingen: Hogrefe.

Kuhl, J. & Kraska, K. (1989). Self-regulation and metamotivation: Computational mechanisms, development, and assessment. In R. Kanfer, P. L. Ackerman & R. Cudek (Hrsg.), *Learning and individual differences: Abilities, motivation, and methodology* (S. 343–374). Hillsdale, N. J.: Erlbaum.

Kuhl, J. & Kraska, K. (1992). *Selbstregulations- und Konzentrationstest für Kinder (SRKT-K)*. Göttingen: Hogrefe.

Kuhl, J. & Kraska, K. (1993). Self-regulation: Psychometric properties of a computer-aided instrument. *The German Journal of Psychology, 17,* 11–24.

Kuhl, J., Kraska, K. & Christ, E. (1991). *Analyse von Handlungskontrollprozessen.* DFG-Abschlußbericht. Universität Osnabrück.

Mischel, H. N. & Mischel, W. (1983). The development of children's knowledge of self-control strategies. *Child development, 54,* 603–619.

Nisbett, R. E. & Wilson, T. D. (1977). Telling more than we can know: Verbal report on mental processes. *Psychological Review, 84,* 231–259.

Kapitel 12

Handlungs- und Lageorientierung: Wie lernt man seine Gefühle zu steuern?

Julius Kuhl und Miguel Kazén

Zusammenfassung

Die theoretischen Grundlagen des Konstrukts der Handlungs- versus Lageorientierung werden dargestellt. Anschließend werden die psychometrischen Eigenschaften und zentrale empirische Befunde zur Validierung dieses Persönlichkeitskonstrukts zusammengefasst. Die Abgrenzung des Begriffs der Handlungsorientierung von ähnlichen Konstrukten (wie Extraversion, Ängstlichkeit u. a.) wird auf der Grundlage experimenteller und neurobiologischer Befunde zur eigenständigen Rolle zentraler Exekutivfunktionen diskutiert: Während klassische Konstrukte die affektive Erstreaktion beschreiben (Sensibilität für positiven oder negativen Affekt), betrifft Handlungsorientierung die affektive Zweitreaktion, die von der Fähigkeit abhängt, eingetretene affektive Lagen ohne Hilfe von außen, also selbstgesteuert, zu verändern (z. B. durch Selbstmotivierung oder Selbstberuhigung). Handlungs- versus Lageorientierung unterscheidet sich von anderen Konstrukten besonders in der Prognose der Selbstwahrnehmung und Zielbildung (z. B. Verwechslung eigener und fremder Wünsche) und der Vorhersage der Zielumsetzung. Diese Befunde validieren die beiden zentralen Annahmen einer neuen, systemtheoretischen Persönlichkeitstheorie (PSI-Theorie): Wer negativen Affekt herabregulieren kann (Selbstberuhigung), hat einen besseren Zugang zu Selbstrepräsentation, wer den Verlust von positiven Affekt aufheben kann (Selbstmotivierung), setzt mehr von seinen schwierigen Zielen um.

Wir kennen alle das Phänomen: Man ärgert sich über die Unfreundlichkeit eines Kollegen oder über ein eigenes Missgeschick und die Verstimmung hält länger an, als es einem lieb ist. Die Niedergeschlagenheit über einen Verlust kann auf Stunden oder Tage die eigene Leistungskraft und die Fähigkeit beeinträchtigen, mit anderen so nett und offen umzugehen, wie man es eigentlich möchte. Bei manchen Menschen dauern lähmende Gefühle so lange an, dass sie nur noch über ihre missliche *Lage* nachdenken müssen und in ihr stecken bleiben, weil der Schwung fehlt, sich auf die anstehenden Aufgaben zu konzentrieren. Diese „Lageorientierung" kann zu einer Lähmung des Handelns führen. Deshalb wird der Gegenpol dieses Konstrukts *Handlungsorientierung* genannt.

12.1 Psychometrische Merkmale des HAKEMP

Individuelle Unterschiede in der Handlungs- versus Lageorientierung werden mit einem Fragebogen (HAKEMP) gemessen, dessen Reliabilität und Validität gut etabliert ist (Kuhl & Beckmann, 1994a). Bei der Konstruktion der Items wurde der Bandbreite des zu erfassenden Konstrukts ein höheres Gewicht als der Erzielung größtmöglicher Reliabilität eingeräumt (die interne Konsistenz bewegt sich bei den Subskalen zwischen 0,70 und 0,80 und bei der Zusammenfassung der beiden Hauptskalen zwischen 0,80 und 0,90: Kuhl, 1994). Der Fragebogen besteht aus drei Skalen: (1) prospektive Handlungs- vs. Lageorientierung (HOP-LOP), d. h. Handlungsbereitschaft vs. Zögern, wenn die Ausführung einer Absicht ansteht, (2) Handlungs- vs. Lageorientierung nach Misserfolg (HOM-LOM), d. h. Handlungsbereitschaft vs. lähmendes Grübeln, wenn man mit Misserfolgen oder anderen aversiven Ereignissen konfrontiert wird und (3) Handlungs- vs. Lageorientierung während der Tätigkeitsausführung (HOT-LOT), d. h. Aufgehen in einer interessanten Tätigkeit versus vorzeitiges Wechseln zu anderen Aktivitäten. Jede Skala besteht aus 12 Items, die jeweils mit einer Situationsbeschreibung beginnen. Die Probanden müssen sich zwischen einer handlungs- und einer lageorientierten Antwortalternative entscheiden:

Wenn meine Arbeit als völlig unzureichend bezeichnet wird, dann
   a) lasse ich mich davon nicht lange beirren.   (HOM)
   b) bin ich zuerst wie gelähmt.   (LOM)

Wenn ich sehr viele wichtige Dinge zu erledigen habe, dann
   a) überlege ich oft, wo ich anfangen soll.   (LOP)
   b) fällt es mir leicht, einen Plan zu machen und
      ihn auszuführen.   (HOP)

Wenn ich mit einem Nachbarn über ein interessantes Thema rede, dann
   a) entwickelt sich leicht ein ausgedehntes Gespräch.   (HOT)
   b) habe ich bald wieder Lust, etwas anderes zu tun.   (LOT)

Mit dem dichotomen Antwortformat wurde bewusst in Kauf genommen, dass Probanden Unsicherheit empfinden (dies zuweilen auch in Form von Unmut äußern). Das Bedürfnis, diese Fragen „differenziert" zu beantworten, wird frustriert, um die logisch-analytische Verarbeitungsebene zu schwächen und implizite Selbstrepräsentationen zu aktivieren (Kuhl, 1994). Zu beiden Polen des Konstrukts werden Antworten formuliert, weil Konstrukte erst durch die Nennung zweier Gegenpole eindeutig definiert sind (Kelly, 1955). In Tabelle 1 sind Kennwerte für die inneren Konsistenzen und Normierungsdaten separat für Frauen und Männer tabelliert. Wie aus der Tabelle ersichtlich gibt es für HOP und HOT keine nennenswerten Geschlechtsunterschiede, während Handlungsorientierung nach Misserfolg bei Frauen deutlich niedriger ausgeprägt ist als bei Männern (dieser Unterschied ist auch in verschiedenen Untersuchungen signifikant).

Tabelle 1:
Normen (Mittelwert = 100; Standardabweichung = 10) und interne Konsistenzen (Cronbach's α) für Handlungsorientierung nach Misserfolg (HOM), prospektive Handlungsorientierung (HOP) und Handlungsorientierung während der Tätigkeitsausführung (HOT) getrennt für weibliche (W: N = 595) und männliche (M: N = 374) Probanden.

	W_HOM	M_HOM	W_HOP	M_HOP	W_HOT	M_HOT
Cronbach's α	0,80	0,75	0,82	0,81	0,74	0,70
Rohwert						
0	84	80	83	82	64	67
1	87	84	86	85	68	71
2	91	87	89	88	72	75
3	94	91	92	92	76	78
4	98	94	95	95	80	82
5	101	98	98	98	84	86
6	104	101	101	101	88	90
7	108	104	104	104	91	94
8	111	108	107	108	95	98
9	115	111	110	111	99	101
10	118	115	113	114	103	105
11	121	118	116	117	107	109
12	125	122	119	121	111	113

Die theoretisch erwartete Faktorenstruktur wurde in verschiedenen Untersuchungen weitgehend bestätigt (Diefendorff, Hall, Lord & Strean, 2000; Kanfer, Dugdale & McDonald, 1994; Klinger & Murphy, 1994; Kuhl, 1994). Obwohl die Items der drei HAKEMP-Skalen nochmals in zwei Subgruppen je Skala unterteilt werden können (z. B. Handlungsorientierung im Denken versus Handlungsorientierung im Verhalten) und diese Unterteilung z. T. auch in faktorenanalytischen Differenzierungen bestätigt wurde (z. B. Kanfer et al., 1994), ergibt sich meist eine Dreifaktorenlösung (Kuhl, 1994). Entfernt man einige Items (vor allem diejenigen, die Handlungsorientierung im Denken betreffen), so lässt sich die Dreifaktorenlösung auch durch eine konfirmatorische Faktorenanalyse (LISREL) nach mehreren Kriterien bestätigen (Diefendorff et al., 2000). Trotz der von Diefendorff et al. vorgeschlagenen Reduzierung der Itemzahl zur Erzielung größerer Homogenität empfehlen wir für experimentelle Untersuchungen weiterhin die ursprüngliche Version zur Erzielung einer größtmöglichen Bandbreite des Konstrukts.

Vergleichende Validierungsuntersuchungen zeigten, dass die ursprünglichen und die homogenisierten Kurzskalen weitgehend vergleichbare Beziehungen zu verschiedenen Verhaltensvariablen aufweisen. Die Unabhängigkeit der Handlungsorientierung von Intelligenz und anderen kognitiven Variablen (z. B. *cognitive failures*; *negative priming*; Kurzzeitgedächtnis) wurde vielfach nachgewiesen (Diefendorff et al. 2000; Kuhl & Beckmann, 1994a). Diese Hinweise darauf, dass es sich um andere mentale Funktionskomponenten handelt, schließen allerdings nicht aus, dass Handlungsorientierung in Wechselwirkung mit situativen Variablen (z. B. Stressbelastung) kognitive Leistungen beeinflussen kann (z. B. Rosahl et al., 1993). Ähnliches gilt für Korrelationen zwischen den HAKEMP-Skalen und einigen Persönlichkeitsvariablen wie der Skala *stress reaction* aus dem MPQ (Tellegen, 1985) und verschiedenen Maßen für negativen Affekt (Kanfer et al., 1994; Klinger & Murphy, 1994). Trotz der signifikanten Korrelationen zwischen Lageorientierung und Maßen für negativen Affekt einschließlich klassischer Persönlichkeitsdimensionen (z. B. Neurotizismus und Ängstlichkeit) ließ sich mediationsanalytisch nachweisen, dass Lageorientierung nicht mit diesen Konstrukten identisch ist: Während klassische affektive Konstrukte die Sensibilität messen, d. h. wie leicht man in einen positiven bzw. negativen Affekt hineinkommen kann, misst Handlungsorientierung die Regulationsfähigkeit, d. h. wie leicht man aus einem negativen Affekt (oder einer Hemmung positiven Affekts) wieder herauskommen kann.

Dieser Unterschied zwischen Handlungsorientierung und klassischen Persönlichkeitskonstrukten kommt oft sogar darin zum Ausdruck dass sich Handlungs- und Lageorientierung gar nicht in ihrer Eingangsstimmung (z. B. zu Beginn eines Experiments) unterscheiden, wohl aber im Stimmungsverlauf. Brunstein (2001) zeigte, dass dies sogar über Zeitabstände von mehreren Wochen gilt: Während sich zu Anfang des Semesters handlungs- und lageorientierte Studierende nicht in der Stimmung unterschieden, war prospektive Handlungsorientierung (HOP) mit einer Steigerung der positiven Stimmung und Handlungsorientierung nach Misserfolg (HOM) mit einer Reduzierung der negativen Stimmung im Verlauf des Semesters verbunden. Die Konstrukte Extraversion und Neurotizismus waren dagegen mit entsprechenden Unterschieden der positiven bzw. negativen Stimmung zu Anfang des Semesters verbunden, beeinflussten die Stimmungsveränderung jedoch nicht. Handlungs- und Lageorientierung scheinen demnach andere Quellen der positiven bzw. negativen Stimmung zu betreffen als Extraversion und Neurotizismus (Regulationsfähigkeit versus Sensibilität). Das zeigte sich in Brunstein's Untersuchung auch darin, dass Handlungsorientierung (HOM) die Kongruenz zwischen bindungs- (Affiliation) bzw. wirkungsorientierten (Leistung und Macht) impliziten Motiven und entsprechenden Zielen vermittelte, während diese Vermittlungsfunktion für Extraversion und Neurotizismus nicht nachgewiesen werden konnte: Handlungsorientierte fühlten sich mehr an Ziele gebunden, die zu ihren in einem operanten Verfahren gemessenen Motiven passten, während Lageorientierte sich oft an „selbstfremde" Ziele gebunden fühlten. Hier liegt mit großer Wahrscheinlichkeit ein wesentlicher Grund für das erhöhte Erkrankungsrisiko Lageorientierter: Die Diskrepanz zwischen bewussten Zielen und unbewussten Bedürfnissen dürfte einem latenten „Stressgenerator" gleichkommen, so dass Symptome erklärbar werden wie Depression, Ängstlichkeit, psychosomatische Beschwerden und Zwangssymptome, die nachgewiesenermaßen durch Stress verschlimmert werden und bei Lageorientierten gehäuft gefunden wurden (Hautzinger, 1994). In der Tat ist die Veränderung der Lageorientierung in Richtung auf mehr Handlungsorientierung ein potenter Prädiktor für den Therapieerfolg (Hartung & Schulte, 1994).

12.2 Der Kern des Konstrukts der Handlungs- vs. Lageorientierung

Der Begriff der *Lageorientierung* bezeichnet eine ungewollte Fixierung auf eine eingetretene oder vorgestellte Lage (Kuhl, 1981, 1983, 2000a). Wer sich z. B. von den Gedanken und Gefühlen, die in einer misslichen Lage auftreten, auch gut wieder ablösen kann, vielleicht sogar mit mehr Schwung als zuvor, wird die eingetretene Lage durch eigenes Handeln meistern können: Ein *Handlungsorientierter* würde demnach nicht übermäßig lange darüber nachgrübeln, wie es zu dem Missgeschick gekommen ist, wer die Schuld daran habe u. ä., sondern ihm würden bald verschiedene Handlungsmöglichkeiten einfallen: Der eigene Fehler wird identifiziert und korrigiert, so dass sich ein erneuter Versuch lohnt; der Kollege, der sich so unfreundlich verhalten hat, wird ganz offen und direkt angesprochen, ohne die eigene Enttäuschung herunterzuspielen, aber auch ohne sich auf die Lage zu fixieren. Statt sich in Vorwürfen oder Ermahnungen zu verheddern, die ja nur Gegenwehr auslösen, wird gemeinsam geschaut, was man in Zukunft besser machen kann: So sind z. B. unfreundliche Ausbrüche in der Zukunft vermeidbar, wenn man sich an jedem Tag einmal bespricht, um alle möglichen Missverständnisse oder Fehlentwicklungen schon rechtzeitig zu erkennen.

Wie kommt es zu solchen Unterschieden zwischen lage- und handlungsorientierten Personen und wie wirken sie sich aus? Diese Fragen wurden in einer Reihe von Forschungsprojekten untersucht, die über einen Zeitraum von 20 Jahren zunächst am Max-Planck-Institut für psychologische Forschung (München), dann an der Universität Osnabrück durchgeführt wurden. Heute gehen wir davon aus, dass eine übermäßige Lageorientierung auf einer Störung des Gleichgewichts verschiedener Prozesse beruht, die an einer erfolgreichen Selbststeuerung beteiligt sind, also an dem, was wir im Alltag mit Begriffen wie *Willensstärke*, *Durchsetzungskraft*, *Kreativität* und *Flexibilität* verbinden. Die Forschung hat zunächst gezeigt, dass Lageorientierung eigentlich durchaus etwas Positives sein kann: Zögern und Nachdenken kann gegenüber einem allzu schnellen Handeln Vorteile haben, besonders in komplexen Situationen, die zahlreiche, oft gar nicht sofort erkennbare Risiken bergen. Lageorientierte zeigen in der Tat auch bei Alltagsaufgaben, die erheblich komplexer als die üblichen Laboraufgaben sind (z. B. Erarbeitung eines Lehrbuchtexts), gegenüber Handlungsorientierten Leistungsvorteile, wenn sie nicht unter Zeitdruck gesetzt werden und sich überhaupt in einer relativ entspannten Situation befinden

(Menec, 1995). Analoge Befunde ergaben sich auch bei der Ableitung ereigniskorrelierter langsamer EEG-Potenziale: Die mit Leistungseinbußen verbundene Positivierung („Hemmung") über dem präfrontalen Cortex (Rosahl et al., 1993), der eine zentrale Rolle bei der Koordination von Selbststeuerungsfunktionen spielt, kehrt sich in eine Negativierung („Bahnung") um, wenn man für phasische „Entspannung" sorgt z. B. durch die Darbietung positiver Wörter (Kuhl, Schapkin & Gusew, 1994). Lageorientierung bringt erst dann mehr Nachteile als Vorteile, wenn der Wechsel zur Handlungsorientierung auch dann nicht mehr gelingt, wenn es wirklich an der Zeit ist zu handeln.

Praktisch jeder Beruf hat Aufgaben, in denen sogar starke Ausprägungen von Lageorientierung wichtig sind: Wenn der Kopilot eines Jumbos lageorientierter als der Pilot arbeitet, sind zwei wichtige Funktionen der Selbststeuerung gut im Team vertreten: Einerseits muss auf Gefahrenmomente geachtet werden (dafür hat ein lageorientierter Kopilot u. U. mehr Kapazitäten frei als ein handlungsorientierter Pilot), andererseits darf man sich nicht von jedem möglichen Risiko so ablenken lassen, dass man den Überblick über all das verliert, was für ein reibungsloses Handeln wichtig ist (das gilt besonders für den Piloten). Optimal ist es natürlich, wenn man zwischen Handlungs- und Lageorientierung so umschalten kann, wie es die Situation erfordert. Die Natur hat aber auch hier offensichtlich ein altbewährtes Prinzip eingesetzt: Die Überlebenschancen einer Gruppe wachsen, wenn sich verschiedene Gruppenmitglieder unterschiedlich spezialisieren, vorausgesetzt die verschiedenen Experten vertragen sich und hören aufeinander (der Absturz der Birgen-Air vor der Küste der Dominikanischen Republik wird u. a. darauf zurückgeführt, dass der Pilot die Warnungen des Kopiloten nicht ernst genommen hatte).

12.3 Neurobiologische Grundlagen stressabhängiger Funktionen einer zentralen Exekutive

Systeme des Gehirns, welche den *Überblick* über eine Vielzahl für das Handeln relevanter Informationen vermitteln (z. B. der Hippocampus), werden durch Stress und negative Gefühle blockiert (Metcalfe & Jacobs, 1998; Sapolsky, 1992). Dieser Vorgang, der dem klassischen Begriff der Regression entspricht, kann kurzfristig durchaus sinnvoll sein, weil es in riskanten oder schwierigen Situationen darauf ankommt, nicht vorschnell zu handeln, sondern erst einmal nachzudenken, Risiken abzuwägen, einen Plan zu machen oder einfach auf eine günstigere Situation zu warten (Kuhl, 2001). Je nachdem, ob es sich um eine schwierige oder um eine riskante Situation handelt, sind zwei verschiedene Formen der Handlungs- bzw. Lageorientierung zu unterscheiden. Wenn einem eine schwierige Aufgabe bevorsteht, braucht man „prospektive" Handlungsorientierung. Wenn man ein schmerzliches Erlebnis zu verkraften hat, braucht man „retrospektive" (oder „misserfolgsbezogene") Handlungsorientierung. In schwierigen Situation kommt es darauf an, die positive Stimmung, die durch auftretende Schwierigkeiten oder Frustrationen zunächst einmal einen Dämpfer bekommt, wiederherzustellen.

Es gibt Hinweise aus der neuropsychologischen Forschung, dass dieser Vorgang, der *Selbstmotivierung* genannt wird, von einer Steuerzentrale des Gehirns vermittelt wird, die in der Region eines weiteren überblicksstiftenden Systems liegt (rechtsseitige Areale der vorderen Hirnrinde; zusf.: Barkley, 1997; Luria, 1973). In riskanten oder schmerzhaften Situationen kommt es mehr darauf an, aufkommende negative Gefühle in Grenzen zu halten. Bei retrospektiv Handlungsorientierten (HOM) scheint die erwähnte Steuerzentrale u. a. diese Funktion der Herabregulierung von Stress und negativen Gefühlen zu erfüllen. Die vorderen Regionen der rechten Hemisphäre sind besonders aktiv, wenn Menschen sich ein Bild über sich selbst machen (d. h. wenn irgendeine Form von Selbstwahrnehmung aktiviert ist). In Experimenten mit bildgebenden Verfahren war der rechte vordere Teil der Hirnrinde besonders stark durchblutet (also „aktiviert"), wenn die Versuchspersonen bei einer Reihe einzeln gezeigter Adjektive wie „fleißig", „sparsam", „unternehmungslustig" entscheiden sollten, ob sie mit ihrem Selbstbild vereinbar waren oder nicht (Craik et al., 1999). Das Bild, das Menschen von sich selbst entwickeln, muss keineswegs in allen seinen Aspekten bewusst werden (Greenwald & Banaji, 1995). Die Aktivierung eines differenzierten Selbstbildes kann in der Tat deutlich dazu beitragen, dass subjektiv erlebter Stress und seine Folgen wie Depression, Infektanfälligkeit u. a. reduziert wird (Linville, 1987). Zu den erwähnten Befunden, dass die Aktivierung des Selbst rechtsfrontale Regionen des Gehirns beteiligt (Craik et al. 1999) und dass das Selbst an der Bewältigung von aversiven Erfahrungen beteiligt ist (Linville, 1987), passen entwicklungspsychologische Befunde, die zeigen, dass Säuglinge schon in Situationen, in denen sie den Kummer darüber ausdrücken, dass die Mutter den Raum verlässt, eine von der Kopfhaut ableitbare verstärkte Aktivierung über der rechten Seite der vorderen Hirnrinde aufweisen (Fox & Davidson, 1987). Der *Ausdruck* von Emotionen scheint eine der frühesten und rudimentärsten Funktionen des Selbststeuerungssystems zu sein.

Die Erforschung des Prozesses der Selbstberuhigung hat in den letzten Jahren neue Einsichten in die Funktionsweise der Psyche gegeben. Selbstberuhigung führt zu einer Aktivierung der mentalen Funktionen, die einen umfassenden Überblick über eine Situation liefern. So ist die Funktionstüchtigkeit des vielleicht wichtigsten überblicksstiftenden Systems des Gehirns, nämlich des Hippocampus (Sutherland & Rudy, 1989), maßgeblich von der Fähigkeit des Organismus abhängig, die (stressabhängige) Cortisolkonzentration unter einer kritischen Grenze zu halten. Hier liegen die Ursachen für die positive Form von Stress: Solange jemand in der Lage ist, die durch eine riskante oder stressige Situation ausgelösten negativen Gefühle in Grenzen zu halten, wird automatisch das System aktiviert, das so etwas wie kognitiv-emotionale Landkarten vermittelt (d. h. der Hippocampus): Im Alltag kann das bedeuten, dass man viel mehr Einzelheiten mitbekommt, die in einer Situation passieren, es fallen einem mehr kreative Handlungsmöglichkeiten ein und man hat auch einen besseren Überblick über das eigene Innenleben (d. h. man spürt besser, was man will, wozu man momentan in der Lage ist und wozu nicht). Einiges spricht dafür, dass solche überblicksstiftenden Funktionen vom Hippocampus in Zusammenarbeit mit einer Steuerzentrale unterstützt werden, die im präfrontalen Cortex („unter der Stirn") lokalisiert ist. Sie unterstützt Funktionen, die wir mit dem Begriff der Selbststeuerung oder des Willens beschreiben, also ähnliche Funktionen wie die Führung eines Unternehmens oder die Regierung eines Landes: Die zentrale Führung macht sich ein „Bild" aller positiven und negativen Stimmen (Gefühle) zu einem ins Auge gefassten Ziel und entscheidet sich dann für die Verfolgung des Ziels je nach bevorzugtem Führungsstil demokratisch, d. h. nur wenn die meisten Stimmen dafür sind, oder diktatorisch, d. h. auch wenn die meisten Stimmen gegen das ins Auge gefasste Ziel sind. Die diktatorische Form der Selbststeuerung nennen wir *Selbstkontrolle*, während die demokratische mit dem Begriff der *Selbstregulation* bezeichnet wird (Kuhl, 1998).

12.4 Konstruktvalidierung: Bewältigung von Stress und negativen Gefühlen (HOM)

Die experimentelle Validierung des Fragebogens zur Messung der Lageorientierung orientierte sich an den zu erwartenden Folgen der postulierten Hemmung der Steuerzentrale (d. h. selbstregulativer Kompetenzen) unter Stress oder Belastung: Eine wichtige Voraussetzung für die Arbeit der Steuerzentrale ist die Repräsentation dessen, was auf der höchsten Steuerebene „gewollt" wird. Die Hemmung dieser selbstwahrnehmenden Funktion müsste dazu führen, dass Menschen ihre eigenen Präferenzen nicht mehr hinreichend klar spüren (Entfremdung) und sich immer mehr von fremden Wünschen und Erwartungen leiten lassen (Selbstinfiltration), weil sie die eigenen Wünsche und Ziele nicht deutlich genug wahrnehmen. Die Aktivität der Steuerzentrale zeigt sich im EEG in einer deutlichen Aktivierung der Areale der vorderen Hirnrinde. Lageorientierte (LOM) zeigen dann, wenn man ihnen im EEG-Labor Wörter zeigt, die sie an unangenehme Erlebnisse erinnern, eine Positivierung ereigniskorrelierter Gleichspannungspotenziale („langsame Potenziale") über dem präfrontalen Cortex, also dem Gebiet, dem man die Funktionen einer „Steuerzentrale" zuschreibt (Rosahl et al., 1993). Verhaltensbeobachtungen zufolge kann es Lageorientierten unter Stress oft passieren, dass sie den Überblick verlieren. Experimentelle Untersuchungen haben gezeigt, dass Lageorientierte dann größere Schwierigkeiten haben zu spüren, was sie wollen und was nicht. Sie führen eine unattraktive Tätigkeit fort, obwohl man ihnen längst eine attraktivere angeboten hat (Kuhl & Beckmann, 1994b). Sie verwechseln dann oft die Erwartungen und Wünsche anderer mit den eigenen Bedürfnissen und Zielen (Kuhl & Kazén, 1994). Die stressbedingte Hemmung der Steuerzentrale, die den Hemmungspotentialen über der vorderen Hirnrinde entspricht (Rosahl et al., 1993), erklärt auch das nicht abstellbare Grübeln und Nachhaken (Kuhl & Baumann, 2000): Wenn der Steuerzentrale der Überblick über das, was sie *will*, verloren geht, dann kann sie auch nicht mehr *ungewollte* Gedanken und Gefühle identifizieren, um sie in ihrem Entstehen so früh abzufangen, dass das Bewusstsein von ihnen unbehelligt bleibt (wer nicht weiß, was er will, kann nicht bemerken, ob ein Gedanke oder ein Gefühl gegen das verstößt, was er will).

Damit sind die Folgen einer übermäßigen Lageorientierung nicht erschöpft. Wenn akuter oder chronischer Stress, wenn Ängste und Erinnerungen an schmerzhafte Erlebnisse nicht ohne fremde Hilfe (d. h. selbstgesteuert) bewältigt werden können, kommt es zu einem Kommunikationsstau zwischen verschiedenen Systemen. Auf der Grundlage unserer Forschungsergebnisse wurde inzwischen eine neue Persönlichkeitstheorie entwickelt, die die Kommunikation und Interaktion psychischer Systeme beschreibt (PSI-Theorie, d. h. Theorie der Persönlichkeits-System-Interaktionen). Wenn ein System gehemmt ist, d. h. bei hohem Stress das ganzheitlich-intuitive *Erfühlen* der Innen- und Außenwelt, dann kann dieses System seine Informationen nicht mehr gut mit anderen Systemen austauschen: Systeme, die das Verhalten steuern, wissen nicht mehr, was auf der Ebene des ganzheitlichen Überblicks über alle Bedürfnisse, Werte und Überzeugungen (d. h. auf der Ebene des Fühlens) die für das System beste Verhaltensweise ist. Man tut dann z. B. Dinge, die man später bereut. Andererseits kann das ganzheitliche Fühlen auch nicht mehr Informationen aus anderen Systemen (z. B. aus dem Denken oder aus dem verhaltenssteuernden System) integrieren. Dies hat zur Folge, dass das Denken und Handeln nicht mehr vom Fühlen unterstützt wird: Die Person *identifiziert* sich oft gar nicht mehr mit ihren Gedanken, Plänen und Verhaltensweisen (Kuhl & Fuhrmann, 1998).

Das Denken steht unter diesen Umständen nicht mehr in Kontakt mit dem Fühlen und damit nicht mit den tieferen eigenen Bedürfnissen und Werten. Die Person verfolgt dann auf der Ebene des bewussten Denkens Ziele, die nicht zu ihren Bedürfnissen passen, sie wird mehr und mehr steuerbar durch die Wünsche und Erwartungen anderer. Dies geschieht allerdings nur unter Stress oder Belastung: Solange sich Lageorientierte entspannt und wohl fühlen (z. B. bei Induktion einer positiven Stimmung), haben sie einen exzellenten, oft sogar besseren Zugriff auf ihre Selbstwahrnehmung und andere überblicksstiftende Funktionen als Handlungsorientierte, so dass Grübeln und das Verwechseln eigener mit fremden Zielen verschwindet (Baumann & Kuhl, 2001). In den erwähnten EEG-Experimenten reichte es aus, den Versuchspersonen für kurze Zeit Wörter zu zeigen, die sie an positive Erlebnisse erinnerten, um bei Lageorientierten eine Aktivierung (statt Hemmung) der Steuerzentrale zu erreichen

(Leistungssteigerung bei einer komplexen Aufgabe, die mit einer Negativierung der langsamen Potenziale über dem präfrontalen Cortex einherging). Handlungsorientierte zeigen unter allzu freundlichen Bedingungen sogar Hemmungspotentiale über der Steuerzentrale des Stirnhirns und ihre Leistung bei komplexen Aufgaben fällt ab: Sie scheinen ein Minimum an Herausforderung zu brauchen, damit ihre selbstregulatorische Kompetenz überhaupt zum Einsatz kommt (Kuhl & Beckmann, 1994a).

Die wesentliche theoretische Erkenntnis besagt demnach: Da der Zugriff auf das ganzheitliche Einfühlen in eine Situation verloren geht, wenn negative Gefühle nicht bewältigt werden können (durch Selbstberuhigung) oder wenn der Verlust positiver Motivation nicht wieder wettgemacht werden kann (durch Selbstmotivierung), muss jede emotionale Fixierung zu einer Störung der Interaktion aller psychischen Systeme mit dem System führen, das einen Überblick über das Selbst und den Kontext, in dem es sich bewegt, liefert. Gemäß der Modulationsannahmen der PSI-Theorie behindert negativer Affekt den Zugriff auf ganzheitliche Selbstrepräsentationen, während gehemmter positiver Affekt die Umsetzung expliziter Absichten erschwert (Kuhl, 2001).

12.5 Konstruktvalidierung: Bewältigung von Frustration und Energielosigkeit

Für die Kommunikation zwischen psychischen Systemen ist die Frage, wie rasch jemand aus einer affektiven Lage wieder herauskommen kann *(Affektregulation)*, wichtiger als die Frage, wie oft jemand einen bestimmten Affekt erlebt *(affektive Sensibilität)*. Die Häufigkeit eines Affekts hängt stark von der Sensibilität, also dem „Einstiegsgradienten" in den Affekt ab. Handlungsorientierung beruht dagegen auf dem „Ausstiegsgradienten". Der Ausstiegsgradient, der von der affektregulatorischen Kompetenz abhängt, bestimmt die typische Dauer affektiver Lagen. Von der Dauer der Affekte hängt ab, wie lange die durch den betreffenden Affekt aktivierten Systeme zur Verfügung stehen. So wird z. B. angenommen, dass die bei einer auftretenden Schwierigkeit entstehende Hemmung positiven Affekts das analytische Denken und Planen aktiviert, damit das Problem gelöst werden kann, und dass der beim Auffinden einer Lösung auftretende positive Affekt ein (intuitives) System aktiviert, das die Ausführung einer Handlung steuert (1. Basis-Modulationsannahme der PSI-Theorie). Soll nicht irgendeine fremdgesteuerte Handlung, die durch einen äußeren Reiz oder eine Instruktion ausgelöst ist, sondern eine eigene Handlung (aus dem Intentionsgedächtnis) ausgeführt werden, so muss die Verbindung zwischen dem Intentionsgedächtnis und dem intuitiven Verhaltenssteuerungssystem gebahnt werden. Gemäß der 1. Basis-Modulationsannahme erfordert die Herstellung dieser Systemverbindung einen Affekt*wechsel* von gehemmten

Affekt (der das Intentionsgedächtnis aktiviert) zu gebahntem positiven Affekt, damit der Inhalt des Intentionsgedächtnis an das intuitive Ausführungssystem übermittelt werden kann. Wird ein solcher Affektwechsel von außen angeregt (d. h. fremdgesteuert), so steigt in der Tat die Umsetzungsrate bzw. die Umsetzungsgeschwindigkeit der Realisierung schwieriger Absichten (Kuhl & Fuhrmann, 1998; Kuhl & Kazén, 1999; Oettingen, 1997). Verfügt jemand über entsprechende selbstregulatorische Fähigkeiten, d. h. kann er z. B. eine gedämpfte oder gar entmutigte Stimmung auch ohne äußere Hilfe in eine positive Stimmung überführen (hohe Selbstmotivierungskompetenz), so besitzt diese Person „Umsetzungsstärke". Mit dem Begriff der *prospektiven Handlungsorientierung* ist diese affektregulatorische Determinante der Umsetzungsstärke gemeint. Prospektive Lageorientierung ist demnach deshalb mit Zögerlichkeit verbunden, weil sie durch eine geringe Fähigkeit zur Selbstmotivierung gekennzeichnet ist (Kuhl, 1998).

Die Annahme der PSI-Theorie (Kuhl, 2001), dass positiver Affekt nicht nur das jeweils verfügbare („dominante") Verhalten (Gray, 1987), sondern auch schwach ausgebildete, aber bewusst intendierte Verhaltensweisen bahnen kann („Willensbahnung"), ist inzwischen durch eine Reihe von Befunden bestätigt. Wenn man im Stroop-Test, vor schwierigen Farbwörtern (z. B. wenn das Wort „Rot" in grüner Farbe geschrieben ist und man die grüne Farbe benennen soll) ein positives Wort für einige hundert Millisekunden einblendet, verschwindet die sonst so robuste Stroop-Interferenz, d. h. die Verlängerung der Reaktionszeit gegenüber interferenzfreien Farbreizen (Kuhl & Kazén, 1999). Wenn prospektive Lageorientierung (LOP) tatsächlich auf der Schwierigkeit beruht, *selbständig* positiven Affekt herzustellen, sollte diese Variable bei dieser Versuchsanordnung keinen Einfluss haben, da der positive Affekt ja von außen angeregt wird. Auch diese Vorhersage konnte bestätigt werden (Kuhl & Kazén, 1999). Wenn andererseits eine solche Anregung positiven Affekts nicht gegeben wird oder sogar eine Hemmung positiven Affekts durch die Induktion einer unerledigten Absicht veranlasst wird, lässt sich die postulierte Schwierigkeit der Lageorientierten (LOP), explizite Absichten in die Tat umzusetzen experimentell nachweisen: Mit einer einfachen Tracking-Aufgabe konnte Dibbelt (1997) bei prospektiv Lageorientierten verlängerte Reaktionszeiten beim Richtungswechsel nachweisen, wenn dieser Wechsel auf einer eigenen Entscheidung beruhte. Wurde auf dem Bildschirm angezeigt, in welche Richtung der Cursor zu bewegen war, waren Lageorientierte genauso schnell im Richtungswechsel wie Handlungsorientierte. Diese mikroanalytischen Laborbefunde sind erstaunlich direkt auf die makroanalytische Ebene des Alltagshandelns übertragbar: Oettingen (1997) zeigte in einer Vielfalt von Alltagskontexten, dass das Umsetzen schwieriger Absichten (z. B. ein schwieriges Gespräch führen; ein Medikament nehmen; eine Schlankheitsdiät einhalten etc.) nicht durch die Fokussierung auf die zu überwindenden Schwierigkeiten, auch nicht durch einseitiges Fantasieren über die positiven Aspekte der Zielerreichung, sondern durch das Pendeln zwischen Schwierigkeitsfokus und positiven Affekten nachhaltig gesteigert werden konnte. In den erwähnten mikroanalytischen Experimenten kam es darauf an, einerseits das Absichtsgedächtnis zu aktivieren (z. B. durch Betonung der Schwierigkeit, durch Induktion einer unerledigten Absicht oder durch Vorbereitung auf eine Handlungskette, deren Überwachung die Zwischenspeicherung des jeweils übernächsten Handlungsschritts erfordert) und andererseits die Rekrutierung von positivem Affekt zu sichern (z. B. durch Anregung von außen oder durch die mit der Handlungsorientierung verbundene positive Selbstmotivierung).

12.6 Entwicklung von Handlungs- und Lageorientierung

Jeder Mensch ist durch ein für ihn charakteristisches Geflecht von Gefühlen, Bedürfnissen, kognitiven Systemen (z. B. analytisches Denken und ganzheitliches Fühlen) und den vielen Komponenten der Selbststeuerung beschreibbar (d. h. durch eine charakteristische *Systemkonfiguration*). Diese Beschreibung wird durch ein in Osnabrück entwickeltes Testsystem geleistet (Kuhl & Henseler, im Druck), welches das Wechselspiel zwischen an die hundert verschiedenen psychischen Funktionen aufzeigt und Hinweise auf die Bereiche mit den größten individuellen Entwicklungschancen liefert (vgl. www.scan-up.de). Auf verschiedenen Ebenen persönlichkeitsrelevanter Prozesse werden mit diesem neuen Diagnosesystem affektive und motivationale Dispositionen und ihre Umsetzungsformen, kognitive Stile und Funktionskomponenten der Selbststeuerung in einige Makro- und diese dann in zahlreiche Mikrofunktionen „dekomponiert". Handlungs- vs. Lageorientierung kommt im Rahmen der mit diesem System erfassten Funktionen der Persönlichkeit eine zentrale Schlüsselrolle zu: Von der Handlungsorientierung hängt es ab, ob bei Stress (HOM) bzw. Belastung (HOP) der Zugriff auf Selbststeuerungsfunktionen erhalten bleibt, was die Voraussetzung dafür ist, dass gerade in schwierigen Situationen erfolgreiches Handeln möglich bleibt.

Die entscheidende Frage ist nun: Wie *entsteht* eine übermäßige Fixierung auf die Lageorientierung und wie kann man sie rückgängig machen? Die neue Persönlichkeitstheorie bietet auch eine Antwort auf diese Frage, die durch Befunde aus der entwicklungspsychologischen Forschung bestätigt wird. Demnach beginnt das Erlernen der Grundmechanismen der Selbstberuhigung bereits in den ersten Lebenswochen. Entscheidend ist, dass die Mutter ab und zu mit dem Baby in einem so responsiven Kontakt ist, dass sie auf Selbstäußerungen des Kindes prompt und inhaltlich angemessen reagieren kann. „Prompt" heißt, dass die Mutter zuweilen (z. B. während des entspannten Austauschs von Zärtlichkeiten nach der Fütterung und dem Trockenlegen) ihre Reaktionen auf die Selbstäußerungen des Kindes innerhalb eines Zeitfensters von wenigen hundert Millisekunden zeigen muss. „Inhaltlich angemessen" heißt, dass sie wirklich das tun muss, was das Kind im Moment braucht, damit es beruhigt bzw. ermutigt wird. Das kann die prompte Erwiderung eines Blickkontaktes sein oder ein Streicheln, das sogar bei Ratten eine angeborene Beruhigung auslöst: Ratten, die in den ersten Lebenstagen nicht gestreichelt werden, zeigen einen fortschreitenden Abbau des Hippocampus, also eines der Systeme, welche an der Konstruktion von kognitiven Landkarten beteiligt sind, die den Überblick über die Innen- und Außenwelt vermitteln (Meaney et al., 1988).

Das System lernt Selbstberuhigung also nur, wenn es in den kritischen Phasen der Entwicklung hinreichend viele Episoden gegeben hat, in denen die Beruhigung von außen ausgelöst wurde. Die Beruhigung allein reicht aber nicht. Ein Kind, von dem aller Unbill ferngehalten wird, lernt nicht in jedem Fall, sich später ohne äußere Hilfe selbst zu beruhigen und damit in stressreichen Situationen die Systeme zur Verfügung zu haben, die Umsicht, Selbstwahrnehmung und Kreativität vermitteln. Entscheidend ist, dass die Beruhigung durch die Mutter (oder später durch andere Interaktionspartner) „*selbstäußerungskontingent*" erfolgt, d. h. dass die Mutter nur dann beruhigt, wenn das Kind seine Gefühle aktiv äußert. In einem Forschungsprojekt von Heidi Keller (Keller & Gauda, 1987) zeigte sich, dass Kinder, deren Mütter den Blickkontakt ihres 1–3 Monate alten Kindes nicht ab und zu innerhalb des kritischen Zeitfensters von einigen hundert Millisekunden beantwortet hatten, im Kindergartenalter in der Tat Schwierigkeiten hatten, ihre Emotionen zu regulieren. Verhaltensauffälligkeiten, häufige Erkrankungen und schlechtere Integration in die Gruppe der Gleichaltrigen waren die Folgen.

Dass solche Effekte bis ins Erwachsenenalter nachwirken, wird durch Befunde aus unserer Arbeitsgruppe in Osnabrück wahrscheinlich: Handlungsorientierte, die sich von einer eingetretenen emotionalen Lage gut lösen können, zeigten in gerade dem Zeitfenster, in dem Mütter von Kindern mit einer guten Entwicklung der Selbststeuerung reagieren, eine charakteristische Welle im EEG (d. h. eine Positivierung der ereigniskorrelierten Potenziale nach Darbietung eines Stichwortes, das an ein schmerzliches Erlebnis erinnerte). Lageorientierte zeigten diese Welle nicht (Rosahl et al., 1993). Die Vermutung, dass diese Welle durch die selbstgesteuerte Herabregulierung der durch das Wort ausgelösten Gefühle und Gedanken ausgelöst war (d. h. durch Selbstberuhigung), bestätigte sich in einem weiteren Experiment: Wenn Handlungsorientierte aufgefordert wurden, die durch die Wörter ausgelösten Gefühle und Gedanken *nicht* abzustellen, sondern festzuhalten, verschwand diese Welle (Haschke & Kuhl, 1994). Für die Selbstmotivierung, d. h. für die Fähigkeit, sich selbst Mut zu machen, wenn Schwierigkeiten auftauchen, gilt ein analoger Mechanismus: Nur wenn in einer kritischen Entwicklungsphase jemand hinreichend oft da war, der dann, wenn Schwierigkeiten auftauchten, Mut machte, kann diese Motivierung von außen allmählich nach innen verlegt werden. Hier scheint neueren entwicklungspsychologischen Befunden zu Folge die Rolle des Vaters besonders wichtig zu sein, der als Mentor und Motivator beim gemeinsamen Spielen fungiert (Grossmann & Grossmann, 2000). Wenn diese Erfahrung fehlt, fällt es dem

Kind später schwer, schwierige Ziele anzustreben und die damit verbundenen Frustrationen auszuhalten und durch Selbstmotivierung zu kompensieren. Auch hier gilt: Positive Stimmung und eine noch so liebevolle Atmosphäre reichen nicht. Wenn die positive Stimmung einfach da ist, d. h. zu selten zeitlich und inhaltlich auf die Selbstäußerungen des Kindes abgestimmt ist, dann entwickelt sich nicht die Fähigkeit zur Selbstmotivierung. Das Kind wird vielleicht recht sensibel für positive Stimmungen, d. h. es lernt, extravertiert auf alles zuzugehen, was Spaß machen könnte, aber die gute Stimmung und die Tatkraft eines solchen extravertierten Erwachsenen bricht rasch zusammen, wenn sich einmal Schwierigkeiten oder schmerzhafte Erlebnisse einstellen, denen er *nicht* mit dem üblichen Ausweichen in die positive Stimmung und in die Spaßangebote des Alltags entkommen kann. Dieser Fall entspricht einer Dissoziation zwischen Extraversion und Handlungsorientierung: Eine extravertierte Erstreaktion in vielen Situationen ist dann mit einer lageorientierten „Zweitreaktion" verbunden, wenn Schwierigkeiten auftauchen.

12.7 Extraversion versus Handlungsorientierung: Gesellschaftliche Implikationen

Dass viele Menschen den subtilen, aber folgenschweren Unterschied zwischen Extraversion und Handlungsorientierung übersehen, braucht gar nicht verwundern: Der vor kurzem verstorbene Vater der modernen Extraversionsforschung, der in der Nazi-Zeit nach Großbritannien emigrierte Persönlichkeitspsychologe Hans-Jürgen Eysenck, hat sich noch kurz vor seinem Tode vehement dafür ausgesprochen, dass Extraversion und Handlungsorientierung (bzw. Lageorientierung und Neurotizismus) dasselbe sei. Gerade in der heutigen Zeit scheint es besonders schwer zu fallen, zu sehen, dass das Überschütten von Kindern und Erwachsenen mit immer oberflächlicheren Nettigkeiten im alltäglichen Umgang, mit immer spannenderen Nachrichten in den Medien und mit immer neuen materiellen Gütern zwar eine extravertierte Grundhaltung fördert, aber keineswegs ausreicht, um die Fähigkeit zu fördern, Schwierigkeiten auszuhalten und sich auch bei anhaltenden Frustrationen mit wichtigen Zielen auseinanderzusetzen, statt sich immer nur mit den Spaßangeboten der Gesellschaft abzulenken.

Analog führt eine allgemeine, heutzutage sogar gesellschaftlich verordnete Gelassenheit (immer „cool" bleiben) nicht dazu, dass Menschen lernen, schmerzvolle Erfahrungen selbständig zu bewältigen: Nur wenn das beruhigende Verhalten eines Interaktionspartners zeitlich und inhaltlich auf die Selbstäußerungen eines Menschen, der Kummer hat, abgestimmt ist, kann sich die Fähigkeit herausbilden, sich selbständig zu beruhigen, d. h. ohne Hilfe von außen und ohne den Zwang, dem Kummer durch Ablenkung, Drogen o. a. zu entfliehen, statt ihn wirklich zu bewältigen. Die Devise „stay cool" bewirkt eine Pseudostabilität, die zwar die allgemeine Sensibilität für schmerzhafte Erfahrungen senkt, aber immer dann in die psychische (und psychosomatische) Katastrophe umzukippen droht, wenn schmerzhafte Erfahrungen so massiv einwirken, das sie nicht mehr ignoriert werden können. Ich veranschauliche den Unterschied zwischen Stabilität (d. h. niedrigem Neurotizismus) und Handlungsorientierung gern mit einem Begriff aus der Seglersprache: Pauschale Gelassenheit entspricht der Stabilität einer Jolle, während handlungsorientierte Gelassenheit der Stabilität eines Kielbootes entspricht: Das Kielboot neigt sich schon bei geringer Windstärke (es hat eine geringere „Anfangsstabilität" als die breitere Jolle), aber es zeigt seine Stabilität bei starkem Sturm, dem die Jolle ohne fremde Hilfe (Hinauslehnen der Besatzung) nicht mehr standhalten kann.

12.8 Ausblick: Handlungsorientierung und persönliches Wachstum

Unsere Forschung zeigt: Viele Handlungsorientierte reagieren wie das Kielboot bei leichter Brise schon auf geringen „Gegenwind", also schon bei kleinen Anlässen von Beunruhigung, Furcht oder Schmerz sehr sensibel: In der erwähnten EEG-Studie zeigen Handlungsorientierte (HOM), also gerade die Personen, die aversive Erlebnisse gut ausblenden können, paradoxerweise schon rascher als 200 msec nach Konfrontation mit einem stressbesetzten Wort eine *stärkere* Aufmerksamkeitsreaktion als Lageorientierte (Rosahl et al., 1993). Diese rasche Sensibilität scheint sie dazu zu befähigen, die bewusste Beschäftigung mit diesen Erfahrungen zu unterbinden, wenn sie momentan nicht erwünscht ist. Unerwünschte Gedanken und Gefühle lassen sich schlecht unterbinden, wenn sie erst einmal die Bewusstseinsschwelle überschritten haben und bewusst unterdrückt werden müssen (Wegner, 1994). Die Fähigkeit der Handlungsorientierten, unerwünschte Gedanken und Gefühle schon „prä-attentiv" zu unterbinden, befähigt sie andererseits, sich in Situationen, in denen diese möglich ist und keine zu großen Nachteile hat, mit den beunruhigenden Erfahrungen aktiv auseinanderzusetzen und sie durch Kontakt mit ihrem persönlichen Erfahrungswissen tiefgreifend zu bewältigen (ins Selbst zu integrieren). Die Kombination von hoher Sensibilität mit einer ausgeprägten Handlungsorientierung, d. h. mit der Fähigkeit zur Bewältigung von Angst und Schmerz durch aktive Auseinandersetzung ist die beste Voraussetzung für persönliches Wachstum (Rogers, 1961; Kuhl, 2001). Hier liegt offensichtlich eine wesentliche Ursache für den vielfach geäußerten Eindruck, dass es in der heutigen Fun-Gesellschaft immer weniger „Charaktere" gibt, d. h. Menschen mit einem stark entwickelten, an einem umfassenden Wertesystem und zahlreichen Lebenserfahrungen orientierten Selbst – Menschen, die wissen, was Sie wollen, die ein unabhängiges Urteil haben und den Mut, sich für ihre Werte und Ziele aktiv einzusetzen. Charakter und Urteilskraft bildet sich gemäß der PSI-Theorie durch *emotionale Dialektik* (Kuhl, 2001, S. 511 ff.), d. h. durch den ständigen Wechsel zwischen sensibel wahrgenommenen Ängsten und schmerzhaften Erfahrungen und der persönlichen Auseinandersetzung mit diesen Erfahrungen, die schließlich zu einer Integration des Erfahrenen in das System führt, das den Überblick über die bisherigen Lebenserfahrungen und aller daraus gewonnen Erkenntnisse liefert (d. h. dem integrierten Selbst mit seinem ganzheitlichen Fühlen).

Kann die Fähigkeit zur Selbstregulation von Affekten auch später entwickelt werden? Vieles spricht dafür, dass es im Leben immer wieder sensible Phasen gibt, in denen die prompte und inhaltlich angemessene Beantwortung von Selbstäußerungen die beschriebenen Auswirkungen hat. Im Alltag beschreiben wir solche Erfahrungen mit Begriffen wie „sich von jemandem verstanden fühlen" bzw. „auf jemanden eingehen". In der Psychologie wird der Begriff *Widerspiegelung* gebraucht (z. B. wenn der Vater das „Guck mal, was ich schon kann" seines Kindes mit einem liebevollen Lächeln beantwortet oder wenn später der Chef auf Selbstäußerungen seiner Mitarbeiter – die natürlich nur in einem offenen Betriebsklima möglich sind – mit einer freundlichen Geste antwortet, so dass sich die Mitarbeiter „wahrgenommen" und „ernst genommen" fühlen). Lageorientierte sind emotional abhängig, d. h. sie sind – wie eine weitere Untersuchung in unserer Arbeitsgruppe gezeigt hat – in Partnerschaft und Beruf immer wieder auf die tröstenden bzw. ermutigenden Reaktionen der anderen angewiesen, was die Partnerschaft u. U. durch „symbiotisches" Verhalten belasten kann (Gunsch, 1996). Dagegen führt die wachsende Fähigkeit zur emotionalen Autonomie in einem Klima, in dem Menschen sich wahrgenommen fühlen, dazu, dass sie immer mehr lernen, gerade in schwierigen oder beunruhigenden Lebenslagen, auf die psychischen Systeme zugreifen zu können, die einen ganzheitlichen Überblick über die Innen- und Außenwelt liefern. Handlungsorientierte haben nicht nur ein besseres Bild von ihren eigenen Präferenzen (Kuhl & Beckmann, 1994b), sondern können auch die Vorlieben ihres Lebenspartners besser einschätzen (Gunsch, 1996). Das Verhalten wird für andere nachvollziehbarer, weil es von einem integrierten inneren Überblick gesteuert wird, statt von den isolierten Einzelempfindungen und Augenblicksneigungen, die das lageorientierte Bewusstsein dominieren. Das Erleben und Handeln folgt dann mehr einem Sowohl-als-auch-Prinzip statt dem Entweder-oder-Prinzip: Die ganzheitlich arbeitenden Systeme, die durch die Bewältigung von Angst und Schmerz aktiviert werden, sind in der Lage, gegensätzliche Gefühle und Überzeugungen auf einer tieferen Ebene zu verbinden: Menschen sind nicht Freund oder Feind, ich muss nicht immer gut drauf sein (weil ich sonst ein notorischer Trübsalbläser wäre), andere Menschen sind nicht entweder Ausnutzer oder Wohltäter, sondern positive *und* negative Seiten bilden das Gesamtbild jedes einzelnen Menschen, es gibt ein ausgewogenes Verhältnis von Geben und Nehmen („Reziprozität").

Gereifte Menschen erkennt man daran, dass sie in jedem ihrer Urteile immer wieder Positives und Negatives zulassen und zu einem Ganzen verbinden (Showers & Kling, 1996), und dass sie darauf achten, die Beziehungen zu anderen Menschen auf einer persönlichen Ebene zu gestalten (Gilligan, 1997). Unsere Hypothese, dass die Persönlichkeitsentwicklung am besten funktioniert, wenn sich hohe Sensibilität mit hoher Selbstregulation verbindet, wurde kürzlich in einer Dissertation (Scheffer, im Druck) bestätigt: Menschen, die nach der alten Nomenklatur als hoch „neurotisch" einzustufen wären, zeigten das erwähnte Merkmal für eine hohe Integrationsstufe der persönlichen Entwicklung: Sie erreichten häufiger als die „stabilen" Personen die höchste Stufe der Gestaltung *persönlicher* Beziehungen (*intimacy* = Begegnung), allerdings nur, wenn diese sensiblen Personen gleichzeitig das Sowohl-als-Auch Denken hatten, das für Handlungsorientierte charakteristisch ist (gemessen an der Wahrnehmung von Reziprozität, d. h. von einem ausgewogenen Gleichgewicht von Geben und Nehmen in ihrem Leben).

12.9 Literatur

Barkley, R. A. (1997). Behavioral inhibition, sustained attention, and executive functions: Constructing a unifying theory of ADHD. *Psychological Bulletin,* 121, 65–94.

Baumann, N. & Kuhl, J. (2001). Losing self-access: The influence of mood and personality upon self-infiltration of social expectations. Submitted manuscript. University of Osnabrück.

Brunstein, J. C. (2001). Persönliche Ziele und Handlungs- versus Lageorientierung: Wer bindet sich an realistische und bedürfniskongruente Ziele? *Zeitschrift für Differentielle und Diagnostische Psychologie,* 22, 1–12.

Craik, F. I. M., Moroz, T. M., Moscovitch, M., Stuss, D. T., Winocur, G., Tulving, E. & Kapur, S. (1999). In search of the self: A positron emission tomography study. Psychological Science, 10, 26–34.

Dibbelt, S. (1997). *Wechseln und Beibehalten von Zielen als Subfunktionen der Handlungskontrolle.* Dissertation. Universität Osnabrück.

Diefendorff, J. M., Hall, R. J., Lord, R. G. & Strean, M. L. (2000). Action-state orientation: Construct validity of a revised measure and its relationship to work-related variables. *Journal of Applied Psychology,* 85, 250–263.

Fox, N. & Davidson, R. A. (1987). Electroencephalogram asymmetry in response to the approach of a stranger and maternal separation in 10-month-old infants. *Developmental Psychology,* 23, 233–240.

Gilligan, S. G. (1997). *The courage to love: Principles and practices of self-relations psychotherapy.* New York: Norton.

Goschke, T. & Kuhl, J. (1993). The representation of intentions: Persisting activation in memory. *Journal of Experimental Psychology: Learning, Memory, and Cognition,* 19, 1211–1226.

Gray, J. A. (1987). *The psychology of fear and stress.* (2nd ed.). Cambridge: University Press.

Greenwald, A. G. & Banaji, M. R. (1995). Implicit social cognition: Attitudes, self-esteem, and stereotypes. *Psychological Review,* 102, 4–27.

Grossmann, K. & Grossmann, K. E. (2000). Parents and toddlers at play: Evidence for separate qualitative functioning of the play and the attachment system. In P. M. Crittenden & A. H. Claussen (Hrsg.), *The organization of attachment relationships: Maturation, culture, and context* (pp. 13–37). New York: Cambridge University Press.

Gunsch, D. (1996). *Selbstbestimmung und Persönlichkeitsstile in Zweierbeziehungen.* Unveröffentlichte Diplomarbeit. Universität Osnabrück.

Hartung, J. & Schulte, D. (1994). Action and state orientation during therapy of phobic disorders. In J. Kuhl & J. Beckmann (Hrsg.), *Volition and personality: Action versus state orientation* (S. 217–231). Seattle, Göttingen: Hogrefe.

Haschke, R. & Kuhl, J. (1994). Action control and slow potential shifts. *Proceedings of the 41st International Congress of Aviation and Space Medicine.* Bologna: Monduzzi.

Hautzinger, M. (1994). Action control in the context of psychopathological disorders. In J. Kuhl & J. Beckmann (Hrsg.), *Volition and Personality: Action versus state orientation* (S. 209–215). Seattle: Hogrefe.

Kanfer, R., Dugdale, B. & McDonald, B. (1994). Empirical findings on the action control scale in the context of complex skill acquisition. In J. Kuhl & J. Beckmann (Hrsg.), *Action control: From cognition to behavior* (S. 62–77). Göttingen/Toronto: Hogrefe.

Keller, H. & Gauda, G. (1987). Eye contact in the first months of life and its developmental consequences. In H. Rauh, H. C. Steinhausen (Hrsg.), Psychobiology and early development. *Advances in psychology, 46* (S. 129–143). Amsterdam: North-Holland.

Kelly, G. A. (1955). *The psychology of personal constructs.* New York: Norton.

Klinger, E. & Murphy, M. D. (1994). Action orientation and personality: Some evidence on the construct validity of the Action Control Scale. In J. Kuhl & J. Beckmann (Hrsg.), *Action control: From cognition to behavior* (S. 80–92). Göttingen/Toronto: Hogrefe.

Kuhl, J. (1981). Motivational and functional helplessness: The moderating effect of state vs. action orientation. *Journal of Personality and Social Psychology, 40,* 155–170.

Kuhl, J. (1983). *Motivation, Konflikt und Handlungskontrolle.* Heidelberg: Springer-Verlag.

Kuhl, J. (1994). Action versus state orientation: Psychometric properties of the Action-Control-Scale (ACS-90). In J. Kuhl & J. Beckmann (Hrsg.), *Action control: From cognition to behavior* (S. 47–59). Göttingen/Toronto: Hogrefe.

Kuhl, J. (1998). Wille und Persönlichkeit: Von der Funktionsanalyse zur Aktivierungsdynamik psychischer Systeme. *Psychologische Rundschau, 49,* 61–77.

Kuhl, J. (2000a). A functional-design approach to motivation and volition: The dynamics of personality systems interactions. In M. Boekaerts, P. R. Pintrich & M. Zeidner (Hrsg.), *Self-regulation: Directions and challenges for future research* (S. 111–169). New York: Academic Press.

Kuhl, J. (2000b). The volitional basis of Personality Systems Interaction Theory: Applications in learning and treatment contexts. *International Journal of Educational Research, 33,* 665–703.

Kuhl, J. (2000c). Testgestützte Therapiegestaltung und Evaluation: Soziale Motive, affektiv-kognitive Stile und Selbststeuerungsfunktionen. In J. H. Mauthe (Hrsg.), *Affekt und Kognition* (S. 72–95). Sternenfels: Verlag Wissenschaft und Praxis.

Kuhl, J. (2001). *Motivation und Persönlichkeit: Interaktionen psychischer Systeme.* Göttingen: Hogrefe.

Kuhl, J. & Baumann, N. (2000). Self-regulation and rumination: Negative affect and impaired self-accessibility. In W. Perrig & A. Grob (Hrsg.), *Control of human behavior mental processes and consciousness: Essays in honor of the 60th birthday of August Flammer* (S. 283–305). New York: Wiley.

Kuhl, J. & Beckmann, J. (Hrsg.) (1994a). *Volition and personality: Action versus state orientation.* Göttingen/Seattle: Hogrefe.

Kuhl, J. & Beckmann, J. (1994b). Alienation: Ignoring one's preferences. In J. Kuhl & J. Beckmann (Hrsg.), *Volition and personality: Action versus state orientation.* Göttingen/Seattle: Hogrefe.

Kuhl, J. & Fuhrmann, A. (1998). Decomposing self-regulation and self-control: The volitional components checklist. In J. Heckhausen & C. Dweck (Hrsg.), *Life span perspectives on motivation and control* (S. 15–49). Mahwah, NJ: Erlbaum.

Kuhl, J. & Henseler, W. (im Druck). Entwicklungsorientiertes Scanning (EOS). In J. Erpenbeck & L. von Rosenstiel (Hrsg.), *Handbuch der Kompetenzmessung.* Heidelberg: Spektrum.

Kuhl, J. & Kazén, M. (1994). Self-discrimination and memory: State orientation and false self-ascription of assigned activities. *Journal of Personality and Social Psychology, 66,* 1103–115.

Kuhl, J. & Kazén, M. (1999). Volitional facilitation of difficult intentions: Joint activation of intention memory and positive affect removes stroop interference. *Journal of Experimental Psychology: General, 128,* 382–399.

Kuhl, J., Schapkin, S. & Gusew, A. (1994). *A theory of volitional inhibition and an empirical test: Individual differences in the topography of ERP patterns for action- versus state-oriented processing of emotional words.* Unveröffentlichtes Manuskript. Universität Osnabrück.

Linville, P. W. (1987). Self-complexity as a cognitive buffer against stress-related illness and depression. *Journal of Personality and Social Psychology, 52,* 663–676.

Luria, A. (1973/1992). *Das Gehirn in Aktion.* Hamburg: Rowohlt.

Meaney, M., Aitken, D., van Berkel, C., Bhatnagar, S. & Sapolsky, R. (1988). Effect of neonatal handling on age-related impairments associated with the hippocampus. *Science, 239,* 766–768.

Menec, V. H. (1995). *Volition and motivation: The effect of distracting learning conditions on students differing in action control and perceived control.* Dissertation, University of Manitoba.

Metcalfe, J. & Jacobs, W. J. (1998). Emotional memory: The effects of stress on „cool" and „hot" memory systems. *The Psychology of Learning and Motivation, 38,* 187–222.

Oettingen, G. (1997). *Psychologie des Zukunftsdenkens.* Göttingen: Hogrefe.

Rogers, C. R. (1961). *On becoming a person: A therapist's view of psychotherapy.* Boston: Houghton Mifflin.

Rosahl, S. K., Tennigkeit, M., Kuhl, J. & Haschke, R. (1993). Handlungskontrolle und langsame Hirnpotentiale: Untersuchungen zum Einfluß subjektiv kritischer Wörter (Erste Ergebnisse). *Zeitschrift für Medizinische Psychologie, 2,* 1–8.

Sapolsky, R. M. (1992). *Stress, the aging brain, and the mechanism of neuron death.* Cambridge, MA: MIT Press.

Scheffer, D. (im Druck). *Implizite Motive: Entwicklungskontexte und modulierende Mechanismen.* Göttingen: Hogrefe.

Showers, C. J. & Kling, K. C. (1996). Organization of self-knowledge: Implications for recovery from sad mood. *Journal of Personality and Social Psychology, 70,* 578–590.

Sutherland, R. W. & Rudy, J. W. (1989). Configurational association theory: The role of hippocampal formation in learning, memory and amnesia. *Psychobiology, 17,* 129–144.

Tellegen, A. (1985). Structures of mood and personality and their relevance to assessing anxiety: With an emphasis on self-report. In A. H. Tuma & J. Maser (Hrsg.), *Anxiety and anxiety disorders* (S. 681–706). Hillsdale, NJ: Erlbaum.

Wegner, D. M. (1994). Ironic processes of mental control. *Journal of Personality and Social Psychology, 101,* 34–52.

Kapitel 13

Das Selbststeuerungsinventar: Dekomponierung volitionaler Funktionen

Stephanie M. Fröhlich und Julius Kuhl

Zusammenfassung

In diesem Kapitel werden die theoretischen, psychometrischen und empirischen Grundlagen des „Selbstbeurteilungs-Inventars" zur Messung von 32 Funktionskomponenten der Selbststeuerung vorgestellt. Der Begriff der Selbststeuerung wird zunächst als die Fähigkeit definiert, Entscheidungen zu treffen, eigene Ziele zu bilden und sie gegen innere und äußere Widerstände umzusetzen. Dabei stehen die Prozesshaftigkeit und Dynamik im Vordergrund. Selbststeuerung wird im Weiteren als Kompetenz verstanden, die sich in die Komponenten der Selbstregulation, Selbstkontrolle, Selbstbahnung bei Bedrohung und Willensbahnung bei Belastung dekomponieren lässt. Optimale Selbststeuerung beinhaltet demzufolge das situations- und zielangemessene Wechselnkönnen zwischen den Komponenten. Die theoretischen Annahmen zur Selbststeuerung resultieren aus der Persönlichkeits-System-Interaktionen-Theorie von Kuhl, die ebenfalls kurz vorgestellt wird. Daraus werden die wichtigsten Erkenntnisse zur Entwicklung und Förderung der Selbststeuerung abgeleitet. Im psychometrischen Teil folgen dann neben Angaben zur Reliabilität empirische Befunde zur Validität. Untersucht wurde der Zusammenhang der Selbststeuerung mit u. a. der Anzahl tatsächlich umgesetzter Absichten, einem Selbstregulationstest für Kinder, Belastung und Erholung im Leistungssport, Alienation, Alkoholabhängigkeit, klinischen Störungsbildern und Problemlösen. Abschließend werden Beispiele und Hinweise für die praktische Anwendung, z. B. zur Individualdiagnostik in Psychotherapie, Schul- und Sportpsychologie sowie im arbeits- und organisationspsychologischen Kontext gegeben.

In diesem Kapitel beschreiben wir theoretische, psychometrische und empirische Grundlagen eines umfangreichen Selbstbeurteilungsinventars zur Messung von 32 Funktionskomponenten der Selbststeuerung (Kuhl & Fuhrmann, 1998). Dieses Inventar gibt es in einem Fragebogenformat, in dem Probanden den Grad der Zustimmung zu 160 selbststeuerungsrelevanten Aussagen auf einer 4-stufigen Likert-Skala angeben, und in einem mit derselben Likert-Skala verknüpften Checklistenformat, in dem die Aussagen nicht in ganzen Sätzen, sondern in erweiterten Infinitiven formuliert sind. Es gibt eine Langversion (SSI-L) mit 5 Items pro Skala, eine extralange Version mit 10 Items pro Skala (SSI-XL) und eine Kurzversion (SSI-K). Die Bearbeitungszeit beträgt bei der Kurzversion ca. 15 Minuten, bei der Langversion ca. 35 Minuten und bei der extralangen Version ca. 60 Minuten. Das Verfahren ist einsetzbar ab 14 Jahren.

Was ist mit dem Begriff der Selbststeuerung gemeint, wann ist Selbststeuerung wichtig und wie kann man sie messen? Alltagssprachlich versteht man unter dem Begriff *Selbststeuerung* bewusstes Handeln aus eigener Verantwortung und Veranlassung, im technischen Bereich bezeichnet der Begriff der Selbststeuerung u. a. die Steuerung mit Hilfe einer Automatik, z. B. um einen vorgewählten Kurs zu halten (vgl.: www.wissen.de). Die hier angesprochenen Komponenten finden sich auch in der Theorie zur Selbststeuerung, die in diesem Beitrag zusammengefasst wird. Selbststeuerung kann als psychologischer Begriff in einer ersten Annäherung als die Fähigkeit definiert werden, Entscheidungen zu treffen, eigene Ziele zu bilden und sie gegen innere und äußere Widerstände umzusetzen. (Kuhl 1983, 1998, 2001). Wir versuchen in diesem Kapitel eine Sichtweise der Selbststeuerung zu vermitteln, die sich stark an der Prozesshaftigkeit und Dynamik dieser Fähigkeit orientiert. Der Begriff der Selbststeuerung bezeichnet nicht einen unveränderlichen Zustand, der bei allen Personen und unter allen Bedingungen gleich ist (etwa im Sinne des persönlichkeitspsychologischen Eigenschaftsbegriffs), sondern eine Kompetenz, die sich aus Unterfunktionen zusammensetzt, deren effizienter Einsatz von zusätzlichen Bedingungen, einschließlich situativer Faktoren, abhängt und die bei verschiedenen Personen durch unterschiedliche Bündel von Unterfunktionen charakterisiert sein kann. Das bedeutet, dass wir keine über verschiedene Personengruppen und verschiedene Anforderungsbedingungen hinweg konstante Faktorenstruktur von Selbststeuerungsfunktionen erwarten: Die verschiedenen Funktionen können sich bei verschiedenen Personen und in unterschiedlichen Situationen zu unterschiedlichen Zweckbündnissen konfigurieren (Kuhl, 2001). Trotzdem sind aus theoretischen Gründen bestimmte Funktionsbündel („Koalitionen von Selbststeuerungsfunktionen") wahrscheinlicher als andere. Wegen der jederzeit möglichen Abweichungen von den typischen Funktionsbündnissen ist die „Faktorenstruktur" des SSI nicht a priori festgelegt, sondern sollte für den jeweils gültigen Kontext jeweils empirisch bestimmt werden.

Die Fähigkeit, Entscheidungen zu treffen, eigene Ziele zu bilden und sie auch gegen innere und äußere Widerstände umzusetzen, beinhaltet zum einen, dass bei der Zielbildung möglichst viele persönliche Bedürfnisse, Gefühle, Werte und Interessen berücksichtigt werden (vgl. Deci & Ryan, 1991). Selbststeuerung schließt also die Fähigkeit ein, Ziele zu formulieren, mit denen man sich identifizieren kann. Darüber hinaus ist die Fähigkeit gemeint, sich bewusst mit Schwierigkeiten und Hindernissen auseinander zu setzen und seine Ziele dabei nicht aufzugeben, sondern umzusetzen. Damit ist der allgemeine Begriff der Selbststeuerung bereits in zwei Komponenten aufgeteilt: Die erste Komponente, d. h. das Bilden und Aufrechterhalten selbstkongruenter Ziele, nennen wir Selbstregulation und die zweite Komponente – die durch explizite Absichten vermittelte Zielverfolgung – wird weitgehend durch Prozesse der Selbstkontrolle beschrieben. Die Bildung selbstkongruenter Ziele lässt sich mit einer Art „innerer Demokratie" vergleichen (bei der Zielbildung werden möglichst viele innere „Stimmen" berücksichtigt), während die Zielverfolgung durch Selbstkontrolle in dem Sinne „diktatorische" Züge bekommen kann, als selbstkontrollierte Zielverfolgung eine vorübergehende Unterdrückung der Selbstwahrnehmung mit einschließt, um die Zielverfolgung nicht durch ablenkende Erwägungen oder Neigungen zu gefährden (Kuhl, 1996).

Alle Funktionen, die auf der Grundlage der Selbstwahrnehmung, d. h. einer impliziten (nicht-bewussten), ganzheitlichen Repräsentation bedürfnisrelevanter Erfahrungen, operieren, sind ebenfalls Teil der selbstregulativen Komponente. Dazu zählen wir z. B. die Selbstregulation der Motivation (z. B. wenn sie bei einer langweiligen oder schwierigen Aufgabe absinkt), der Stimmung (z. B. Selbstberuhigung bei Konfrontation mit aversiven Ereignissen) und die Selbstregulation der Aufmerksamkeit (z. B. Konzentration auf Zielrelevantes). Die Vorstellung, dass der „Wille" auch unbewusst operieren kann, ist in der modernen Willenspsychologie noch neu. Die Schwierigkeit beruht darauf, dass man sich noch nicht von der Alltagsvorstellung gelöst hat, dass unbewusste Prozesse nicht nur primitive Triebregungen und allenfalls automatisierte Formen der Informationsverarbeitung, sondern auch die höchsten Formen der menschlichen Intelligenz mit einschließen. Die zahlreichen Hinweise auf unbewusste Formen der Selbststeuerung aus der experimentellen und aus der neurobiologischen Erforschung der Selbststeuerung sind für die Praxis von großer Bedeutung: Erstmals in der Geschichte der Willensforschung werden die Komponenten der Selbststeuerung theoretisch fassbar und empirisch messbar, die ihre Arbeit im Hintergrund des Bewusstseins verrichten (Greenwald & Banaji, 1995; Kuhl, 1994, 2001). Auch wenn die Entdeckung des unbewussten Willens unseren bewusstseinszentrierten und kontrollorientierten Narzissmus (Langer, 1975) verletzen mag, so macht sie andererseits verständlich, wie das Bewusstsein von dem immensen Aufwand entlastet wird, den jede komplexe Entscheidung erfordert: Wenn eine Entscheidung wirklich all die vielen Bedürfnisse, Ziele und Werte (eigene und fremde) und alle vorstellbaren Konsequenzen verschiedener Handlungsoptionen berücksichtigen soll und wenn das auch noch in den im Alltag meist sehr knapp bemessenen Zeitfenstern passieren soll, dann wäre das Bewusstsein völlig überfordert, wenn wir jedes zu berücksichtigende Element in Echtzeit bewusst beachten müssten.

Wenn das Kriterium der bewussten Intentionalität nicht mehr als Kernstück des Willensbegriffs fungiert, steigen die Anforderungen an die theoretische und empirische Abgrenzung volitional vermittelter Prozesse von nicht volitional vermittelten Prozessen. Theoretisch ist das entscheidende Funktionsmerkmal für eine Beteiligung der Selbststeuerung an der Entstehung des Erlebens und Verhaltens das Zentralitätskriterium: Die Funktion der Selbststeuerung gleicht der einer „Steuerzentrale", die Informationen aus allen erlebnis- und verhaltensrelevanten Bereichen der Psyche integriert (z. B. über die vorhandene und die notwendige Aktivierung, über die vorhandene und die notwendige emotionale Unterstützung eines Ziels, über verschiedene Wege der Zielerreichung, über relevante frühere Erfahrungen etc.) und die auf alle relevanten Funktionsbereiche Einfluss nimmt, um die Bildung und Umsetzung zentral repräsentierter Ziele zu gewährleisten. Empirisch fruchtbar wird ein so konzipierter Selbststeuerungsbegriff erst, wenn er in verschiedene messbare Unterfunktionen dekomponiert wird. Für jede dieser Unterfunktionen gibt es im Selbststeuerungsinventar (SSI) mindestens eine Skala. Im Folgenden wird ein Überblick und eine kurze theoretische Erläuterung der einzelnen Skalen gegeben. Die Skalen des SSI sind in Tabelle 1, S. 237 zusammengestellt.

Selbstregulation

Die wichtigsten Komponenten der Selbstregulation sind:
– *Selbstbestimmung:* Wirklich hinter den Zielen stehen, die man verfolgt, und sich mit dem identifizieren, was man tut („Selbstkongruenz"). Ziele und Bedürfnisse entsprechen sich in diesem Fall.
– *Positive Selbstmotivierung:* Wie gut gelingt es der Person, auch unangenehmen Dingen etwas Positives abzugewinnen, sich bei Laune zu halten und sich selbst zu motivieren.
– *Stimmungsmanagement:* Allgemeine Fähigkeit, sich in die „richtige" Stimmung zu versetzen, sei es sich aufzuheitern oder eine negative Stimmung abzubauen.
– *Selbstaktivierung:* Aktiviert, wach und in Form sein, wenn Schwierigkeiten und Herausforderungen anstehen.
– *Selbstberuhigung*: Die Fähigkeit, innere Anspannung und Nervosität gezielt abbauen zu können.
– *Entscheidungsfähigkeit:* Entscheidungen zügig fällen, mit dem Gefühl, das Richtige zu tun.
– *Automatische zielbezogene Aufmerksamkeit*: Konzentration, die sich von selbst einstellt, das Aufgehen in einer Tätigkeit und Im-Auge-Behalten eines Zieles auch dann, wenn sich der Prozess als langwierig und/oder schwierig erweist.
– *Zielbezogene bewusste Aufmerksamkeit:* Sich gezielt auf das konzentrieren können, was wichtig ist.

Die beiden Aufmerksamkeitsfunktionen sind in einigen Untersuchungen nicht nur mit der Selbstregulation, sondern z. T. auch mit der weiter unten dargestellten Willenshemmung verbunden: Aus Gründen, die wir noch näher erläutern werden, kann die Hemmung handlungsbahnenden (positiven) Affekts („Willenshemmung") die Fokussierung der Aufmerksamkeit auf aktuelle Ziele und Intentionen erleichtern. Dies ist ein Beispiel für die erwähnte Abweichung von der Annahme fester Faktorenstrukturen in der eigenschaftsorientierten Persönlichkeitspsychologie: Grundsätzlich ist bei allen hier dargestellten (Korrelations-)Bündeln von Selbststeuerungsfunktionen zu beachten, dass sie häufig anzutreffende, aber keineswegs zwingende Verbindungen („Koalitionen") von Funktionen beschreiben: In besonderen Situationen (z. B. in Prüfungssituationen) bzw. in spezifischen Stichproben (z. B. bei Patienten) können sich andere als die häufig anzutreffenden Koalitionen der acht genannten Komponenten der Selbstregulation ergeben.[1]

Selbstkontrolle

Die zweite Form der Selbststeuerung, die *Selbstkontrolle* genannt wird, ist durch die (zeitweilige) Unterdrückung vieler selbstrelevanter Bedürfnisse, Gefühle und Interessen charakterisiert, um ein konkretes, aktives Ziel auch gegen mögliche attraktivere Alternativziele durchsetzen zu können (Kuhl, 1996). Auch hierbei werden verschiedene Unterfunktionen unterschieden (Tabelle 1). Die ersten drei der im Folgenden aufgelisteten Funktionen der Selbstkontrolle beschreiben kognitive Prozesse, die für die Fokussierung auf ein konkretes Ziel und die Planung konkreter Handlungsschritte relevant sind; die weiteren Funktionen beschreiben Komponenten der Selbstkontrolle, die durch affektive Prozesse vermittelt werden (negativer Affekt kann aus noch zu erläuternden Gründen die Abschirmung von Zielen gerade dadurch erleichtern, dass konkurrierende Bedürfnisse und Handlungsalternativen aus dem Selbst zeitweilig unterdrückt werden):

Kognitive Selbstkontrolle
- *Planungsfähigkeit:* Sich einen Plan machen, bevor man mit einer Sache anfängt; konkrete Einzelschritte festlegen.
- *Vergesslichkeitsvorbeugung:* Erinnerungshilfen nutzen, um Beabsichtigtes nicht zu vergessen.
- *Zielvergegenwärtigung:* Noch nicht erledigte oder geplante Aktivitäten sich immer wieder bewusst machen; Angst, etwas Vorgenommenes zu vergessen.

Affektive Selbstkontrolle
- *Misserfolgsbewältigung:* Sich von Fehlern nicht lähmen lassen, sondern das Ziel im Auge behalten und es erneut versuchen; aus Fehlern lernen.
- *Selbstdisziplin:* Sich selbst unter Druck setzen, sich zusammenreißen und zwingen, bei der Sache zu bleiben.
- *Ängstliche Selbstmotivierung:* Man motiviert sich, indem man sich die negativen Konsequenzen der Handlungsunterlassung vorstellt.

Die beiden zuletzt genannten Funktionskomponenten sind oft auch mit einer anderen Gruppe von Funktionen verknüpft, die durch eine Hemmung des Selbstsys-

---

[1] Zielbezogene Aufmerksamkeit kann durch die implizite Selbstwahrnehmung und durch die Selbstmotivierung (also aus dem impliziten Selbstsystem heraus) aktiviert werden oder aber durch das Gedächtnis für explizite Absichten (Intentionsgedächtnis), das seinerseits durch die erwähnte Willenshemmung aktiviert werden kann. Der erstere Fall ist daran erkennbar, dass die Skala „zielbezogene Aufmerksamkeit" auf einem Faktor lädt, der durch die erwähnten Komponenten der Selbstregulation geprägt ist, der zweite Fall daran, dass diese Skala auch (oder nur) mit Funktionen zusammengeht, die an der Willenshemmung beteiligt sind (s. Tab. 1, S. 237).

tems unter Stress (s. u.: misserfolgsbezogene Lageorientierung) charakterisiert sind („Selbsthemmung" kann aufgrund der mit ihr verbundenen geringen Selbstwahrnehmung die Selbstkontrolle, d. h. die rigorose Verfolgung eines Ziels, durchaus erleichtern). Auch hier zeigt sich – ähnlich wie bei der erwähnten wechselnden Zuordnung der zielbezogenen Aufmerksamkeit zu unterschiedlichen Funktionsgruppen –, dass man auf der Grundlage einer dynamischen Theorie keine völlig festgelegte Funktionsaggregate erwarten kann: Jede Funktion kann prinzipiell je nach individueller Persönlichkeit und je nach den situativen Anforderungen mit ganz unterschiedlichen Funktionen koalieren. Das schließt nicht aus, dass bestimmte Funktionsverbindungen innerhalb bestimmter Stichproben häufiger sind als andere. Eine hohe faktorenanalytische Stabilität der Funktionsverbindungen im Sinne einer aggregationsorientierten Anwendung der Faktorenanalyse ist jedoch vor diesem Hintergrund nicht zu erwarten: Der Wandel von Faktorenstrukturen über Situationen und Personengruppen hinweg wird damit zu einer interessanten und theoretisch herausfordernden empirischen Frage.

Die Kunst der Selbststeuerung liegt nun im situations- und zielangemessenen Wechselkönnen zwischen selbstregulativen und selbstkontrollierenden Maßnahmen. Die oben aufgelisteten Komponenten der Selbststeuerungskompetenz sind notwendig für eine optimale Selbststeuerung, aber hinreichend sind sie nur dann, wenn sie auch unter Belastung effizient eingesetzt werden können: Wenn vorhandene Kompetenzen unter Belastung nicht eingesetzt werden können, liegt eine Minderung der volitionalen „Effizienz" vor, d. h., trotz vorhandener Kompetenzen sinkt die Leistung. Die Tatsache, dass Kompetenz und Performanz divergieren können, ist in der Psychologie hinlänglich bekannt (vgl. Halisch, 1992; Tolman, 1948).

Um mehr darüber zu erfahren, in welchem Ausmaß jemand seine Kompetenzen unter Belastung effizient nutzen kann, müssen weitere Funktionskomponenten der Selbststeuerung bestimmt werden: Wie stark bleiben die Selbstwahrnehmung und die von ihr abhängigen selbstregulativen Funktionen unter Bedrohung erhalten (Selbstzugang vs. Selbsthemmung) und wie stark bleibt die Selbstkontrolle bei der Zielverfolgung unter Belastung intakt (Willensbahnung vs. Willenshemmung)? Eine belastungs- bzw. bedrohungsabhängige Hemmung von Willensfunktionen liegt vor, wenn auf vorhandene Kompetenzen der Selbststeuerung gerade dann nicht mehr zugegriffen werden kann, wenn man sie am meisten braucht, nämlich unter Bedrohung oder Belastung.

Unter *Bedrohung* fassen wir den Gesamtstress der momentanen Lebenssituation und das Ausmaß, in dem die gegenwärtigen Lebensumstände (einschließlich Veränderungen und möglicher Risiken) den negativen Gefühlszustand erhöhen (z. B. Zeitdruck, Ich-Beteiligung). Mit dem Begriff *Belastung* bezeichnen wir situative und personseitige Umstände, welche positive Affekte schwächen (Frustration, Verlust, unrealistische Ziele, unlösbare Aufgaben).

Die Grundlage und Bedeutung dieser Unterscheidung wird weiter unten eingehender behandelt, wenn der theoretische Rahmen dieser Annahmen erläutert wird.

Die bei einer Person vorhandenen Funktionen der Selbstregulation können unter Bedrohung geschwächt werden oder ganz abhanden kommen. Diese Schwächung der Effizienz, d. h. des Ausmaßes, in dem vorhandene selbstregulatorische Kompetenzen eingesetzt werden können, lässt sich darauf zurückführen, dass die Selbstwahrnehmung und alle auf ihr basierenden Funktionen der Selbstregulation (z. B. Selbstmotivierung und -beruhigung) blockiert werden, wenn anhaltender negativer Affekt eine kritische Grenze überschreitet („Selbsthemmung": gemäß der 2. Modulationsannahme der PSI-Theorie wird der Zugang zum Selbst durch überhöhten negativen Affekt erschwert). Diese Hemmung des Selbstzugangs ist an verschiedenen Phänomenen erkennbar, die aber bei gehemmtem Selbstzugang keineswegs alle gleichzeitig auftreten müssen, weil jede einzelne Funktion nicht nur von der Selbsthemmung, sondern auch von anderen Variablen beeinflusst werden kann. Deshalb werden sie durch einzelne Skalen des SSI separat erfasst (Tabelle 1).

Selbsthemmung bei Bedrohung

Verlust der Selbstregulation unter Bedrohung (Determinanten der misserfolgsbezogenen Lageorientierung):
- *Grübeln, negative Emotionalität vs. Abhaken:* Längeres Nachdenken über einen Misserfolg oder Unangenehmes, das man nicht sofort stoppen kann. Das Selbst kann ungewollte oder irrelevante Gedanken nicht mehr wegfiltern, weil es gehemmt ist.
- *Belastungsabhängige Lähmung vs. Lähmung überwinden:* Antizipierter oder tatsächlicher Misserfolg und unangenehme Gefühle blockieren das Handeln und rauben die Energie zum Handeln. Die Selbstmotivierung funktioniert vorübergehend nicht wegen des verlorengegangenen Selbstzugangs.
- *Introjektionsneigung, Konformität vs. Selbstabgrenzung:* Übernahme fremder Ziele (oft unbewusst), um es anderen recht zu machen.
- *Zwanghafte Perseveration vs. Handlungsflexibilität:* Unfähigkeit, zwischen mehreren zu bewältigenden Tätigkeiten gut wechseln zu können. Durch den reduzierten Selbstzugang ist der Wechsel zu attraktiveren oder aussichtsreicheren Handlungsoptionen erschwert: Handlungswechsel erfordert Selbstzugang, weil ja das Selbstsystem auf allen autobiographischen Erfahrungen aufbaut, also die verschiedenen Handlungsoptionen gespeichert hat, die in verschiedenen Situationen zielführend sein können.
- *Perzeptive Rigidität vs. Wahrnehmungsflexibilität:* Probleme, Dinge aus einer anderen Perspektive zu betrachten.
- *Entfremdung vs. Selbstzugang*: Man hat keinen Zugang mehr zu dem, was man wirklich will (d. h. zu den eigenen Präferenzen), vielleicht sogar, obwohl man glaubt, dass man ihn hat („fehlinformierte Introjektion").

– *Fragmentierung vs. Widersprüchliches integrieren*: Gegensätzlich scheinende Bedürfnisse zu haben und diese nicht akzeptieren und in das Selbst integrieren zu können. Widersprüchliches wird betont und als unvereinbar angesehen.

Willenshemmung bei Belastung

Faktorenanalysen in verschiedenen Stichproben bzw. Kontextbedingungen haben gezeigt, dass Introjektionsneigung oft auch mit Willenshemmung in Verbindung steht. Dieser Zusammenhang mit der Hemmung der Umsetzung eigener Absichten lässt sich dadurch erklären, dass
a) die Übernahme fremder Ziele positiven Affekt hemmen kann, was die Fähigkeit reduziert, eigene Absichten umzusetzen („Willenshemmung": Kuhl & Kazén, 1999).
b) fremde Ziele genauso wie eigene Ziele bei aktueller Nichtrealisierbarkeit den Status von Intentionen erlangen können und im Intentionsgedächtnis so lange aufrechterhalten werden wie positiver Affekt gehemmt ist (Goschke & Kuhl, 1993).

Die wichtigsten Komponenten des Verlusts der zielorientierten Selbstkontrolle unter Belastung (vgl. prospektive Lageorientierung) sind:
– *Energiemangel, Lustlosigkeit vs. Überwinden von Unlust*: Gefühl der Lustlosigkeit und Kraftlosigkeit; zu wenig Energie haben, um eine Aktivität beginnen zu können.
– *Geringe Initiative vs. Initiative/Tatkraft*: Zu Erledigendes nicht sofort anfangen; Zögern.
– *Nichtumsetzung von Absichten vs. Umsetzung*: Dinge, die man sich vorgenommen hat, nicht ausführen können; man schiebt Unerledigtes vor sich her.
– *Konzentrationsschwäche, Intrusionen vs. Konzentrationsfähigkeit*: an Dinge denken, die nicht mit der aktuellen Tätigkeit zu tun haben; abschweifen
– *Reduzierte Impulskontrolle vs. Versuchungsresistenz*: Versuchungen nicht widerstehen können; ablenkenden Impulsen nachgeben.
– *Fremdbestimmtheit vs. Eigenregie*: Dinge erst dann ausführen, wenn andere einen dazu auffordern.

Die Skalen „Geringe Initiative" und „Reduzierte Impulskontrolle" laden in manchen Stichproben auch auf dem Faktor für Selbstkontrolle. Das ist theoretisch plausibel, weil sie – positiv gepolt – als „Initiative/Tatkraft" und „Versuchungsresistenz" – auch als Kompetenzen bei der konsequenten Umsetzung von Zielen eingesetzt werden können. Ob das im konkreten Fall geschieht, hängt offensichtlich von bislang noch wenig untersuchten person- und situationsseitigen Bedingungen ab. Angesichts der langen Tradition in der Persönlichkeitspsychologie, die durch die Simplifizierung der großen Anzahl von Persönlichkeitsmerkmalen durch Aggregationsbildung (z. B. Faktorenanalyse) charakterisiert ist, fällt der Umgang mit der großen Zahl der dargestellten volitionalen Funktionen vielen

Anwendern schwer. In unseren Kooperationen mit Anwendern aus anderen Disziplinen wurden wir öfter mit der Frage konfrontiert, warum Psychologen sich so stark „vor komplexen Befundmustern scheuen". In der Tat ist es in anderen Bereichen – etwa in der Medizin oder auch in nichtakademischen technischen Berufen – eine Selbstverständlichkeit, dass die Optimierung oder „Reparatur" eines Systems (z. B. des menschlichen Körpers oder einer Stereoanlage) den Umgang mit einer Vielzahl von Messgrößen erfordert (z. B. über hundert Parameter bei einem großen Blutbild oder Hunderte von Messgrößen bei der Überprüfung eines Schaltplans). Wir sehen den wesentlichen Grund für die Schwierigkeit des Umgangs mit umfangreichen diagnostischen Informationen in dem Mangel an praxistauglichen, integrativen Theorien. Die PSI-Theorie (Kuhl, 1994, 2000a, 2001) beruht auf dem Versuch, auf der Grundlage der Befundvielfalt aus der experimentellen Psychologie und der Neurobiologie, eine integrative Persönlichkeitstheorie zu entwickeln, die auch die Bedürfnisse der Praxis bedienen kann: Sie ermöglicht, aus einer Vielzahl von individuellen Kennwerten eine oder wenige Funktionen herauszufiltern, die für den individuellen Fall bzw. die interessierende Fragestellung von ausschlaggebender Bedeutung ist. Die Vereinfachung geschieht also nicht *a priori* – etwa durch Zusammenfassung korrelierender Funktionskomponenten zu Faktoren –, sondern *im Anschluss an* die Sichtung aller potenziell relevanten Parameter: So wie der Arzt seinem Patienten z. B. nur die Bedeutung eines auffälligen Blutparameters erklärt (z. B. den erhöhten Harnsäurewert) und alle anderen untersuchten Parameter unerwähnt lässt, so ermöglicht die umfassende Selbststeuerungsdiagnostik die in der Praxis gewünschte Vereinfachung, wenn mit Hilfe einer praktikablen Theorie die für einen konkreten Ratsuchenden oder eine konkrete wissenschaftliche Fragestellung relevante Funktionskomponente identifiziert werden kann.

Was muss eine solche Theorie leisten? Die PSI-Theorie („Persönlichkeits-System-Interaktionen") geht von der Annahme aus, dass es in erster Linie darauf ankommt, die Interaktionen zwischen verschiedenen volitionalen (und anderen) psychischen Funktionen und Affekten bzw. Stimmungen zu verstehen. Durch die theoretische Erklärung der Zusammenhänge zwischen den Komponenten der Selbststeuerung und der Aktivierung bzw. Hemmung von Affekten ist es nicht mehr schwer, im konkreten Fall eine Vereinfachung zu leisten, die eine oder wenige relevante Funktionskomponenten identifiziert. Das gilt auch, wenn die Einstiegskomplexität dadurch erhöht wird, dass nicht nur die Selbststeuerungsparameter, sondern auch viele weitere Parameter anderer Systemebenen gemessen werden, wie es bei einer umfassenden Persönlichkeitsdiagnostik notwendig ist (Kuhl & Henseler, im Druck). Ausführliche Darstellungen der PSI-Theorie sind inzwischen publiziert (Kuhl, 2000a, 2001, 2000c). Die Anwendung der Theorie auf das individuelle Coaching, Training oder die Therapie ist an Hand von Fallbeispielen an anderer Stelle erläutert (Hartmann & Kuhl, im Druck; Kaschel & Kuhl, im Druck; Kuhl & Henseler, im Druck).

13.1 Die Theorie der Persönlichkeits-System-Interaktionen (PSI-Theorie)

In diesem Abschnitt wird eine kurze Zusammenfassung der Aspekte der PSI-Theorie dargestellt, die für die Anwendung des SSI von besonderer Relevanz sind. Leser, die sich zunächst über weitere Details des SSI informieren wollen, können diesen Abschnitt überspringen. Die PSI-Theorie ist zu verstehen als ein funktionsanalytischer, systemtheoretischer Ansatz, der Verhalten und Erleben aus dem Zusammenspiel verschiedener psychischer Systeme zu erklären versucht. Die „Persönlichkeits-System-Interaktionen" werden in das Zentrum dieser Persönlichkeitstheorie gestellt, weil davon ausgegangen wird, dass aus der Art und Weise, wie Affekte die Kommunikation zwischen kognitiven Systemen modulieren, zahlreiche Phänomene, die wir mit dem Begriff der Persönlichkeit verbinden, auf einfache Weise erklärt werden können. Gemäß der PSI-Theorie gibt es starke interindividuelle Unterschiede in der Art und Weise, wie die psychischen Systeme interagieren. Die für eine konkrete Person charakteristische Interaktion psychischer Systeme wird als ihr Persönlichkeitsstil bezeichnet. Pathologische Übersteigerungen von Persönlichkeitsstilen können zu Störungen der Persönlichkeit führen (Kuhl & Kazén, 1997).

Die persönlichkeitsrelevanten Systeme sind in dieser Theorie: 1. die intuitive Verhaltenssteuerung (IVS) und 2. das Intentionsgedächtnis (IG) sowie 3. das Extensionsgedächtnis (EG) und 4. das Objekterkennungssystem (OES). Welche Aufgaben erfüllt jedes diese vier Systeme?

Die *intuitive Verhaltensteuerung* ist verantwortlich für das Ausführen von automatisierten Handlungen, die hinreichend gut gelernt wurden, z. T. auch genetisch vorbereitet sind (vgl. den Begriff des prozeduralen Gedächtnisses in der Kognitionspsychologie). Oft dauert die Ausführung eines intuitiven Verhaltensprogramms nur wenige Millisekunden, wie z. B. beim automatischen Blickkontakt oder bei einem Lächeln der Eltern im direkten Kontakt mit ihrem Kind (Melzoff & Moore, 1989; Papoušek & Papoušek, 1987).

Im *Intentionsgedächtnis (IG)* werden anstehende, aber nicht sofort ausführbare Handlungssequenzen in einem expliziten, bewusst zugänglichen Format so lange gespeichert, bis die betreffende Handlung ausgeführt ist. Der Begriff des IG ist dem kognitionspsychologischen Begriff des Arbeitsgedächtnisses (Baddeley, 1996) ähnlich, bis auf den wichtigen Unterschied, dass das IG im Gegensatz zum Arbeitsgedächtnis handlungsbezogene statt perzeptive Informationen speichert und stark mit einer Hemmungskomponente verknüpft ist, die eine verfrühte Ausführung der beabsichtigten Handlung verhindert (Kuhl & Kazén, 1999). Die Planung und ständige Repräsentation einer intendierten Handlung ist immer dann notwendig, wenn intuitive Programme zur Zielerreichung nicht verfügbar sind, d. h., wenn Schwierigkeiten zu meistern sind oder passende Ausführungsgelegenheiten abgewartet werden müssen (vgl. auch Brandimonte, Einstein & McDaniel, 1990; Goschke & Kuhl, 1993; Mischel & Mischel, 1983).

Extensionsgedächtnis (EG) oder auch *Ganzheitliches Fühlen* wird das dritte System der Persönlichkeit genannt. Dieses System verarbeitet parallel sehr viele Informationen aus unterschiedlichen Sinnesbereichen. Hier werden aus vielen Einzelerlebnissen kognitiv-emotionale Landkarten zusammengefügt. Ein entsprechendes Gedächtnissystem wird in der Kognitionspsychologie noch nicht systematisch differenziert. Das episodische (autobiographische) Gedächtnis und Aspekte des impliziten semantischen Gedächtnisses können aber als Spezialfälle des Extensionsgedächtnisses angesehen werden. Die kognitiv-emotionalen „Überblickskarten" umfassen nicht nur die Außen-, sondern auch die Innenwelt, also Selbstwahrnehmungen, Gefühle, Bedürfnisse und Motive. Das ganzheitliche Fühlen ist sehr wichtig für die Selbststeuerung der Persönlichkeit, denn es ist an der Regulation von Emotionen, insbesondere von Stress beteiligt. Der selbstrepräsentierende Teil des Extensionsgedächtnis ist das (integrierte) Selbst; dieser Teil des Selbst, der Abstraktionen aus autobiographischen Erfahrungen über bedürfnisrelevante Handlungsoptionen abspeichert, entspricht dem klassischen Motivbegriff (McClelland, 1985). Das EG ist mit einer kongruenzorientierten Form der („schwebenden") Aufmerksamkeit verbunden, die Informationen aus der Innen- und Außenwelt hervorhebt, die zu den im EG gespeicherten Erwartungen, Wünschen, Bedürfnissen und anderen Selbstkomponenten passen. Die *kongruenzorientierte Aufmerksamkeit* ist die Basis für die Bildung einer stabilen Persönlichkeit einschließlich eines relativ stabilen (aber nicht rigiden) Selbstbildes, in dem trotz Offenheit für widersprüchliche und negative Erfahrungen meist eine positive Gesamtbilanz aller selbstbildrelevanten Erfahrungen realisiert wird (Koole & Kuhl, im Druck).

Das vierte System ist das *Objekterkennungssystem*. Es liefert die Einzelerfahrungen, die im Extensionsgedächtnis zusammen mit zahlreichen autobiographischen Erlebnissen zu umfassenden Landkarten integriert werden. Die Objekterkennung dient der Wahrnehmung und dem (Wieder-) erkennen von Objekten. In negativen Gefühlslagen ist dieses System mit einer inkongruenzorientierten und konfliktsensitiven Form der Aufmerksamkeit verknüpft, die besonders solche Empfindungen und Informationen betont, die von dem bisherigen Erfahrungswissen und anderen aktualisierten Erwartungen und Wünschen aus dem Extensionsgedächtnis abweichen. Zwischen Extensionsgedächtnis und Objekterkennungssystem findet kontinuierlich eine Art Schemavergleich statt, d. h., neue Objekte werden mit den Erwartungen, die im Extensionsgedächtnis abgespeichert sind, verglichen: Wie passt das, was ich jetzt erlebe, zu dem, was ich bislang erlebt habe? Wo lässt sich etwas Vertrautes wiedererkennen? Im OES werden eingehende Informationen modalitätsspezifisch getrennt verarbeitet, und das Erkennen von Objekten bzw. Personen und Situationen ist weitgehend unabhängig von kontextuellen Bedingungen wie z. B. Farbe, Helligkeit oder Entfernung. Die Herauslösung einzelner Objekte aus dem Gesamtkontext ist eine wesentliche Voraussetzung für das Wiedererkennen: Das Objekt soll ja auch dann wiedererkannt werden, wenn es in einem anderen Kontext auftaucht. Diese „Dekontextualisierung" bedeutet, dass die Objekterkennung Kontraste bildet (Figur-Grund-Dichotomie; Schwarz-weiß-Stereotypisierung; Kategorienbildung).

Menschen unterscheiden sich darin, welches der vier Systeme sie bevorzugt einsetzen. Es gibt den analytischen Typ mit einer Bevorzugung des analytischen Denkens und des mit ihm oft verknüpften Intentionsgedächtnisses, den ganzheitlichen Fühltyp mit einer Bevorzugung des Extensionsgedächtnisses, den intuitiven Typ mit einer Bevorzugung der intuitiven Verhaltenssteuerung – das sind Leute, die aus dem Bauch heraus handeln – und den detailbesessenen Objekterkennungstyp, der das Haar in der Suppe sucht (Bevorzugung der unstimmigkeitssensiblen Objekterkennung). Gemäß den Modulationsannahmen der PSI-Theorie können die Dominanzverhältnisse der vier kognitiven Systeme durch Stimmungen und Affekte beeinflusst werden. Je nachdem, ob die vorliegende Stimmung positiv oder negativ ist und ob ein Affekt stark angeregt oder gehemmt ist, ist der Zugang zu den vier Systemen gebahnt oder gehemmt. Frühkindliche oder genetisch bedingte Bevorzugungen einer bestimmten Affektlage können demnach zu entsprechenden Bevorzugungen des durch den Betreffenden aktivierten kognitiven Systems führen.

Wie bereits erwähnt sorgt das Intentionsgedächtnis dafür, dass man ein Ziel oder eine Absicht nicht aus den Augen verliert, wenn Schwierigkeiten auftauchen und ein Problem gelöst werden muss. In solchen Situationen ist typischerweise der positive Affekt gehemmt (man freut sich ja normalerweise nicht besonders, wenn sich ein Ziel nicht realisieren lässt). Sobald das Problem gelöst ist und die Umsetzung einer Absicht ansteht, ist es wichtig, dass die mit der Aktivierung des Intentionsgedächtnisses vorhandene Hemmung des positiven Affektes wieder aufgehoben wird. Diese Aufhebung der schwierigkeitsbedingten Hemmung wird in der 1. Modulationsannahme beschrieben:

1. Modulationsannahme: Positive Affekte lösen die (für das Aufschieben einer Handlung notwendige) Hemmung zwischen dem Intentionsgedächtnis und den intuitiven Verhaltensprogrammen und ermöglichen so die weitgehend intuitive Ausführung von Handlungsplänen. Gehemmter positiver Affekt erleichtert dagegen das Aufrechterhalten von unerledigten Absichten durch Stärkung der Hemmung zwischen Intentionsgedächtnis und Verhaltenssteuerung (was so lange wichtig ist, wie noch keine Lösung oder noch keine günstige Ausführungsgelegenheit gefunden wurde).

Die 2. Modulationsannahme beschreibt die Abhängigkeit der erlebnisseitigen Systeme (d. h. Extensionsgedächtnis und Objekterkennung) von der Ausprägung negativen Affekts und seiner Gegenregulierung:

2. Modulationsannahme: Negative Affekte hemmen den Einfluss des Extensionsgedächtnisses auf das Erleben und Verhalten und bahnen isolierte (oft unerwartete oder unerwünschte) Einzelempfindungen aus dem Objekterkennungssystem (z. B. Grübeln). Gehemmter („herabregulierter") negativer Affekt erleichtert dagegen den Zugang zum Extensionsgedächtnis durch Stärkung der Hemmung zwischen Extensionsgedächtnis und Objekterkennungssystem.

Die Umkehrungen dieser Modulationsannahmen gelten ebenfalls, d. h., dass z. B. die Aktivierung des Intentionsgedächtnisses (z. B. durch Konfrontation mit einer schwierigen Aufgabe) zu einer Hemmung positiven Affekts führt und dass die Aktivierung des Extensionsgedächtnisses (z. B. durch kreative Übungen oder durch sinnstiftende Aktivitäten) negativen Affekt hemmen kann („therapeutischer Effekt" von Kreativität und Sinnstiftung). Die bereits getroffene Unterscheidung zwischen Belastung und Bedrohung hängt damit zusammen, welches der Systeme durch die Situation besonders beansprucht wird. *Belastung* wird demzufolge im Sinne einer Beanspruchung des Intentionsgedächtnisses verbunden mit einer Senkung des positiven Affekts interpretiert (Frustration, Unkontrollierbarkeit, schwierige Aufgaben, die aus mehreren Handlungsschritten bestehen, Nichterreichen von Zielen, Idealen) und *Bedrohung* im Sinne einer Beanspruchung des Extensionsgedächtnisses aufgrund einer Erhöhung negativen Affekts (Gefahren, Unvorhersagbarkeit, plötzliche Veränderungen, selbstwertbedrohliche Aufgaben). In einer Untersuchung (vgl. Kuhl, 1998, Tab. 1) erhoben wir mit einem in Osnabrück entwickelten Fragebogen den erlebten Alltagsstress und dessen Beurteilung und es zeigten sich die beiden beschriebenen Stressformen in orthogonaler Beziehung zueinander. Die positive Grundstimmung (z. B. fröhlich) wurde mehr von der erlebten Belastung des Intentionsgedächtnisses als von der erlebten Bedrohung des Selbst gesenkt, während die negative Grundstimmung (z. B. hilflos) stärker von der Bedrohung als von der Belastung abhing. Theoriegemäß korrelierte subjektive Belastung signifikant mit prospektiver Lageorientierung, also einem dispositionellen Zögern in der Umsetzung eigener Absichten (LOP), während subjektive Bedrohung mit misserfolgsbezogener Lageorientierung, also einem schwer kontrollierbaren Grübeln über aversive Erfahrungen (LOM) korrelierte. Selbststeuerungsfunktionen (gemessen mit dem SSI) hingen auch in dieser Untersuchung von der Wechselwirkung zwischen dem Affektmodulationstyp (prospektiver bzw. misserfolgsbezogener Handlungsorientierung) und den situativen Variablen ab.

13.2 Selbststeuerung und Handlungs-/Lageorientierung

Die oben genannten Beispiele zeigen, wie wichtig der Affektwechsel für die Entwicklung eines effizienten Zusammenspiels zentraler Persönlichkeitsfunktionen ist. Hier liegt der wesentliche Grund, warum in der PSI-Theorie der Fähigkeit, Affekte selbstgesteuert zu regulieren, eine besonders große Bedeutung zugemessen wird. Eine wichtige Persönlichkeitsdisposition ist in diesem Zusammenhang die Handlungs-/Lageorientierung (s. Kapitel 12 in diesem Band). Ein wesentlicher Unterschied zwischen Handlungs- und Lageorientierten besteht in der Fähigkeit zur selbstgesteuerten Emotionsregulation bei Beanspruchung. Handlungsorientierte regulieren ihre Emotionen selbstgesteuert, Lageorientierte tun dies in geringerem Maße. Auf den ersten Blick läge es nahe, das Konzept der Handlungsorientierung mit den eingangs erwähnten Kompetenzen der Affektregulation gleichzusetzen (d. h. HOP entspräche der Selbstmotivierung und HOM der Selbstberuhigung). Die PSI-Theorie macht jedoch auch hier einen feinen Unterschied („dissoziationsorientierter Ansatz", d. h., auch bei korrelierenden Variablen wird nach den funktionalen Unterschieden gesucht): In einigen Faktorenanalysen zeigte sich, dass die beiden Skalen der Handlungs-/Lageorientierung (HOM und HOP) zwar mit den entsprechenden SSI-Skalen auf jeweils einem Faktor luden (d. h. mit der Willens- bzw. Selbsthemmung). Die dissoziationsorientierte Analyse der Unterschiede zwischen den korrelierenden Skalen erbrachte jedoch folgendes Ergebnis: Die Skalen zur Handlungs-/Lageorientierung sollen zwar ähnlich wie die entsprechenden SSI-Skalen Determinanten der *Dauer* negativer bzw. gehemmter positiver Zustände messen (i. U. zu klassischen Persönlichkeitseigenschaften wie Extraversion und Neurotizismus, die mehr die Anregbarkeit des betreffenden Affekts als seine Perseveration beschreiben). Lageorientierung (gemessen mit dem HAKEMP) bezeichnet den Ausstiegsgradienten aus einer bestehenden affektiven Lage *bei einem entsprechenden Ausstiegswunsch* (in einem affektiven Zustand bleiben müssen, auch wenn man heraus will), während die analogen Skalen des SSI (z. B. niedrige Selbstberuhigung, Grübeln, belastungsabhängige Lähmung) die Kontrollverlustkomponente nicht ebenso stark thematisieren, sondern mehr ein Verweilen in dem affektiven Zustand erfassen, ohne daran zu denken, wieder heraus zu gehen, was die Fähigkeit nicht ausschließt, aus dem affektiven Zustand wieder herauszukönnen, wenn man dies wollte). Für die Effizienz der Selbststeuerung und Belastung oder Stress ist der Ausstiegsgradient (Handlungs- vs. Lageorientierung) u. U. wichtiger als der Einstiegsgradient und das willentliche Aussteigenkönnen wichtiger als das habituelle Verharren oder Aussteigen, weil die Effizienz der willentlichen Belastungsbewältigung (und damit auch das Risiko, Symptome zu entwickeln) mehr von der Dauer als von der Häufigkeit starker emotionaler Reaktionen abhängen dürfte. Mit diesen feinen, aber wichtigen Unterscheidungen erklären wir unsere Beobachtungen aus noch nicht publizierten aktuellen Untersuchungen, dass der Fragebogen zur Handlungs- und Lageorientierung (HAKEMP) den SSI ergänzt, aber nicht durch die ihm ähnlichen SSI-Skalen ersetzt werden kann.

13.3 Wie entwickelt sich Selbststeuerung und wie kann sie gefördert werden?

Für den praktischen Umgang mit den durch das SSI gelieferten diagnostischen Informationen sind einige Hinweise über die Entwicklung der Selbststeuerung nützlich: Je mehr man darüber weiß, wie sich verschiedene Selbststeuerungsfunktionen entwickeln, desto mehr Anregungen kann man ableiten für das Training bzw. die Therapie dieser Funktionen. Die Entwicklung der Selbststeuerung vollzieht sich in einem allmählichen Prozess von der primären Fremd- zur Selbstregulation: „Das Konzept einer ursprünglichen Regulation durch andere beinhaltet, dass wesentliche Aufgaben der bewussten Verhaltenssteuerung eines Erwachsenen in der frühen Ontogenese von Bezugspersonen ausgeführt werden müssen (Leontiev, 1977; Luria, 1973/1992; Vygotsky, 1978). Physiologische und emotionale Bedürfnisse werden innerhalb des ersten Lebensjahres zunächst unmittelbar in Ausdrucksverhalten umgesetzt, da das Verhalten, das zur Erfüllung dieser Bedürfnisse führt, noch nicht vom Kind selbst ausgeführt werden kann. Die primären Bezugspersonen übernehmen damit die Aufgabe, im Ausdrucksverhalten des Kindes Verhaltensziele zu erkennen und diese zu realisieren" (Kuhl, 2001, S. 953). Später dann wird die Maximierung der Existenzsicherheit eine Aufgabe der willkürlichen Verhaltensorganisation des Kindes, zu deren Erfüllung es aber zunächst noch in hohem Maße von der primären Bezugsperson abhängig bleibt (z. B. versucht das Kind, Trennungen von der Mutter durch Weinen oder Nachfolgebemühungen zu verhindern). Das Verhalten des Kindes zielt darauf ab, die Nähe zu einer Sicherheit gewährenden Bezugsperson zu regulieren (Ainsworth et al., 1978; Bowlby, 1969).

Bezogen auf die für die Selbststeuerung relevanten, affektiven Komponenten, welche später die Beziehungen zwischen den vier kognitiven Systemen regulieren, mag man annehmen, dass diese auf vorsprachlichen Entwicklungsstufen zunächst im emotionalen Klima sozialer Interaktion wirksam werden. Dieser Entwicklungsprozess wird im Systemkonditionierungsmodell gegenüber den erwähnten Modellen des Übergangs von der Fremd- zur Selbststeuerung präzisiert (Kuhl & Völker, 1998, S. 226): „Wenn die Aufrechterhaltung positiver Stimmungen und die Herabregulierung negativer Stimmungen immer dann von der Mutter unterstützt wird (z. B. durch Lächeln, Trösten), wenn das rudimentäre Selbstsystem des Kindes aktiviert ist, das heißt dann, wenn das Kind einen positiven oder negativen Affekt *äußert*, dann kann die Verbindung zwischen dem Selbstsystem und den affektgenerierenden Systemen verstärkt werden. Die Verstärkung einer Verbindung zwischen zwei Prozessen erfordert gemäß eines Grundprinzips der Lernpsychologie die zeitliche Kontiguität (Nachbarschaft) oder Kontingenz (Abhängigkeit) der beiden Prozesse (Bower & Hilgard, 1983). Je mehr das heranreifende Selbstsystem, das zunächst wegen der Hilflosigkeit des Kleinkindes in vielen Fragen der Bedürfnisbefriedigung nicht viel mehr als den Bedürfnis- bzw. Affektausdruck steuern kann, in zeitlicher Kontiguität von der fremdgesteuerten Bedürfnisbefriedigung und Affektregulation beantwortet wird, desto mehr lernt es, von sich aus (d. h. ‚selbst-gesteuert') Bedürfnisse und Affekte zu regulieren".

Die entwicklungspsychologischen Implikationen der zwei Modulationsannahmen liegen zum einen darin, dass eine frühe Prägung der Affektivität durch das emotionale Klima in den ersten Lebenswochen und -monaten indirekt auch die Dominanzverhältnisse sich später entwickelnder kognitiver und volitionaler Systeme vorbereitet. Gemäß dem Systemkonditionierungsmodell sollten affektive Zustände in späterem Alter umso unflexibler sein, d. h. umso weniger selbststeuerbar, je unabhängiger die frühen affektregulierenden Reaktionen der Interaktionspartner des Kindes von seinen Selbstäußerungen (Affektausdruck) waren. Das bedeutet, dass ein positives, warmherziges oder beruhigendes Familien- oder Trainingsklima nicht ausreicht, um selbstregulatorische Kompetenzen zu fördern: Die *Häufigkeit* positiver bzw. negativer affektiver Erfahrungen wird – neben genetischen Prädispositionen – als Determinante der späteren *Sensibilität* für positiven und negativen Affekt betrachtet (*affektive Erstreaktion*), während die Fähigkeit, entstandene Affekte zu verändern (*affektive Zweitreaktion* durch Herauf- oder Herabregulieren der Erstreaktion), von der *Kontingenz* abhangen soll, mit der affektverändernde Maßnahmen von Bezugspersonen (z. B. Ermutigung oder Beruhigung) auf selbstinitiierte Affektäußerungen gefolgt sind (Kuhl, 2001). Diese wichtige Erkenntnis sollte immer dann berücksichtigt werden, wenn das SSI Hinweise für eine Beeinträchtigung von Selbststeuerungsfunktionen liefert, die auf Defizite in der Emotionsregulation zurückzuführen sind.

13.4 Das Selbststeuerungsinventar (SSI): Psychometrische Merkmale

Das Selbststeuerungsinventar (SSI; englisch: VCQ) wurde mit dem Ziel entwickelt, möglichst viele Selbststeuerungskomponenten und vor allem deren Zusammenwirken bestimmen zu können. Zur Erfassung vieler Komponenten der Selbststeuerung gibt es auch objektive Methoden (s. Tabelle 5, S. 254), deren Einsatz allerdings zeitaufwändig und meist auf nur eine oder zwei Komponenten begrenzt ist. Parallel zu der Fragebogenversion des SSI (SSI; englisch: VCQ) entwickelten Kuhl und Fuhrmann (1998) auch ein Listenformat (SSI-CL; englisch: VCC) und eine Kurzversion des Fragebogens (SSI-K). Wir beziehen uns in diesem Kapitel in erster Linie auf die aktuelle Langversion des Fragebogens.[2,3]

---

2 Zur Zeit wird eine erweiterte Version untersucht, die einige Zusatzskalen enthält (Bildung von Zielhierarchien, Bildung konkreter Ziele, Bereitschaft, Schwierigkeiten zu meistern und Pläne zu erstellen). Da die teststatistische Überprüfung noch nicht abgeschlossen ist, verzichten wir hier auf eine ausführliche Erläuterung.

3 Einige der Validierungsstudien sind mit älteren Versionen des SSI durchgeführt worden, was u. U. geringe sprachliche Abweichungen von der aktuellen Version mit sich bringt.

Das SSI besteht aus 160 Items, die 32 Skalen zugeordnet werden. Sie beschreiben die verschiedenen Komponenten der Selbstregulation, Selbstkontrolle, der Selbsthemmung sowie der Willenshemmung. Zusätzlich können außerdem die Bereiche Willensvermeidung und Selbstvertrauen erfasst werden sowie im Alltag erlebte Belastung und Bedrohung (Druck).

13.4.1 Reliabilität

Tabelle 1:
Innere Konsistenz, Wiederholungsreliabilität und exemplarische Faktorenstruktur der Langversion des SSI

SSI-Skalenbezeichnung (I–V = exemplarische Faktorenstruktur: N = 136)	„Laienbezeichnung" der SSI-Skala aus der SCAN-Diagnostik (Kuhl & Henseler, im Druck)	SSI-Lang Cronbachs α N = 365	SSI-Lang Retest-Reliabilität N = 315
Selbstregulation			
III. Selbstbestimmung, Freiheitserleben	Selbstbestimmung	.81	.71
III. Positive Selbstmotivierung	Selbstmotivierung	.82	.71
III. Stimmungsmanagement	Stimmungsmanagement	.86	.73
III. Belastungsabhängige Wachheit	Selbstaktivierung unter Belastung	.79	.74
III. Belastungsabhängige Selbstberuhigung	Selbstberuhigung	.81	.67
III. Entscheidungsfähigkeit	Entscheidungsfähigkeit	.79	.77
III+I. Bewusste zielbezogene Aufmerksamkeit	Ablenkungsresistenz	.75	.72
III+I. Automatische zielbezogene Aufmerksamkeit	Zielorientierung	.79	.70
Selbstkontrolle			
IV. Planungsfähigkeit	Planungsfähigkeit	.83	.71
IV. Vergesslichkeitsvorbeugung	Von selber an zu Erledigendes denken (U)	.74	.75
IV+II. Zielvergegenwärtigung	Nicht immer an Ziele denken müssen (U)	.68	.69
Selbsthemmung			
II. Misserfolgsbewältigung (U)	Lernen aus Fehlern	.79	.73
II. Selbstdisziplin	Sich nicht überfordern (U)	.58	.66
II. Ängstliche Selbstmotivierung	Sich keine Angst machen (U)	.71	.67
II. Grübeln, negative Emotionalität	Abhaken statt Grübeln (U)	.88	.69
II. Belastungsabhängige Lähmung	Lähmung überwinden (U)	.86	.69
II. Introjektionsneigung/Konformität	Erwartungsdruck standhalten (U)	.85	.71
II. Zwanghafte Perseveration	Handlungsflexibilität (U)	.78	.77
II. Perzeptive Rigidität	Wahrnehmungsflexibilität (U)	.75	.71
II. Entfremdung	Selbstgespür (U)	.67	.67
II+I. Fragmentierung	Widersprüchliches integrieren (U)	.84	.70

Willenshemmung				
I.	Energiemangel Lustlosigkeit	Unlust überwinden (U)	.85	.73
I.	Initiative (U)	Initiative	.83	.71
I.	Nichtumsetzung von Vorsätzen	Absichten umsetzen (U)	.83	.75
I.	Konzentrationsschwäche/ Intrusionen	Konzentrationsfähigkeit (U)	.90	.69
I.	Impulskontrolle (U)	Versuchungen widerstehen	.72	.65
I.	Fremdbestimmtheit	Druckunabhängigkeit (U)	.85	.77
Willensvermeidung				
V.	Anstrengungsvermeidung	Anstrengungsvermeidung	.82	.71
V.	Trotz	Abwehr von Fremdanforderungen	.71	.64
V.	Spontaneität	Spontaneität	.73	.68
Globale Selbsteinschätzung				
I–IV:	Volitionales Selbstvertrauen	Selbstvertrauen	.83	.66
I–IV:	Allgemeines Selbstvertrauen	Optimismus	.89	.75

Anmerkung: U = Umpolung der Skalenwerte; die Faktorenstruktur kann sich je nach situativen Anforderungen und Persönlichkeitstypus ändern, die hier dargestellte Struktur ist aber typisch.

Die Ergebnisse verdeutlichen, dass die meisten Subskalen gute bis sehr gute innere Konsistenzen zeigen. Die derzeitige Version des SSI ist ein Kompromiss zwischen Optimierung der Testlänge und der Reliabilität. Für Anwendungsfälle, in denen noch höhere Reliabilitäten erwünscht sind, steht eine längere Version des SSI zur Verfügung, bei der die Konsistenzwerte noch höher liegen. Die Wiederholungsreliabilitäten liegen durchgängig zwischen .77 und .64 und sind somit als recht hoch zu bezeichnen.

13.4.2 Validität des SSI

Selbststeuerung und die Anzahl tatsächlich umgesetzter Absichten. Eine Möglichkeit, das Ausmaß der Effizienz volitionaler Kompetenzen zu überprüfen ist es, die Anzahl tatsächlich umgesetzter Absichten als Kriterium heranzuziehen („volitionale Effizienz"). In einer Untersuchung, bei der es um die Verbesserung individueller Ernährungsgewohnheiten ging (Fuhrmann & Kuhl, 1998), wurde die Anzahl ausgeführter Absichten als abhängige Variable erfasst und sowohl die Schwierigkeit der Absicht (leicht vs. schwierig) als auch die Art der volitionalen Leistung variiert (Initiierung gesunden Ernährungsverhaltens vs. Unterdrückung ungesunden Ernährungsverhaltens). Außerdem bearbeiteten die Teilnehmer das SSI und den HAKEMP. Es zeigte sich, dass bei Initiierungsabsichten (z. B. „Ich will mehr Brokkoli essen.") die Effizienz nur dann von der Ausprägung volitionaler Kompetenzen abhing, wenn die Aufgabe als *schwierig* erlebt wurde (Tabelle 2, S. 240). Umgekehrt war es bei den Unterdrückungsabsichten (z. B. „Ich will weniger Pommes Frites essen."): Hier hing die volitionale Effizienz, d. h. die Anzahl umgesetzter Absichten, bei *leichten* Aufgaben von der Ausprägung volitionaler Funktionen ab (Tabelle 2: Bei Unterdrückungsabsichten zeigten die relevanten Selbststeuerungsfunktionen nur bei leichten Aufgaben einen Unterschied zwischen Personen mit hoher und Personen mit niedriger volitionaler Effizienz).

Wie ist dieses Befundmuster zu erklären? Die volitionale Schwierigkeit (Realisierungsschwierigkeit) bei zu initiierenden Handlungen wird durch die Belastung des Intentionsgedächtnisses mit einer unerledigten Absicht definiert. Unmittelbar umsetzbare (leichte) Aufgaben brauchen nicht im Intentionsgedächtnis aufrechterhalten werden. Bei schwierigen Aufgaben ist eine Aufrechterhaltung der Absichten im Intentionsgedächtnis erforderlich, damit sie während des Versuchs, die Schwierigkeit zu überwinden, nicht vergessen werden. Allerdings kann aufgrund des postulierten Antagonismus zwischen Intentionsgedächtnis und Verhaltensbahnung gerade durch die Aufrechterhaltung einer Absicht die Initiierung erschwert werden, weil das Fassen einer Absicht gemäß der Umkehrung der 1. Modulationsannahme der PSI-Theorie die Umsetzung hemmt (Kuhl, 1998, 2001). Ob die durch die Belastung des Absichtsgedächtnisses verursachte Verhaltenshemmung überwunden werden kann, sollte dann von der Ausprägung volitionaler Funktionen abhängen, z. B. von der Fähigkeit, die Aufmerksamkeit auf die zu initiierenden Aktivitäten auszurichten. Diese für volitional schwierige Aufgaben theoretisch zu erwartende Abhängigkeit der Umsetzungseffizienz von selbstregulatorischen Funktionen wie der Aufmerksamkeitskontrolle wird durch die Zusammenhänge zwischen relevanten SSI-Skalen und der volitionalen Effizienz bestätigt: Wenn auf die Schwierigkeiten der Umsetzung geachtet wird, hängt die Umsetzungsrate (volitionale Effizienz) von der Ausprägung volitionaler Funktionen ab, speziell von der Fähigkeit, die Aufmerksamkeit auf das neue (ungewohnte) Verhalten zu verlagern. Den Aufmerksamkeitswechsel kann man als einen der ersten Schritte zur Herbeiführung eines Handlungswechsels betrachten (Atkinson & Birch, 1970; Kuhl, 1982). Zu diesen theoretischen und empirischen Hinweisen auf die Bedeutung der Aufmerksamkeitssteuerung für die Handlungsinitiierung passen Befunde aus einer noch nicht veröffentlichten Untersuchung: Die beiden Aufmerksamkeitsskalen des SSI laden mitunter auch auf dem Faktor für Willenshemmung (LOP) und nicht nur ausschließlich auf dem Faktor für selbstregulatorische Kompetenzen (Selbstbestimmung etc.).

Bei Unterdrückungsvornahmen ist es wichtig, den Zugang zum Extensionsgedächtnis zu hemmen, da dieses System viele Handlungsalternativen anbietet, von denen einige so attraktiv sein können, dass sie das Unterdrücken unerwünschter Impulse erschweren würden. Der mit einer niedrigen subjektiven Schwierigkeit verbundene entspannte Zustand wäre für die Unterdrückungsleistung hinderlich, weil gerade im entspannten Zustand mit einer Bahnung des Zugangs zum Extensionsgedächtnis gerechnet wird (2. Modulationsannahme) und dadurch auch unerwünschte Impulse aktiviert sind. Demzufolge kommt es bei

Unterdrückungsabsichten gerade in der leichten Bedingung darauf an, die volitionalen Kompetenzen effizient einzusetzen. Auch hier scheint die Aufmerksamkeitssteuerung nützlich zu sein, besonders in Verbindung mit der Selbstmotivierung: Gemeinsam dürften Aufmerksamkeitslenkung auf und Selbstmotivierung für das Gewollte dazu beitragen, dass aus den vielen Angeboten des Extensionsgedächtnisses nur die gewollte Handlungsoption ausgewählt und mit motivationaler Energie versorgt wird. Bei schwierigen Unterdrückungsvornahmen wäre dagegen der Zugang zum Extensionsgedächtnis aufgrund z. B. von Misserfolgsbefürchtungen wahrscheinlich direkt gehemmt (vgl. 2. Modulationsannahme), was für die selbstkontrollierende Absichtsumsetzung adaptiv wäre und somit keine besondere volitionale Funktion erfordert.

Tabelle 2:
Volitionale Effizienz in der Initiierung gesunder bzw. in dem Vermeiden ungesunder Nahrungsmittel: SSI-Kennwerte (Fuhrmann & Kuhl, 1998), die signifikante Unterschiede zwischen Personen zeigen, die als niedrig versus hoch in der volitionalen Effizienz eingestuft wurden gemäß einem Index, der die Anzahl erfolgreicher Initiierungs- bzw. Vermeidungsepisoden zur Anzahl entsprechender Gelegenheiten in Beziehung setzt.[1]

	Induzierter Aufmerksamkeitsfokus			
	Schwierige Aspekte		Leichte Aspekte	
	Volitionale Effizienz (VE) im Initiieren *("Iss-mehr"-Ziele = Initiierungsziele)*			
	Niedrig (n = 8)	Hoch (n = 8)	Niedrig (n = 8)	Hoch (n = 8)
Subskalen des SSI (VCI)				
Aufmerksamkeitssteuerung (auto. zielbezogene Aufm.)	2.0	**2.5***	2.2	2.3
Impulskontrolle (Versuchungen widerstehen)	2.1	**2.8*** *	2.3	2.2
Intrusive Gedanken (abhaken statt grübeln: U)	**2.2***	1.4	1.9	1.8
	Volitionale Effizienz (VE) im Vermeiden: *("Iss-weniger"-Ziele = Unterdrückungsziele)*			
	Niedrig	Hoch	Niedrig	Hoch
Aufmerksamkeitssteuerung (auto. zielbezogene Aufm.)	2.1	2.4	1.9	**2.6*** *
Entscheidungssteuerung (Entscheidungsfähigkeit)	2.2	2.5	1.7	**2.5***
Impulskontrolle (Versuchungen widerstehen)	2.3	2.6	2.0	2.5
Motivationskontrolle (positive Selbstmotivierung)	2.4	2.6	2.2	**3.0***
Intrusive Gedanken (abhaken statt grübeln: U)	**2.2***	1.4	2.3	1.5

Anmerkungen: * p<0.05; ** p<0.01 (t-Tests, zweiseitig), U = umgepolt

---

[1] Die übrigen Skalen des SSI erbrachten keine signifikanten Effekte.

In einer zweiten Untersuchung (Fuhrmann & Kuhl, 1998), in der die Teilnehmer (N = 48) in zwei verschiedenen Gruppen unterschiedliche selbstregulatorische Strategien erlernen sollten (Selbstbelohnung für Fortschritte versus Selbstbestrafung für Misserfolge), zeigte sich der paradoxe Befund, dass einige Personen unter einem Selbstbelohnungstraining ihre Absichten schlechter umsetzen konnten als unter der Selbstbestrafungsinstruktion. Dieser Befund zeigt, dass die allgemeine Maxime „positiv zu denken", nicht immer hilfreich ist: Bei Personen mit einer dispositionellen Neigung zur Selbstkontrolle sank die Umsetzungsrate bei einem Selbstbelohnungstraining. Personen mit einer Disposition, selbstregulatorische (auf Selbstbelohnung beruhende) statt selbstkontrollierende Strategien einzusetzen, profitierten dagegen mehr von der Selbstbelohnungsstrategie. Die stressbedingte Hemmung des überblicksvermittelnden Systems (EG) erklärt auch dieses paradoxe Befundmuster: Personen, die ihre Ziele üblicherweise dadurch erreichen, dass sie sich unter Druck (negativer Affekt/A–) setzen (Selbstkontrolle statt Selbstregulation), sollte es schwer fallen, neue Ziele in ihr Selbstsystem zu integrieren, da das Selbstsystem bei ihnen häufig inhibiert ist (d.h., ihre Ziele werden einseitig durch das IG unterstützt). Wird das Selbstsystem, das ja, wie eingangs erläutert wurde, als Teil des EG aufgefasst wird, nun durch eine selbstbelohnende Strategie freigesetzt, so werden die in einem solchen „unterentwickelten" Selbstsystem überrepräsentierten elementaren Impulse wirksam (neue Ziele wie die hier induzierten Ernährungsziele werden ja bei vorherrschender Selbstkontrolle selten ins Extensionsgedächtnis integriert).

13.5 Selbststeuerung und der Selbstregulationstest (SRKT-K)

Der SRKT-K ist ein Selbstregulationstest für Kinder, der sich inzwischen auch mit abgewandelter Instruktion bei Erwachsenen bewährt hat (vgl. Baumann & Kuhl, in diesem Band). Kuhl und Fuhrmann (1998, Table 1.3) untersuchten die konvergente Validität des SSI und des SRKT in einer Stichprobe von Erwachsenen. Um zu klären, ob Beeinträchtigungen der Leistung oder des Tempos in verschiedenen Distraktorbedingungen des SRKT eine Störung der allgemeinen Konzentration (Ablenkung) oder eine Störung der Impulskontrolle (Verführbarkeit) widerspiegeln, wurde eine Kontrollgruppe realisiert, in der die Probanden zu Beginn des Experiments nur über die Existenz der Distraktoren, nicht aber über deren Bedeutung aufgeklärt wurden. Der Experimentalgruppe wurde genau erklärt, dass es sich bei den Distraktoren um zwei Affen handelt, die um die Wette klettern, und dass sie abhängig vom Ausgang des Kletterns Spielpunkte gewinnen oder verlieren würden. Damit sollte das Interesse der Probanden an dem Distraktor (Wettklettern) geweckt werden, d.h., die Abschirmung der Aufmerksamkeit von dem Distraktor verlangte nicht nur rein kognitive Ablenkungs-, sondern auch volitionale Versuchungsresistenz. Alle Probanden bearbeiteten außerdem das SSI-L und den HAKEMP-90. Es zeigte sich, dass die distraktionsbedingten Leistungsschwankungen für die Experimentalgruppe gegenüber der Kontrollgruppe einen größeren Leistungseinbruch anzeigten, was gegen die Interpretation einer allgemeinen Aufmerksamkeits- oder Konzentrationsstörung spricht. Es macht also einen bedeutsamen Unterschied, ob Distraktoren auf einer rein perzeptiven Ebene ansetzen (Belastung der kognitiven Konzentrationsfähigkeit) oder zusätzlich motivational bedeutsame Informationen liefern, in diesem Fall Informationen über den Verlust oder Gewinn von Leistungspunkten. Das Ergebnis spricht also dafür, die Ergebnisse des SRKT als Indikatoren der Selbststeuerungseffizienz, speziell der Versuchungsresistenz zu interpretieren. Diese Interpretation wird auch durch die Befunde zum SSI aus derselben Untersuchung unterstützt. In der Kontrollgruppe fanden sich keine signifikanten Zusammenhänge mit den SSI-L-Skalen, wohl aber in der Experimentalgruppe: Die Skalen *Impulskontrolle* (–.54), *Aufmerksamkeitskontrolle* (–.53), *Selbstbestimmung* (–.53) und *Initiative* (–.56) zeigten deutlich negative Zusammenhänge mit der Höhe der distraktionsbedingten Leistungseinbußen. Personen, die auf diesen Skalen einen hohen Wert hatten und damit eine hohe selbstregulatorische Kompetenz, zeigten in der objektiven Testsituation geringere Leistungseinbußen und somit eine vergleichsweise höhere Selbststeuerungseffizienz.

13.6 Selbststeuerung und das Ausmaß fehlinformierter Introjektion

Introjektion bezeichnet im psychologischen Kontext meist die Übernahme fremder Ziele. Informierte Introjektion liegt dann vor, wenn man sich dessen bewusst ist, dass es sich um fremde Ziele handelt, und man sich trotzdem dafür entscheidet, sie auf der bewussten Ebene zu verfolgen. Mit dem Begriff der fehlinformierten Introjektion ist gemeint, dass die Erwartungen anderer als selbstkompatibel wahrgenommen werden, obwohl sie tatsächlich nicht zu den eigenen (unbewussten) Wünschen und Bedürfnissen passen. Der Introjektionsbegriff wird durch das folgende Beispiel erläutert: Nehmen wir an, ein Vater möchte, dass sein Sohn die Firma übernimmt, obwohl dieser eigentlich andere Interessen hat. Informierte Introjektion liegt dann vor, wenn sich der Sohn bewusst ist, dass er die Firma nur übernimmt, weil es der Vater so möchte. Wenn der Sohn aber glaubt, dass es ihm Spaß macht, die Firma zu führen, obwohl er sich mit diesem Ziel gar nicht identifizieren kann, dann liegt eine fehlinformierte Introjektion vor.

Das kognitive System, in dem eigene Wünsche, Werte und Bedürfnisse in einem ganzheitlich-impliziten Format repräsentiert sind, kann mit dem klassischen Selbstbegriff expliziert werden (Kuhl, 2000a). In der PSI-Theorie (Kuhl, 2000a, 2001) werden die Funktionsmerkmale des Selbstsystems auf der Grundlage verfügbarer experimentalpsychologischer und neurobiologischer Evidenz ausführlich beschrieben. Ein wichtiges Merkmal ist die fehlende Bewusstseinspflichtigkeit: Eigene Präferenzen und andere Selbstinhalte „spürt" man, d. h., sie können das Handeln steuern, auch ohne dass sie bewusst werden. Gemäß der 2. Modulationsannahme der PSI-Theorie wird der Zugang zum Selbstsystem erschwert, wenn starker negativer Affekt perseveriert, ohne herabreguliert werden zu können. Von entscheidender Bedeutung für die Verwechslung eigener und fremder Wünsche (d.h. für fehlinformierte Introjektion) ist der Verlust des Selbstzugangs in negativer Stimmung. Wer die eigenen Bedürfnisse und Motive kennt, verwechselt fremde nicht mit eigenen Wünschen, anders ausgedrückt, er ist immun gegen fehlinformierte Introjektion.

Eine Methode, um auf die Tendenz zur fehlinformierten Introjektion zu schließen, wurde von Kuhl und Kazén (1994) entwickelt: Die Probanden können sich aus einer Liste von Tätigkeiten einige auswählen, die sie später ausführen möchten. Andere werden ihnen anschließend vom Versuchsleiter in Auftrag gegeben, und manche Tätigkeiten werden gar nicht ausgewählt. Nach einer Zwischenaufgabe werden die Probanden gefragt, welche Tätigkeiten sie vorher selbst ausgewählt hatten und welche nicht: Wer unter stress- oder anderweitig bedingtem negativen Affekt den Zugang zu den impliziten Selbstrepräsentationen verliert, sollte Schwierigkeiten haben zu entscheiden, welche Ziele oder Wünsche von ihm selbst sind (z. B. selbstgewählt) und welche fremden Ursprungs sind. Die Rate falscher Selbstzuschreibungen von Tätigkeiten, die objektiv vom Versuchsleiter übertragen worden waren, wird deshalb als Hinweis auf eine Tendenz zu fehlinformierter Introjektion interpretiert: Wie erwartet war die Anzahl falscher Selbstzuschreibungen bei Personen, denen die Herabregulierung negativen Affekts schwer fällt (d.h. bei Lageorientierten) signifikant erhöht[4] (Kuhl & Kazén, 1994). In einer Untersuchung von Baumann (1998) zeigte sich, dass wie vermutet die Neigung zur Infiltration deutliche Zusammenhänge (N = 34) aufwies mit den SSI-Skalen der Selbsthemmung (durch perseverierenden negativen Affekt) wie *Grübeln (r = .42)*, *Belastungsabhängige Lähmung (r = .34)*, *Wechselkosten im Handeln (r = .44)*, *Perzeptive Rigidität (r = .43)* und *Selbstdisziplin (r = .32)*. Diese Skalen korrelierten positiv mit der baselinekorrigierten Rate falscher Selbstzuschreibungen fremdinduzierter Optionen. Es gab auch eine Bestätigung der diskriminanten Validität der erwähnten Skalen des Selbsthemmungs-Faktors: Die Skalen zu den selbstregulatorischen und selbstkontrollierenden Kompetenzen sowie zur Willenshemmung zeigten keine signifikanten Zusammenhänge mit dem Kennwert für falsche Selbstzuschreibungen fremder Ziele (als Maß für fehlinformierte Introjektion). Baumann (1998) konnte den postulierten Einfluss des negativen Affekts (der den Selbsthemmungskomponenten zugrunde liegen soll) auch experimentell nachweisen: Ein signifikanter Anstieg der Rate falscher Selbstzuschreibungen (fehlinformierte Introjektion) wurde bei Lageorientierten (LOM) nur nach Induktion negativen Affekts durch einen Film (Kinderelend in einem rumänischen Waisenhaus) beobachtet.

---

[4] Wenn sie die Rate falscher Selbstzuschreibungen von Tätigkeiten übersteigt, die objektiv keiner gewählt hatte (Baseline).

13.7 Selbststeuerung in klinischen Stichproben

Bei klinischen Störungsbildern spielen Beeinträchtigungen der Selbststeuerungsfähigkeiten eine wichtige Rolle (Kanfer, 1977; Kanfer & Schefft, 1988). Depressive Patienten leiden oft unter Antriebsverlust, negativer Emotionalität und dem Gefühl innerer Lähmung (vgl. Kuhl & Helle, 1986; Kuhl & Kazén, 1997). Typisch für Personen mit einer zwanghaften Persönlichkeitsstörung ist eine rigide, unflexible Handlungskontrolle und übertriebenes Planungsverhalten. In Untersuchungen von Zwangspatienten in verschiedenen Kliniken wurden in jedem Bereich der Selbststeuerung Defizite gemessen, und zwar meist unspezifisch, d. h. nicht auf Zwangspatienten beschränkt (siehe Abb. 1). Die verschiedenen Krankheitskategorien gemeinsame Beeinträchtigung von Willensfunktionen (Hautzinger, 1994) bestätigt die theoretische Annahme, dass die Hemmung von Selbststeuerungsfunktionen ein krankheitsübergreifendes Symptom einer psychischen Dekompensation ist (analog zum Fieber in der Medizin als einem unspezifischen Indikator für eine Überlastung des Abwehrsystems). Zwangsspezifische Defizite gab es bei den Skalen *Selbstbestimmung*, *positive Selbstmotivierung* und *Anstrengungsvermeidung* (Kuhl 2001, S. 995).

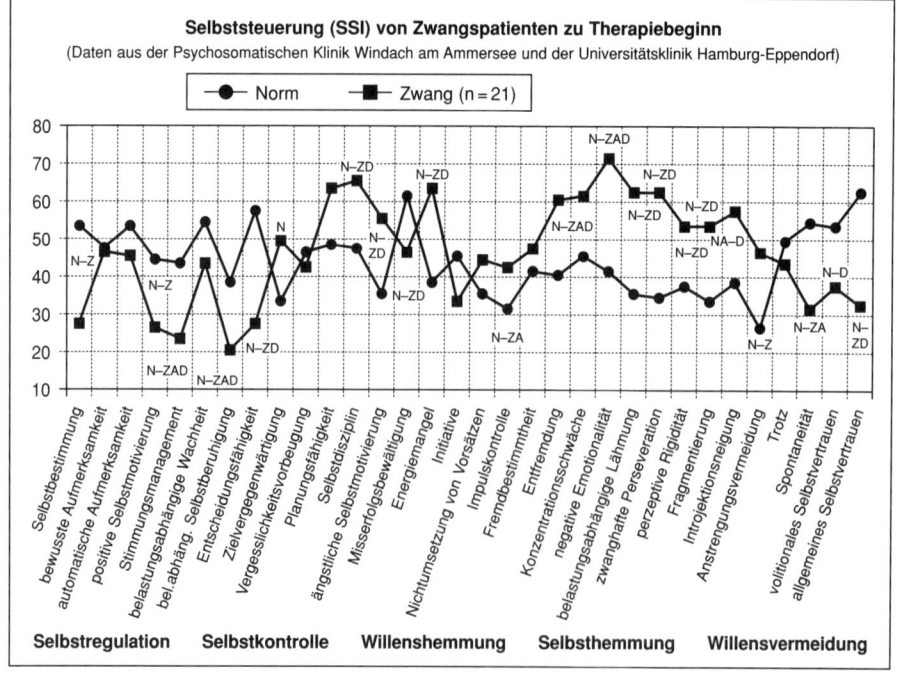

Abbildung 1:
Unterschiede in den mit dem SSI (engl.: VCQ) gemessenen Selbststeuerungsfunktionen zwischen Zwangspatienten (Z) und der Normierungsstichprobe (signifikante Unterschiede zur Normierungsstichprobe sind bei Depressiven mit D und bei Angstpatienten mit A gekennzeichnet).

Nach Beendigung der stationären Therapie zeigten die Zwangspatienten signifikante Verbesserungen bei den zwangstypischen Selbststeuerungsfunktionen, d. h. bei der Selbstbestimmung und bei der positiven Selbstmotivierung. Darüber hinaus sind auch Veränderungen bei unspezifischen Volitionskomponenten erkennbar: Energiemangel, übertriebenes Planen (Planungsfähigkeit), ängstliche Selbstmotivierung, das Nichtumsetzen von Vorsätzen, negative Emotionalität und perzeptive Rigidität lassen nach (Kuhl, 2000a).

13.8 Selbststeuerung und Alienation

Alienation bezeichnet das Phänomen der Entfremdung des Verhaltens oder Erlebens vom Selbst. Man verfolgt z. B. ein Ziel und glaubt, dass dieses Ziel den eigenen Präferenzen entspricht, obwohl es tatsächlich inkompatibel mit den eigenen Bedürfnissen und Werten ist. Ein experimentelles Alienationsmaß ist die Inkonsistenz wiederholter Präferenzurteile: Wer keinen zuverlässigen Zugang zu seinem (Selbst-) System hat, das die eigenen Präferenzen repräsentiert, sollte Schwierigkeiten haben, bei wiederholter Befragung konsistente Präferenzurteile abzugeben. Guevara (1994) konnte zeigen, dass die so operationalisierte Neigung zur Alienation u. a. positiv mit den SSI-Skalen korreliert, die Entfremdung und Introjektionsneigung direkt erfassen. Man kann diese Operationalisierung der Alienation demnach als eine weitere Methode zur Messung der (informierten oder fehlinformierten) Introjektion auffassen.

13.9 Die Rolle der Selbststeuerung für Belastung und Erholung im Leistungssport

Im Bereich des Leistungssports ist die Fähigkeit sich optimal regenerieren zu können eine wichtige Voraussetzung für anschließende gute Trainings- und Wettkampfleistungen. Nach MacNeill und Mitarbeitern spielen dabei Prozesse der Selbstregulation eine entscheidende Rolle: „The ability to control thinking, attention and concentration is an important element of optimal recovery" (Davis, Botterill & MacNeill, im Druck). In mehreren Untersuchungen von Beckmann und Kellmann wurde den Probanden das SSI bzw. SSI-Sport, der HAKEMP90 sowie der Erholungs-Belastungs-Fragebogen (EBF) für Athleten von Kellmann und Kallus (2000) vorgelegt. Der EBF-Sport zeichnet ein differenziertes Bild über den gegenwärtigen Beanspruchungszustand einer Person. Zu diesem Zweck erfasst er die erlebte Häufigkeit von Belastungs- und Erholungsepisoden und unterscheidet darüber hinaus unspezifische und sportspezifische Beanspruchungs- und Erholungsbereiche (Kellmann & Kallus, 2000). In einer Untersuchung mit 58 Athleten aus der deutschen Junioren-Ruder-Nationalmannschaft ließen sich jeweils sechs Selbststeuerungskomponenten unterscheiden, die mit der Stressbelastung auf der einen Seite und mit den Erholungsprozessen auf der anderen Seite in Beziehung standen (Kellmann & Kallus, 2000; Beckmann, im Druck).

So ergaben sich z. B. mit der Skala somatische Erholung signifikante Bezüge zu den SSI Skalen Selbstbestimmung (r = .45), positive Selbstmotivierung (r = .55), Stimmungsmanagement (r = .54), Selbstberuhigung (r = .48), Initiative (r = .50) und volitionale Selbstwirksamkeit (r = .48). Ähnliche Ergebnisse zeigten sich bei den anderen Erholungsskalen aus dem EBF: Personen, die fühlen, dass sie das, was sie tun, auch wirklich selber wollen (Selbstbestimmung), die sich positive Anreize für ihre Handlungen setzen können und ihre Emotionen selbständig regulieren können, wissen, wie man sich bei Stress entspannt. Sie können leicht neue Handlungen initiieren, haben ein hohes Vertrauen in ihre selbstregulatorischen Fähigkeiten und erreichen mit höherer Wahrscheinlichkeit einen hohen Entspannungszustand als Personen mit niedrigen Ausprägungen dieser volitionalen Funktionen. Der mit den genannten Selbststeuerungsfunktionen korrelierende Entspannungszustand äußert sich sowohl in somatischer wie in allgemeiner Erholung, in einem besseren Schlaf, in einer effizienteren Selbstregulation, höheren Selbstwirksamkeitsüberzeugungen, gesteigerter persönlicher Verwirklichung und hoher körperlicher Fitness. Nichumsetzung von Vorsätzen, Intrusionsneigung, Entfremdung, Grübeln, belastungsabhängige Lähmung und Selbstdisziplin standen in dieser Untersuchung mit Stress in Verbindung. Das bedeutet, dass das subjektive Stressniveau signifikant erhöht ist bei Personen, denen es nicht gelingt, aktuelle Vorhaben auszuführen, denen immer wieder störende Gedanken kommen und die einen beeinträchtigten Zugang zu ihrem Selbstsystem haben, die oft nachgrübeln und meist negativ gestimmt sind und sich unter Belastung wie gelähmt fühlen oder die ein hohes Ausmaß an Selbstdisziplin zeigen. Die belastungsrelevanten Skalen aus dem EBF sind allgemeine und emotionale Beanspruchung, soziale Beanspruchung, Leistungsdruck, Energielosigkeit, gestörte Pause und Verletzungsanfälligkeit (Beckmann, im Druck; Kellmann & Kallus, 2000).

Zusammenfassend lässt sich feststellen, dass Erholung signifikante Zusammenhänge zeigt mit Skalen der Selbstregulation, wohingegen Beanspruchung und Stress im Alltag mit den meisten Skalen der Willenshemmung korrelieren. Eine Voraussetzung für das Vermeiden von Stress und übermäßiger Beanspruchung scheint das Loslösen von einer vergangenen Tätigkeit und eine Orientierung hin zu einer neuen Aktivität zu sein (Beckmann, im Druck). Das Sich-Loslösen von einer Aktivität erfordert vor allem die Neutralisierung der mit der Bindung an ein Ziel oder an eine Aktivität verbundenen emotionalen Komponente. Emotionsregulation setzt den Zugang zum ganzheitlichen Fühlen (Extensionsgedächtnis) voraus, der wiederum durch perseverierenden negativen Affekt gehemmt ist (2. Modulationsannahme der PSI-Theorie). Wer sich nicht entspannen kann, hat demnach deshalb Schwierigkeiten, sich von einem Ziel oder von einer Tätigkeit abzulösen, weil ihm der Zugang zum Selbstsystem und damit auch zu der Emotionsregulation erschwert ist, die ihrerseits notwendig ist, um sich emotional von der betreffenden Tätigkeit lösen zu können. Gelingt hingegen Personen die Ablösung von einer vergangenen Tätigkeit und können sie sich zu einer neuen Tätigkeit hin orientieren, so kann dies die Entspannung immer dann erleichtern, wenn die neue Tätigkeit mit mehr Freude oder mit mehr Erfolg ausgeführt werden kann als die alte. Damit ist allerdings noch nicht garantiert, dass die Entspannung auch *bewusst* repräsentiert ist: Das subjektive Erleben einer erreichten Erholung setzt die Intaktheit der Selbstwahrnehmung und der mit ihr assoziierten selbstregulatorischen Kompetenzen voraus (z. B. Selbstmotivierung und Selbstberuhigung). Auf diese Weise lässt sich plausibel der Befund erklären, dass das subjektive Erleben von Erholung in Beckmanns Untersuchung mit den Komponenten der Selbstregulation assoziiert ist.

13.10 Anwendung: Selbststeuerung in der Individualdiagnostik

In vielen Anwendungsbereichen ist die individuelle Selbststeuerungsfähigkeit von großer Bedeutung, vor allem in der klinischen Psychotherapie, in der Schulpsychologie, in der Sportpsychologie und auch in der Arbeits- und Organisationspsychologie. In all diesen Bereichen wird das SSI im Rahmen einer entwicklungs- und ressourcenorientierten Persönlichkeitsdiagnostik eingesetzt. Persönliche Kompetenzen, die mehr von der Motivation, der Flexibilität und dem Selbstmanagement als von fachlichen Kenntnissen abhängen, werden heute oft „Schlüsselqualifikationen" genannt, weil sie als Schlüssel zur Bewährung in verantwortlichen beruflichen Positionen betrachtet werden. Das SSI wird zusammen mit weiteren Osnabrücker Methoden (Motiv-Umsetzungs-Test; Operanter Multimotivtest; Persönlichkeitsstil-und-Störungs-Inventar etc.) zur Förderung der persönlichen Entwicklung in den genannten Persönlichkeitsfunktionen eingesetzt (Kuhl & Henseler, im Druck). An die umfassende Diagnostik schließt sich eine eingehende mündliche Beratung oder schriftliche Rückmeldung der Ergebnisse mit praktischen Hinweisen an, wie der Klient seine persönliche Entwicklung am besten voranbringen kann (Näheres unter www.diffpsycho.uos.de oder www.impart-gmbh.de).

13.11 Selbststeuerung und Alkoholabhängigkeit

In der Abhängigkeitsforschung wird zunehmend die Relevanz motivationaler und volitionaler Einflüsse auf die Bewältigung von dependenten Erkrankungen im Rahmen therapeutischer Behandlungen betont (Petry, 1993). Schroer (2001) führte eine Untersuchung mit Alkoholabhängigen durch und konnte in dieser

Gruppe im Vergleich zu den Normierungsdaten eine schlechtere Selbstregulation (Selbstmotivierung, Aktivierungskontrolle (belastungsabhängige Wachheit) und Selbstkongruenz (Selbstbestimmung)) und eine stärkere Ausprägung

Tabelle 3
Mittelwerte für SSI-Skalen aus den vier Makrobereichen Selbstregulation, Selbstkontrolle, Willenshemmung und Selbsthemmung für Alkoholiker und eine nicht klinische Vergleichsgruppe.

	Selbstbestimmung (Selbstregulation)	Ängstliche Selbstmotivierung (Selbstkontrolle)	Energiemangel (Willenshemmung)	Grübeln (Selbsthemmung)
Alkoholiker (N = 115)	17,1	19,73	24,47	22,57
Nicht klinische Vergleichsgruppe (N = 140)	22,54	17,66	17,07	18,60

Anmerkung: Die Tabelle enthält die Mittelwerte aus drei unterschiedlichen Stichproben der Untersuchung von Schroer (2001). Bei jeder der dargestellten Selbststeuerungsfunktionen (d. h. innerhalb der Spalten) unterscheiden sich die Alkoholiker signifikant von der Vergleichsgruppe.

der Volitionshemmung im Sinne von Lageorientierung nachweisen. Hohe volitionale Kompetenz bei geringer Selbst- und Willenshemmung ging mit reduziertem Alkoholkonsum einher. Patienten mit geringer Willens- und Selbsthemmung geben bereits im Monat vor der qualifizierten Entzugsbehandlung die wenigsten Trinktage an. Außerdem fühlten sich die Patienten mit hoher Ausprägung des Selbstregulationsfaktors und niedriger Ausprägung der Selbsthemmung durch Alkoholprobleme weniger belastet. Interessant sind auch die Befunde zu den Therapieabbrechern: Die Abbrecher waren weniger lageorientiert, sie grübelten weniger und hatten weniger Schwierigkeiten sich umzustellen, wenn sich Regeln plötzlich änderten. Unkontrollierbare Gedanken traten weniger häufig auf. Sie konnten sich selbst trotz nachlassender Motivation besser zur Fortsetzung einer absichtsbezogenen Handlung bewegen und ließen sich durch Misserfolge weniger schnell lähmen. Diese Befunde lassen allerdings offen, ob der Therapieabbruch bei diesen handlungsorientierten Patienten, auf einer selbstkongruenten Entscheidung beruhte oder auf einer – mit der Suchtproblematik eher in Einklang stehenden – (selbstvermeidenden) Impulsivität.

13.12 Selbststeuerung und Problemlösen

In einer noch nicht publizierten Untersuchung der Selbststeuerung beim Problemlösen fand Hünniger (2001), dass Personen mit einer positiven Ausprägung der Subkomponenten von drei SSI-K-Skalen, welche im Lernprozess erhoben wurden, sowohl mehr Wissen über ein komplexes Problem erwarben, als auch ihre Ziele besser erreichten. Die hierbei verwendete Aufgabe war ein computersimuliertes komplexes Problem *(biology-lab)*, welches gut untersucht ist (vgl. Funke, 1991; Vollmeyer, Rollett und Rheinberg, 1998). Die Probanden explorierten in drei Lernrunden, welche Beziehungen zwischen Inputvariablen (Medikamenten) und Outputvariablen (Körpersubstanzen) existieren. Dabei konnten die Probanden die Inputvariablen variieren und die Effekte ihrer Variation an den Outputvariablen beobachten. Nach jeder Lernrunde wurde das explizierte Wissen und die Güte der Strategie erhoben. In einer Anwendungsrunde erhielten die Versuchspersonen Zielwerte für die Outputvariablen, die sie mit ihrem erreichten Wissensstand einstellen sollten. Während des Lernprozesses wurden zusätzlich wiederholt drei Selbststeuerungsfunktionen registriert (Selbstmotivierung, Selbstberuhigung, Energiedefizit). Nachdem mittels Mediansplit für jeweils eine der drei Subskalen zwei Gruppen gebildet wurden, konnten für alle drei Subskalen signifikante Unterschiede ($p < .018$) für das in der Lernphase erworbene Wissen über das komplexe System und die Zielerreichung in der Anwendungsphase gefunden werden: Hohe Selbstmotivierung und hohe Selbstberuhigung gingen mit einem effizienteren Erwerb von Wissen über das System einher, während eine hohe Ausprägung des während des Lernprozesses erlebten „Energiedefizits" mit einem geringeren Lernfortschritt verbunden war (Abb. 2). Die entsprechenden Effekte waren bei der abhängigen Variable „Zielerreichungsdiskrepanz" noch ausgeprägter (d. h. bei der Differenz zwischen dem angestrebten Leistungsziel (Zielwerte für die Outputvariablen) und der dann tatsächlich erzielten Leistung in der Anwendungsphase). Regressionsanalysen bestätigten den vermuteten Vermittlungsstatus der Selbststeuerungskomponenten: Der Einfluss des im ersten Durchgang gemessenen Wissens auf die im letzten Durchgang erreichte Leistung (Zielerreichungsdiskrepanz) war über den Einfluss der Komponenten der Selbststeuerung im Lernprozess vermittelt.

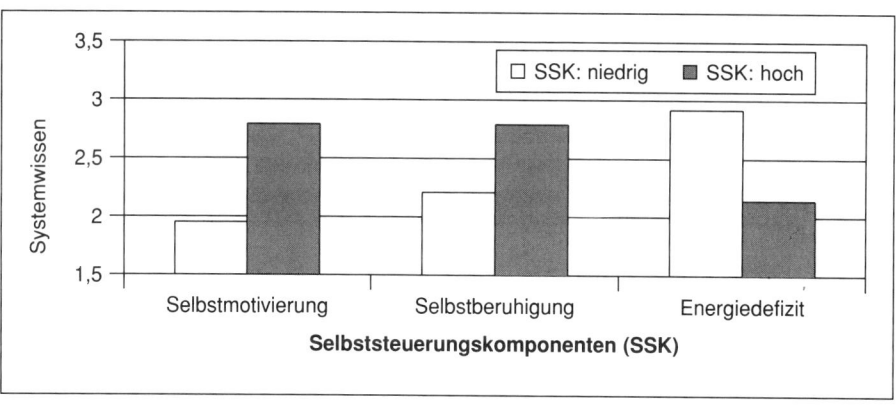

Abbildung 2:
Die drei Subskalen Selbstmotivierung, Selbstberuhigung und Energiedefizit (niedrig vs. hoch) und das in der Lernphase erworbene Wissen.

13.13 Selbststeuerung, Selbstkonkordanz und operante Verfahren

In einer noch nicht abgeschlossenen Längsschnittstudie über die Zielverfolgung während des Semesters an einer studentischen Stichprobe fanden Fröhlich, Hünniger und Kuhl (in Vorb.) (s. Tabelle 4, S. 251), dass das Ausmaß der Selbstbestimmung im SSI sowohl signifikant positiv mit dem Selbstkonkordanzmaß nach Sheldon und Elliot (1999) korrelierte (Überwiegen intrinsischer und identifizierter Gründe gegenüber extrinsischen und introjizierten Gründen für die Zielverfolgung) als auch mit dem Maß des Selbstzugangs (Ebene 3) aus dem Operanten Multi-Motiv-Test von Kuhl und Scheffer (s. Kuhl, Scheffer und Eichstaedt in diesem Band). Dieser Test ist eine Weiterentwicklung der TAT-Methode zur Messung von Motiven, bei der die Probanden („implizite") Assoziationen zu von ihnen erfundenen Geschichten aufschreiben: Der OMT differenziert innerhalb jedes der drei sozialen Basismotive (Anschluss, Leistung, Macht) eine Meidungs- und vier Aufsuchungskomponenten. Letztere ergeben sich aus der Kombination zweier affektiver Komponenten (positivem vs. negativem Affekt) und einer Variante mit und einer ohne Beteiligung des Selbstsystems (s. Kuhl, Scheffer und Eichstaedt in diesem Band). Des Weiteren korrelierten Skalen der Willensbahnung unter Belastung positiv mit Selbstkonkordanz und der Ebene 1 im OMT sowie negativ mit der Ebene 4, wohingegen der Selbstzugang unter Bedrohung vor allem mit der Selbstkonkordanz in Beziehung stand.

Die Handlungs-/Lageorientierung zeigte keinerlei Zusammenhänge mit dem operanten Maß, ebenso wenig wie die Selbstkonkordanz (nicht in der Tabelle aufgeführt) und nur die prospektive Handlungsorientierung korrelierte signifikant positiv mit dem Maß der Selbstkonkordanz.

Demzufolge weist lediglich das SSI Bezüge sowohl zu eher expliziten Maßen wie der Selbstkonkordanz auf als auch zu dem projektiven Verfahren des OMT, das verschiedene Umsetzungsformen von impliziten, d. h. nicht bewusstseinspflichtigen Motiven erfasst (Anschluss-, Leistungs- und Machtmotiv). Somit scheint es gelungen zu sein, auch die bisher eher im Hintergrund des Bewusstseins arbeitenden Komponenten der Selbststeuerung (wie vor allem die Selbstregulation) mit dem SSI messbar zu machen, ohne dass diese ihre bedeutsamen Zusammenhänge zu anderen impliziten Maßen verlieren (im SSI werden viele Selbststeuerungsfunktionen eher indirekt erfragt, d. h. an Hand ihrer bewusstseinsfähigen Begleiterscheinungen oder Resultate).

Die Zusammenhänge mit dem OMT lassen sich wie folgt interpretieren (vgl. Kapitel 8 und 9 in diesem Band): Das Kodieren der Ebene 1 im OMT erfolgt dann, wenn Tätigkeiten ganz positiv (z. B. im flow) erlebt werden, d. h., es ist immer optimale Energie und Konzentration vorhanden (eine Funktion, die im Rahmen der PSI-Theorie mit der im Hintergrund arbeitenden Selbstmotivierung erklärt wird). Passend zu dieser Interpretation korrelieren gerade die Skalen

„Energiemangel" und „Konzentrationsschwäche" negativ mit Ebene 1 des OMT. Die 3. Ebene steht ebenfalls für die Beteiligung des Selbstsystems, besonders im Zusammenhang mit der Fähigkeit, sowohl positive als auch negative Seiten einer Situation wahrzunehmen und auch dann konstruktiv und motiviert zu handeln, wenn es gilt mit negativen Gefühlen fertig zu werden. Die auf Ebene 3 postulierte Beteilung des Selbst wird durch die Korrelation der Skala „Selbstbestimmung" mit der Ebene 3 bestätigt. Auf Ebene 5 herrscht gemäß der PSI-Theorie negativer Affekt auch im Bewusstsein so stark vor, dass der Zugang zum

Tabelle 4:
Korrelationen zwischen Skalen der Selbststeuerung und Handlungs-/Lageorientierung mit den Kodierungen der verschiedenen Ebenen aus dem Operanten Multi-Motiv-Test (OMT) und dem Maß für Selbstkonkordanz sensu Elliot und Sheldon (1999)[5].

	Ebene 1	Ebene 2	Ebene 3	Ebene 4	Ebene 5	0-Kod.	Selbstkonkordanz
	(N=34)	(N=34)	(N=34)	(N=34)	(N=34)	(N=34)	(N=31)
Positive Selbstmotivierung						−0,335+	0,335+
Aktivierungskontrolle (Wachheit + Selbstberuhigung)	0,302+			−0,322+			
Selbstbestimmung			0,382*		−0,388*		0,412*
Energiemangel	−0,366*						−0,382*
Volitionale Passivität (Nichtumsetzung von Vorsätzen + Fremdbestimmtheit)	−0,320+			0,345*			−0,440*
Konzentrationsschwäche	−0,416*						−0,580***
Zielvergegenwärtigung	−0,307+						
Introjektionsneigung							−0,465**
Grübeln						0,378*	−0,546**
Handlungsorientierung prospektiv							0,473**
Handlungsorientierung misserfolgsbezogen							0,338+

Anmerkungen: + p < 0.1; * p < 0.05; ** p < 0.01; *** p ≤ 0.001 (t-Tests, zweiseitig)

---

5 Fünf Motivumsetzungsformen: Ebene 1 = positiver Affekt mit Beteiligung des Selbst (intrinsisch); Ebene 2 = positiver Affekt ohne Selbstbeteiligung (Anreizzentrierung); Ebene 3 = selbstgesteuerte Bewältigung von negativem Affekt (A−); Ebene 4 = Bewältigung von A− durch spontanes Handeln („aktive Vermeidung"); Ebene 5 = passiv-ängstliche Verhaltenshemmung.

Selbstsystem gehemmt wird, so dass das Bedürfnis allenfalls passiv ausgedrückt werden kann (z. B. als Appell an andere). Die negative Korrelation zwischen der Ebene 5 und der Selbstbestimmung bestätigt die auf der 2. Modulationsannahme beruhende Hypothese einer Hemmung des Selbstsystems. Die SSI-Skala „volitionale Passivität" beschäftigt sich mit dem unselbständigen, druckabhängigen Handeln und sollte demzufolge positiv mit Ebene 4 korrelieren, weil diese Ebene zwar durch Aktionismus definiert ist, dieser aber eher extrinsischer Natur und angstmotiviert ist (also unselbständig und druckabhängig).

13.14 Implikationen für die Praxis und Ausblick

Die Kennwerte, die das SSI liefert, haben gegenüber Globalmaßen für Selbstvertrauen oder Kontrollüberzeugungen den Vorteil, dass sie konkrete Anhaltspunkte für die Planung und Evaluation von Therapien und Trainingsmaßnahmen liefern. Die Analyse mittels des SSI soll helfen, die *spezifischen* Funktionen zu messen, deren Beeinträchtigung zu einer Senkung des globalen Selbstvertrauens führen, so dass möglichst frühzeitig, d. h. zu Beginn der Therapie, entsprechend spezifische Hinweise für die Planung von Therapieschwerpunkten vorliegen. Besonders in der Verhaltenstherapie sollte sich die Konkretisierung der funktionalen Orte einer Störung effektivitätssteigernd auswirken, weil diese Therapieform eine große Offenheit gegenüber Informationen aufweist, die den Therapieprozess beschleunigen können: Die Verhaltenstherapie ist nicht durch die Reduktion auf eine bestimmte Kategorie von Verursachungsfaktoren charakterisiert. Durch eine testgestützte Therapie verfügt man frühzeitig über spezifische Informationen, die eine Planung von konkreten Therapieschwerpunkten ermöglichen. Es kann erwartet werden, dass durch die möglichst frühe Funktionsdiagnostik von Persönlichkeitsfunktionen nicht nur die Motivation auf Seiten der Patienten und der Therapeuten profitiert, sondern dass letztlich auch Kosten gesenkt werden können (vgl. Hartmann & Kuhl, im Druck; Kuhl & Fuhrmann, 1998). Mit Hilfe des SSI konnten bei psychosomatischen Patienten nach ca. dreimonatigem Klinikaufenthalt signifikante Therapieeffekte in zahlreichen Selbststeuerungsfunktionen nachgewiesen werden (Kuhl, 2000b). Der durch diese Befunde bestätigte Nutzen der Instrumente zur Evaluation von Therapieerfolgen ermutigt zum Einsatz dieser Instrumente zu Beginn der Therapie, damit Hinweise zur Setzung von Therapieschwerpunkten relativ früh vorliegen. Hierzu ist der Einsatz der Instrumente in der Einzelfallanalyse notwendig (Kuhl, 2001, Kapitel 18).

Die Beeinträchtigung der Selbststeuerung scheint das Risiko der Bildung psychischer Erkrankungen erheblich mehr zu erhöhen (Hautzinger, 1994) als extreme Kennwerte auf Skalen für Persönlichkeitsstörungen, einseitige kognitive Stile oder affektive Dispositionen (Kuhl, 2001, S. 606). Das wird in der PSI-Theorie damit erklärt, dass noch so einseitige affektive Dispositionen (z. B.

Ängstlichkeit, Neurotizismus, Introversion) und von ihnen abhängige kognitive Einseitigkeiten (z. B. paranoide, schizoide oder histrionische Stile) als typische *Erstreaktionen* auf neue Situationen aufzufassen sind, die zwar den persönlichen Stil eines Menschen charakterisieren, jedoch wenig über die *Dauer* der betreffenden affektiven und kognitiven Reaktionen aussagen. Ob die Erstreaktion andauert oder ob die *Zweitreaktion auf eine Situation anders aussieht, hängt demnach von der Selbststeuerung ab (z. B. Emotionsregulation). Ein ungünstiger emotionaler Zustand wie Angst oder Ärger ist als (perseverierende) Zweitreaktion für die Bildung von Symptomen relevanter als eine kurzlebige Erstreaktion.* In einer katamnestischen Untersuchung konnte diese zentrale Rolle der Selbststeuerung bestätigt werden: Während Verbesserungen der Stimmung und der kognitiven Persönlichkeitsstile während der Therapie wenig prognostische Relevanz für den Langzeiterfolg der Therapie hatten, führte eine Zunahme der Selbstmotivierung während der Therapie (innerhalb von ca. 3 Monaten) zu einer Symptomreduzierung, die sogar über einen Zeitraum von vier Jahren stabil war. Voraussetzung für eine derart bemerkenswerte Langzeitstabilisierung der Therapieeffekte war allerdings, dass die Patienten in ihrem Alltag nicht weiterhin hilflosigkeitsverursachenden Stressoren ausgesetzt waren. Dieser Langzeiteffekt der Verbesserung der Selbstmotivierung während des Therapiezeitraums blieb auch dann signifikant, wenn die während der Therapie registrierte Symptomreduktion statistisch kontrolliert wurde. Für die Langzeitstabilisierung der Therapiewirkung scheint demnach eine Therapie, die Verbesserung auf der Ebene symptomverursachender Selbstregulationsfunktionen erreicht, einer auf Symptombeseitigung beschränkten Therapie überlegen zu sein (Kuhl, 2002).

Die Daten zur volitionalen Effizienz aus der Diätstudie implizieren, dass man bei Menschen, die eine längere Geschichte selbstkontrollierender Disziplin hinter sich haben, keine raschen Erfolge eines Trainings erwarten kann, das auf „positives Denken" und andere selbstregulatorische („demokratischen") Strategien ausgerichtet ist. Fuhrmann und Kuhl (1998) hatten gefunden, dass Personen mit hoher Selbstkontrolle und niedriger Selbstregulation bei einem Selbstbelohnungstraining (sich für kleine Erfolge belohnen) *weniger* von ihren Absichten umsetzen konnten als bei einem Selbstbestrafungstraining (Misserfolge auflisten und kritisieren). Der Übergang zu den vielen Vorteilen der positiven und freiheitlichen Selbststeuerungsform (d. h. von der Selbstkontrolle zur Selbstregulation) erfordert hier eine intensive Unterstützung der Selbstentwicklung, d. h. der Fähigkeit, eigene von fremden Zielen zu unterscheiden, selbstfremde Ziele abzulehnen und selbstkompatible Ziele in die eigene Selbstrepräsentation zu integrieren: Erst wenn selbstkompatible Ziele wirklich ins Selbst integriert werden, kann das durch positive Gefühle unterstützte „Selbst-Bewusstsein" der Zielumsetzung zugute kommen: Das „positive Denken" beeinträchtigt Personen mit hoher Selbstkontrolle („Selbstdisziplin") demnach deshalb in ihrer Umsetzungseffizienz, weil es zwar das Selbstsystem freisetzt, aber damit nicht die (Ernährungs-) Ziele, die ja bei hoher Selbstkontrolle durch das Intentionsgedächtnis verwaltet werden, ohne ins Selbst integriert sein zu müssen. Damit wird die weit verbreitete Empfehlung positiv orientierter Interventionsstrategien deutlich relativiert: Positives Denken, Selbstbekräftigung u. ä. Interventionen werden nicht bei allen Menschen den versprochenen Erfolg haben, zumindest nicht, ohne dass zuvor die erwähnten Fortschritte in der Selbstentwicklung angeregt worden sind. Es bedarf einer individuellen Persönlichkeitsdiagnostik, um abzuschätzen, ob Maßnahmen zum positiven Denken oder zur Selbstbelohnung unmittelbar angezeigt sind, oder ob zunächst andere Interventionsbausteine vorgeschaltet werden müssen. (Kuhl, 2001).

Tabelle 5:
Überblick über objektive Methoden zur Messung von Selbststeuerungsfähigkeiten

- kontrollierte und automatische Formen der Aufmerksamkeitssteuerung (Posner & Rothbart, 1992)
- Selbstmotivierung (Beckmann & Kuhl, 1984), zu denen auch verschiedene Formen der Dissonanzreduktion durch Aufwertung der Valenz einer Tätigkeit gezählt werden können
- Selbstregulierte Emotionskontrolle (Showers & Kling, 1996)
- Impulskontrolle (Kuhl & Kraska, 1992) SRKT-K
- Selbstbestimmung (Kuhl & Kazen, 1994b): Anzahl falscher Selbstzuschreibungen von fremden Aufträgen
- Aufrechterhaltung von Absichten/Absichtsgedächtnis (Goschke & Kuhl, 1993): Reaktionszeitersparnis beim Wiedererkennen absichtsbezogener Wörter
- Planungsbezogene Prozesse (Gediga & Schöttke, 1994): Turm von Hanoi; (Funke & Krüger, 1993): Plan a day
- Initiierung explizit intendierter Absichten (Kuhl & Kazen, 1999) Experiment zur Beseitigung der Stroop-Interferenz
- Zögern + Energiedefizit (Dibbelt, 1997) Reaktionszeitverlängerungen beim selbstgesteuerten Handlungswechsel
- Fremdsteuerung (Kuhl & Kazen, 1994b) Ausführungsüberlegenheit fremd- im Vergleich zu selbstgewählten Aktivitäten
- Intrusionsneigung + Grübeln (vgl. Kuhl, 2001, S. 765) Gedankenstichproben, nicht reaktive Ablenkungsmaße
- Alienation (Guevara, 1994, Kuhl & Beckmann, 1994b) Wiederholungsreliabilität von Präferenzurteilen
- Rigidität beim Handlungs- oder Aufmerksamkeitswechsel (Allport et al., 1994) Reaktionszeitzuwachs beim Alternieren von Aufgaben

13.15 Literatur

Ainsworth, M., Blehar, M., Waters, E. & Wall, S. (1978). *Patterns of attachment.* Hillsdale, NJ: Erlbaum.
Atkinson, J.W. & Birch, D. (1970). *The dynamics of action.* New York: Wiley.
Baddeley, A. D. (1996). Exploring the central executive. *The Quarterly Journal of Experimental Psychology, 49,* 5–28.
Baumann, N. (1998). *Selbst- versus Fremdbestimmung: Zum Einfluß von Stimmung, Bewußtheit und Persönlichkeit.* Unveröffentlichte Dissertation. Universität Osnabrück.
Beckmann, J. (im Druck). Interaction of volition and recovery. In M. Kellmann (Hrsg.), *Enhancing recovery: Preventing underperformance in athletes.* Champaign, IL: Human Kinetics. (scheduled to be published in May 2002).
Bower, G. H. & Hilgard, E. R. (1983). *Theorien des Lernens.* Stuttgart: Klett-Cotta.
Bowlby, J. (1969). *Attachment and loss* (Vol. 1). New York: Basic Books.
Brandimonte, M., Einstein, G. O. & McDaniel, M. A. (Hrsg.). (1996). *Prospective memory: Theory and applications.* Mahwah, NJ: Erlbaum.
Davis, H., Botterill, C. & MacNeill, K. (im Druck). Mood and self-regulation changes in under-recovery: An intervention model. In M. Kellmann (Hrsg.), *Enhancing recovery: Preventing underperformance in athletes.* Champaign, IL: Human Kinetics. (scheduled to be published in May 2002).
Deci, E. L. & Ryan, R. M. (1991). A motivational approach to self: Integration in personality. In E. Dienstbier (Hrsg.), *Nebraska Symposium on Motivation 1990* (S. 237–288).
Fröhlich, S. M., Hünniger, F. & Kuhl, J. (in Vorb.). Selbststeuerung und Zielerreichung.
Fuhrmann, A. & Kuhl, J. (1998). Maintaining a healthy diet: Effects of personality and self-reward versus self-punishment on commitment to and enactment of self-chosen and assigned goals. *Psychology and Health, 13,* 651–686.
Funke, J. (1991). Solving complex problems: Exploration and control of complex systems. In R. J. Sternberg & P. A. Frensch (Hrsg.), *Complex problem solving: Principles and mechanisms* (pp. 185–222). Hillsdale, NJ: Erlbaum.
Goschke, T. & Kuhl, J. (1993). The representation of intentions: Persisting activation in memory. *Journal of Experimental Psychology: Learning, Memory, and Cognition, 19,* 1211–1226.
Greenwald, A. G. & Banaji, M.R. (1995). Implicit social cognition: Attitudes, self-esteem, and stereotypes. *Psychological Review, 102,* 4–27.
Guevara, M. L. (1994). *Alienation und Selbstkontrolle: Das Ignorieren eigener Gefühle.* (Alienation and self-control: Ignoring one's preferences). Bern: Lang.
Halisch, F. (1992). Beobachtungslernen und die Wirkung von Vorbildern. In H. Spada (Hrsg.), *Allgemeine Psychologie.* Bern: Hans Huber.
Hartmann, F. & Kuhl, J. (im Druck). Der Wille in der Verhaltenstherapie. In K. Grawe, E. Wiesenhüter & H. Petzold (Hrsg.), *Der Wille in der Psychotherapie.* Göttingen: Vandenhoeck & Ruprecht.
Hautzinger, M. (1994). Action control in the context of psychopathological disorders. In J. Kuhl & J. Beckmann (Hrsg.), *Volition and Personality: Action versus state orientation* (S. 209–215). Seattle: Hogrefe.
Hünniger, F. (2001). *Selbststeuerung und Problemlösen.* Vortrag im Motivationspsychologischen Forschungskolloquium der Universität Potsdam. Unveröffentlichtes Manuskript. Universität Osnabrück.
Kanfer, F. H. (1977). Self-regulation and self-control. In H. Zeier (Hrsg.), *The psychology of the 20th century: From classical conditioning to behavioral therapy.* Vol. 4 (pp. 793–827). Zürich: Kindler-Verlag.

Kanfer, F. H., & Schefft, B. K. (1988). *Guiding the process of therapeutic change.* Champaign, IL: Research Press.

Kaschel, R. & Kuhl, J. (im Druck). Motivational counseling in an extended functional context: Personality Systems Interaction Theory and Assessment. In W. M. Cox & E. Klinger (Hrsg), *Handbook of motivational counseling: Motivating People for Change.* Sussex: Wiley.

Kellmann, M. & Kallus, K. W. (2000). *Erholungs-Belastungsfragebogen für Sportler. EBF-Sport. Manual.* Frankfurt: Swets & Zeitlinger, B. V.

Koole, S. L. & Kuhl, J. (im Druck). *In search of the real self: A functional perspective on optimal self esteem and authenticity.* Psychological Inquiry.

Kuhl, J. (1982). Handlungskontrolle als metakognitver Vermittler zwischen Intention und Handeln: Freizeitaktivitäten bei Hauptschülern. *Zeitschrift für Entwicklungspsychologie und Pädagogische Psychologie, 14,* 141–148.

Kuhl, J. (1983). *Motivation, Konflikt und Handlungskontrolle.* Heidelberg: Springer-Verlag.

Kuhl, J. (1994). Motivation and Volition. In G. d'Ydevalle, P. Bertelson & P. Eelen (Hrsg.), *Current advances in psychological science: An international perspective* (S. 311–340). Hillsdale, NJ: Erlbaum.

Kuhl, J. (1996). Wille und Freiheitserleben: Formen der Selbststeuerung. In J. Kuhl & H. Heckhausen (Hrsg.), *Enzyklopädie der Psychologie: Motivation, Volition und Handlung* (Serie IV, Band 4, S. 665–765). Göttingen: Hogrefe.

Kuhl, J. (1998). Wille und Persönlichkeit: Von der Funktionsanalyse zur Aktivierungsdynamik psychischer Systeme. *Psychologische Rundschau, 49,* 61–77.

Kuhl, J. (2000a). A Functional-Design Approach to Motivation and Self-Regulation: The Dynamics of Personality Systems Interactions. In M. Boekaerts, P. R. Pintrich & M. Zeidner (Hrsg.), *Handbook of Self-Regulation* (S. 111–169). San Diego: Academic Press.

Kuhl, J. (2000b). Testgestützte Therapiegestaltung und Evaluation: Soziale Motive, affektiv-kognitive Stile und Selbststeuerungsfunktionen. In J.-H. Mauthe (Hrsg.), *Affekt und Kognition.* Sternenfels: Verlag Wissenschaft und Praxis.

Kuhl, J. (2000c). The volitional basis of personality systems interaction theory: Applications in learning and treatment contexts. *International Journal of Educational Research, 33,* 665–703.

Kuhl, J. (2001). *Motivation und Persönlichkeit: Interaktionen psychischer Systeme.* Göttingen: Hogrefe.

Kuhl, J. (2002). *Entfremdung als Krankheitsursache: Von der Funktionsanalyse zum Langzeiterfolg prozeßdiagnostisch unterstützter Intervention.* Eingereichtes Manuskript. Universität Osnabrück.

Kuhl, J. & Beckmann, J. (1994). *Volition and personality: Action versus state orientation.* Göttingen/Seattle: Hogrefe.

Kuhl, J. & Fuhrmann, A. (1998). Decomposing self-regulation and self-control: The volitional components inventory. In J. Heckhausen & C. Dweck (Hrsg.), *Motivation and self-regulation across the life span* (S. 15–49). Cambridge: Cambridge University Press.

Kuhl, J. & Helle, P. (1986). Motivational and volitional determinants of depression: The degenerated-intention hypothesis. *Journal of Abnormal Psychology, 95,* 247–251.

Kuhl, J. & Henseler, W. (im Druck). Entwicklungsorientiertes Scanning (EOS). In L. v. Rosenstiel & J. Erpenbeck (Hrsg.), *Handbuch der Kompetenzmessung.* Heidelberg: Spektrum Akademischer Verlag.

Kuhl, J. & Kazén, M. (1994). Self-discrimination and memory: State orientation and false self-ascription of assigned activities. *Journal of Personality and Social Psychology, 66,* 1103–115.

Kuhl, J. & Kazén, M. (1997). *Das Persönlichkeits-Stil-und-Störungs-Inventar (PSSI): Manual.* Göttingen: Hogrefe.

Kuhl, J. & Kazén, M. (1999). Volitional facilitation of difficult intentions: Joint activation of intention memory and positive affect removes stroop interference. *Journal of Experimental Psychology: General, 128,* 382–399.

Kuhl, J. & Kraska, K. (1992). *Der Selbstregulations- und Konzentrationstest für Kinder (SRKT-K)*. Göttingen: Hogrefe.

Kuhl, J. & Scheffer, D. (1999). *Der operante Multi-Motiv-Test (OMT): Manual*. Universität Osnabrück.

Kuhl, J. & Völker, S. (1998). Entwicklung und Persönlichkeit. In H. Keller (Hrsg.), *Lehrbuch der Entwicklungspsychologie* (S. 207–240). Bern: Huber.

Langer, E. (1975). The illusion of control. *Journal of Personality and Social Psychology, 32,* 311–328.

Leontiev, A. N. (1977). *Tätigkeit, Bewußtsein, Persönlichkeit*. Stuttgart: Klett.

Luria, A. (1973/1992). *Das Gehirn in Aktion*. Hamburg: Rowohlt.

McClelland, D. C. (1985). *Human motivation*. Glenview, IL: Scott, Foresman & Co.

Melzoff, A. N. & Moore, M. K. (1989). Imitation in newborn infants: Exploring the range of gestures imitated and the underlying mechanisms. *Developmentnal Psychology, 25,* 954–962.

Mischel, H. N. & Mischel, W. (1983). The development of children's knowledge of self-control strategies. *Child Development, 54,* 603–619.

Papoušek & Papoušek. (1987). Intuitive Parenting: A dialectic counterpart to the infant's integrative competence. In J. D. Osofsky (Hrsg.), *Handbook of infant development* (2nd ed., S. 669–720). New York: Wiley.

Petry, J. (1993). *Alkoholismustherapie: gruppentherapeutische Motivierungsstrategien*. Weinheim: Psychologie Verlags Union.

Schroer, B. M. (2001). *Zielaktivierung und Zielklärung (ZAK): Evaluation einer gruppentherapeutischen Kurzintervention in der Entzugsbehandlung alkoholabhängiger Menschen* (bislang unveröffentlichte Dissertation, Münster).

Sheldon, K. M. & Elliot, A. J. (1999). Goal striving, need satisfaction, and longitudinal well-being: The self-concordance model. *Journal of Personality and Social Psychology, 76 (3),* 482–497.

Tolman, E. C. (1948). Cognitive maps in rats and men. *Psychological Review, 55,* 189–208.

Vollmeyer, R., Rollett, W. & Rheinberg, F. (1998). Motivation and learning in a complex system. In P. Nenniger, R. S. Jäger, A. Frey & M. Wosnitza (Hrsg.), *Advances inmotivation* (pp. 53–67). Landau: Verlag Empirische Pädagogik.

Vygotsky, L. S. (1978). *Mind in society: The development of higher psychological processes*. Cambridge: Harvard University.

Teil 4

Diagnostik der Motivation im Handlungsvollzug

Kapitel 14

14 Die Erfassung des Flow-Erlebens

Falko Rheinberg, Regina Vollmeyer und Stefan Engeser

Zusammenfassung

Flow-Erleben lässt sich charakterisieren als das gänzliche Aufgehen in einem glatt laufenden Tätigkeitsvollzug, den man trotz hoher Beanspruchung noch unter Kontrolle hat. Dargestellt und diskutiert werden Vor- und Nachteile der bisherigen qualitativen (Interviews) und quantitativen Flow-Erfassung (ESM). Ausführlicher wird eine Flow-Kurzskala (FKS) beschrieben, die mit 10 Items alle qualitativ verschiedenen Komponenten des Flow-Erlebens ökonomisch und reliabel erfasst (Cronbachs α um .90). Sie liefert einen *Gesamtwert* sowie Werte für zwei Subskalen (*glatter automatisierter Verlauf* sowie *Absorbiertheit*). Daneben erfassen drei zusätzliche Items die *Besorgnis* in der aktuellen Situation. Berichtet werden Vergleichskennwerte aus punktuellen Messungen und ESM-Studien. Die höchsten Werte für Flow und Besorgnis wurden bislang bei Graffiti-Sprayern gefunden. Bei einer intellektuell herausfordernden Aufgabe (Postkorbübung) sind die FKS-Werte mit der Hoffnung-auf-Erfolg-Komponente des Leistungsmotivs korreliert. Furcht-vor-Misserfolg korreliert dagegen mit dem Besorgniswert der FKS. Flow während der Bearbeitung von Übungsaufgaben für Statistik lieferte einen signifikanten Beitrag zur Vorhersage der nachfolgenden Klausurleistung. Dieser Beitrag blieb erhalten, auch wenn Fähigkeitsmaße kontrolliert wurden.

14.1 Flow-Erleben als Anreiz des Tätigkeitsvollzugs

Betrachtet man motiviertes Verhalten aus einer sehr allgemeinen Perspektive, so fällt auf, dass die wirksamen Anreize an unterschiedlichen Stellen des Handlungsablaufs verankert sein können. Häufig werden wir aktiv, um ein Ergebnis zu erzielen, das attraktive Folgen hat. Der motivierende Anreiz liegt hierbei in den angestrebten Ereignisfolgen. Man fährt von A nach B, um in B etwas Wichtiges (z. B. einen Geschäftsabschluss) oder Angenehmes (z. B. Urlaub) zu machen. Das, was die Aktivität anregt und leitet, kommt zeitlich und sachlogisch nach Vollendung der Tätigkeit (Erreichen von B). Davon unterscheidbar sind Aktivitäten, die in erster Linie wegen des attraktiven Vollzuges der Tätigkeit ausgeführt werden. Wer z. B. gerne schnell Auto- oder Motorrad fährt, der braucht keine besonderen Attraktionen am Zielort, sondern wird sich bei Zielerreichung vielleicht sogar schnell ein neues Ziel suchen, um nach kurzer Pause den Zustand des schnellen Fahrens erneut genießen zu können. Abbildung 1 zeigt eine Möglichkeit, beide strukturell verschiedenen Anreiztypen in einem Motivationsmodell zu verankern.

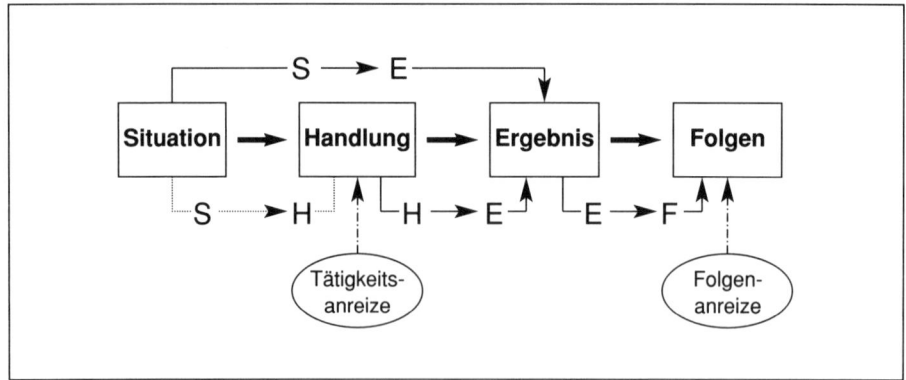

Abbildung 1:
Zweck- und tätigkeitszentrierte Anreize in Heckhausens Erweitertem Kognitiven Motivationsmodell (nach Rheinberg 1989, S. 104).

Die beiden Anreiztypen sind hier lediglich analytisch gegenübergestellt. In der Realität können sie in unterschiedlichsten Kombinationen und Verschachtelungen auftreten. Rheinberg (1989) hat zu ihrer Unterscheidung das Begriffspaar *zweck-* vs. *tätigkeitszentrierte Anreize* (bzw. Motivation) verwandt, weil das hier geläufige Begriffspaar „extrinsische vs. intrinsische Motivation" (z. B. Deci & Ryan, 1985; Pekrun, 1988; Schiefele, 1996) nicht einheitlich gebraucht wird und überdies etwas wertbefrachtet ist („intrinsisch" erscheint als innerlich/wahr irgendwie positiv, „extrinsisch" als äußerlich/unwesentlich eher nicht; zur Kritik s. Rheinberg, 2000)[1].

Qualitative Motivationsanalysen zeigten, dass es bei den tätigkeitszentrierten Anreizen einerseits Erlebnisse gibt, die ganz spezifisch an diese Tätigkeit in ihrem typischen Vollzugskontext geknüpft sind. Daneben finden sich aber auch solche Tätigkeitsanreize, die bei unterschiedlichen Tätigkeiten immer wieder auftreten (Rheinberg, 1993, 1996). Ein Beispiel für Letzteres ist das sogenannte *Flow-Erleben*, das Csikszentmihalyi (1975, 1999) als erster beschrieben hat. Gemeint ist damit das reflexionsfreie, gänzliche Aufgehen in einer glatt laufenden Tätigkeit, die man trotz hoher Beanspruchung noch unter Kontrolle hat. Dieser Zustand wird meist als angenehm erlebt und Personen zeigen Beeinträchtigungen, wenn sie in Entzugsexperimenten daran gehindert werden, ihre flow-vermittelnden Tätigkeiten auszuführen (Csikszentmihalyi, 1999).

---

1 Die Problematik solcher wertbezogenen Mitbedeutungen wird schnell klar, wenn man den Begriff der „intrinsischen Motivation" nicht immer nur auf so positive Dinge wie „Lernmotivation" oder „Interesse" anwendet, sondern einmal auch auf Dinge wie Aggressions- oder Suchtverhalten (Rheinberg, 1982). Der Begriff der tätigkeitszentrierten Anreize ist dagegen wertneutral und lässt sich auf erwünschtes wie unerwünschtes Verhalten gleichermaßen anwenden.

Csikszentmihalyi ist auf diesen Zustand gestoßen, als er Personen befragte, die eine Tätigkeit (z. B. Tanzen, Felsklettern) engagiert betrieben, auch ohne dafür eine konventionelle Belohnung zu erhalten. Bei seinen qualitativen Anreizanalysen stieß er immer wieder auf die folgenden sechs Komponenten (s. Tabelle 1).

Tabelle 1:
Komponenten des Flow-Erlebens
(zusammengefasst nach Csikszentmihalyi, 1975; Rheinberg, 2002).

1. Man fühlt sich optimal beansprucht und hat trotz hoher Anforderung das sichere Gefühl, das Geschehen noch unter Kontrolle zu haben (Balance zwischen Anforderung und Fähigkeit).
2. Handlungsanforderungen und Rückmeldungen werden als klar und interpretationsfrei erlebt, so dass man jederzeit und ohne nachzudenken weiß, was jetzt als richtig zu tun ist.
3. Der Handlungsablauf wird als glatt erlebt. Ein Schritt geht flüssig in den nächsten über, als liefe das Geschehen gleitend wie aus einer inneren Logik. (Aus dieser Komponente rührt wohl die Bezeichnung „Flow".)
4. Man muss sich nicht willentlich konzentrieren, vielmehr kommt die Konzentration wie von selbst, ganz so wie die Atmung. Es kommt zur Ausblendung aller Kognitionen, die nicht unmittelbar auf die jetzige Ausführungsregulation gerichtet sind.
5. Das Zeiterleben ist stark beeinträchtigt; man vergisst die Zeit und weiß nicht, wie lange man schon dabei ist. Stunden vergehen wie Minuten.
6. Man erlebt sich selbst nicht mehr abgehoben von der Tätigkeit, man geht vielmehr gänzlich in der eigenen Aktivität auf (sog. „Verschmelzen" von Selbst und Tätigkeit). Es kommt zum Verlust von Reflexivität und Selbstbewusstheit.

Das dadurch charakterisierte Flow-Erleben hat in der wissenschaftlichen und mehr noch in der populärwissenschaftlichen Literatur zurecht eine ungewöhnlich große Beachtung gefunden. Seit 1995 wird die Häufigkeit von Flow-Erleben sogar jährlich von Demoskopen erfasst (Allensbach, 1995–2000). Danach kennen nur ca. 10 % der deutschen Bevölkerung diesen Zustand nicht, ca. 64 % erleben ihn dagegen zumindest „ab und zu" (davon 24 % „häufig").

14.2 Die Experience Sampling Method (ESM)

14.2.1 Charakteristik und Vorteile der ESM

Sieht man einmal von einigen etwas riskanten Aktivitäten wie z. B. Motorradfahren im Straßenverkehr ab (Rheinberg, 1999), so ist Flow-Erleben ein durchaus positiv zu bewertender Zustand. Ohne große Konzentrationsmühen geht man „wie von selber" in der Tätigkeit auf und hat dabei ein eher positives Erleben. So gesehen wird das große Interesse an diesem Konzept verständlich und es macht Sinn, die Struktur des Flow-Erlebens, seine Bedingungen, Begleitumstände und

Folgen genauer zu untersuchen. Dabei stellt sich allerdings das grundsätzliche Problem, dass der Flow-Zustand u. a. durch „Reflexionsfreiheit" gekennzeichnet ist. Damit ist gemeint, dass im Flow die Aufmerksamkeit nicht auf das Selbst und das Binnenerleben, sondern auf die Regulation der voll beanspruchenden Aktivitäten gerichtet ist. Idealerweise kommt es zum „Verschmelzen" von Selbst und Tätigkeit. Wie soll man da aus der späteren Rückbesinnung noch genaue Auskunft über vergangene Flow-Zustände geben können?

In seinen eigenen quantitativen Studien versucht Csikszentmihalyi deshalb, die Messung möglichst dicht an den aktuellen Zustand heranzurücken. Dazu setzt er die sog. *Experience Sampling Method* (ESM, Csikszentmihalyi & Larson, 1987) ein. Bei dieser Methode tragen Probanden eine Woche lang einen Signalgeber mit sich, der sie (meist) acht mal pro Tag zu unvorhersehbaren Zeitpunkten dazu auffordert, ihre Tätigkeit zu unterbrechen und möglichst umgehend ihren aktuellen Zustand auf mitgeführten Skalen einzuschätzen. Der Vorteil dieser Methode liegt zweifellos darin, dass man (a) die Messung direkt im nur kurz unterbrochenen Tätigkeitsvollzug vornimmt und überdies (b) an ökologisch valide Daten zum Erleben in Alltagssituationen kommt.

14.2.2 Probleme der ESM bei Csikszentmihalyi

Im Prinzip erscheint dieses Verfahren also sinnvoll und gegenstandsangemessen. In der gewählten Konkretisierung hat es aber einen entscheidenden Nachteil. Aus unerklärlichen Gründen beziehen sich die zur Erlebnisbeurteilung vorgegebenen Skalen nur zum ganz geringen Teil auf diejenigen Komponenten, die in den qualitativen Analysen zuvor als Charakteristika des Flow-Zustandes ermittelt worden waren. Statt dessen werden vielerlei andere Dinge erfragt wie z. B. die aktuelle Stimmung, die Dinge, die man seit dem letzten Signal zwischenzeitlich gemacht hat, der soziale Kontext der gerade laufenden Tätigkeit und anderes mehr (Csikszentmihalyi & Csikszentmihalyi, 1991, S. 278–281). Das ist zwar alles irgendwie informativ, hat aber wenig mit Flow-Erleben und seinen Komponenten zu tun. Erfasst wird allerdings die Flow-Komponente der optimalen, d. h. fähigkeitsangepassten Beanspruchung. Möglicherweise begnügt sich deshalb Csikszentmihalyi dann damit, bei Passung zwischen Anforderung und Fähigkeit (auf individuell überdurchschnittlichem Niveau) ungeprüft anzunehmen, dass jetzt Flow vorliege. Das sei die „ökonomischste und überzeugendste Form der Flow-Messung" (a. a. O., S. 283).

Dass diese Art der Messung ökonomisch ist, sei unbestritten. Überzeugend ist sie aber nicht. Hier wird ohne Not und ungeprüft eine (einzige) theoretisch angenommene Auslösebedingung von Flow einfach mit dem Zustand gleichgesetzt, den man in seinen verschiedenen Komponenten doch erst genauer untersuchen will! Die Ergebnisse werden überdies so interpretiert, als sei Flow in der ganzen Breite des Konstruktes, d. h. in seinen verschiedenen Komponenten, erfasst worden – was eindeutig *nicht* der Fall ist. So erklären sich wohl auch manche etwas merkwürdigen Befunde zum Erleben von Flow im Beruf vs. Freizeit (z. B. Csikszentmihalyi & LeFevre, 1989), die dann zu wenig erhellenden Modellerweiterungen (Csikszentmihalyi & Csikszentmihalyi, 1999; Massimini & Carli, 1999) geführt haben.

Problematisch ist die Gleichsetzung von Passung zwischen Anforderung und Fähigkeit mit Flow nicht zuletzt auch deshalb, weil gerade für diese Passungsbedingung große individuelle Unterschiede zu erwarten sind, je nachdem, ob jemand unter Anforderungsbedingungen eher zu erfolgszuversichtlichen oder aber zu misserfolgsängstlichen Erlebnis- und Handlungsweisen tendiert (Atkinson, 1957; Heckhausen, 1965, 1989). Es müsste also Personen geben, die gerade unter solchen Passungsbedingungen nicht Flow, sondern Ängstlichkeit und Besorgnis zeigen. Genau das zeigen erste Befunde mit einer verbesserten ESM-Technik (Rheinberg & Vollmeyer, 2001).

Als drittes Problem kommt hinzu, dass Csikszentmihalyi anscheinend nicht zwischen *Anforderungen* (*demands of the activity* wie z.B. dem Schwierigkeitsgrad einer Kletterroute oder einer Skiabfahrt) und *Herausforderung* (*challenge*) unterscheidet. Motivationspsychologisch ergibt sich die Herausforderung durch eine Aufgabe aus der Passung zwischen Anforderung und Fähigkeit. Diese Herausforderung setzt Csikszentmihalyi nun noch einmal in Beziehung zur Fähigkeit, um Flow zu bestimmen. Es ist unklar, welchen Status diese zweite Relationsbildung dann hat, zumal der Autor Anforderungen und Herausforderung als offenbar austauschbare Konzepte benutzt (Csikszentmihalyi & Jackson, 2000; Moneta & Csikszentmihalyi, 1996). Bei einer solchen definitorischen Unschärfe kann man nicht erwarten, dass empirische Forschung zur Klärung eines Phänomens führt.

14.2.3 Die Experience Sampling Method bei Schallberger

Die Erhebungstechnik bei der ESM ist inzwischen im deutschsprachigen Raum von Schallberger und Mitarbeitern optimiert worden (Schallberger, 2000; Schallberger & Pfister, 2001). Insbesondere wird von dieser Forschergruppe die Vermengung von Anforderung und Herausforderung vermieden. In dem unseres Wissens weltweit größten ESM-Projekt dieser Autoren werden die Probanden nämlich korrekterweise nach der Anforderung der Tätigkeit gefragt (Sieben-Punkte-Skalen von „extrem niedrig" bis „extrem hoch") und nicht danach, wie sehr sie sich von dieser Tätigkeit dann herausgefordert fühlen.

Neben der Einschätzung von Anforderung und Fähigkeit wird in diesem Projekt auch die positive und negative Aktivierung gemäß dem *Circumplex-Modell* affektiver Zustände nach Larsen und Diener (1992) erfasst. (*Positive Aktivierung:* z. B. begeistert vs. gelangweilt; hellwach vs. müde; *negative Aktivierung:* z. B. gestresst vs. entspannt; besorgt vs. sorgenfrei.) Dabei zeigte sich, dass bei Passung von Fähigkeit und Anforderung auf hohem Niveau (Flow-Bestimmung nach Csikszentmihalyi & Csikszentmihalyi, 1991) nicht nur die positive Aktivierung (deutlich) überdurchschnittlich ist, sondern auch die negative Aktivierung über dem Durchschnitt aller Messungen liegt. Das galt besonders für Tätigkeiten, bei denen ein Misserfolg gravierende Konsequenzen hätte (Schallberger, 2000).

Genau das war mit Atkinson (1957) oder Heckhausen (1965, 1974) für den Fall zu erwarten, dass eine Stichprobe nicht nur aus krass erfolgszuversichtlichen Probanden besteht, sondern auch Probanden enthält, die gerade bei fähigkeitsangepassten Anforderungen (fünfzigprozentige Erfolgschance) in misserfolgsmotivierte Zustände geraten (vgl. Clarke & Haworth, 1994). Mit diesen theoretischen Annahmen würde übereinstimmen, dass in den Reaktionen auf die Passung von Anforderung und Fähigkeit große individuelle Unterschiede auftreten (Schallberger, 2001, persönliche Mitteilung). So etwas hatte sich auch schon in der Untersuchung von Moneta und Csikszentmihalyi (1996) gezeigt. In welchem Ausmaß diese individuellen Unterschiede tatsächlich der Richtung des Leistungsmotivs (Erfolgszuversicht vs. Misserfolgsfurcht) zuschreibbar sind, ist empirisch allerdings noch zu prüfen (Rheinberg & Vollmeyer, 2001).

14.3 Fragebogenverfahren

Parallel zur geschilderten ESM-Technik gab es Versuche, die verschiedenen, aus der qualitativen Flow-Forschung gewonnenen Komponenten in Items zu transformieren und Probanden zur Beurteilung vorzulegen. So entwickelte im deutschen Sprachraum Rheinberg (1987) eine Kurzskala, die die verschiedenen Flow-Komponenten thematisiert und nach der Häufigkeit ihres Auftretens fragt (*Fragen zum Erleben von Aktivitäten*). Mit dieser Skala untersuchten Thiel und Kopf (1989) die Struktur und Auftretenshäufigkeit von Flow-Erleben sowie die Aktivitäten, bei denen dieses Erleben auftritt. Einige Befunde aus dieser Arbeit sind in Rheinberg (1996a) berichtet. Da diese Skala weiterentwickelt wurde (s. unten FKS), gehen wir darauf hier nicht weiter ein.

Speziell für die Tätigkeit des Internet-Surfens haben Novak und Hoffmann (1997) eine Skala entwickelt. Leider folgen sie bei der Skalenkonstruktion der Praxis von Csikszentmihalyi und definieren Flow über die Relation von *skill* und *challenge*. Immerhin werden beide Parameter aber mit reliablen Subskalen (Cronbachs α um .87) erfasst. Zudem werden weitere motivationsrelevante Skalen der Computernutzung berichtet, so dass dieses Projekt für Leser interessant ist, die etwas über den Zustand beim Internet-Surfen erfahren wollen. Für die flow-bezogenen Aussagen des Projektes gilt allerdings die gleiche Kritik, die oben an der ESM-Technik bei Csikszentmihalyi geübt wurde. Zwei reliable Skalen zur Erfassung von Flow speziell beim Sporttreiben wurden von Jackson und Eklund (2002) vorgestellt (36 Items, Cronbachs α um .84).

Flow-Erleben bei unterschiedlichen Aktivitäten wird dagegen durch einen deutschsprachigen Fragebogen erfasst, den Remy (2000) entwickelt hat. Er wurde bislang bei der Arbeit am Computer eingesetzt („Referat/Hausarbeit am Computer schreiben") und zudem an einem Computerspiel (Tetris) erprobt. Die Items sind aber auch auf andere Kontexte anwendbar, da bei der Itemformulierung ein spezieller Tätigkeitsbezug vermieden wurde. Der Fragebogen besteht aus zwei a priori getrennten Subskalen, nämlich *Flow-Bedingungen* (mit den Komponenten eindeutige Rückmeldung und optimale Beanspruchung; 11 Items) und *Flow-Erleben* (mit den Komponenten Beeinträchtigung des Zeiterlebens, flüssiger Handlungsablauf, Selbstvergessenheit sowie Aufmerksamkeitszentrierung; 18 Items).

Die Skala Flow-Erleben hätte nach dem Eigenwertkriterium eine dreifaktorielle Lösung nahegelegt. Diese Lösung wird jedoch nicht interpretiert. Statt dessen wird Flow-Erleben als homogene Subskala aufgefasst, was bei einem Cronbachs α = .91 gut vertretbar erscheint. Die Subskala Flow-Bedingungen wird dagegen zweifaktoriell interpretiert, nämlich *Erlebte Leichtigkeit* (5 Items, Cronbachs α = .78) und *Eindeutigkeit der Aufgabe* (6 Items, Cronbachs α = .78).

Mit ihren 29 Items ist die Skala in Situationen gut anwendbar, in denen nach einer Tätigkeit hinreichend Zeit bleibt, um sich auf diese Aktivität rückzubesinnen und die Items zu bearbeiten. Vergleichsdaten liegen vor für den Kontext Computerarbeit (a. a. O., S. 39) und das Computerspiel Tetris (a. a. O., S. 53).

14.4 Die Flow-Kurzskala FKS

14.4.1 Zielsetzung und Skalenaufbau

Wir haben versucht, die Fragebogen- mit der ESM-Technik zu verbinden. Ziel war es, ein Verfahren zu haben, das während des laufenden Alltagsgeschehens Flow in seinen verschiedenen Komponenten erfasst. Dazu wurde eine Kurzskala benötigt, die bei möglichst geringer Tätigkeitsunterbrechung auf ein Signal hin beantwortbar ist. Überdies musste diese Skala auf beliebige Aktivitäten passen. In Weiterentwicklung des Verfahrens von Rheinberg (1987) bzw. Thiel und Kopf (1989) resultierte aus diesen Vorgaben über mehrere Zwischenformen eine Endfassung, die als *Flow-Kurzskala* (FKS) mit 10 Items alle Komponenten des Flow-Erlebens erfasst (s. Tabelle 2). Verwendet werden Sieben-Punkte-Skalen von „trifft nicht zu" bis „trifft zu". Cronbachs α liegt im Bereich um α = .90. Da theoretisch zu erwarten ist, dass bei vorliegender Passung von Fähigkeit und Anforderung bei einigen Personen und Situationskontexten nicht nur freudiger Flow sondern auch Besorgnis/Angst ausgelöst wird (s. o.), erfasst die FKS mit drei Items (11–13) auch eine *Besorgniskomponente* („Ich mache mir Sorgen"; „Ich darf jetzt keine Fehler machen"; „Es steht etwas für mich Wichtiges auf dem Spiel"; Cronbachs α = .80 bis .90). Mitunter werden noch drei weitere Items (14–16) zur *Passung* von Fähigkeit und Anforderung zusätzlich gegeben, wenn man die Auswirkung der Passung auf Flow und Besorgnis bei verschiedenen Personen in unterschiedlichen Handlungskontexten untersuchen will. Dabei werden einmal Anforderungen und Fähigkeit für die aktuelle Tätigkeit separat erfasst (Item 14 und 15) und zudem die Anforderungspassung, wie sie aus der Sicht der Person gegeben ist (Item 16; „Die jetzigen Anforderungen sind für mich: zu gering/ ... gerade richtig/ ... zu hoch").

14.4.2 Dimensionsanalyse

Kontexte: Die FKS wurde in verschiedenen Kontexten eingesetzt. Sie erwies sich für die ESM als gut geeignet, da sie wegen ihrer kurzen Bearbeitungszeit den Ablauf der Alltagsaktivitäten kaum stört. Weiterhin wurde sie im Verlauf von Vorlesungen, während der häuslichen Bearbeitung von Statistikaufgaben, bei Computerspielen sowie in der Postkorbübung (s. unten, Abschnitt 4.4.3) eingesetzt.

Faktorielle Analysen: Die größte Datenmenge lag aus einer ESM-Studie vor (knapp 900 Messungen). Allerdings war hier die Datenstruktur (49 Messungen von 20 Probanden) für statistische Analysen nicht ganz unproblematisch. Insbesondere ist schwer abschätzbar, wie sich die „Verklumpung" der Daten (pro Vp 49 Messungen) auf die Faktorenanalyse auswirkt. Von daher wurden die Analysen an der Statistik-Stichprobe (N = 123; Engeser, 2002) und der Vorlesungsstichprobe (N = 63) wiederholt, da diese Stichproben für die Faktorisierung der Skala hinreichend groß waren.

Durchgeführt wurden Hauptkomponentenanalysen mit anschließender Varimax-Rotation. Abbildung 2 zeigt den Verlauf der Eigenwerte in der ESM-Studie und dem Statistik-Kurs). Die Ergebnisse bei den anderen Stichproben sind nahezu identisch und werden deshalb hier nicht dargestellt.

Wie man sieht, gibt es einen starken ersten Faktor mit 55 Prozent bzw. 53 Prozent Varianzaufklärung. Allerdings gibt es jedes Mal einen zweiten Faktor mit einem Eigenwert > 1, der zusätzlich 13 Prozent bzw. 14 Prozent Varianz aufklärt. Man kann das Ergebnis einerseits als Beleg für einen *Generalfaktor* interpretieren. Dazu passt, dass die 10 Items ähnlich der Flow-Erlebenskala von Remy (2000) durchweg eine hohe interne Konsistenz aufweisen (Cronbachs α um .90). Berechnet man in der ESM-Studie pro Proband die Konsistenzen über die 49 Messungen hinweg, so liegt der Median bei ebenfalls α = .90 (zwischen α = .81 und α = .96). Geht es also um die Verwendung eines einheitlichen und reliablen Flow-Maßes, so sind das sehr befriedigende Werte, die zudem replikationsstabil sind.

Gleichwohl ist man neugierig, wie sich der Itemsatz bei einer *zweifaktoriellen Lösung* strukturieren würde, die nach dem Eigenwert-Kriterium durchaus möglich

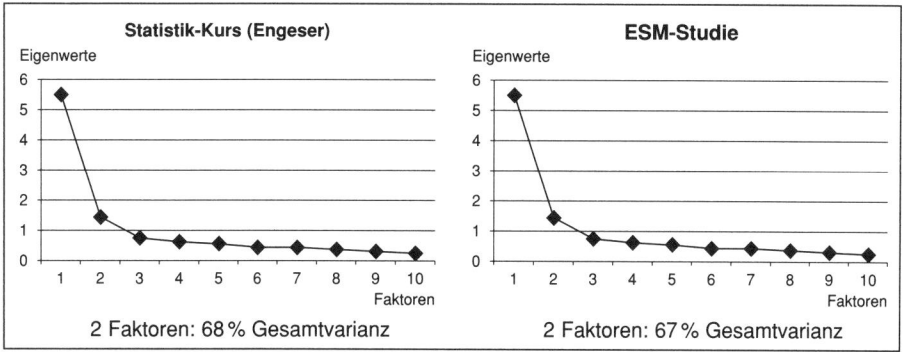

Abbildung 2:
Eigenwerte der Flow-Items 1–10 der FKS bei zwei Stichproben.

und theoretisch ja keineswegs belanglos ist. Schließlich geht es um die Frage der Binnenstruktur eines Phänomens, das als einheitlicher Zustand konzipiert wurde (vgl. Jackson & Eklund, 2002). Zieht man als Kriterium eine Ladungshöhe von > .50 heran, werden alle 10 Items in beiden Stichproben in gleicher Weise faktoriell eindeutig zugeordnet. (Offensichtlich hat die „Verklumpung" der Daten in der ESM-Stichprobe hier keine Auswirkung auf die faktorielle Struktur.) Tabelle 2 zeigt die Zuordnungen sowie die Ladungen für die ESM Studie (links) und die Statistikstichprobe (rechts).

Tabelle 2:
Zweifaktorielle Struktur der 10 Flow-Items der FKS.

	Ladungen	
	ESM Studie	Statistik-stichprobe
F I: Glatter automatisierter Verlauf ($\alpha \approx .92$)		
8) Ich weiß bei jedem Schritt, was ich zu tun habe.	.84	.87
7) Die richtigen Gedanken/Bewegungen kommen wie von selbst.	.81	.68
9) Ich habe das Gefühl, den Ablauf unter Kontrolle zu haben.	.80	.86
4) Ich habe keine Mühe, mich zu konzentrieren.	.77	.67
5) Mein Kopf ist völlig klar.	.75	.77
2) Meine Gedanken bzw. Aktivitäten laufen flüssig und glatt.	.74	.84
F II: Absorbiertheit ($\alpha \approx .80$)		
6) Ich bin ganz vertieft in das, was ich gerade mache.	.81	.73
1) Ich fühle mich optimal beansprucht.	.77	.72
10) Ich bin völlig selbstvergessen.	.72	.63
3) Ich merke gar nicht, wie die Zeit vergeht.	.65	.70

Die Aufspaltung der Flow-Items ist gut interpretierbar. Die sechs Items des *Faktors I* repräsentieren durchweg Aussagen über einen glatten Verlauf, der wie selbst reguliert („automatisch") funktioniert. *Faktor II* versammelt dagegen Aussagen, die mit der Absorption durch die Tätigkeit zu tun haben. Hier lädt zudem das Item der optimalen Beanspruchung. Für eine gewisse faktorielle Überlappung sorgen die Items 2 (glatter Verlauf) und 5 (klarer Kopf): Sie haben im ersten Faktor jeweils Ladungen >.70, im zweiten Faktor um .40.

Unter theoretischen Gesichtspunkten besagt der Befund, dass Flow-Erleben sich noch am ehesten in die Komponenten *glatter Verlauf* und *Absorbiertheit* trennen lässt. Liegt also ein besonderes Interesse daran vor, diese beiden Aspekte des Flows gesondert zu untersuchen, so ist dies durch Bildung zweier Flow-Subscores möglich. Das kann mitunter sinnvoll sein. So fanden wir bei Kurvenanpassungen im ESM-Datensatz für Faktor I einen kurvilinearen Verlauf über der Anforderungspassungsskala (bei „gerade richtig" die höchsten Werte für FI „glatter Verlauf"), während FII „Absorbiertheit" linear mit zunehmender Anforderung anstieg. Auch mit Blick auf einige Tätigkeiten gibt es plausible Unterschiede darin, wie sehr Flow-Erleben besonders über „glatten Verlauf" (höchste Werte beim Sport) oder durch „Absorbiertheit" (höchste Werte bei Sex/Intimitäten) charakterisiert ist (Rheinberg & Vollmeyer, 2001).

Ist man an Detailanalysen dagegen weniger interessiert, so legitimiert die hohe Konsistenz der Items 1 bis 10 aber auch, mit einem Flow-Gesamtwert zu operieren. Die faktoriell überlappenden Items 2 und 5 haben im ersten unrotierten Faktor jedesmal die stärksten Ladungen. „Meine Gedanken bzw. Aktivitäten laufen flüssig und glatt" (Item 2) sowie „Mein Kopf ist völlig klar" (Item 5) könnten den gemeinsamen Kern des faktoriell ausdifferenzierbaren Flow-Erlebens in der FKS abgeben. Sehr hohe Flow-Gesamtwerte besagen, dass sowohl „glatter Verlauf" (F I) als auch „Absorbiertheit" (F II) vorliegen. Bei mäßigen Flow-Gesamtwerten können dagegen Akzentuierungen des einen Faktors zulasten des anderen auftreten. So kann eine hohe Automatisierung bei Routinetätigkeiten (z.B. Hausarbeit) zu „glattem Verlauf" (F I) führen, aber nicht notwendig zu „Absorbiertheit" (F II). Umgekehrt können rezeptive Zustände (z.B. spannendes Buch, fesselnder Film) nur „Absorbiertheit" (F II) erzeugen, aber nicht notwendig zu „glattem Verlauf" (F I) führen. Auf theoretischer Ebene wäre hier zu entscheiden, ob nicht auf beiden Faktoren Mindestwerte überschritten sein müssen, um noch von Flow sprechen zu können. Diese Frage wollen wir vorerst noch offen halten und weitere Befunde abwarten.

14.4.3 Endfassung der FKS und Vergleichskennwerte

Die faktorielle Struktur bleibt jedes Mal erhalten, wenn man die drei Besorgnisitems hinzunimmt, die wir für das Verständnis der Auswirkung der flowauslösenden Herausforderungsbedingungen für notwendig halten. Die Hinzufügung von drei Besorgnisitems führt zu drei Faktoren mit Eigenwerten > 1 (72 % Varianzaufklärung; Rheinberg & Vollmeyer, 2001).

Insgesamt liefert die FKS also einen *Flow-Gesamtwert*, die beiden Subscores FI *Glatter Verlauf* und FII *Absorbiertheit* sowie einen Wert für F III *Besorgnis*. Um Vergleichsdaten zu haben, berichtet Tabelle 3 Kennwerte aus verschiedenen Stichproben. Die bislang höchsten Werte für Flow und zugleich für Besorgnis fanden wir bei einer Stichprobe von Graffiti-Sprayern – eine offenbar sehr anregende Aktivität.

Tabelle 3:
FKS-Kennwerte für verschiedene Stichproben.

Studie		Flow	glatter Verlauf	Absorbiertheit	Besorgnis
		(1–10)	(F I)	(F II)	(F III)
ESM-Studie	M	4.96	5.20	4.58	2.51
(N = 20; 49 Messungen)	(SD)	(1.25)	(1.36)	(1.49)	(1.88)
Statistik-Aufgabe (N = 123)	M	4.57	4.52	4.65	3.68
	(SD)	(1.13)	(1.34)	(1.13)	(1.42)
Vorlesung – Mitte (N = 123)	M	4.43	4.51	4.30	3.02
	(SD)	(1.09)	(1.24)	(1.11)	(1.26)
Vorlesung – Ende (N = 63)	M	4.21	4.38	3.94	2.95
	(SD)	(1.12)	(1.18)	(1.34)	(1.21)
Computerspiel Roboguard	M	4.18	4.94	3.04	1.79
(N = 18; à 10 Messungen)	(SD)	(1.32)	(1.47)	(1.64)	(0.94)
Graffiti-Sprayen (N = 292)	M	5.16	5.12	5.21	4.3
	(SD)	(.93)	(1.12)	(1.12)	(1.55)

Bezogen auf einzelne Aktivitäten im Tagesverlauf fanden wir in der ESM-Studie die höchsten Flow-Gesamtwerte für die Aktivitätskategorien: „Intimitäten/Sex", „aktives Sporttreiben" sowie „aktives Musizieren". Die niedrigsten Flow-Gesamtwerte traten in den Kategorien „Sinnieren/trüben Gedanken nachhängen", „Warten" und „passives Gefahrenwerden" auf.

14.4.4 Validitätshinweise

14.4.4.1 Kurvenanpassungen

Theoretisch ist zu erwarten, dass Flow-Erleben am ehesten dort auftritt, wo eine Passung zwischen Anforderung und Fähigkeit vorliegt[2]. Man wird dabei allerdings mit erheblichen individuellen Unterschieden zu rechnen haben (s. oben). Gleichwohl sollte sich für Gesamtstichproben – wenn überhaupt – ein kurvilinearer Verlauf der Flow-Werte über dem Item 16 ergeben, das die erlebte Passung von Anforderung und Fähigkeit erfasst (Skala von „Anforderungen sind zu gering", über „gerade richtig" bis „zu hoch"). Für die Besorgnisskala sollte sich dagegen ein linearer Anstieg über diesem Item zeigen.

Erwartungsgemäß ergab sich bei Kurvenanpassung sowohl in der ESM-Studie als auch im Statistikkurs im Fall der Flow-Skala (Item 1–10) die beste Anpassung für eine quadratische Funktion ($F[1,887] = 35.64$; $p < .001$ bzw. $F[1,123] = 18.25$; $p < .001$), im Fall der Besorgnisskala dagegen für eine lineare Funktion ($F[1,888] = 277.29$; $p < .001$ bzw. $F[1,123] = 21.12$; $p < .001$). Abbildung 3 zeigt dies für beide Stichproben.

Wie wir aus den Einzelfallanalysen der ESM-Studie allerdings wissen, gibt es von diesen Overall-Trends in Abbildung 3 z. T. ganz erhebliche Abweichungen darin, wie jemand auf steigende Anforderungen reagiert. Bei 25 Prozent der ESM Stichprobe korrelierte zunehmende Anforderungspassung hoch signifikant mit dem FKS Gesamtwert (im Mittel $r = .51$) aber nicht mit dem FKS Besorgniswert. Bei 35 Prozent der Stichprobe zeigte sich das genau entgegengesetzte Korrelationsmuster. Bei ihnen korrelierte zunehmende Anforderungspassung nicht mit Flow, sondern hoch signifikant mit Besorgnis (im Mittel $r = .62$). Dabei unterschieden sich beide Gruppen *nicht* in der mittleren Anforderungspassung. Sie war in beiden Gruppen gleichermaßen deutlich in Richtung „Anforderungen sind zu leicht" verschoben. Kennwerte für die Richtung des Leistungsmotivs lagen bei dieser Stichprobe leider nicht vor. Deshalb lässt sich die naheliegende Vermutung nicht prüfen, dass die erste Gruppe aus eher erfolgszuversichtlichen, die zweite Gruppe dagegen aus eher misserfolgsängstlichen Probanden bestand.

---

[2] Wir folgen hier nicht der späteren Auffassung von Csikszentmihalyi (1992), wonach Flow nur bei Passung auf überdurchschnittlichem Niveau auftreten soll, weil wir entsprechende Befunde auf eine Ungenauigkeit im Gebrauch der Begriffe *Anforderung* und *Herausforderung* zurückführen (s. hierzu Rheinberg & Vollmeyer, 2001).

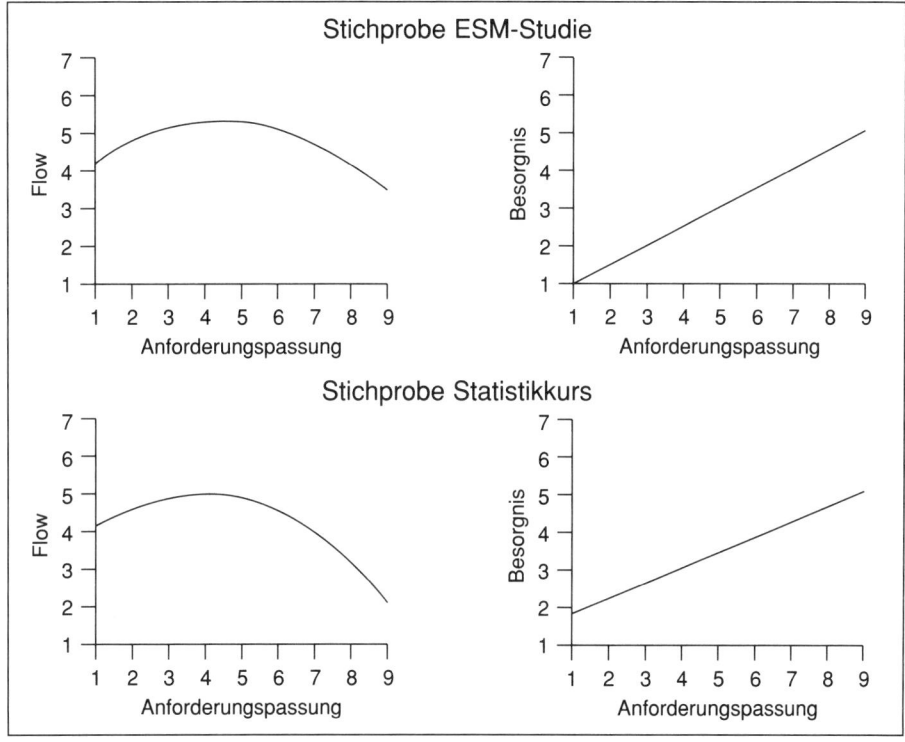

Abbildung 3:
Optimale Kurvenanpassungen der Flow- und Besorgniswerte über der Skala Anforderungspassung (Item 16) bei zwei Stichproben (1 = Anforderung zu gering; 5 = Anforderung gerade richtig; 9 = Anforderung zu hoch).

14.4.4.2 Vorhersage von Lernleistung

Engeser (2002) hat N = 123 Psychologiestudierende (Universität Potsdam und TU Berlin) im Längsschnitt ihrer Statistikausbildung über ein Semester verfolgt. Zu Semesterbeginn wurden demographische Variablen, einschlägige kognitive Prädiktoren (z. B. Mathematiknote, Vorkenntnistest zur Statistik, Intelligenztestsubskalen) und motivationale Prädiktoren gemessen (z. B. Motive, Selbsteinschätzungen, Selbstregulationskompetenzen und vieles andere mehr). Im Verlauf des Semesters wurden aktuelle Daten zur Motivation und zum Arbeitsverhalten erhoben. Vorhergesagt werden sollte das Abschneiden bei der Abschlussklausur.

Eine herausgehobene Messung wurde eine Woche vor der Klausur vorgenommen, als die Studenten eine selbst gewählte Übungsaufgabe für die anstehende Klausur bearbeiteten. Durch einen Wecker erinnert, unterbrachen sie nach

10 Minuten ihre Aufgabenbearbeitung und skalierten mit der FKS ihren Flow-Zustand (Items 1–10). Tabelle 4 zeigt die Prädiktoren, die in einer Regressionsanalyse die höchsten Beta-Gewichte bei der Vorhersage der Statistik-Klausurnote hatten (oben) sowie den (zusätzlichen) Beitrag, den die FKS hier leistete.

Tabelle 4:
Vorhersage der Klausurnote eines Statistikkurses durch (a) die prognosestärksten Eingangsvariablen und (b) den FKS-Wert in der Übungsaufgabe (Engeser, 2002).

Prädiktoren	β	Beitrag zur Varianzaufklärung in %
a) Eingangsvariablen		
Mathe-Note	−.26	14.2
Vortest Statistikkenntnisse	.17	5.5
Alter	−.31	12.6
b) Variable bei Übungsaufgabe		
• Flow (Item 1–10)	.26	5.3
		∑ 37.6

Auch bei Einbeziehung der erklärungsstärksten Prädiktoren leistet Flow-Erleben während einer Übungsaufgabe zusätzlich noch 5,3 Prozent Varianzaufklärung der Klausurleistung. Das ist für ein 10-Items Selbstberichtsmaß erheblich und entspricht in dieser Untersuchung etwa der Varianzaufklärung, die über einen Test zu Statistikvorkenntnissen möglich war (s. Tabelle 4). Der positive Einfluss von Flow auf die Klausurleistung konnte in einer Replikationsstudie bestätigt werden (Engeser, 2002).

Vor der Übungsaufgabe war mit dem FAM (Rheinberg, Vollmeyer & Burns, 2001) die *aktuelle Motivation* erhoben worden (s. Kap. 15). Es zeigte sich, dass fast die Hälfte der nachfolgenden Flow-Varianz über den FAM vorhersagbar war. Die *Stimmung* nach Beendigung der Übungsaufgabe (erfasst als positive und negative Aktivierung nach Schallberger, 2000) war wiederum hochsignifikant mit der FKS vorhersagbar ($r = .54$ für positive und $r = -.62$ für negative Aktivierung). Bei Einbeziehung der erklärungsmächtigen Personvariablen (s. Tabelle 4) ist es aber lediglich der FKS-Wert, der eine signifikante Vorhersage der späteren Klausurleistung erlaubt.

Rheinberg, Vollmeyer und Rollett (2000) sowie Vollmeyer und Rheinberg (1998) nehmen an, dass die aktuelle Motivation, wie sie der FAM erfasst, nicht direkt auf die Lernleistung Einfluss nimmt, sondern über (a) die Dauer und (b) die Qualität der Lernaktivität sowie (c) den Funktionszustand des Lerners während der Lernaktivität das Lernergebnis beeinflusst. Nach den Befunden von Engeser (2002) könnte Flow während der Lernaktivität eine der vermuteten Variablen des Funktionszustandes sein (vgl. Rheinberg, 1996b).

14.4.4.3 Flow, Erfolgszuversicht und Misserfolgsfurcht bei der Postkorbaufgabe

Wie oben aufgeführt, sollte Flow-Erleben in leistungsthematischen Anforderungssituationen auch von der Ausprägung des Leistungsmotivs abhängen. Erste Ergebnisse aus einem Experiment mit der sog. Postkorbaufgabe weisen in diese Richtung.

Die *Postkorbaufgabe* ist ein Verfahren zur Erfassung analytischer und organisatorischer Kompetenzen sowie der Entscheidungsfähigkeit einer Person (Musch, Rahn & Lieberei, 2001). Traditionellerweise wird diese Aufgabe bei der Personalauswahl für die Führungsebene eingesetzt. Bei dieser Aufgabe sollen sich die Probanden vorstellen, eine neue Berufsposition zu übernehmen oder nach längerer Abwesenheit an ihren Schreibtisch zurückzukehren. Sie finden eine Vielzahl unerledigter Vorgänge, Anschreiben, Berichte etc. im Postkorb vor. Sie müssen entscheiden, in welcher Reihenfolge und wie sie auf die verschieden dringlichen Vorgänge reagieren wollen und müssen die ausgewählten Vorgänge dann auch bearbeiten sowie ihre Entscheidungen gegebenenfalls begründen. Die Aufgabe hat anschaulich gegebene inhaltlich-logische Gültigkeit für komplexe Anforderungssituationen und wird als Herausforderung an die eigenen kognitiven Kompetenzen für solche Situationen erlebt (zu Details dieser Aufgabe s. Musch et al., 2001).

Im jetzigen Fall war die Aufgabe situativ so eingebettet, dass drei unterschiedliche motivationale Orientierungen nach Elliot und Church (1997; vgl. Kapitel 3 in diesem Band) nahegelegt wurden: *Lernzielorientierung* (Rückmeldung, wieviel man dazu lernt); *Performanzorientierung-Aufsuchen* (Rückmeldung, ob man zur Gruppe besonders organisationsfähiger Menschen gehört); *Performanzorientierung-Meiden* (Rückmeldung, ob man zur Gruppe der Menschen mit besonders geringer Organisationsfähigkeit gehört). Es wurde betont, dass die hier erforderlichen Fähigkeiten nicht nur für Führungskräfte, sondern auch für jeden bei der Bewältigung des Alltags wichtig seien. Die Probanden (N = 60 Studierende) hatten für die Aufgabe 30 Minuten Zeit. Nach 18 Minuten wurden sie unterbrochen und bearbeiteten die FKS. Vor dem Experiment war die Ausprägung des Leistungsmotivs (Hoffnung auf Erfolg, Furcht vor Misserfolg) mit der AMS von Gjesme und Nygard (1970) erhoben worden.

Es zeigte sich, dass die experimentelle Manipulation der *motivationalen Orientierung* auf den Besorgniswert der FKS Einfluss nahm. Die Probanden unter der Bedingung Performanzziel-Meiden hatten signifikant höhere Besorgniswerte als die Probanden unter der Bedingung Performanzziel-Aufsuchen (standardisiertes Beta = .359, $p < .01$). Keinen Effekt hatten die unterschiedlichen Aufgabeneinbettungen dagegen auf die Flow-Werte der FKS. Insgesamt waren die Flow-Werte mit M = 4.85 im überdurchschnittlichen Bereich (vgl. Tab. 3) und entsprechen etwa den Werten, die für die Arbeit mit dem PC oder beim aktiven Autofahren ermittelt werden. Danach wäre es für das flow-spezifische

Aufgehen in der Tätigkeit bei dieser komplexen und herausfordernden Aufgabe relativ unerheblich, mit welcher motivationalen Orientierung man die Aufgabe in Angriff nimmt. Entscheidend ist, dass man sich hinreichend engagiert auf diese Aufgabe einlässt – wodurch auch immer bewirkt.

Letzteres scheint aber auch von der Person, insbesondere ihrem Leistungsmotiv abzuhängen. Berücksichtigt man nämlich neben den Situationsbedingungen die AMS-Werte für *Hoffnung auf Erfolg* (HE) und *Furcht vor Misserfolg* (FM), so zeigt sich in der multiplen Regressionsanalyse der Flow-Werte ein hochsignifikanter Einfluss des HE-Wertes (standardisiertes Beta = .465, $p < .01$). Mit steigender Erfolgszuversicht nimmt Flow-Erleben bei der Bearbeitung des Postkorbes zu. Die entsprechende Einzelkorrelation liegt bei $r = .42$ ($p < .01$), die Partialkorrelation beträgt $r = .44$ ($p < .01$). Auf den Besorgniswert der FKS hat der HE-Wert dagegen keinen Einfluss. Genau umgekehrt liegen die Dinge bei der *Misserfolgsfurcht* (FM-Wert der AMS). Diese Komponente des Leistungsmotivs ist ohne Einfluss auf die Flow-Werte, wohl aber auf die Besorgniswerte (standardisiertes Beta = .337, $p < .01$). Mit steigender Misserfolgsfurcht nehmen die Besorgniswerte der FKS bei dieser Aufgabe zu. Die entsprechende Einzelkorrelation beträgt $r = .30$ ($p < .05$), die Partialkorrelation $r = .35$ ($p < .01$).

Zusammengenommen ergibt sich also ein interessantes Befundbild. Bei dieser komplexen und herausfordernden Postkorbaufgabe ergeben sich im Mittel leicht überdurchschnittliche Flow-Werte in der FKS, wobei das Flow-Erleben umso ausgeprägter auftritt, je erfolgszuversichtlicher jemand in Anforderungssituationen ist. Die Ausprägung des Misserfolgsmotivs wie auch die situativ nahegelegte Zielorientierung der Probanden haben dagegen keinen Einfluss auf das Flow-Erleben, wohl aber auf die Besorgniskomponente in der FKS. Sollte sich dieses Befundmuster replizieren lassen, so würden sich interessante Möglichkeiten für Interventionen zur Reduktion von Misserfolgsfurcht und Leistungsangst eröffnen.

14.5 Ausblick

Bei der großen Popularität des Flow-Konzeptes ist zu wünschen, dass klare empirische Forschung die mitunter blumigen Ausführungen zum Flow-Erleben („Das Geheimnis des Glücks"; „Lebe gut"; Buchtitel von Csikszentmihalyi, 1992, 1999) ersetzen wird. Eine solche Forschung kann es nur geben, wenn das interessierende Phänomen gegenstandsangemessen erfasst werden kann. Mit den qualitativen Analysen zur „autotelischen Motivation" hatte Csikzsentmihalyi (1975) dazu den ersten wichtigen Schritt getan. Seine nachfolgende quantitative Forschung mit der ESM-Technik erscheint aus oben ausgeführten Gründen mitunter etwas problematisch, wurde inzwischen aber von Schallberger (2000) optimiert.

Will man aufgetretene Flow-Zustände aus der Rückschau der Probanden detaillierter untersuchen, so bietet es sich trotz der erwähnten Einschränkungen an, entweder wieder auf qualitative Methoden (Interviews) zurückzugreifen oder die Skala von Remy (2000) einzusetzen. Im letzteren Fall hätte man den Vorteil, empirische Befunde besser über verschiedene Kontexte bzw. Untersuchungen vergleichen zu können. Insbesondere, wenn die Flow-Erfassung schnell und ökonomisch erfolgen muss oder soll und wenn zudem eine Besorgniskomponente mit zu berücksichtigen ist, so kann man die hier beschriebene FKS einsetzen.

14.6 Literatur

Allensbacher Markt- und Werbeträgeranalyse (AWA) (1995 – 2000). (2000). *Berichtsband I. Markstrukturen*. Allensbach: Institut für Demoskopie.
Atkinson, J. W. (1957). Motivational determinants of risk-taking behavior. *Psychological Review, 64,* 359–372.
Clarke, S. G. & Haworth, J. T. (1994). ‚Flow' experience in the daily lives of sixth-form college students. *British Journal of Psychology, 85,* 511–523.
Csikszentmihalyi, M. (1975). *Beyond boredom and anxiety.* San Francisco: Jossey-Bass.
Csikszentmihalyi, M. (1992). *Flow: Das Geheimnis des Glücks.* Stuttgart: Klett-Cotta.
Csikszentmihalyi, M. (1999a). *Lebe gut.* Stuttgart: Klett-Cotta.
Csikszentmihalyi, M. (1999b). *Das Flow-Erlebnis. Jenseits von Tun und Langeweile: im Tun aufgehen* (8. Aufl.). Stuttgart: Klett-Cotta.
Csikszentmihalyi, M. & Csikszentmihalyi, I. S. (1991). *Die außergewöhnliche Erfahrung im Alltag. Die Psychologie des Flow-Erlebens.* Stuttgart: Klett-Cotta.
Csikszentmihalyi, M. & Jackson, S. A. (2000). *Flow im Sport. Der Schlüssel zur optimalen Erfahrung und Leistung.* München: BLV.
Csikszentmihalyi, M. & Larson, R. (1987). Validity and reliability of the Experience Sampling Method. *Journal of Nervous and Mental Disease, 175,* 529–536.
Csikszentmihalyi, M. & LeFevre, J. (1989). Optimal experience in work and leisure. *Journal of Personality and Social Psychology, 56,* 815–822.
Deci, E. L. & Ryan, R. M. (1985). *Intrinsic motivation and self-determination in human behavior.* New York: Plenum.
Elliot, A. J. & Church, M. A. (1997). A hierarchical model of approach and avoidance achievement motivation. *Journal of Personality and Social Psychology, 72,* 218–232.
Engeser, S. (2002). *Motivation, Handlungssteuerung und Lernleistung in der Statistikausbildung Psychologie. Dissertation.* Potsdam: Institut für Psychologie.
Gjesme, T. & Nygard, R. (1970). *Achievement-related motives: Theoretical considerations and construction of a measuring instrument.* Unpublished manuscript: University of Oslo.
Heckhausen, H. (1965). Leistungsmotivation. In H. Thomae (Hrsg.), *Handbuch der Psychologie, Bd. 2: Motivation* (S. 602–702). Göttingen: Hogrefe.
Heckhausen, H. (1974). Motive und ihre Entstehung. In F. E. Weinert & C. F. Graumann (Hrsg.), *Funkkolleg Pädagogische Psychologie* (S. 133–172). Frankfurt/Main: Fischer.
Heckhausen, H. (1989). *Motivation und Handeln.* (2. Aufl.). Berlin: Springer.
Jackson, S. A. & Eklund, R. C. (2002). Assessing flow in physical activity: The Flow State Scale 2 and Dispositional Flow Scale 2. *Journal of Sport and Exercise Psychology, 24,* 133–150.

Larsen, R. J. & Diener, E. (1992). Promises and problems with the circumplex model of emotion. In M. S. Clark (Ed.), *Review of Personality and Social Psychologie*, Vol. 13 (S. 25–59). Newbury Park, CA: Sage.

Massimini, F. & Carli, M. (1991). Die systematische Erfassung des Flow-Erlebens im Alltag. In M. Csikszentmihalyi & I. S. Csikszentmihalyi (Hrsg.), *Die außergewöhnliche Erfahrung im Alltag* (S. 291–312). Stuttgart: Klett-Cotta.

Massimini, F., Csikszentmihalyi, M. & Carli, M. (1987). The monitoring of optimal experience: a tool for psychiatric rehabilitation. *Journal of Nervous and Mental Disease, 175,* 545–549.

Moneta, G. B. & Csikszentmihalyi, M. (1996). The effect of perceived challenges and skills on the quality of subjective experience. *Journal of Personality, 64,* 274–310.

Musch, J., Rahn, B. & Lieberei, W. (2001). *Bonner-Postkorb-Module (BPM).* Göttingen: Hogrefe-Testzentrale.

Novak, T. P., Hoffman, D. L. & Young, Y.-F. (1998). *Measuring the Flow construct in online environments: A structural modeling approach.* http://ecommerce.vanderbilt.edu/papers/flow.construct/measuring_flow_construct.html.

Pekrun, R. (1988). *Emotion, Motivation und Persönlichkeit.* Weinheim: PVU.

Pfister, R., Nussbaum, P. & Schallberger, U. (1999). *Qualität des Erlebens in Arbeit und Freizeit; Arbeitsbericht Nr. 3.* Zürich: Unveröff. Arbeitsbericht, Psychologisches Institut der Universität Zürich.

Remy, K. (2000). *Entwicklung eines Fragebogens zum Flow-Erleben.* Bielefeld: Diplomarbeit. Fakultät für Psychologie und Sportwissenschaft.

Rheinberg, F. (1982). *Zweck und Tätigkeit.* Habilitationsschrift, Fakultät für Psychologie. Ruhr-Universität Bochum.

Rheinberg, F. (1987). *Fragen zum Erleben von Tätigkeiten (Ein Fragebogen zur Erfassung des Flow-Erlebens im Alltag).* Psychologisches Institut der Universität Heidelberg.

Rheinberg, F. (1989). *Zweck und Tätigkeit.* Göttingen: Hogrefe.

Rheinberg, F. (1993). *Anreize engagiert betriebener Freizeitaktivitäten. Ein Systematisierungsversuch.* Unveröffentlichtes Manuskript. Institut für Psychologie, Universität Potsdam.

Rheinberg, F. (1996a). Flow-Erleben, Freude an riskantem Sport und andere „unvernünftige" Motivationen. In J. Kuhl & H. Heckhausen (Hrsg.), *Motivation, Volition und Handlung. Enzyklopädie der Psychologie C/IV/4* (S. 101–118). Göttingen: Hogrefe.

Rheinberg, F. (1996b). Von der Lernmotivation zur Lernleistung. Was liegt dazwischen? In J. Möller & O. Köller (Hrsg.), *Emotion, Kognition und Schulleistung* (S. 23–51). Weinheim: PVU.

Rheinberg, F. (1999). *Immer im Flow? Motivationsanalysen zu riskantem Motorradfahren.* www.psych.uni-potsdam.de/people/rheinberg/personal/lectures-d.html.

Rheinberg, F. (2002). *Motivation* (4. Aufl.). Stuttgart: Kohlhammer.

Rheinberg, F. & Vollmeyer, R. (2001). *Flow-Erleben: Untersuchungen zu einem populären, aber unterspezifizierten Konstrukt.* Unveröffentlichtes Manuskript. Universität Potsdam: Institut für Psychologie.

Rheinberg, F., Vollmeyer, R. & Burns, B. D. (2001). FAM: Ein Fragebogen zur Erfassung aktueller Motivation in Lern- und Leistungssituationen. *Diagnostica, 47,* 57–66.

Rheinberg, F., Vollmeyer, R. & Rollett, W. (2000). Motivation and action in self-regulated learning. In M. Boekaerts, P. Pintrich, & M. Zeidner (Eds.), *Handbook of self-regulation: Theory, research, and application* (pp. 503–529). San Diego: Academic Press.

Schallberger, U. (2000). *Qualität des Erlebens in Arbeit und Freizeit: Eine Zwischenbilanz.* Zürich: Unveröff. Arbeitsbericht, Psychologisches Institut der Universität Zürich.

Schallberger, U. & Pfister, R. (2001). Flow-Erleben in Arbeit und Freizeit. Eine Untersuchung zum Paradox der Arbeit mit der Experience Sampling Method. *Zeitschrift für Arbeits- und Organisationspsycholgie, 45,* 176–187.

Schiefele, U. (1996). *Motivation und Lernen mit Texten.* Göttingen: Hogrefe.
Thiel, D. & Kopf, M. (1989). *Merkmale des Flow-Erlebens.* Diplom-Arbeit. Psychologisches Institut der Universität Heidelberg.
Vollmeyer, R. & Rheinberg, F. (1998). Motivationale Einflüsse auf Erwerb und Anwendung von Wissen in einem computersimulierten System. *Zeitschrift für Pädagogische Psychologie, 12,* 11–23.

Kapitel 15

Aktuelle Motivation und Motivation im Lernverlauf

Regina Vollmeyer und Falko Rheinberg

Zusammenfassung

Wenn Einflüsse von Motivation auf Lernen untersucht werden, sind generalisierte Motive häufig schlechte Prädiktoren, da sie nicht in jeder Lernsituation hinreichend angeregt und wirksam werden. Will man die aktuell gegebene Motivation möglichst zuverlässig erfassen, empfiehlt es sich deshalb, statt der erst anzuregenden Motive gleich die bereits angeregte Motivation in der aktuellen Situation zu erfassen. Wir haben daher einen Fragebogen (FAM, Fragebogen für aktuelle Motivation) entwickelt, der die Motivation in spezifizierten Lernsituationen erfasst. Der FAM erfasst vier zum Teil unabhängige motivationale Faktoren: Erfolgswahrscheinlichkeit, Interesse, Misserfolgsbefürchtung und Herausforderung. Diese Faktoren können reliabel gemessen werden, und es liegen Studien vor, die die Wirkung von Motivation auf Lernen belegen (Validität). Unsere Vermutung ist, dass Leistung durch Motivation um so besser vorhergesagt werden kann, je enger die Messzeitpunkte von Motivation und Leistung zusammen liegen. Daher müsste die Motivation während des Lernens ein noch besserer Prädiktor für das Lernergebnis sein als die Motivation vor dem Lernen. Auch diese Annahme ließ sich empirisch bestätigen.

15.1 Worum geht es?

Dass Motivation Lernen und Lernleistung beeinflusst, scheint aus alltagspsychologischer Sicht klar. Die motivationspsychologische Forschung tat sich allerdings schwer, diese Alltagsgewissheit empirisch zu belegen. Insbesondere, wenn man hoch generalisierte Personmerkmale wie z.B. das Leistungsmotiv oder dauerhafte Sachinteressen (*individuelles Interesse*, Krapp, 1992) heranzieht, steht man nämlich vor der Schwierigkeit, dass solche motivationalen Personmerkmale immer erst über die passende Situation/Aufgabe angeregt werden müssen, um wirksam zu sein (Heckhausen, 1989; Lewin, 1936; Rheinberg, 2002). Ob eine solche Anregung tatsächlich gelingt, ist dabei keineswegs immer klar. Von daher weiß man bei ausbleibenden Effekten meist nicht, ob das erfasste Motiv auf die untersuchten Lernprozesse tatsächlich keinen Einfluss hat, oder ob es in der untersuchten Lernsituation nur nicht hinreichend angeregt war (Rheinberg, Vollmeyer & Burns, 2001).

Nun kann man statt solcher hochgeneralisierten Motive/Interessen auch spezifischere Motivationsmerkmale der Person heranziehen, die bereits für den

Situationskontext ausgewählt wurden, in dem man Motivationseinflüsse untersuchen will. Man konzentriert sich dann auf solche Motivationsfaktoren, von denen man im Vorhinein weiß, dass sie im jetzigen Situationskontext mit hinreichender Wahrscheinlichkeit angeregt werden – zumindest, wenn man in diesem Kontext über längere Zeiträume, d. h. über viele Einzelsituationen hinweg untersucht. Für den Situationskontext *Lernen in der Schule* haben Rheinberg und Wendland (2002) so etwas mit einigem Erfolg versucht. Mit einem entsprechenden Fragebogeninventar, dem PMI (*Potsdamer Motivationslnventar*), gelang es, bei der 5. bis 9. Klassenstufe die spätere Zeugnisnote in Mathematik hoch signifikant vorherzusagen. Selbst wenn man den Einfluss der vorangegangenen Mathematiknote herausrechnete, erklärten die Motivationsskalen des PMI *zusätzlich* noch knapp 6 bis 21% der späteren Notenvarianz in Mathematik.

Auch wenn solche zusätzliche Varianzaufklärung erheblich ist, so kann so etwas nur ein erster Schritt bei der Aufklärung des Motivationseinflusses beim Lernen sein. Insbesondere weiß man nicht, auf welche Weise verschiedene Motivationsfaktoren den Lernprozess und sein Ergebnis beeinflussen. Genau hierzu ist nämlich noch überraschend wenig bekannt (Rheinberg, Vollmeyer & Rollett, 2000; Schiefele & Rheinberg, 1997; Schneider, Wegge & Konradt, 1993; Vollmeyer & Rheinberg, 1998). Was genau macht ein motivierter Lerner von Typ xy anders als üblich und wie wirkt sich das im Einzelnen auf seinen Lernzuwachs aus?

Hierzu könnte man zum einen genaue Beobachtungen im relevanten Lernkontext, z. B. im Schulunterricht oder beim häuslichen Lernen versuchen. Bei diesem ökologisch validen Zugang muss man allerdings in Kauf nehmen, dass man die Lernbedingungen nur teilweise kontrollieren kann. Von daher bietet sich in Ergänzung zu diesem Vorgehen ein experimenteller Untersuchungsansatz an. Dabei wählt man geeignete Lernsituationen aus und untersucht unter kontrollierten Bedingungen den Einfluss, den Motivation auf den Lernprozess nimmt. Man büßt dabei vielleicht etwas an ökologischer Validität ein, gewinnt dafür aber zumindest für diesen untersuchten Beispielfall relativ verlässliche und detaillierte Informationen zum Motivationseinfluss im Lernprozess. Allerdings muss man dazu möglichst genau diejenigen Motivationsfaktoren erfassen, die in diesem Beispielfall eine Rolle spielen. Man muss also wissen, welche Motivationssysteme in dem ausgesuchten Fall durch die Aufgabensituation angeregt sind. Der nächste Abschnitt gibt dazu ein Beispiel.

15.2 Die Erfassung aktueller Motivation

Die Logik des Vorgehens besteht also darin, statt eingeführter *trait*-Maße der Motivation wie z. B. Motive (Heckhausen, 1989; McClelland, Atkinson, Clark & Lowell 1953), Interessen (Krapp, 1992; Prenzel, 1988) oder Zielorientierungen (Dweck & Leggett, 1988; Nicholls, 1984) gleich dasjenige zu messen, was sich aus der situativen Anregung dieser motivationalen *traits* hier und jetzt als aktivierende Zielausrichtung ergibt. Dieses *state*-Maß der Motivation nennen wir *aktuelle Motivation*. Dieses Maß hat den Vorteil, dass man relativ sicher sein kann, Motivationsvariablen erfasst zu haben, die im zeitlichen Nahraum der zu untersuchenden Lernprozesse angeregt sind. Da die aktuelle Motivation von Besonderheiten der gegebenen (Lern-)Situation abhängt, gibt es aber auch den Nachteil, dass diese Motivationsmessung für jede neue (Lern-)Situation immer wieder neu erfolgen muss. Bei stark abweichenden Situationen muss man mitunter sogar andere bzw. zusätzliche Motivationsfaktoren einbeziehen, d. h. zusätzliche Skalen einsetzen.

15.2.1 Erfassung von aktuellem Interesse

Natürlich hängt die Auswahl der Skalen auch davon ab, für welches Motivationssystem man etwas Genaueres über seinen Einfluss beim Lernen herausfinden will. Möchte man beispielsweise wissen, auf welche Weise *Sachinteresse* das Lernen mit Texten beeinflusst, so kann man sich darauf beschränken, das aktuelle Interesse an dem Thema zu erfassen, das in dem Lerntext behandelt wird. Dazu kann man z. B. vor der eigentlichen Lernphase Zusammenfassungen der anstehenden Texte geben. Die Lerner schätzen dann ein, welche Texte ihnen vom Thema wie interessant bzw. attraktiv erscheinen oder sie bringen die Texte nach thematischem Interesse in eine Rangreihe (für einen Überblick, s. Schiefele, 1996). Schiefele (1996) erfasste Interesse theoriegeleitet statt dessen über das erwartete Befinden während des Textlernens (sogenannte *gefühlsbezogene Valenz*: „gelangweilt, interessiert, angeregt, beteiligt und engagiert") sowie über die Wertschätzung für das Thema (sogenannte *wertbezogene Valenz*: „bedeutsam, unwichtig, nützlich und wertlos"; jeweils achtstufige *ratings*). Beide Skalen sind zwar theoretisch separiert, erwiesen sich empirisch allerdings als hoch korreliert (um $r=.80$), so dass sie auch zusammengefasst werden können (Cronbach α dann $> .90$).

15.2.2 Der Fragebogen zur aktuellen Motivation (FAM)

15.2.2.1 Konzeption und Skalen des Instrumentes

Geht das Untersuchungsinteresse über ein einzelnes a priori ausgewähltes Konzept (z. B. Interesse oder Leistungsmotivation) hinaus, so empfiehlt es sich, möglichst *alle* motivationsrelevanten Erlebens- und Handlungskomponenten zu erfassen, die in der interessierenden Lernsituation potentiell eine Rolle spielen. Man sucht also nach den Erwartungen und Anreizen, die in dieser Situation (a) hinreichend salient sind und von Lernern entsprechend oft gesehen werden, die sich dabei (b) zuverlässig gruppieren lassen, wobei (c) sich diese Gruppierungen möglichst eindeutig theoretischen Bedeutungssystemen zuordnen lassen.

Für Lernsituationen, in denen man sich mit einem Computerprogramm Wissen aneignen soll (z. B. über den Ausbruch des ersten Weltkrieges) oder lernen soll, ein komplexes Funktionssystem (Funke, 1991; Vollmeyer, Burns & Holyoak, 1996) zu steuern, haben Vollmeyer und Rheinberg (1998) ein Instrument entwickelt, das den drei oben genannten Kriterien genügt (FAM: Fragebogen zur aktuellen Motivation; Rheinberg, Vollmeyer & Burns, 2001). Da die aktuelle Motivation nicht nur von der Person, sondern auch von der Situation abhängt, ist es wichtig zu beachten, dass es sich bei diesem Typ von Lernsituation um selbstgesteuertes individuelles Lernen (vs. Lernen in Gruppen bzw. im Klassenverband) handelt. Allerdings erfährt später eine andere Person (z. B. ein Versuchsleiter oder Prüfer), wie gut man bei der Lernaufgabe abgeschnitten hat. Bei anderen Lernbedingungen (z. B. Instruktion im Klassenverband) oder andersartigen Aufgaben (z. B. Einüben von Routinen) sind vielleicht andere Motivationskomponenten salient, was dann andere bzw. zusätzliche Motivationsskalen erfordern könnte.

Für den oben charakterisierten Typus von Lernsituation hatten wir anhand von Äußerungen der Probanden und Selbstversuchen einen Itempool von 38 Items gesammelt. Dieser wurde nach Einsatz in verschiedenen Studien faktorenanalytisch auf 18 Items begrenzt, die sich nun auf vier verschiedene Motivationskomponenten verteilen: *Erfolgswahrscheinlichkeit, Herausforderung, Interesse, Misserfolgsbefürchtung*. Diese Faktoren werden im Folgenden charakterisiert.

Erfolgswahrscheinlichkeit. Wenn Lerner vor einer Aufgabe stehen, z. B. einen Text zum Thema Statistik zu lernen, so kommt es offenbar zu einer Art Abgleich zwischen den wahrgenommenen Aufgabenanforderungen und den eigenen Kompetenzen. Aus diesen, meist wohl automatisiert ablaufenden Vergleichsprozessen, resultiert der Grad an Zuversicht, mit der man die anstehende Aufgabe in Angriff nimmt. In unserem Modell heißt diese motivationsrelevante Erlebniskomponente *Erfolgswahrscheinlichkeit*. Sie wurde schon von Lewin, Dembo, Festinger und Sears (1944) und Atkinson (1957, 1964) behandelt. Auch jüngere Theorien, wie z. B. Bandura (1986) oder Anderson (1993), greifen diese Komponente unter verschiedenen Bezeichnungen auf.

Natürlich kann man solche subjektiven Einschätzungen auch noch feiner aufschlüsseln. So kann man zusätzlich analysieren, *warum* die Lerner annehmen, dass sie bei dieser Aufgabe Erfolg haben werden (*personal agency beliefs,* Ford, 1992; *self-efficacy,* Bandura, 1986; Pajares, 1997; *control theories,* Skinner, 1996). Solche Feinanalysen waren für unsere Fragestellungen jedoch nicht nötig und drängten sich auch aus den Selbstberichten unserer Probanden nicht auf. Tabelle 1 zeigt die Items, mit denen im FAM die Erfolgswahrscheinlichkeit erfasst wird (sieben-Punkte-Skala von *trifft zu* [1] bis *trifft nicht zu* [7]).

Tabelle 1:
Items des Faktors Erfolgswahrscheinlichkeit (Wenn der Durchschnitt über die Skala gebildet wird, müssen die mit „–" gekennzeichneten Items umgepolt werden.).

Ich glaube, der Schwierigkeit dieser Aufgabe gewachsen zu sein. (+)
Wahrscheinlich werde ich die Aufgabe nicht schaffen. (–)
Ich glaube, dass kann jeder schaffen. (+)
Ich glaube, ich schaffe diese Aufgabe nicht. (–)

Im Denkmuster von Erwartungs- x Wert-Modellen (Edwards, 1954) betrifft der FAM-Faktor Erfolgswahrscheinlichkeit die Erwartungsseite des Motivationsgeschehens. Aber welche *Werte* bzw. Anreize sollte es in experimentellen Lernsituationen geben? Über mehrere Zwischenschritte ließen sich drei anreizbezogene Faktoren sichern, die man eingeführten Motivationssystemen relativ gut zuordnen kann.

Herausforderung. Auch wenn das Abschneiden in experimentellen Lernsituationen eigentlich keine weiterreichenden Folgen hat, kann man sich um ein gutes Abschneiden bemühen, weil man die jetzige Aufgabe als Herausforderung an die eigene Tüchtigkeit erlebt. Hier haben wir es ohne Frage mit kompetenzbezogener Leistungsmotivation zu tun, wie sie schon seit vier Jahrzehnten in der klassischen Motivationspsychologie gut bekannt ist (Atkinson, 1964; Heckhausen, 1963; Heckhausen, Schmalt & Schneider, 1985). Tabelle 2 zeigt die FAM-Items für diese Anreizkomponente.

Tabelle 2:
Items des Faktors Herausforderung.

Die Aufgabe ist eine richtige Herausforderung für mich.
Ich bin sehr gespannt darauf, wie gut ich hier abschneiden werde.
Ich bin fest entschlossen, mich bei dieser Aufgabe voll anzustrengen.
Wenn ich die Aufgabe schaffe, werde ich schon ein wenig stolz auf meine Tüchtigkeit sein.

Interesse. Abgesehen von der Selbstbewertung der eigenen Tüchtigkeit kann ein Lernanreiz auch einfach darin bestehen, dass man den Lerngegenstand selbst für wichtig und bedeutsam hält, so dass man sich gern mit ihm beschäftigt. Hier taucht als induktiv gewonnener Faktor wieder das auf, was wir bereits oben mit *Sachinteresse* bezeichnet hatten (vgl. Krapp, 1992, 2001; Prenzel, 1988; Schiefele, 1996). Obwohl Interesse und kompetenzbezogene Leistungsmotivation in zwei inhaltlich ganz verschiedenen Theoriesystemen verankert sind, lässt sich theoretisch herleiten, dass auf der Ebene der aktuellen Motivation beides mäßig korreliert sein müsste. Letzteres hat sich empirisch belegen lassen ($r = .50$; Rheinberg & Vollmeyer, 2000).

Da Interesse über einen spezifischen Gegenstand definiert wird (z. B. Interesse an Statistik, Musik, etc.), müssen die Items in der nachfolgenden Tabelle 3 mitunter modifiziert werden, damit sie inhaltlich zum jeweiligen Lerngegenstand passen. Die Items in Tabelle 3 sind für die Aufgabe formuliert, ein komplexes System durchschauen und steuern zu können.

Tabelle 3:
Items des Faktors Interesse.

Ich mag solche Rätsel und Knobeleien.
Bei der Aufgabe mag ich die Rolle des Wissenschaftlers, der Zusammenhänge entdeckt.
Nach dem Lesen der Instruktion erscheint mir die Aufgabe sehr interessant.
Bei Aufgaben wie dieser brauche ich keine Belohnung, sie machen mir auch so viel Spaß.
Eine solche Aufgabe würde ich auch in meiner Freizeit bearbeiten.

Misserfolgsbefürchtung. Obwohl es in experimentellen Lernsituationen offensichtlich um nichts geht, kann man besorgt sein, schlecht abzuschneiden. Man kann befürchten, sich vor sich selbst oder vor anderen (z. B. dem Versuchsleiter) zu blamieren. Der Faktor, der durch solche Aussagen gebildet wird, lässt sich gut dem Misserfolgsmotiv zuordnen, wie es von Atkinson (1957, 1964) oder Heckhausen (1963) als Personmerkmal beschrieben wurde. Der FAM erfasst dieses Merkmal auf der Ebene aktueller Motivation, also als *state*-Maß. Die Misserfolgsbefürchtung ist übrigens nicht der bloße Gegenpol des FAM-Faktors Erfolgswahrscheinlichkeit. Als reiner Erwartungsfaktor erfasst Erfolgswahrscheinlichkeit die subjektiven Annahmen zur Wahrscheinlichkeit von Erfolg oder Misserfolg. Dagegen erfasst der jetzige Faktor Misserfolgsbefürchtung, wie sehr man betroffen von einem Misserfolg wäre – sofern er denn eintritt. Tabelle 4 führt die Items dieses Faktors auf.

Tabelle 4:
Items des Faktors Misserfolgsbefürchtung.

Ich fühle mich unter Druck, bei der Aufgabe gut abschneiden zu müssen.
Ich fürchte mich ein wenig davor, dass ich mich hier blamieren könnte.
Es ist mir etwas peinlich, hier zu versagen.
Wenn ich an die Aufgabe denke, bin ich etwas beunruhigt.
Die konkreten Leistungsanforderungen hier lähmen mich.

Zusammengefasst lassen sich die vier Faktoren des FAM durch folgende Leitfragen charakterisieren:
1. Wie sicher werde ich die anstehende Aufgabe schaffen?
   (*Erfolgswahrscheinlichkeit*)

2. Kann/will ich bei dieser Aufgabe meine Fähigkeiten testen? (*Herausforderung*)
3. Mag ich das Thema? (*Interesse*)
4. Blamiere ich mich vor mir selbst/vor anderen, wenn ich die Aufgabe nicht schaffe? (*Misserfolgsbefürchtung*)

15.2.2.2 Güte der FAM-Skalen

Reliabilität. Über die Reliabilität und Validität des Fragebogens wird hier nur zusammenfassend berichtet, weil das an anderer Stelle ausführlich dargestellt ist (Rheinberg et al., 2001). Der Aufgabentyp, für den der FAM ursprünglich entwickelt wurde, ist das *biology lab*. Für diese Aufgabe liegen auch die meisten Daten vor (Vollmeyer & Rheinberg, 1998, 1999, 2000).

Bei dem *biology lab* handelt es sich um ein komplexes, lineares System (Funke, 1991), bei dem herausgefunden werden muss, wie die (manipulierbaren) Inputvariablen die Outputvariablen des Systems beeinflussen. Wir wählten ein System, bei dem drei Inputvariablen durch lineare Transformationen in Outputvariablen überführt werden können. Eine Outputvariable mit sogenannter Eigendynamik verändert sich zusätzlich um einen konstanten Prozentanteil und zwar unabhängig von den Eingriffen des Probanden. Nachfolgend wurde der FAM auch bei einer Vielzahl andersartiger Lernaufgaben eingesetzt (Rheinberg et al., 2001).

In Rheinberg et al. (2001) sind die Homogenität der vier Skalen über mehrere Stichproben und Aufgabentypen hinweg dargestellt. Bei den Skalen *Erfolgswahrscheinlichkeit, Interesse* und *Misserfolgsbefürchtung* liegen die Homogenitätsindices (Cronbach α) zwischen .71 und .90. Bei der Skala *Herausforderung* liegen die Homogenitäten – je nach Aufgabentyp – etwas niedriger zwischen .66 und .81. Bei Aufgaben, wie dem *biology lab,* liegen die Homogenitätswerte über α = .70. Ähnliche Studien mit dem *biology lab* wurden auch in den USA mit einer amerikanischen Version des FAM durchgeführt. Auch hier waren die Reliabilitäten zufriedenstellend (Rheinberg et al., 2001). Aktuell führen wir Studien zum Einfluss von Motivation auf das Lernen mit einem Hypermedia-Programm durch (Vollmeyer, Burns & Rheinberg, 2000) und auch bei diesem doch sehr unterschiedlichen Aufgabentyp ist meist hinreichende Homogenität gegeben (Cronbach α zwischen .55 und .81).

Korrelationen zwischen den FAM-Faktoren. Theoretisch gehen wir davon aus, dass die vier Faktoren des FAM unterschiedliche Komponenten von Lernmotivation erfassen. Allerdings sind in Abhängigkeit von der zu bearbeitenden Aufgabe auch Zusammenhänge zwischen den Faktoren zu erwarten und zwar dann, wenn die Anreize der Lernmotivationskomponenten des FAM in der Aufgabensituation mit einander verkoppelt sind. Wir müssen hier im Auge behalten, dass der FAM ja nicht Personmerkmale, sondern aktuelle Motivation erfasst, in die notwendig auch Situationsbesonderheiten (z. B. Anreizverkoppelungen) eingehen. Wie bereits weiter oben erwähnt, ist so etwas in Leistungssituationen bei den FAM-Faktoren Herausforderung und Interesse häufig der Fall.

Zu vermuten wäre weiterhin, dass bei Aufgaben, die wenig mit Fähigkeit und mehr mit Glück zu tun haben, die Faktoren Erfolgswahrscheinlichkeit und Misserfolgsbefürchtung miteinander korrelieren. Bei Aufgaben, die offenkundig stark zufallsabhängig sind, entfällt ja die spezifische Anreizkomponente der Misserfolgsbefürchtung („sich zu blamieren"). Da das Ergebnis vom Zufall abhängt, erlaubt es keine Rückschlüsse auf die eigene (Un-) Fähigkeit, weswegen man im Misserfolgsfall auch nicht befürchten muss, sich zu blamieren. Es bleibt dann der Erwartungsanteil des Faktors Misserfolgsbefürchtung und dieser Anteil sollte schlicht negativ mit der Erfolgswahrscheinlichkeit korrelieren. Dieser Vermutung sind wir bei einer Aufgabe nachgegangen, nämlich beim Flottenmanöver. Beim Flottenmanöver handelt es sich um das Kinderspiel *Schiffe versenken*. Wie erwartet, findet sich bei dieser Aufgabe zwischen Erfolgswahrscheinlichkeit und Misserfolgsbefürchtung eine Korrelation von $r(80) = -.47$, $p = .007$. Je nach Aufgaben- und Situationsstruktur können die Faktoren des FAM also durchaus korrelieren.

Validität des FAM. Der FAM wurde konstruiert, um Motivationseffekte beim Lernen zu untersuchen. Von daher ist es erforderlich zu zeigen, dass sich über den FAM Lernaktivitäten und Lernleistungen vorhersagen lassen. Dies wurde in einer Reihe von experimentellen Studien nachgewiesen (Vollmeyer & Rheinberg, 1998, 1999, 2000). Es ließ sich zeigen, dass die aktuelle Motivation zu Beginn einer Lernphase mitbestimmte, welche Lernstrategien eingesetzt wurden, wobei diese wiederum die späteren Lernleistungen beeinflussten (signifikante Pfade in Strukturgleichungsmodellen). In Rheinberg et al. (2001) finden sich darüber hinaus erwartungsgemäße Befunde, wonach die FAM-Faktoren in Abhängigkeit relevanter Situationsbedingungen Lernleistungen in unterschiedlicher Weise vorhersagen. Unter Bedingungen des selbstgesteuerten Lernens sagten Interesse und Herausforderung die Lernleistung vorher ($r = .51$, $p < .05$), bei fragengeführtem Lernen war dagegen Misserfolgsbefürchtung ($r = -.45$, $p < .05$) und Erfolgswahrscheinlichkeit ($r = .48$, $p < .05$) signifikante Prädiktoren. Insbesondere für die Untersuchung von Lernprozessen im Labor aber auch im Feld empfiehlt sich nach den vorliegenden Befunden der routinemäßige Einsatz des FAM, weil dadurch mit relativ geringem Aufwand motivationale Einflüsse kontrolliert werden können, die ansonsten unerkannt auf die untersuchten Lernprozesse wirken.

15.3 Motivation im Lernverlauf: On-line Erfassung

Auch wenn die aktuelle Motivation unmittelbar vor Beginn der Lernphase (FAM) für diese eine Lernsituation sicherlich ein genauerer Motivationsindikator ist als hoch generalisierte Motive und Sachinteressen, muss man sich klar darüber sein, dass auch damit der je aktuelle Motivationszustand beim Lernen lediglich vorhergesagt und nicht etwa direkt gemessen wird. Abhängig von den Erfahrungen mit der Aufgabe, könnte sich die aktuelle Lernmotivation nämlich verändern. Die Aufgabe ist doch schwieriger als angenommen oder man muss sich wider Erwarten mit uninteressanten Zwischenschritten beschäftigen. Dann ist die tatsächliche Lernmotivation anders, als die Eingangsmotivation, die der FAM zuvor erfasst hat.

15.3.1 Stabilität der FAM-Werte im Lernverlauf

Sind das nur prinzipiell denkbare Fehlerquellen oder haben wir es mit einem realistischen Problem zu tun? Um hierzu einen ersten Hinweis zu erhalten, haben Vollmeyer, Leicht, Winkler und Zerche (2002) den FAM wiederholt während des Lernverlaufs gegeben und zwar bei der ursprünglichen Lernaufgabe des FAM, nämlich dem *biology lab* (s. o.). Auf eine solche Messwiederholung war bislang verzichtet worden, weil sie nicht ganz unproblematisch ist. Es ist nämlich nicht auszuschließen, dass durch die wiederholte Fragebogenbearbeitung der Lernprozess und seine Reflektion beeinflusst wird. Zudem müssen wir Konsistenzbestrebungen auf Seiten unserer Probanden in Rechnung stellen. Überdies bedeutet die wiederholte FAM-Bearbeitung eine zusätzliche Arbeitsbelastung.

Insbesondere wegen der Arbeitsbelastung wurde die Lernaufgabe dadurch etwas vereinfacht, dass dieses Mal die komplikationsstiftende Eigendynamik des *biology labs* weggelassen wurde, was sich schon bei amerikanischen Studentenstichproben als sinnvoll erwiesen hatte (Burns & Vollmeyer, 2002). An der jetzigen Studie nahmen 29 Probanden teil, die für das *biology lab* 45 Minuten Zeit hatten, dabei aber etwa alle 15 Minuten (nach jeder Lernrunde) den FAM wiederholt bearbeiteten.

Da wegen der Aufgabenerleichterung (Wegfall der Eigendynamik) die Struktur des *biology lab*-Systems in zwei Lernrunden verstanden werden kann, blieben zwei Runden als Grundlage für die Messwiederholung. Zunächst zeigte sich, dass die faktorielle Struktur des FAM im Wesentlichen erhalten blieb. (Das muss bei anderen Aufgabentypen nicht immer so sein!) Auch die Konsistenzen blieben erhalten (Cronbach α zwischen .68 und .98; Median bei $\alpha = .84$). Die Struktur unseres Messinstruments hat sich durch die Messwiederholung offenbar nicht geändert. Interessant sind die Stabilitäten. Tabelle 5 zeigt die Retestkorrelationen.

Tabelle 5:
Retestkorrelationen des FAM im Lernverlauf (N = 29 beim erleichterten biology lab).

	Korrelation (r_{tt}) der Eingangswerte mit:	
	1. Lernrunde	2. Lernrunde
Erfolgswahrscheinlichkeit	.79	.63
Herausforderung	.84	.75
Interesse	.86	.86
Misserfolgsbefürchtung	.84	.90

Sieht man einmal von den $r_{tt} = .63$ bei der Erfolgswahrscheinlichkeit ab, so verweisen die Ergebnisse zunächst darauf, dass sich mit den üblichen Eingangswerten des FAM die jetzigen Messwiederholungsdaten ganz gut vorhersagen lassen. Wie sehr die hohen Stabilitäten durch Konsistenzbestrebungen unserer Probanden mitbestimmt sind, können wir nicht sagen. Allerdings muss man sehen, dass solche Retestwerte ja nur etwas über die Stabilität individueller Unterschiede aussagen. Gleichwohl könnte sich auch bei hoher Stabilität interindividueller Unterschiede das Niveau der Messwerte verschoben haben. Letzteres lässt sich über eine Prüfung der Mittelwerte zu verschiedenen Messzeitpunkten feststellen (s. Abbildung 1). Dabei zeigte sich, dass auch bei der Mittelwertsbetrachtung Interesse und Erfolgswahrscheinlichkeit über die Messzeitpunkte hinweg stabil bleiben (einfaktorielle Varianzanalysen über Zeitpunkte, $p > .50$). Hier haben wir es also mit *absoluter Konsistenz* im Sinne von Magnusson (1975) zu tun. Dagegen sinken während der Aufgabenbearbeitung die Herausforderung ($F[2,56] = 9.08$, $p < .001$; linearer Trend: $F[1,28] = 11.50$, $p = .002$) und die Misserfolgsbefürchtung ($F[2,56] = 7.03$, $p = .002$; linearer Trend: $F[1,28] = 17.99$, $p < .001$). Offensichtlich nehmen bei der jetzigen Version des *biology lab* die leistungsthematischen Anreize (Herausforderung und Misserfolgsbefürchtung) ab, wenn man die erleichterte Aufgabe während der Bearbeitung näher kennen lernt. Bei anderen Aufgaben könnten solche Motivationsveränderungen möglicherweise auch die anderen FAM-Faktoren betreffen. Wenn man lediglich an individuellen Motivationsunterschieden interessiert ist und zudem nicht ganz so genaue Motivationsdaten aus dem Lernprozess benötigt, dann kann man sich auf Anfangsmessungen mit dem FAM beschränken. Benötigt man dagegen möglichst genaue Messungen des Motivationsniveaus im Lernverlauf, so sollte man auch Motivationsdaten aus dem Lernprozess selber haben.

15.3.2 On-line Erfassung der Motivation

Benötigt wird in solchen Fällen idealer Weise eine on-line-Erfassung der Motivation, die den Lernprozess möglichst wenig stört, gleichwohl die relevante Motivationsdimension hinreichend reliabel erfasst wird. Das sind zwei schwer vereinbare Forderungen.

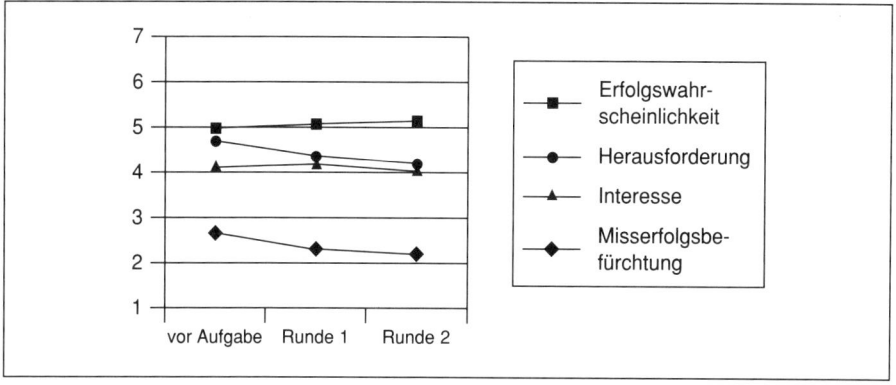

Abbildung 1:
Die vier FAM-Faktoren im Lernverlauf.

15.3.2.1 On-line Motivation Questionnaire (OMQ; Boekaerts, in press)

Von seiner Bezeichnung verspricht der *On-line Motivation Questionnaire* (OMQ) von Boekaerts (zusammenfassend Boekaerts, in press) genau das zu leisten. Auf der Basis ihres Modells des Adaptiven Lernens (Boekaerts, 1992, 1996) spezifizierte Boekaerts Mediatoren, die zwischen bereichsspezifischen motivationalen Überzeugungen (wie z. B. Interesse für Mathematik, Ziel-Orientierung in Mathematik) und der vorherzusagenden Lernleistung liegen. Diese Mediatoren sind *appraisals* (Bewertungen), die nach dem Lesen der Instruktion zur Aufgabe entstehen. Die *appraisals* lassen sich in drei Gruppen einteilen: die *Subjektive Kompetenz*, die *Attraktivität der Aufgabe* und die *Persönliche Relevanz*. Die Items zur *Subjektiven Kompetenz* haben inhaltliche Überschneidungen mit dem FAM-Faktor Erfolgswahrscheinlichkeit, die *Attraktivität der Aufgabe* ähnelt dem Interessenfaktor des FAM. Alle drei appraisal-Gruppen beschreiben Komponenten der Motivation, die jetzt anstehende Lernaufgabe zu bearbeiten. Neben diesen drei Motivationskomponenten werden zusätzlich der *emotionale Zustand* sowie die *Lernintention* nach dem Lesen der Instruktion erfasst. In einem zweiten Teil erfasst der OMQ dann noch *Attributionen*. Dieser Teil wird den Lernern vorgelegt, nachdem sie die Aufgabe beendet haben. Hier wird dann nach dem Ergebnis und seinen Ursachen gefragt, sowie nach den Emotionen und der aufgewendeten Anstrengung.

Soweit der Literatur zu entnehmen ist (Boekaerts, 1992, 1996, in press), wurde der OMQ entgegen seiner Bezeichnung bislang offenbar nicht *on-line* eingesetzt. Wie der FAM, wurde er *vor* der Lernphase, bzw. im Attributionsteil *danach* eingesetzt. Prinzipiell spräche wohl nichts dagegen, dieses Verfahren tatsächlich on-line einzusetzen – zumindest seinen Motivationsteil. Allerdings ergeben sich dann ähnliche Probleme wie bei der wiederholten FAM-Bearbeitung. Immerhin enthält der OMQ 23 Items mit deren Bearbeitung man den Lernprozess immer wieder unterbrechen würde. Erfahrungen mit der on-line Erhebung des OMQ sind uns nicht bekannt.

15.3.2.3 Der Motivationale Zustand beim Lernen

On-line Kurzmessungen zur Lernmotivation haben auch Vollmeyer und Rheinberg (1998, 1999, 2000) erprobt. Um den Lernverlauf möglichst wenig zu stören, wurden lediglich drei Items eingesetzt, die motivationsrelevante Einschätzungen erfragen: „Die Aufgabe macht mir noch Spaß." „Ich bin sicher, die richtige Lösung zu finden." „Mir ist klar, wie ich weiter vorgehen soll."

Es werden also eine unmittelbar affektive Komponente (Spaß), Erfolgszuversicht (Lösung finden) sowie die handlungsbezogene Umsetzung der Motivationstendenz (weiteres Vorgehen ist klar) erfasst. Diese drei Items sind bei der *biology lab*-Aufgabe hoch korreliert (bei verschiedenen Studien zu unterschiedlichen Messzeitpunkten $r \sim .75-.85$) bzw. hoch konsistent (bei verschiedenen Studien zu unterschiedlichen Messzeitpunkten Cronbach $\alpha \sim .85$), so dass sie als gemeinsame Schätzung für den motivationalen Zustand zusammengefasst werden können. Anders als bei der Eingangsmotivation (FAM) wird hier aus Reliabilitätsgründen also nicht mehr zwischen verschiedenen Motivationskomponenten differenziert. In einer unserer Untersuchungen (Vollmeyer & Rheinberg, im Druck), die wir exemplarisch ausgewählt haben, zeigten sich beim *biology lab* mittlere Korrelationen zwischen Eingangsmotivation (FAM) und dem motivationalen Zustand nach drei Lernrunden (s. Tabelle 6). Zu anderen Messzeitpunkten in anderen Studien finden wir ähnlich hohe Koeffizienten.

Tabelle 6:
Mittlere Korrelationen zwischen Eingangsmotivation (FAM-Faktoren) und motivationalem Zustand während des Lernens beim biology lab.

	Erfolgswahr-scheinlichkeit	Heraus-forderung	Interesse	Misserfolgs-befürchtung
r	.55	.40	.50	.20

In einer Reihe von Experimenten (z. B. Vollmeyer & Rheinberg, 1999, 2000) zeigte sich, dass in Strukturgleichungsmodellen der motivationale Zustand den Einfluss der Eingangsmotivation (FAM) auf die spätere Lernleistung mediert. Nimmt man statt dessen den motivationalen Zustand als Prädiktor für spätere Lernleistungen, stellt sich die Frage, inwieweit die bereits anfangs bestehenden

Motivationsunterschiede die nachfolgenden Prozesse determinieren und so die zu erklärende Leistungsvarianz an sich binden, oder ob Lernleistungen am Ende der Lernphase eher aus den je aktuellen Veränderungen im Lernprozess vorhersagbar werden. Im letzteren Fall sollte der motivationale Zustand am Ende der Lernphase der beste Lernleistungsprädiktor sein.

Zumindest bei Aufgaben wie dem *biology lab* gilt letzteres. Schrittweise Regressionsanalysen mit den vier FAM-Faktoren und den Messwiederholungen zum motivationalen Zustand ergaben, dass der motivationale Zustand am Ende der Lernphase der beste Leistungsprädiktor ist ($\beta = .59$, $t = 7.64$, $p < .001$). Er klärt 35 % der Leistungsvarianz auf. Nach diesem Prädiktor wird kein weiterer mehr signifikant.

15.4 Fazit

Das Ziel dieses Kapitels war es, darauf aufmerksam zu machen, dass stärkere Effekte von Motivation auf Lernen gefunden werden können, wenn man bei der Motivationsmessung (a) zeitlich näher an den Lernprozess heranrückt und dabei (b) die Motivationserfassung genauer für die vorliegende Lernsituation spezifiziert. Dazu müssen die Items so formuliert sein, dass die Lerner die aktuelle Lernsituation beschrieben finden. Einen solchen Fragebogen für aktuelle Motivation (FAM) haben wir entwickelt. Man kann ihn vor der Bearbeitung einer Lernaufgabe vorlegen und dann als Schätzung für den motivationalen Zustand während des Lernens benutzen. Je nach Aufgabensituation und Lerndauer muss man dabei allerdings gewisse Schätzfehler in Kauf nehmen. Muss man den motivationalen Zustand direkt während des Lernens erfassen, so ist man auf on-line-Skalen zur Lernmotivation angewiesen. Hierzu werden erste Beispiele berichtet. Bei der on-line-Erfassung muss man sich allerdings klar darüber sein, dass man durch eine differenzierte Messung des motivationalen Zustandes beim Lernen Gefahr läuft, die Lernsituation und den Lernablauf atypisch zu verändern.

15.5 Literatur

Anderson, J. R. (1993). *Rules of the mind*. Hillsdale, NJ: Erlbaum.
Atkinson, J. W. (1957). Motivational determinants of risk-taking behavior. *Psychological Review, 64*, 359–372.
Atkinson, J. W. (1964). *An introduction to motivation*. Princeton, NJ: Van Nostrand.
Bandura, A. (1986). *Social foundations of thought and action: A social cognitive theory*. Englewood Cliffs, NJ: Prentice-Hall.
Boekaerts, M. (1992). The adaptable learning process: Initiating and maintaining behavioural change. *Journal of Applied Psychology: An International Review, 41*, 377–397.

Boekaerts, M. (1996). Self-regulated learning at the junction of cognition and motivation. *European Psychologist, 1*, 100–112.
Boekaerts, M. (in press). The on-line motivation questionnaire: A self-report instrument to assess students' context sensitivity. In M. Maehr & P. R. Pintrich (Eds.), *Advances in Motivation and Achievement (Vol. 12): Methodology in Motivation Research*. Greenwich, CFT JAI Press.
Burns, B. D. & Vollmeyer, R. (2002). Goal specificity and dual-space search theories of problem solving. *The Quarterly Journal of Experimental Psychology, 55A*, 241–261.
Dweck, C. S. & Leggett, E. L. (1988). A social-cognitive approach to motivation and personality. *Psychological Review, 95*, 256–273.
Edwards, W. (1954). The theory of decision making. *Psychological Bulletin, 51*, 380–417.
Ford, M. (1992). *Motivating Humans*. Newbury Park, CA: Sage Publications.
Funke, J. (1991). Solving complex problems: Exploration and control of complex systems. In R. J. Sternberg & P. A. Frensch (Eds.). *Complex problem solving: Principles and mechanisms* (pp. 185–222). Hillsdale, NJ: Erlbaum.
Heckhausen, H. (1963). *Hoffnung und Furcht in der Leistungsmotivation*. Meisenheim: Hain.
Heckhausen, H. (1989). *Motivation und Handeln*. Berlin: Springer.
Heckhausen, H., Schmalt, H.-D. & Schneider, K. (1985). *Achievement motivation and perspective*. New York: Academic Press.
Krapp, A. (1992). Das Interessenkonstrukt. Bestimmungsmerkmale der Interessenhandlung und des individuellen Interesses aus der Sicht einer Person-Gegenstands-Konzeption. In A. Krapp & M. Prenzel (Eds.), *Interesse, Lernen, Leistung* (pp. 297-329). Münster: Aschendorff.
Krapp, A. (2001). Interesse. In D. H. Rost (Hrsg.), *Handwörterbuch Pädagogische Psychologie* (2. Auflage, S. 286–294). Weinheim: PVU.
Lewin, K. (1936). *Principles of topological psychology*. New York: McGraw Hill.
Lewin, K., Dembo, T., Festinger, L. & Sears, P. S. (1944). Level of aspiration. In J. McHunt (Ed.), *Personality and the behavior disorders* (Vol. 1, pp. 333–378). New York: Ronald Press.
Magnusson, D. (1976). *Consistency of lawfulness at different levels*. Reports from the Psychological Department, University of Stockholm, No. 472.
McClelland, D. C., Atkinson, J. W., Clark, R. A. & Lowell, E. L. (1953). *The achievement motive*. New York: Appleton-Century-Crofts.
Nicholls, J. G. (1984). Achievement motivation: Conceptions of ability, subjective experience, task choice, and performance. *Psychological Review, 91*, 328–346.
Pajares, F. (1997). Current directions in self-efficacy research. In M. L. Maehr & P. R. Pintrich (Eds.). *Advances in motivation and achievement* (Vol. 10, pp. 1–49). Greenwich, CT: JAI Press.
Prenzel, M. (1988). *Die Wirkungsweise von Interesse*. Opladen: Westdeutscher Verlag.
Rheinberg, F. (2002). *Motivation* (4. Auflage), Stuttgart: Kohlhammer.
Rheinberg, F. & Vollmeyer, R. (2000). Sachinteresse und Leistungsthematische Herausforderung – zwei verschiedenartige Motivationskomponenten und ihr Zusammenwirken beim Lernen. In U. Schiefele & K.-P. Wild (Hrsg.), *Interesse und Lernmotivation: Untersuchungen zu Entwicklung, Förderung und Wirkung* (S. 145–161). Münster: Waxmann.
Rheinberg, F., Vollmeyer, R. & Burns, B. D. (2001). FAM: Ein Fragebogen zur Erfassung aktueller Motivation in Lern- und Leistungssituationen. *Diagnostica, 47*, 57–66.
Rheinberg, F., Vollmeyer, R. & Rollett, W. (2000). Motivation and action in self-regulated learning. In M. Boekaerts, P. R. Pintrich & M. Zeidner (Eds.), *Handbook of self-regulation* (pp. 503–529). San Diego, CA: Academic Press.
Rheinberg, F. & Wendland, M. (2002). Veränderung der Lernmotivation in Mathematik: Eine Komponentenanalyse auf der Sekundarstufe I. *Zeitschrift für Pädagogik*.

Schiefele, U. (1996). *Motivation und Lernen mit Texten*. Göttingen: Hogrefe.
Schiefele, U. & Rheinberg, F. (1997). Motivation and knowledge acquisition: Searching for mediating processes. In M. L. Maehr & P. R. Pintrich (Eds.). *Advances in motivation and achievement* (Vol. 10, pp. 251–301). Greenwich, CT: JAI Press.
Schneider, K., Wegge, J. & Konradt, U. (1993). Motivation und Leistung. In J. Beckmann, H. Strang & E. Hahn (Hrsg.), *Aufmerksamkeit und Energetisierung. Facetten von Konzentration und Leistung* (S. 101–131). Göttingen: Hogrefe.
Skinner, E. A. (1996). A guide to constructs of control. *Journal of Personality and Social Psychology, 71*, 549–570.
Vollmeyer, R., Burns, B. D. & Holyoak, K. J. (1996). The impact of goal specificity on strategy use and the acquisition of problem structure. *Cognitive Science, 20*, 75–100.
Vollmeyer, R., Burns, B. D. & Rheinberg, F. (2000). Goal specificity and learning with a multimedia program. In L. R. Gleitman & A. K. Joshi (Eds.), *Proceedings of the Twenty-Second Annual Conference of the Cognitive Science Society* (pp. 541–546). Hillsdale, NJ: Erlbaum.
Vollmeyer, R., Leicht, H., Winkler, M. & Zerche, K. (2002). *Motivationale Effekte beim Lernen mit Messwiederholung*. Universität Potsdam: Unveröffentlicher Bericht.
Vollmeyer, R. & Rheinberg, F. (1998*)*. Motivationale Einflüsse auf Erwerb und Anwendung von Wissen in einem computersimulierten System. *Zeitschrift für Pädagogische Psychologie, 12*, 11–23.
Vollmeyer, R. & Rheinberg, F. (1999). Motivation and metacognition when learning a complex system. *European Journal of Psychology of Education, 14*, 541–554.
Vollmeyer, R. & Rheinberg, F. (2000). Does motivation affect performance via persistence? *Learning and Instruction, 10*, 293–309.
Vollmeyer, R. & Rheinberg, F. (im Druck). Effets motivationnels sur l'apprentissage d'un système linéaire. *Revue des Sciences de l'Éducation*.

Anhang

Deutschsprachige Tests zur Erfassung von lern- und leistungsbezogenen Parametern der Motivation und des Selbstkonzepts bei Kindern und Jugendlichen

Marcus Hasselhorn, Harald Marx und Wolfgang Schneider

Der vorliegende Band gibt einen guten Überblick über aktuelle theoretische Diskussionen im Bereich der lern- und leistungsbezogenen Motivation sowie verwandter Facetten des Selbstkonzeptes. Außerdem gewinnt der Leser des Bandes Einblicke in aktuelle Bemühungen, entsprechende Verfahren für die diagnostische Praxis zu entwickeln. Um die Informationen für den praktisch tätigen Diagnostiker und den pädagogisch-psychologischen Forscher, der in seinen Projekten auf die Erfassung von spezifischen Parametern aus dem Bereich der Lern- und Leistungsmotivation und des Fähigkeitsselbstkonzeptes angewiesen ist, zu komplettieren, haben wir die derzeit verfügbaren (d. h. über die Testzentrale[1] lieferbaren), normierten deutschsprachigen Verfahren für Kinder und Jugendliche in diesem Bereich in Tabellenform zusammengefasst. Die nach dem Namen der Testverfahren sortierte Tabelle enthält knappe Informationen zu folgenden Bereichen: (1) Bezeichnung des Verfahrens, (2) Autoren, (3) Erscheinungsjahr der aktuellen Fassung, (4) erfasste Konzepte bzw. Parameter, die unter der Fragestellung dieses Bandes relevant sind, (5) Altersbereich, für den das Verfahren normiert ist, sowie Umfang der Eichstichprobe, (6) von den Testautoren vorgelegte Angaben zur Reliabilität, (7) von den Testautoren vorgelegte Angaben zur Validität, (8) Durchführungsdauer und -art.

Auf eine weitergehende oder auch vergleichende Bewertung der Verfahren haben wir bewusst verzichtet. Eine solche Bewertung setzt nämlich zunächst die Festlegung von Bewertungskriterien voraus und diese würden – je nach Zielsetzung bzw. Nutzungsintention der Verfahren – sehr unterschiedlich ausfallen. Wir überlassen es daher Leserin und Leser, die für ihre und seine Zwecke geeignetsten Verfahren aus den vorhandenen Alternativen auszuwählen und sind überzeugt davon, dass die hier vorgelegte Zusammenstellung eine gute Grundlage für eine rationale Auswahl bietet.

---

1 Testzentrale, Robert-Bosch-Breite 25, 37079 Göttingen

Verfahren	Autoren	Jahr	Erfasstes Konzept	Altersbereich (Normdaten)	Reliabilität	Validität	Bearbeitungsdauer u. -art
ASF-KJ: Attributionsstil-Fragebogen für Kinder und Jugendliche	Stiensmeier-Pelster, Schürmann, Eckert & Pelster	1994	Attributionsstil nach den Dimensionen internal, stabil und global in positiven und negativen Situationen	4. bis 8. Klassenstufe (Eichstichprobe: N = 1.416)	Cronbachs Alpha für die Subskalen: zwischen .52 und .81 Retestreliabilität: zwischen .49 und .65	Positive Korrelationen zur Depression, negative zu Selbstwertgefühl und Einschätzung eigener Fähigkeiten	ca. 30–45 min. Einzel- oder Gruppentest, Papier u. Bleistift, keine Paralleltestformen
FKK (Subskalen SK und SKI): Fragebogen zu Kompetenz- und Kontrollüberzeugungen	Krampen	1991	Selbstkonzept eigener Fähigkeiten (SK), Selbstwirksamkeit (SKI)	ab 14 Jahre (Eichstichprobe für Jugendliche N = 258)	Cronbachs Alpha .79 (SK) und .85 (SKI) Halbierungskoeffizienten nach Spearman-Brown .70 (SK) und .73 (SKI)	vielfältige Hinweise auf konvergente und divergente Validität	ca. 10–20 min. Einzel- oder Gruppentest, Papier u. Bleistift, keine Paralleltestformen
LM-Gitter:	Schmalt	1976	Leistungsmotiv i. S. v. Hoffnung auf Erfolg, Furcht vor Misserfolg, Gesamtmotivation und Netto-Hoffnung	3./4. und 5. Klassenstufe (Eichstichprobe: N = 279 bzw. 219)	Halbierungskoeffizienten nach Spearman-Brown für die Subskalen .84 und .93 Retestreliabilität: zwischen .67 und .87	Theoriekonforme Korrelationen zur Anspruchsniveau-Setzung und zu Kennwerten des projektiven TAT	ca. 45 min. Einzel- oder Gruppentest, Papier u. Bleistift, keine Paralleltestformen
LMT-J: Leistungsmotivationstest für Jugendliche	Undeutsch & Hermans	1976	Leistungs- und Erfolgsstreben, positive Erfolgsbesorgtheit, negative Erfolgsbesorgtheit, soziale Erwünschtheit	6. bis 10. Klassenstufe, getrennt für Jungen (Eichstichprobe: N = 1.349) u. Mädchen (N = 1.489)	Halbierungskoeffizienten nach Spearman-Brown für die Subskalen: zwischen .73 und .88	hohe Korrelationen mit Notendurchschnitt bei Gymnasiasten	ca. 35–40 min. Einzel- oder Gruppentest, Papier u. Bleistift, keine Paralleltestformen

Verfahren	Autoren	Jahr	Erfasstes Konzept	Altersbereich (Normdaten)	Reliabilität	Validität	Bearbeitungs-dauer u. -art
PFK 9-14: Persönlichkeits-fragebogen für Kinder 9-14	Seitz & Rausche	2002 (4. Aufl.)	u. a. Willenskon-trolle, schulischer Ehrgeiz, Selbst-überzeugung hin-sichtlich eigener Meinungen, Ent-scheidungen und Planungen	9 bis 14 Jahre (Eichstichprobe von 1976: N = 1.411; 2002: N = 3.749)	Cronbachs Alpha für die Primärska-len: zwischen .63 und .80	Zahlreiche Validie-rungen der auch nach 26 Jahren replizierbaren Fak-torenstruktur	Insgesamt 3 Fragebogenteile zu je ca. 20 min. Bearbeitungszeit, Einzel- oder Grup-pentest, keine Paralleltestformen
SELLMO: Skalen zur Erfas-sung der Lern- und Leistungs-motivation	Spinath, Stiens-meier-Pelster, Schöne & Dickhäuser	2002	Lernziele, Annäherungs-Leistungsziele, Vermeidungs-Leistungsziele, Arbeitsvermeidung	4. bis 10. Klassen-stufe (Eichstich-probe: N = 3.105)	Cronbachs Alpha für die Subskalen: zwischen .76 und .89 Retestreliabilität: zwischen .60 und .74	Schwach positive Zusammenhänge zur klassischen Skala „Hoffnung auf Erfolg", hohe Zusammenhänge mit anderen Skalen zur Ziel-orientierung	ca. 8–15 min. Einzel- oder Gruppentest, Papier u. Bleistift, keine Paralleltest-formen
SESSKO: Skalen zur Erfassung des schulischen Selbstkonzepts	Schöne, Dickhäuser, Spinath & Stiens-meier-Pelster	2002	vier Skalen des schulischen Selbst-konzeptes: a. kriterial b. individuell c. sozial d. absolut	4. bis 10. Klassen-stufe (Eichstich-probe: N = 3.032)	Cronbachs Alpha für die Subskalen: zwischen .80 und .88 Retestreliabilität (über 6 Monate): zwischen .59 und .68	hohe korrelative Zusammenhänge mit anderen Skalen zum Fähig-keitsselbstkonzept und zu Schulnoten	ca. 12–25 min. Einzel- oder Grup-pentest, Papier u. Bleistift, keine Paralleltestformen

Verfahren	Autoren	Jahr	Erfasstes Konzept	Altersbereich (Normdaten)	Reliabilität	Validität	Bearbeitungs- dauer u. -art
SRKT-K: Selbstregulations- und Konzentrationstest für Kinder	Kuhl & Kraska	1992	Selbstregulation i. S. v. Beibehalten von Absichten gegen konkurrie- rende Motivations- tendenzen	1. bis 4. Klassen- stufe (Eichstich- probe: N = 985)	Halbierungskoeffi- zienten für die Sub- skalen: zwischen .07 und .57 Retestreliabilität wird für die motiva- tionspsychologisch relevanten Para- meter (Vergleich zur Basisrate) nicht mitgeteilt	einige bescheidene aber signifikante Korrelationen	ca. 30 min. Einzel- test, computer- unterstützt, keine Paralleltestformen
SRST-K: Selbstregulations- Strategientest für Kinder	Kuhl & Christ	1993	Wissen über Strategien der Selbstregulation: a. Motivations- kontrolle b. Aufmerksam- keitskontrolle c. Emotions- kontrolle d. Misserfolgs- bewältigung	1. bis 4. Klassen- stufe (Eichstich- probe: N = 747)	Cronbachs Alpha für die Subskalen: zwischen .30 und .59 Retestreliabilität: zwischen .26 und .52	Hohe Korrelationen zu Parametern aus dem SRKT-K	ca. 25 min. Einzel- test, keine Parallel- testformen

Literatur

Krampen, G. (1991). *Fragebogen zu Kompetenz- und Kontrollüberzeugungen (FKK)*. Göttingen: Hogrefe.

Kuhl, J. & Christ, E. (1993). *Selbstregulations-Strategientest für Kinder (SRST-K). Test zur Erfassung Selbstregulatorischen Strategiewissens im Grundschulalter*. Göttingen: Hogrefe.

Kuhl, J. & Kraska, K. (1992). *Selbstregulations- und Konzentrationstest für Kinder (SRKT-K). Computerunterstützter Test zur Prozessdiagnostik verschiedener Aspekte der Ablenkungs- und Versuchungsresistenz*. Göttingen: Hogrefe.

Schmalt, H.-D. (1976). *Das LM-Gitter. Ein objektives Verfahren zur Messung des Leistungsmotivs bei Kindern*. Göttingen: Hogrefe.

Schöne, C., Dickhäuser, O. Spinath, B. & Stiensmeier-Pelster, J. (2002). *SESSKO – Skalen zur Erfassung des schulischen Selbstkonzepts*. Göttingen: Hogrefe.

Seitz, W. & Rausche, A. (2002). *Persönlichkeitsfragebogen für Kinder 9–14 (PFK 9–14)* (4. Aufl.). Göttingen: Westermann. (1. Auflage: 1976)

Spinath, B., Stiensmeier-Pelster, J. Schöne, C. & Dickhäuser, O. (2002). *SELLMO – Skalen zur Erfassung der Lern- und Leistungsmotivation*. Göttingen: Hogrefe.

Stiensmeier-Pelster, J., Schürmann, M., Eckert, C. & Pelster, A. (1994). *Attributionsstil-Fragebogen für Kinder- und Jugendliche (ASF-KJ)*. Göttingen: Hogrefe.

Undeutsch, U. & Hermans, H. J. M. (1976). *LMT-J. Leistungsmotivationstest für Jugendliche*. Amsterdam: Swets & Zeitlinger.

Autorenverzeichnis

Nicola Baumann
Fachbereich Humanwissenschaften
Universität Osnabrück
Postfach 44 69
49069 Osnabrück.
e-Mail: baumann@luce.psycho.uni-osnabrueck.de

Ulrike Behrens
Fachbereich Psychologie und Sportwissenschaft
Justus-Liebig-Universität Gießen
Otto-Behaghel-Str. 10 F
35394 Gießen.
e-Mail: ulrike-behrens@gmx.de

Joachim C. Brunstein
Institut für Psychologie
Universität Potsdam
Postfach 60 15 53
14415 Potsdam.
e-Mail: brunstei@rz.uni-potsdam.de

Oliver Dickhäuser
Fachbereich Psychologie und Sportwissenschaft
Justus-Liebig-Universität Gießen
Otto-Behaghel-Str. 10 F
35394 Gießen.
e-Mail: oliver.dickhaeuser@psychol.uni-giessen.de

Jan Eichstaedt
Fachbereich Pädagogik
Universität der
Bundeswehr Hamburg
22039 Hamburg.
e-Mail: Jan.Eichstaedt@unibw-hamburg.de

Stefan Engeser
Institut für Psychologie
Universität Potsdam
Postfach 60 15 53
14415 Potsdam.
e-Mail: engeser@rz.uni-potsdam.de

Stephanie Fröhlich
Fachbereich Humanwissenschaften –
Lehreinheit Psychologie
Universität Osnabrück
Postfach 44 69
49069 Osnabrück.
e-Mail: Stephanie.Froehlich@uos.de

Miguel Kazén
Fachbereich Psychologie und
Gesundheitswissenschaft
Universität Osnabrück
Postfach 44 69
49069 Osnabrück.
e-Mail: Kazen@luce.psycho.uni-osnabrueck.de

Julius Kuhl
Fachbereich Psychologie und
Gesundheitswissenschaft
Universität Osnabrück,
Postfach 44 69
49069 Osnabrück.
e-Mail: Kuhl@uos.de

Thomas A. Langens
Fachbereich 3
Erziehungswissenschaften
Bergische Universität –
Gesamthochschule Wuppertal
Postfach
42001 Wuppertal.
e-Mail: langens@uni-wuppertal.de

Autorenverzeichnis

Falko Rheinberg
Institut für Psychologie
Universität Potsdam
Postfach 60 15 53
14415 Potsdam.
e-Mail: rheinberg@
rz.uni-potsdam.de

David Scheffer
Organisationspsychologie und
Personalwesen
Universität der
Bundeswehr Hamburg
Postfach 70 08 22
22039 Hamburg.
e-Mail: David.Scheffer@
UniBw-Hamburg.de

Heinz-Dieter Schmalt
Diplomstudiengang Psychologie im
Fachbereich 3
Bergische Universität
Max-Horkheimer-Str. 20
Gebäude Z
42097 Wuppertal.
e-Mail: schmalt@uni-wuppertal.de

Claudia Schöne
Fachbereich Psychologie und Sportwissenschaft
Justus-Liebig-Universität Gießen
Otto-Behaghel-Str. 10 F
35394 Gießen.
e-Mail: claudia.schoene@
psychol.uni-giessen.de

Julia Schüler
Diplomstudiengang Psychologie im
Fachbereich 3
Bergische Universität
Max-Horkheimer-Str. 20
Gebäude Z
42097 Wuppertal.
e-Mail: ya0030@uni-wuppertal.de

Birgit Spinath
Fachbereich 14
– Fachgruppe Psychologie
Universität Dortmund
Emil-Figge-Str. 50
44221 Dortmund.
e-Mail: Spinath@
wap-mail.fb14.uni-dortmund.de

Joachim Stiensmeier-Pelster
Fachbereich Psychologie und Sportwissenschaft
Justus-Liebig-Universität Gießen
Otto-Behaghel-Str. 10 F
35394 Gießen.
e-Mail: joachim.stiensmeier@
psychol.uni-giessen.de

Regina Vollmeyer
Institut für Psychologie
Universität Potsdam
Postfach 60 15 53
14415 Potsdam.
e-Mail: vollmeye@rz.-uni-
potsdam.de

Andreas Warnke
Uwe Hemminger
Ellen Roth
Stefanie Schneck

Legasthenie - Leitfaden für die Praxis

Begriff - Erklärung - Diagnose - Behandlung - Begutachtung

2002, 132 Seiten,
€ 19,95 / sFr. 34,80
ISBN 3-8017-1497-7

Der Leitfaden bietet praxisorientierte Hinweise zur Diagnostik, Erklärung, Prävention und Behandlung der Legasthenie. Weiterhin werden Fragen der Begutachtung, Finanzierung und Eingliederungshilfe behandelt. Sozialrechtliche Hinweise, Übersichten zu diagnostischen Verfahren sowie themenbezogene Literaturhinweise runden den Band ab.

Marcus Hasselhorn
Wolfgang Schneider
Harald Marx (Hrsg.)

Diagnostik von Lese-Rechtschreibschwierigkeiten

(Reihe: Jahrbuch der pädagogisch-psychologischen Diagnostik Tests und Trends, N.F. Band 1)

2000, VIII/206 Seiten,
€ 32,95 / sFr. 51,–
ISBN 3-8017-1375-X

Der Band informiert über neue Verfahren zur Früh-, Förder- und Differentialdiagnostik von Lese- und Rechtschreibschwierigkeiten und bietet einen Einblick in aktuelle Forschungsbemühungen auf diesem Gebiet.

Hogrefe

Hogrefe-Verlag
Rohnsweg 25 • 37085 Göttingen
Tel.: 05 51 - 4 96 09-0 • Fax: -88
E-Mail: verlag@hogrefe.de
Internet: www.hogrefe.de

SELLMO

Skalen zur Erfassung der Lern- und Leistungsmotivation

von B. Spinath,
J. Stiensmeier-Pelster,
C. Schöne und O. Dickhäuser

Bestellnummer: 01 230 01
Preis: € 59,–
Test komplett bestehend aus:
Manual, 10 Fragebogen SELLMO-S, 10 Fragebogen SELLMO-ST, Schablone, 10 Auswertungsbogen SELLMO-S, 10 Auswertungsbogen SELLMO-ST und Mappe

■ Einsatzbereich:
Für Schüler/-innen der Klassenstufen 4 bis 10 sowie Studierende. Als Einzel- und Gruppentest durchführbar.

■ Das Verfahren:
Lern- und Leistungsverhalten ist, wie jegliches menschliches Verhalten und Erleben, an bestimmte Ziele geknüpft. Mit SELLMO können diejenigen Zielorientierungen erfasst werden, die in Lern- und Leistungssituationen entscheidende Wirkungen ausüben. Das Verfahren erfasst anhand von 31 Items vier unterschiedliche Zielarten bei Schüler/innen der Klassenstufen 4 bis 10 sowie Studierenden: Lernziele, Annäherungs-Leistungsziele, Vermeidungs-Leistungsziele und die Tendenz zur Arbeitsvermeidung.

■ Bearbeitungsdauer:
Liegt zwischen 7-15 Minuten.

Hogrefe

Testzentrale Göttingen
Robert-Bosch-Breite 25
37079 Göttingen
Tel.: 05 51 - 5 06 88-0/-14/-15/-60
Fax: 05 51 - 5 06 88-24
E-Mail: testzentrale@hogrefe.de
Internet: www.hogrefe.de